我与辅导员的交流

曲建武　著

大连海事大学出版社

图书在版编目(CIP)数据

我与辅导员的交流 / 曲建武著. —大连 : 大连海事大学出版社，2020. 9(2023. 5 重印)
ISBN 978-7-5632-3972-6

Ⅰ. ①我…　Ⅱ. ①曲…　Ⅲ. ①高等学校—辅导员—工作—文集　Ⅳ. ①G645. 1-53

中国版本图书馆 CIP 数据核字(2020)第 107164 号

大连海事大学出版社出版

地址:大连市黄浦路523号　邮编:116026　电话:0411-84729665(营销部)　84729480(总编室)
http://press. dlmu. edu. cn　E-mail:dmupress@ dlmu. edu. cn

大连金华光彩色印刷有限公司印装　大连海事大学出版社发行

2020 年 9 月第 1 版　2023 年 5 月第 5 次印刷
幅面尺寸:170 mm×240 mm　印张:27. 5
字数:421 千　印数:14231 ~ 17240 册

出版人:刘明凯

责任编辑:刘若实　责任校对:刘长影
封面设计:解瑶瑶　版式设计:解瑶瑶

ISBN 978-7-5632-3972-6　定价:84. 00 元

前　言

我于 1982 年留校做了一名辅导员。后来我当上了分团委书记、学院党总支副书记、学生处处长、校党委副书记，这段历程共计二十二年。2004 年年底，我被调到省里，任中共辽宁省委高校工委副书记，主抓大学生的思想政治教育工作，历时八年半。2013 年 7 月，我主动辞去了省教育厅领导职务，来到大连海事大学做了一名辅导员，同时给在校本科生上“思想道德修养与法律基础”课，任博士、硕士生导师。三十八年了，我一直从事大学生的思想政治教育工作，没有离开过。

我为什么愿意做辅导员？有如下几点原因：一是辅导员工作是党的思想政治工作的一部分，辅导员工作的好坏，关系到能否培养出矢志不渝跟党走的大学生；二是辅导员是大学生的人生引路人，辅导员工作的好坏，关系到学生能否健康地成长；三是辅导员工作是高等教育不可或缺的一部分，辅导员工作关系到高等教育的质量；四是作为辅导员，学生会增加人生的幸福感。

应当看到，我们现在一些辅导员对自身的工作还缺乏一定的认识，因此，总是爱抱怨、发牢骚，这会导致做不好工作，直接影响学生的成长。我是一名老辅导员，对辅导员有着特殊的情感，对学生有着深深的爱。我想，我有责任把我在辅导员工作中的一些认识跟大家交流分离，从而帮助辅导员增强使命感和责任感。近两年，我克服很多困难，面向辅导员开通了公众号，经常向辅导员推送我写的关于辅导员工作的文章。

我跟辅导员们交流的主要观点是：辅导员工作十分重要；高校一定要建设一支高素质的辅导员教师队伍；辅导员队伍建设既涉及外部的环境，更涉及自身的努力，辅导员应通过努力工作争取得到大家的认可；辅导员在个人利益与学生利益发生冲突时要以学生利益为重；辅导员是大学生身边最近的人，也是在大学里与学生关系最亲近的人，辅导员要时刻把学生放在心上；辅导员工作要细致、细致、再细致，深入、深入、再深入，把工作做在前面，一切为了学生；要相信教育的力量，相信没有不愿接受教育的学生，只要我们付出了，学生就会在原有的台阶上再上一个台阶;辅导员要提升能力素质,增强工作本领,尤其要注重自身的理论学习,提升理论水平,给学生以价值引领;辅导员要坚持以理服人与以情感人相结合,格外关心那些生活困难的学生,对他们要给予力所能及的帮助;辅导员要成为学生的榜样,敢于喊出“向我学习”的口号,通过人格的力量带领学生不断前进。

在这里,衷心感谢大连海事大学出版社的同志们为该书出版所付出的辛苦!祝大家一切都好!

曲建武

2020 年 5 月

目录

001

开篇语

亲爱的辅导员朋友们：

你们好！

刚来大连海事大学的时候，学校领导担心我劳累，不同意我做辅导员，在我的一再坚持下他们才同意了。我要再带一届学生，把我的一些思考运用到实践中，传授给他们。四年已经过去，我的学生们很可爱，很理解和支持我的工作，如今他们发展得都很好。从今天开始，我会把对《一个老辅导员的心声》和《依然在路上》（我之前写过的两本书的名字）的体会与你们分享。

为了我们的祖国，为了我们的人民，为了我们的学生，我们这些已经豁出去了的人们，“撸起袖子加油干吧！”（引句出自习近平 2017 年新年贺词）

002

我的辞职书

大家好！

四年前，当我辞去领导职务到大连海事大学做一名没有任何行政级别的辅导员的时候，很多人不理解，甚至会有各种猜测，他们总是想知道我的真实想法。当时我想，我不带完一届学生，再解释也是无力的。现在，我带的学生毕业了，我用四年的实际行动对我之前的辞职做了诠释。最近，又有一些人问起这件事，为了满足大家的好奇心理，我把我的辞职书公布给大家。

尊敬的省委组织部负责同志：

我是曲建武，现任省委高校工委副书记、教育厅副厅长，经慎重考虑，现向组织提出请求，允许我辞去高校工委副书记、副厅长职务，到大学做一名普通的思想政治教育工作者，理由如下：

1. 我十分热爱大学生的思想政治教育工作。1982年8月，我从辽宁师范大学一毕业就选择了辅导员工作。我担任过分团委书记、系党总支副书记、学生处处长、学生工作部部长、校长助理、校党委副书记等职务，从没有一天离开过学生工作。30多年的经历使我深深地认识到，做好大学生思想政治教育工作是一项“功在当代，利在千秋”的事业。我选择了这样一项工作无怨无悔，毕生从事这项工作是我坚定不移的信念。

2. 我本科是学思想政治教育专业的，后在北京师范大学获得教育管理学博士学位，现兼任思想政治教育专业博士生导师。几十年来，我积累了大量思想政治教育工作的经验，提升了思想政治教育的理论水平，先后撰写了上百篇论文、独立完成出版5部专著，文字量达200万以上。我对思想政治教育专业有很深的学术情怀，我一直在思考几个较大的本学科领域的问题，打算进行系统的研究，试图建构我国大学生思想政治教育管理模式，这些研究我认为很有价值，有的还能填补学术空白，但做这样的研究需要专门的时间。目前我还兼任全国辅导员研究会顾问、教育部思想道德修养与法律基础课教学指导委员会副主任，辞去领导职务后，我可以精心、静心地思考大学生思想政治教育的若干问题，这对推进全国的大学生思想政治教育也会产生一定的促进作用。

3. 其实我辞去领导职务的想法由来已久。在辽宁师范大学任党委副书记时，我就想待换届的时候辞去学校党委副书记一职。2004年11月，省委调我来教育厅工作，我觉得再干几年也行，这样可以有机会从更高层面来认识大学生思想政治教育，原本就没有在教育厅退休的打算。来到教育厅后，贯彻落实加强和改进大学生思想政治教育的任务很重，容不得想辞职的事情。八年过去了，在省委的领导下，在同志们的理解、关心、支持和配合下，我省的大学生思想政治教育工作得到教育部领导的肯定、兄弟省份的认可，特别是2009年，国家召开加强和改进大学生思想政治教育工作座谈会，李长春同志出席了会议，我省是唯一在大会上介绍辅导员队伍建设经验的省份，教育部司局领导讲，这是没有先例的。有点不谦虚地讲，我省的大学生思想政治教育工作这些年一直走在全国的前列，大学生思想政治教育长效机制基本形成，我该做的已尽力做了。

4. 我是在穷人家长大的孩子，有了上大学的机会，才有了改变命运的机会，是党的培养、人民的养育才有了今天的我，我对党和人民永存感激之心、报答之志。我经常警醒自己的是，我拿了老百姓多少俸禄？我是否对得起这份俸禄？1983年我做辅导员时，曾给中央军委写过信，申请去老山前线。我的第一个理由就是我兄弟姊妹7个，死了我一个无所谓。现在想一想，当初若是去了前线，恐怕我早就成为“高山下的花环”了，哪里还谈得上什么级别、博导？当然，在当今的大环境下，我的这样一种做法或许会使一些人不理解，甚至产生误解，这都不重要了，让岁月抹平这一切吧。我辞意已定，多少人没有什么级别不也照样活着吗？我不要求保留级别，说得好听些，即便是亏了我一个，只要对推动大学生思想政治教育的发展有益就是值得的。干部能上能下应当形成风气，我愿带这个头。我将用行动证明我的选择是有价值的。我现在的心情就像足球教练，就想下去踢球。再不下去，比赛就结束了，我就不相信球踢不进对方的门。我今年56岁，我要带一届完整的学生，你们就赶紧批准我下去吧。

5. 我爱人学的是工民建专业，本可以挣大钱的，结婚后，她却服从我的工作需要了。正是她全心全意地支持，才使我可以全身心地投入到我所钟爱的大学生思想政治教育事业当中，“军功章”真有她的一半。为了支持我，我调到教育厅不久，她便来到沈阳。儿子当时读高中，为了我孩子也来了。我爱人来后感到很孤单，特别是儿子上了大学后，她更觉得寂寞，原本很开朗，现在变得不愿与人交往，在家言语也不多。跟她商量了我的想法后，她表示支持，儿子也同意。辞职后，我们可以回大连了，她的亲朋、同学都在大连，这样她的心情就会好起来。本来我就亏欠她，她若真是孤独、寂寞下去，我会有深深的愧疚感，会觉得很对不起她。

我非常珍惜我所从事的大学生思想政治教育工作，如今已有31个年头了。这些年，我先后筹集资金力所能及地资助了许多孤儿和品学兼优的大学生，我资助的学生有的毕业后已走上了局级领导岗位，一些困难学生家庭的艰辛始终激励我奋力前行。至今我仍然保持着年年到学生家家访的习惯。辞去领导职务后，我打算做一名辅导员，尽我所能地更多地帮助那些需要帮助的孤儿和品学兼优的困难大学生，做好大学生的人生导师，为我的人生画上圆满的句号。

习近平同志讲，要把人民放在心上。请组织放心，我一定把学生放在心上，尽自己最大的努力，做一名关心大学生成长、对得起党、有益于社会的人。

在教育厅工作了8年，我得到了省领导、相关厅局领导、教育厅党组和各处室同志们的支持和帮助，在我决定辞去领导职务的时候，向大家表示深深的谢意，并希望大家能继续关心、支持、帮助我。

最后，对于我还没有做好的一些工作向组织表示歉意。

衷心地祝福所有关心和帮助过我成长的人幸福安康！

再次请求组织尽早批准我的申请！

003

心与心相连 情与情共融

马克思曾说过这样的话:“手推磨的出现,产生了封建主的社会;蒸汽机的出现,产生了工业资本家的社会。”马克思若是活在今天,他又会说什么呢?不管怎样,科技革命的兴起、网络时代的到来,的确改变了人们的思维方式,“百度一下”,成了人们的口头禅。人人都被“网”在里面,若是谁不跟“网”打交道,那么他不是“文盲”,就是外星人。

我对网络平台还是挺感兴趣的。看到一个个公众号如夜空中数不尽的繁星不时地闪烁,我也想有自己的公众号。可是,想归想,这个愿望却迟迟没有实现。说起来主要是我觉得开了公众号,就不要滥竽充数。这就好比你修了一条高速公路,你会想为什么要修这条路呢?那是因为你有要跑的车。不跑车,修路干吗呢?另外,我也比较忙。尽管如此,我还是主动搭起了和学生沟通的微信平台,三年多的时间里,我原创了足有200万字的微信文章,将它们发给我的学生,这些微信文章以教育为主题,兼议国内外发生的一些大事小情,还是受到了学生的欢迎。今天能开通公众号,为与学生们在微信上的互动交流素材的积累打下了基础。

现在,我带的第一届学生已经快要结束他们的大学生活了,还有几个月他们就要离开他们生活了四年的大学校园。这使我可以腾出手来,实现开通公众号的想法。一些了解我的人,也跟我建议,希望我能把我对教育的一些思考、对社会的一些思考、对人生的一些思考写下来,与大家分享。

使我诚惶诚恐的是,在这么多的“武林高手”面前,我会不会不堪一击。可是,我这个人又有一个特点,不愿意隐瞒自己的观点,工作几十年了,我从来都是对事不对人,有些话不说出来憋着难受。特别是对辅导员、对学生,总觉得有说不完的话。我在跟辽宁省委高校工委提出我的辞呈的时候,我说“我的心情就像一个足球教练,再不下到场上去踢球,比赛就结束了,我就不相信球踢不进对方的门”。我不敢保证我所说的都是对的,但是我敢保证我的出发点是善良的;我的动机是纯正的;我所说的话一定都是含有真情的,即要有益于社会的进步,用马克思的话说,就是要有益于人类自身的幸福和完美。我始终认为,人的社会还是要有人的生活。人,不能被科技“绑架”,科技出现在人文之后,科技一定是人的科技,科技一定要为人文服务。不管你怎样修饰,公众号就是科技的外在表现形式,如果不是把它用来提升人类的心智,那就失去了其存在的价值。

愿大家心与心相连,情与情共融,在广阔的科技舞台上,充分展现人的内心世界,不断提高人类的智慧,促进人类自身的幸福和完美!

004

写给辅导员（上）

起初，宇宙中本没有地球的存在，四五十亿年前才有了地球。听起来“四五十亿”是一个多么庞大的数字！人啊，从一懂事就要开始做人的事情，不然来不及看自己的长短就转瞬即逝了。

地球上原本没有人类，地球就是一个自然存在物。四五百万年前人类出现了，地球上便增添了庞大一族，于是又有了人类社会；接着，便出现了家庭、国家、阶级、政党，出现了不同的社会制度。

地球上原本也没有大学，11 世纪，出现了最早的大学。大学是以人文起家的，科技只是近代的事。所谓人文，就是人类社会的各种文化现象，它是人类文化中的先进部分和核心部分，即先进的价值观及其规范。

1848 年发表的《共产党宣言》是马克思主义诞生的标志性著作。其重大意义在于：“人类从此有了代表最大多数人利益的声音，即人类从此找到了实现自身幸福和完美的途径。”

然而，巴黎公社、十月革命、中华人民共和国的诞生，为什么会遭到剥削阶级如此疯狂的诅咒、诽谤、阻挠和遏制？说到底，是多数人动了少数人的“奶酪”！一方要改变，另一方要坚守，这种斗争怎能不是针锋相对、你死我活？

斗转星移，苏联虽然解体了，但是屹立于世界东方的中国却富强了，这是西方国家最不愿意看到的事情。如今，“一球两制”的局面就客观地摆在那儿，中国特色社会主义正阔步行进在实现中国梦的征途上，正在为人类的幸福和美满提供实现的路径!

西方怎么能善罢甘休?他们会做些什么?对待社会主义,他们可是从来没客气过。他们会利用他们所能利用的一切手段!

有一点是确定无疑的:他们一定会加快“西化”“分化”我们的步伐。美国总统特朗普告诉了我们什么?他强调“美国优先”,彻底撕下了西方“普世价值”的面纱。

原本我们就不应该那么“单纯”“幼稚”,只要动一动脑筋就会明白,天底下哪里会有那么便宜的好事?如果那些有钱人能把“奶酪”主动拿出来分享,如果“自由、平等、博爱”这些美丽的词汇不被玷污,那么就不会有此起彼伏的难民潮涌动,也就不会有那么多人至今还在贫困线下挣扎。

我们应当看清楚,所谓的“普世价值”,就是不怀好意的人企图让我们按照他们的想法过日子。若果真如此,那日子还能过吗?还能过好吗?中国这么大,就得讲中国的故事、中国的声音,就得过自己的日子,就得有中国的气派!

当年,毛泽东同志说:“别了,司徒雷登!”今天,我们应当说:“远去吧,‘普世价值’!”我们中国人的日子不仅能过好,而且一定会过得更好!

纵观过去,鸦片战争以来,帝国主义强加给我们的大大小小上千个不平等条约统统废除;中国人民所遭受的一切屈辱被一扫而光。立足现在,我们已经成为世界第二大经济体,我们已经站到了离实现中国梦最近的地方;我们的“一带一路”正在不断拓展、延伸;我们正在为中国梦的实现奋发图强;我们正在为建立人类命运共同体做出应有的贡献!

大好的时光只配做大好的事情。你们还在等什么?大好的事情只需要我们“撸起袖子加油干”!什么是我们的大好的事情?大好事情就是担负起时代所赋予我们的使命和责任,担负起大学“立德树人”的根本任务。

大学历来是社会的助推器,特别是今日之大学,已经走进社会政治、经济、文化的中心。习近平同志在讲话中指出,教育强则国家强。我们对高等教育的需要比以往任何时候都更加迫切,对科学知识和卓越人才的渴求比以往任何时候都更加强烈。我国高等教育发展方向要同我国发展的现实目标和未来方向紧密联系在一起。大学必须为人民服务,必须为中国共产党治国理政服务,必须为巩固和发展中国特色社会主义制度服务,必须为改革开放和社会主义现代化建设服务。

亲爱的辅导员朋友们，我们的使命和责任是什么？就是为中国梦的实现培养合格的建设者和接班人啊！常言道："行百里者半九十。""青年强则国家强"。只有青年的继往开来，才会有中国梦的实现，才会使每个中国人都能够惬意地吃上中国制造的可口"奶酪"，才会让中华民族永远屹立在世界先进民族之林！

我们正在从事着一项多么崇高的事业啊！她的崇高体现在我们的付出关系到学生的成长；她的崇高体现在我们的付出关系到中华民族的繁荣富强；她的崇高体现在我们的付出关系到千千万万个家庭的吉庆祥和；她的崇高体现在我们的付出关系到莘莘学子的幸福快乐！

我们中或许有人会问："我们只有付出，没有幸福？"当然不是！我们有我们的幸福。人啊，就是一种情感的动物，吃得好点、用得好点，那能叫幸福？那只能是人性本能的满足！床铺越大，个人越渺小；精神越颓废，睡觉越不香。

或许还有人会发出这样的声音："你这是阿Q精神吧?!""你是吃不到葡萄说葡萄酸吧?!"错！之所以会有这样的声音，是因为他们不了解辅导员是一群什么样的人！

辅导员是一群什么样的人？辅导员是一群"不食嗟来之食"的人；辅导员是一群把精神追求看得比物质追求要重无数倍的人；辅导员是一群时刻将马克思话语记心间的人。"如果一个人只为自己劳动，他也许能够成为著名的学者、伟大的哲人、卓越的诗人，然而他永远不能成为完美无瑕的、真正的伟大人物。"

幸福是什么？马克思认为："如果我们选择了最能为人类而工作的职业，那么，重担就不能把我们压倒。那时，我们所享受的就不是可怜的、有限的、自私的乐趣，我们的事业将属于千百万人。我们的事业是默默的，但她将永恒地存在并发挥作用。"

辅导员的幸福在哪里？我们首先要理解什么是幸福。一个不理解幸福是什么的人怎么能够幸福？一个不给予别人幸福的人怎么能得到幸福？辅导员的幸福是建立在祖国幸福、人民幸福、学生幸福的基础上的！

有些辅导员很不容易，他们上有老、下有小，还要面对个人发展的问题。可是，为了祖国、为了人民、为了学生，也为了自己，真的，我们辅导员只能尽量地少想自己的利益了。

我们国家仍然是发展中国家,要想不被外国指手画脚,就只有把祖国建设得更加强大,这就需要我们把学生培养得更加优秀。我们自己的父母是父母,学生的父母也是父母。我们总不能只让自己的父母脸上挂满笑容,却让学生父母的脸上堆满愁容吧?自己家的孩子是孩子,别人家的孩子也是孩子,我们总不能眼看着孩子“饿”了不管吧?

我们个人的发展虽然重要,但是可以从长计议;学生的发展迫在眉睫,绝不容许我们得过且过。我们总不能一心只想着自己怎样锦上添花,却忘了给我们的学生雪中送炭吧?

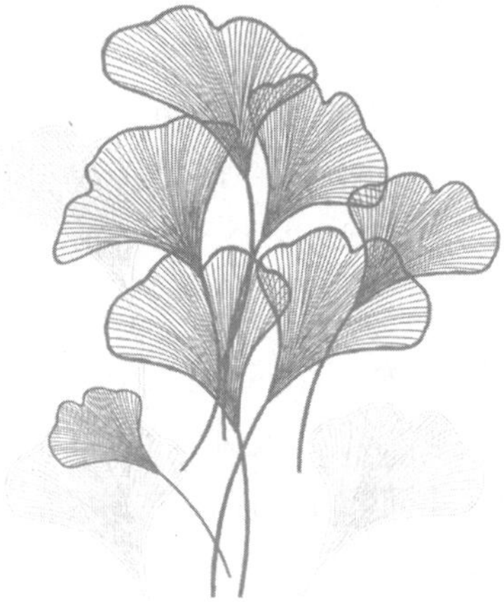

写给辅导员（中）

大家常说这样一句话：“我们两眼一睁，忙到熄灯；两眼一闭，提高警惕。”这句话的意思是我们的表现别人都能看得到。多少原本属于我们自己的时间都给了学生，可是这又有什么办法呢？我们是辅导员，学生的需要可是不分时间的。

大学里，我们是离学生最近的人；大学里，我们是学生最信任的人；大学里，我们是学生最亲近的人。我们能忍心看着学生在病床上发出孤独的呻吟吗？我们能忍心看着学生在无助中徘徊吗？我们能拒绝学生脸上那渴望的眼神吗？不能！绝对不能！！我们的党性、良知告诉我们：学生的需要就是冲锋的号角！忙就忙点吧，权当锻炼身体了；累就累点吧，权当减肥了！

大家既要监考，又要收学费；既要管学生外语过级率，又要管课堂出勤率；既要管学生食堂就餐秩序，又要管学生寝室的卫生状况；现在又莫名其妙地加上了就业率，大家简直就是“全能的选手”！

不用讨论，更不用争论，有些事情确实不该让辅导员管，辅导员不是“筐”，不能什么都能往里边装！思想政治工作必须贯穿教育教学全过程，必须实现全程育人、全方位育人、全员育人，单靠辅导员来做是不行的。可是眼下正处在大学制度还不完善的阶段，辅导员的工作界域划分得还不是十分清晰；辅导员队伍尚在年轻化阶段。有些事情如果辅导员不管，那么谁来管？若辅导员不管，我们的大学秩序还不知会是什么样呢，我们的学生也不知会乱成什么样，我们真是不忍心不管。经常劝劝自己：只要对学生有好处，多干点就多干点吧，权当培养能力了。待大学制度完善了，很多杂活你想干还没有了呢。

千万不要抱怨，不要成为“愤世族”，切记“牢骚太盛防肠断”，一切都会好起来的。不要听信那些闲言碎语：“做不了别的事情才做辅导员。”“辅导员会有什么出息？”等。“自信人生二百年，会当水击三千里。”若是自己都瞧不起自己，别人只能对你冷眼相看。

做辅导员怎么啦？不从那么多的冷眼、嘲笑，甚至歧视中走出来，怎么能凸显你的傲骨、你的坚强、你的伟大、你的本色？辅导员的工作不是谁都能干的！辅导员的工作能干好，很多事情去干就都能干好！

正如伟大的教育家加里宁所说：“教师是天底下最光辉的职业。”可是大家要知道这句话不是对所有的教师说的。这是对心中有学生的教师说的；这是对和学生朝夕相处的教师说的；这是对学生有需要就出现在学生身边的教师说的！

我庆幸能成为一名辅导员，我庆幸记住了我的学生们，反过来，学生就会时刻记挂着我啊！下雪了，学生会说：“老师，开车小心点！”教师节，学生及他们的父母会说：“老师辛苦了！”春节，学生会一并送上祝福：“老师新春快乐！”父亲节，学生会说：“老师，您就是我们的父亲！”我能活着、健康、幸福、长寿，这是学生们送给我的最大祝福！

有这样一条短信，让我每每想起的时候，心中都会荡漾起幸福的涟漪：“老师，我到大连来看您，您不在。不是每一朵鲜花都代表着爱情，玫瑰做到了；不是每一棵树都耐得住饥渴，柏杨做到了；不是每一个人都这么想您啊——老师，我做到了！”亲爱的辅导员朋友们，这种师生之情是金钱能买到的、权力能够换来的吗？你们到底想要什么呢？大海是因为汇聚了无数条河流才变得辽阔，高山是因为众多丘陵的衬托才变得雄伟，我们不正是因为有无数的像朵朵盛开的鲜花一样的学子簇拥在我们身旁，才变得如此的美丽、如此的幸福、如此的崇高、如此的激情四射吗？

亲爱的辅导员朋友们，我爱你们！爱你们，是因为我爱我们的祖国；爱你们，是因为我爱我们的人民；爱你们，是因为我爱我们的学生；爱你们，也是因为我爱我自己！人生没有彩排，每一天都是现场直播，我们为什么不精彩地活着？

在省委高校工委工作的时候，我在全省辅导员大会上说过：“谁爱学生，我就爱谁。”我那是告诉辅导员朋友们：为学生，你们奋不顾身；为你们，我鞠躬尽瘁！我虽然仍然在路上，但是已经走不了几年了。辅导员工作是份神圣的事业！有无数优秀的辅导员，把他们的一生都献给了这份壮丽的事业，他们用他们的爱心、执着、拼搏、付出，谱写了无数华丽的篇章！他们为此而骄傲自豪、心地坦然、无怨无悔！

作为一名老辅导员，我是真希望辅导员朋友们能够：爱我们的祖国，爱我们的人民，爱我们的学生。你们做到了这些，也是爱你们自己啊！我们刚过上好日子，我们再也不能受人欺负了。然而，没有一代又一代青年学生的崛起，我们拿什么来保证今天的幸福生活！你们要牢牢地记住：没有祖国的强大，就没有你们父辈的安康；没有祖国的强大，就没有你们欢乐祥和的生活。

你们曾经是那么地需要祖国的呵护，那么地需要人民的养育，那么地需要父母的关爱，那么地需要辅导员的帮助。现在，轮到祖国需要你们，人民需要你们，父母需要你们，学生需要你们了。

辅导员朋友们，你们没有什么可患得患失的。通往未来的路，一定是条铺满鲜花的路！虽然路途中会有一些荆棘、会有一些泥泞，但是只要你们不顾一切地走下去，这一切困难又算得了什么！有了祖国和人民的支持，你们就有了幸福的源泉，你们的所有付出就都是值得的。

你们一定要坚定地做一个有尊严的人！所谓你们的尊严，就是不要忘记你们都许下了什么诺言！你们不要忘记在党旗下你们许诺了什么，在应聘时你们许诺了什么，在面对学生时你们许诺了什么；你们不要忘记铸就了你们铮铮铁骨的“辅导员誓言”！

你们真的都忘记这一切了吗？如果真是这样的话，那么多令人耻笑、鄙视、瞧不起啊！到底有多大的诱惑让你们忘记了你们的初心？说话就要算话！宣誓时举起的右手即便粉碎了也绝不能再放下！

你们要荡气回肠、胸怀天下；你们要迎风斗雪、笑傲江湖。要让祖国记住你们，人民记住你们，学生记住你们，这样历史就记住了你们。那是不朽的，也足够了！

006

写给辅导员（下）

(一)养成扎实的工作作风

辅导员的工作不是“花瓶”，不能摆设在那里用来欣赏；辅导员的工作不能只停留在认识的水平上；辅导员不能只是在那里高谈阔论；辅导员的工作必须围绕学生的学习生活，关心学生、服务学生，在不断提高学生思想水平、政治觉悟、文化素养，让学生成为德才兼备、全面发展的人才方面下功夫。总之一句话：辅导员的工作一定要“抓铁有痕”，要有效、管用。

马克思的著作浩如烟海，在马克思的墓碑上刻着这样一句话：“哲学家们只是用不同的方式解释世界，而问题在于改变世界。”毛泽东同志说：“你要知道梨子的滋味，你就得变个梨子，亲口吃一吃。”邓小平同志说：“世界上的事情都是干出来的，不干，半点马克思主义也没有。”习近平同志说：“空谈误国，实干兴邦。”

人类社会奔腾向前，靠的就是实践。中国共产党建党时，只有几十名党员，如今中国共产党成为拥有九千多万党员的大党；中国革命为什么能够成功？那是用无数先烈的鲜血换来的。从 1921 年到 1949 年，为解放牺牲的共产党员光有名有姓的就多达 379 万人。

辅导员的工作说千道万需要你真心实意地去干！辅导员的工作不能像油浮在水面上那样，只有走到学生中间、和学生打成一片，想他们之所想、急他们之所急，一句话，辅导员只有脚踏实地地干，才能取得预期的效果。

（二）要相信教育的力量

“教师是人类灵魂的工程师，承担着神圣使命。”没有不愿接受教育的学生，只有不会教育的老师。不要相信什么“代沟说”，没有一个学生不是带着美好的愿望来到大学的，没有一个学生想在其与辅导员之间挖一条沟，如果辅导员和学生之间真有一条沟的话，那也是辅导员自己挖的。莫把代沟当成自己的遁词，莫用代沟来“修饰”自己的懒惰。你和孩子之间有代沟，归根结底是因为你的心中只有自己的孩子，心中没有学生了。心中装下的学生越少，沟壑就越来越深啊！

水滴石穿，金石可镂。你洒下了多少汗水，就会收获多少果实。学生心中有杆秤，你这头越重，他那头撅起得越高；你真为学生着想，学生也会为你着想，学生定会因你而改变。

我有个学生，刚来大学的时候曾想过离家出走，甚至绝望过。现在，他选择了去西藏工作，他要“植大木以立长天，处江湖以忧国民。”他说：“光阴似箭，日月如梭。只是短短的三年，我能在老师的熏陶和谆谆教诲下走出‘小我’，提高思想境界，能放下尘世繁华，做个勇敢的人；能舍小我而成就大我；能有好男儿立志天地间、纵横四海、驰骋边疆的雄心壮志，这都因老师爱的灌溉。学生无以回报，只有光大之。纵使青春留不住，遇见老师是学生这辈子最大的幸福。”

我去过这个学生家家访。他的家在甘肃一个贫穷的乡村，家里的房子是用土坯砌成的。我力所能及地在物质上和精神上帮助他，我们之间光微信交流就有七八万字，他真是改变了，他把“小我”变成了“大我”，他把为祖国服务当成了内心不可动摇的信念。

（三）要拿出豁出去的劲头干工作

干，就不能装样子，就要豁出去。每天尽量早点到办公室，晚点离开学校。经常到学生寝室、学生教室、学生食堂看看，多到学生家里看看，多找学生聊聊。

为了离学生近些，我在学生宿舍边上租了套房子，虽然条件简陋，但是学生有事找我方便了。时间真是个好东西，转眼四年的“苦日子”就要过去了。我经常到学生食堂吃饭，现在老师“有钱了”，帮助站在我前边的学生买个单，再跟这位学生聊天的时候，他什么都愿意说啦。辅导员的工作能累死人不？想一想李大钊，38岁就牺牲了；想一想方志敏，“毫不稀罕美丽的西餐大菜”；想一想雷锋，“把有限的生命投入到无限的为人民服务”中去；想一想那么多默默奉献的人们，我们真是汗颜，我们哪有叹息的份儿！

有一次家访，我在路边的一家小饭店吃饭。坐在我对面的是一个矿工。他用十分羡慕的眼神望着我，他说：“你们老师多好！每天头顶着阳光。我们每天下井，不知还能不能上来见到妻子和孩子。”我想，连享受阳光都成了矿工梦寐以求的事，我还有什么资格喊苦喊累！亲爱的辅导员朋友们，你们再累不就是多掉几斤肉的事情吗？请加油干吧！

我刚做辅导员的时候，经常去学生家家访，即便是现在带的学生，我也是家访了几十家。记得有一年的春节，我骑着自行车，冒着严寒到学生家家访。当我走进学生家的院子时，由于路途劳累实在站立不住了，学生的母亲一把扶住了我。我还到过一个学生家，我去的时候这个学生正在山上拾“花泥”，看到我来了，他扑通一声跪下了，他说：“大正月的，老师您怎么来啦？”

还有一次家访的情景，虽过去几十年了，但每当想起仍历历在目：那天气温能有零下二十多摄氏度，因为到达学生家的时间比较早，怕打扰学生家人休息，我就在候车室待着，冻得实在受不了了，就在候车室里运动取暖。这时候车室的门卫大爷出来了，他以为我是精神不正常的人并要求我出去。我说：“大爷，对不起，影响您休息了。”待跟他说明缘由后，他帮我生了炉子。

亲爱的辅导员朋友们，家长把他们的孩子送到了我们的身边，我们要为学生在他们心中点燃红红的炉火！当我找到那位学生家的时候，学生家长紧紧地握着我的手说：“我应该到学校感谢您啊！我家孩子变了。”后来这位家长真的来了，他在学校主楼张贴了一封感谢信，他说：“这样的辅导员我们家长放心，学校应当早提拔、早重用。”

亲爱的辅导员朋友们，我现在身体很好。没错，“身体是‘1’，‘1’没了，后边有多少个‘0’都没有意义了。”每当收到这样的一些关心，我是真心地感谢。可是我又在想，“若是‘1’后面没有‘0’，那‘1’还有意义吗？”

在工作上不要计较，工作职责不可能分得那么清，工作也是帮出来的。一些老同志，工作确实不方便，年轻人多做些又能怎样？现在生活条件好了，同志间若是你不管我，我不管你，整天犯嘀咕，那多难受啊，这难道不会影响生活质量吗？

我刚参加工作的时候，学院里许多本来和我不相干的事，都成了我的事。例如，办公室主任年龄大了，我帮她打水扫地；资料员年龄大了，我帮她取报纸；哪个老师的同学来看望他，我就亲自到这个老师家把他接来。虽然我只工作了一年，学院里我又是最年轻的，但是在一次全院投票中，大家一致要把唯一的一个涨工资名额给我。我找领导说："我不能拿这个工资啊！"他们反倒劝我说："你别难为我们了，你不拿就乱套啦！"

经常有的辅导员会问："为什么不给我评职称？为什么不给我评先进？为什么不给我提级？"你真的不知道吗？那是因为，你的"为什么"太多了啊，有的时候会不争而得！你们不是说："是金子早晚都会发光的吗？"我要说："种子埋得再深也会发芽！"

我调到省里工作的时候，组织部部长跟我谈的第一句话就是："我不认识你，你们厅长推荐你，考核得不错，好好干吧！"我没给那个厅长送过一分钱！辅导员朋友们，请你们记住：不要投机，更不要花钱跑官，跑来的官自己心理能平衡吗？更不能想办法"捞"，捞不好，就滑到"海"里了。

（四）引导学生做社会主义核心价值观的坚定信仰者

辅导员工作千头万绪，应当从哪里着手？最为重要的还是要帮助学生树立正确的价值观。用习近平同志的话说："就是要帮助学生系好人生的扣子，也就是要用社会主义核心价值观武装学生的头脑。"价值观是"总开关"，是锐利的思想武器，可以帮助学生明辨是非，可以帮助学生看清前进的方向。

如果价值观错误，学再多的知识又有什么用？培养什么样的人，怎样培养人，为谁培养人？这些问题只要看看学生带着什么样的价值观离开学校就清楚了。辅导员离学生最近，学生想什么你最清楚，如果不清楚，那就赶紧弄清楚，不然，你管住了学生的行为，却管不住学生的心。早一点在学生的心灵里种上"正确的价值观"的种子，让他们的心灵长出挺拔的"价值观"大树，只有这样，学生才能为自己"避雨遮阳"，才不会被狂风吹折，更不会被连根拔起，他们才会成为祖国建设的栋梁之材！辅导员的工作应当追求什么？这不就是你应当追求的最佳境界嘛。我做了三十六年的学生工作，听到过无数学生谈论他们的大学生活，千言万语里，最关键的词汇就是“价值观”。有个学生在做了厅级领导后，给我写了一封近五千字的信，他说：“大学里您跟我说过的话我都记住了，于我而言，您是我人生成长道路上的精神导师。”我还有个做了博士生导师的学生说：“我感谢专业老师给了我专业知识，但是我更感谢您引领了我的人生。”有个在中学当教师的学生也跟我说：“您的精神始终在激励着我前进！”

（五）激励学生自觉把个人的理想追求融入国家和民族的事业中

革命理想高于天。中国革命来之不易，中国特色社会主义伟大成果来之不易。显然，中国梦的实现也不会那么容易。大学不只是学知识的场所，更是学生树立崇高理想追求的地方。没有理想，在习近平同志看来，就是精神上缺“钙”，就会得“软骨病”。那就站不直，走不远。没有一代又一代青年学子，怀揣着远大理想走向未来，中国梦怎么能实现？

理想就是想得有理。教育学生不要胡思乱想。要把个人的发展同中国梦的实现结合起来。“要珍惜韶华、脚踏实地，把远大理想抱负落实到实际行动中。”“让勤奋学习成为青春飞扬的动力，让增长本领成为青春搏击的力量。”从小事做起，从自我做起，“一屋不扫，何以扫天下”。天上没有掉馅饼的好事，理想最喜欢奋斗的人。

“传道者自己首先就要明道、信道”，要坚持言传和身教相结合。我们理想的舞台有多大，学生理想的舞台就有多大。要想推动学生奋勇前进，我们首先就应当成为能够推动学生奋勇前进的人！

2005 年年底，我患了癌症，医生建议我做植皮、化疗、放疗治疗，我均拒绝了。

我需要的是时间，我想尽量地减少治疗的时间，我想尽早地回到辅导员工作中，我想尽早地回到学生中间。我在手术后刀口还没有长好的情况下，就坚决要求出院了。当我头部缠着绷带，在全省大学生纪念“一二·九”大会上讲话的时候，全场给了我雷鸣般的掌声。

什么叫讲中国的故事？讲中国的故事，就是讲每个中国人的故事，即讲你自己的故事。不能只当观众，给别人鼓掌。要当读者，亦要成为作者，写点自己的故事。只要你有理想，只要你的理想远大，学生就一定会集合在你的旗帜下，向着更加美好的明天进发！

（六）要教育引导学生理性爱国

爱国是永恒的主题。我们的祖国多么伟大啊！我国是世界四大文明古国之一，如今只有我们中国没有让古代文明消失殆尽，只是近代由于帝国主义的入侵，我们落伍了。今日之中国，在中国共产党的领导下，在亿万中国人民的努力下，我们又意气风发地前进在实现中华民族伟大复兴的征途上！别说我们这样有着五千年历史文化的大国，世界上有哪一个国家、民族会自甘消亡啊！

爱国是种情感，是非智力因素。什么是非智力因素？就是一个人的需要、兴趣、动机、情感、意志、性格等方面，就是要爱国，就是要尽量少地考虑自己。一个人的成功，智力因素会起到基本的作用。比如，无论你如何努力，想让植物人哪怕记住一个单词，也是不可能的。而无数实例证明：一个人的成功，非智力因素起到重要的作用。这个道理要让学生弄明白。

爱国，就要教育学生，正确认识世界和中国发展大势；正确认识和把握人类社会发展的历史必然性；正确认识和把握中国特色社会主义的历史必然性。教育学生自觉做到："道路自信、理论自信、制度自信、文化自信。"同时，还要教育学生：懂历史、懂政治、懂大势、懂责任，把满腔的爱国之情，化为坚定的报国之志、报国之行。

爱国，不是到大街上空喊口号，不能跟着感觉走。爱国要有实力，即拥有建设祖国的本领！众所周知，在联合国这张餐桌上绝对没有免费的午餐。落后就要挨打，这是已经被无数事实反复证明了的一个铁律。教育学生爱国，是辅导员工作不变的主旋律，爱国这首交响曲，需要辅导员和学生共同来演奏。

作为辅导员，你必须冲在前面。你的爱国，就是培养学生们爱国。让你的工作，因为学生们的爱国而变得更加精彩！

（七）注重学生思想的引领

思想是行动的先导，学生的一切行为都是思想引起的。学生的思想十分复杂，你要把握思想具有层次性的特点，首先要了解学生的政治思想是怎样的、辅导员是干什么的、为什么要有辅导员。说到底，你是为学生的思想进步服务的，特别是为学生的政治思想进步服务的。学生爱不爱党、爱不爱国、爱不爱社会主义，这方面的思想不能出问题。

学业上有了差错,还好弥补;思想有了差错,弥补起来就困难了。思想若被“腐朽”,那就必倒无疑,那你的工作还有什么意义?在“一球两制”的大背景下,学生的思想变得愈加复杂,这为你的工作增加了难度。但是请不要害怕,学生是讲道理的,大学就是传承真理的地方,而真理的光辉是遮挡不住的。马克思主义就是真理,邓小平同志说:“相信马克思主义的人一定会多起来。”对此,你要深信不疑!对外来文化,可以微笑,可以握手,可以拥抱,但是不能“永远躺在人家的怀抱里”,这样就会失去自主性和独立性。对学生中存在的一般性的思想问题,你也要过问和引导,比如学生的择业问题。就业率,是国家生产力发展水平问题,是国家就业政策问题,是学校培养的学生质量问题。不过话又说回来了,学生的就业和你还是有点儿关系的。关系在哪儿呢?学生为什么喜欢这个职业,而不喜欢那个职业?为什么愿意在这个地方就业,而不喜欢在那个地方就业?有的学生不顾贫困中的父母,买辆宝马车只为了向学妹求爱,学生有这样的择业观就需要你的引导。

“知己知彼,百战不殆。”要想做好思想引领,就必须对学生的思想有充分的了解和把握。你可能不知道这个学生每时每刻在想些什么,这可以理解,但是这个学生一般会想什么,你还是要清楚了解的。要争取工作的主动权,早发现学生思想的苗头,早化解学生思想的困惑,不能等问题出现了才感到突然、不可理解、束手无策。

(八)要不断提升理论水平

辅导员工作不是谁都能干的,干好了也真是不容易。做好辅导员工作需要许多方面的素质,其中理论素养就很重要。辅导员工作要因事而化、因时而进、因势而新。要遵循三个规律:思想政治工作规律、教书育人规律、学生成长规律。

“新”不等于创新,创新不等于盲干。创新需要你有理论素养,而理论素养不是与生俱来的,需要你不断地学习。你要有问题意识、有对学习的追求,你要把学习当成一种乐趣、当成你的一种生活方式。或许你会说:“我没有时间。”你怎么就没有时间呢?你若想什么都舒舒服服地,当然就没有时间了。

其实,每个人的时间都是一样的,你不是没有时间,而是你在有时间的时候没有忙“正经的事”。不是就你忙,别人为什么什么都没耽误呢?那是因为别人总是先忙完了“正经的事”,再忙别的事!例如,候车的时间不可以用来看书吗?乘车、乘船、乘飞机时有不准看书的规定吗?

你难道就不能从逛商场的时间里、从吃大餐的时间里、从歌厅和影院省出点时间吗?你不是没有时间,恐怕你即便是有点时间,也都用到为你的“没时间”寻找借口上了,你的一切“没时间”都是因为你的紧迫感太弱啊!

你的工作,需要你的清醒,需要你不断满足学生发展的需求和期待。你若不守好你这段“渠”,不种好你这块“责任田”,整天浑浑噩噩的,那么学生还怎么保持清醒的头脑?一定要多读书。

(九)提升思想政治教育亲和力

教育就是一种爱,爱是教育的灵魂。为什么学生常常对你的教育熟视无睹?难道是你讲得一点儿道理都没有吗?为什么有些家长没什么“道理”,孩子却听他们的?答案只能从亲和力、从爱那里去寻找。其中的道理就像“盐”对人体的作用一样,盐是人体必需的,可是你若是一味地往学生口里“倒盐”,学生一定不会接受。

爱,就像萝卜、白菜,把“盐”掺进菜肴中,人体自然就吸收了;爱,就像甘泉、乳汁,把理论融入其中,学生自然就悦纳了。爱,不是要给学生多少东西、多少钱。爱,就是要让学生感受到你的存在,感受到你是他们的主心骨;爱,就是让学生相信你就是他们的依赖。爱,就是时刻都在学生的身边,当他们无助的时候,你是他们第一个想到的人。

“距离产生美”不是普遍的法则。你离学生越远,你在学生心中的形象就越模糊,即便你留给学生的是“正影”,学生也会把它看成“侧影”,甚至看成“倒影”。

冬季的一天,校园内有块石头被大雪覆盖住了,偏偏刻在石头上的“爱”字露了出来。难道这是一种巧合吗?真是天公作美啊!我告诉我的学生们:无论环境多恶劣,爱无处不在,爱是掩埋不住的。心就那么大,快腾出地方装装你的学生吧!他们需要你的光亮、你的营养、你的力量。不要看别人怎样,不要看你身边的环境如何。“不以物喜,不以己悲”。做一个让爱相伴的人,做一个让学生感受到温暖的人!

（十）要特别关心那些生活困难的学生

生活的困难是把“双刃剑”：有的学生会被困难吓倒，抬不起头来；有的学生会正确面对，激发自己的斗志。有个学生说：“我感谢我的父母，是他们让我更早地懂得了责任和坚强！”这样的学生毕竟是少数。大家都知道，饿着肚子是很难要求进步的，饿着肚子也是很难把学习搞上去的。你要详细地了解学生的生活情况，要想办法帮助那些生活困难的学生。

你担负不起他的学费和生活费，但是你可以同他一起找到解决困难的办法，你可以尽量送去你精神上的安慰。你的一个眼神、一个微笑、一次尊重，或许都会给他莫大的鼓舞和激励；你的一条建议、一块面包、一个优盘，或许都会给他增添战胜困难的巨大勇气。这些事情你能做得到，不用等你有了雄厚的物质基础再来做，只需要你有一个善良的愿望、一颗仁爱的心！

你要知道，“每逢佳节倍思亲”。每次过节，你不能光顾自己玩乐，却不知晓生活困难的学生去哪儿了。学生过不好节，你也不能吃得舒服、玩得快活。其实，与学生同甘共苦，才能赢得学生对你的爱戴和尊重。

我曾经资助过的一个学生，他把工作后的第一个月工资寄给了我。他说：“父母创造了我的生命，您创造了我的人生！”虽然今天他已经走上了领导岗位，但是逢年过节的时候，他一定会看望我，他把我当作了一生都要感谢和报答不尽的人！

（十一）把学生干部队伍建设好

你带的学生太多，确实有些顾不过来。你要把学生干部队伍建设好，注意发挥学生干部的积极性。对学生干部要严格要求，这是对他们最好的关心和爱护，这也是做好辅导员工作必不可少的环节。

你不能宠着他们、护着他们，该批评就批评。不能因为他们而把你和普通学生一方隔在了墙里、一方隔在了墙外，这样学生就听不到你的声音，不知道你在要求什么。学生干部的选拔一定要公正，要让学生服气，学生干部就要有学生干部的样子，要有为同学服务之心。

学生干部就是你的影子，从学生每天睁开眼睛开始，学生干部的身影就晃动在学生们的眼前，如果“晃动”不好，自然就会影响学生们的“视线”。

学生干部要有工作能力，要敢于、善于管理。一支好的学生干部队伍会成为你的左膀右臂，若是学生干部起不到作用，甚至再跟你唱“对台戏”，那你的工作可就要大打折扣了。

学生干部最好实行轮换制，适时进行调整，让每个学生都有锻炼的机会，让每个学生都成功，这既是你工作的出发点，也是你工作的落脚点。

（十二）做好学生党员的发展工作

党员就是窗口，党员就是旗帜，党员就是方向。用党建带动学生工作，是条成功的经验。列宁曾经讲过，“徒有其名的党员，就是白给也不要。”入党不在于早晚，一定要培养学生在思想上入党。思想上不入党，这样的党员毫无价值。要抓好入党积极分子的理论学习，不能让他们读死书，专业知识是用来为人民服务的。要让他们理想远大，信念坚定，从现在开始就努力做到：家事、国事、天下事，事事关心。

不要只听他们怎样说，更要看他们怎样做。学校里没有什么惊天动地的大事，他们的思想境界就体现在细微之处：同寝室的同学病了，需要看医生、需要带饭，他们是否会主动靠前、是否心甘情愿；寝室卫生不好，他们是否会主动打扫，自觉保持；教室里的“长明灯”、水房里的“长流水”，他们是否会看在眼里，是否主动关上；他们是不是有好事就争抢或是互相谦让。总之，学习好只是基本的条件，不能把它作为发展党员的唯一条件。

千万不能让他们养成“腐败”的习气，这关键取决于你啊！怎么能给你送了礼，就列为积极分子？怎么能给了你好处，就可以发展入党？从小的方面说，这是害了学生，也害了你。从大的方面说，这样的党员将来不知会给党的事业带来多么大的损失呢！一些高官的落马，细究起来，恐怕在入党时就种下了腐败的“种子”。

（十三）要平等地对待你的学生

学生不会在意你的工作能力怎样，但是他们会很在意你是否公平。公平如血液流淌在学生的躯体里，你剥夺了本应属于他们的公平，这就犹如剥夺了他们的生命。哪个学生该入党，哪个学生该评优，哪个学生该得奖学金？就连寝室床位的分配问题学生都会在意。你不公平，学生就会疏远你；你不公平，学生就会瞧不起你；你不公平，学生就会在内心鄙视你；你不公平，学生甚至会永远记恨你。

不要把学生分成三六九等，每个学生都要平等对待。学生的家庭背景怎样,甚至学生的相貌怎样,这些都不能成为你与学生谈话与否的理由。爱是可以放大的,你公平地对待了应该得到公平的学生,其他的同学都能感受得到;恨也是可以放大的,你不公平地对待了应当得到公平的学生,其他同学也能感受得到。

我现在也是经常得到我过去带的一些学生的帮助,虽然我原来没有直接帮助过他们,但是他们说,我是一个公平的辅导员,我帮助了应该帮助的每一位学生。不要把自己变得那么浅薄、那么没有层次、那么没有品位。你和学生的关系不是"买卖"关系,不能太功利了,不能太短视了。不然,你就彻底失去了你在学生心目中的位置。如果真是这样,从眼下来看,你的工作会受到影响;从长远来看,你就会成为孤家寡人。

(十四)要让学生的心中有榜样

榜样就是力量,榜样就是前进的方向。马克思就是榜样!进入21世纪的时候,马克思被评为"千年伟人",马克思的思想日益放射出更加耀眼的光芒。马克思要想评"职称"的话,谁有资格给他评啊?!马克思要想高官厚禄的话,那可真是"不在话下"。对此,马克思坚决选择了放弃,他选择了贫困潦倒。马克思一直为最大多数人的利益而呐喊!

如果说可以抱怨的话,马克思最有"资格",那是一个资本主义占统治地位的世界。可是马克思深知,若是抱怨的话,还会有马克思主义吗?马克思之所以有这么伟大的成就,就是因为他追求了这样的人生境界:"面对我们的骨灰,高尚的人们将洒下热泪!"

你还要特别注意在学生中的榜样教育。要用身边的榜样教育感染他们。毛泽东就是榜样。在韶山,有条"毛泽东小道"。正是从这里,中国革命从胜利走向胜利。毛泽东曾有过"到中流击水,浪遏飞舟"的豪言壮语;在白色恐怖时期,毛泽东看到的是"星星之火,可以燎原"的广阔前景;长征途中,毛泽东留下了"三军过后尽开颜"的豪迈诗句;在社会主义建设时期,毛泽东坚定地相信:"在共产党的领导下,什么人间奇迹都可以创造出来!"

学习毛泽东,就要学习他那颗赤诚的心,他把全部智慧都奉献给了伟大的中国人民!

同辈群体的影响最直接、最有效的。这些榜样每天什么时候起床,每天什么时候睡觉，每天都在做些什么，甚至这些榜样每天怎样行走、怎样呼吸等学生都清清楚楚。要用身边的榜样触动学生的心灵，让学生扪心自问：“差距在哪儿呢？他们能做到的，我为什么做不到？”

作为辅导员，你尤其要成为学生学习的榜样，要敢于喊出“向我学习”的口号。你都不值得学习，更别说要学习其他榜样式的人物了。绕过你学榜样，榜样传递给学生的力量就会“短斤缺两”了。

我的一个学生来看望我的时候，给我带了一件刻有马的雕塑。他说：“老师，在大学里，您就像一匹奔腾不息的骏马，始终给我奋进的力量！”

（十五）帮助学生处理好情感问题

爱情是每个人一生中的一件十分美好的事情，要帮助学生们处理好。这个问题处理得好坏，对大学生的成长影响很大。“大学生是自我的一代，他们的情感和我们无关。”一些辅导员常常这样认为。其实不然。学生中出现的很多问题，如果“捋”一下的话，恐怕与“情”有关的问题最多。考试作弊，那是因为在花前月下浪费的时间太多；打架斗殴，那是因为担心梦中的“恋人”被人夺去；行骗偷窃，那是因为恋爱时死要面子变得囊中羞涩。

不错，从生理年龄来看，大学生含苞待放，这个阶段正是谈恋爱的好季节。但是，恋爱是一种社会行为，是一种社会生活，必须处理好学业和情感的关系，这就需要扬起理智的风帆。你可以问问你的学生：“你准备好孩子的奶粉钱了吗？”“你准备将来怎样孝敬你的父母？”“你准备一毕业就失业吗？”“你准备一辈子都成为‘啃老族’吗？”从社会年龄看，大学根本不是恋爱的最好季节，特别是有的学生一进大学就谈恋爱。恋爱需要的社会化内容太多，“早恋”是难以表现出丰富的社会化内容的。一进大学就谈恋爱，一定程度上可以说，这种现象表现最多的就是一种本能，一种生理的“发泄”，千万不要用“忠贞不渝”来形容这个时期的恋情。

要教育你的学生，如果恋爱了，就好好谈，本能的东西谁都有，没什么好显摆的。怎么能为了两个人的满足，在大庭广众之下，那么忘我、那么不顾一切呢？要教育你的学生，不管怎样，恋爱的底线是不能自杀。自杀是一种多么愚蠢的行为啊！我会跟这样的学生说，“你认为爱你的那个人，现在已经不顾你的死活了，而你怎么还能为他自杀呢？自杀，就是把痛苦留给了最爱你的父母，把‘欢乐’留给了最想离你而去的那个他。”

你是过来人，你有些体验，引导不引导学生结果绝对是不一样的。你引导得越早，对学生越有益；若对他们完全地放任自流，结局一定是收不住的。如果你现在也正在谈恋爱，那你也要注意你的言谈举止，因为你的恋爱观对你的学生，一定会产生这样或那样的影响。

（十六）要运用新媒体新技术使工作活起来

网络给人们带来了信息交流便捷的一面，同时网络这片田野也出现了“杂草丛生”的一面。今天的大学生都被“网”在了中央。马克思曾说，“手推磨产生的是封建主社会，蒸汽机产生的是资本家社会”——这里马克思阐明了生产力决定生产关系的道理。随着移动互联网3.0、N点零时代的到来，网络必然给人们的生活带来无法想象的变化，你现在所看到的，恐怕就是冰山一角。那你应当怎么办呢？

显然，你不能无所事事、被动应付，你更不能无动于衷、坐以待毙。你必须积极应对、主动出击。学生不是愿意在网上“跑”吗？那你就为他们“修路”“造车”好了。通过学生每天发出的微信，你可以捕捉到你需要的信息；通过每天观察学生关注的信息，你可以分析学生在想些什么、做些什么；通过微信平台，你可以及时地把你想要告诉学生的话告诉给他们。

我太感谢网络这个平台了！在不到四年的时间里，我给我的学生发了200多万字的信息。学生过生日了，我送上我对他们的生日祝福，这祝福少则几百字，多则上千字；我和学生们建立了“大学生与历史上的今天”栏目，我每天分析一个事件或人物发给我的学生们。记得“钓鱼岛问题”出现时，我引导学生怎样理性爱国；平安夜时，我引导学生怎样看待宗教；每逢毛泽东诞辰，我引导学生正确评价毛泽东。平日里，我和学生经常通过网络进行思想的沟通；假日里，我嘱咐学生要陪伴好父母、别忘记学习。就连学生在群里晒了一张吃饭的照片，我也会评论上几句：“现在还没到你讲吃的时候；现在吃多了，走不动了，将来想吃什么都没有了。”学生们给我回复的也有50多万字的信息，这里面有感谢、有感悟、有决心。我和我的学生们都在“网路”上迅跑，我们在共同寻找一个个“突破点”，我努力在学生前行的“车队”中引领他们的方向。

007

与辅导员们分享几句我和学生们分别时的赠言

亲爱的辅导员朋友们:

这两天你们是不是很高兴啊?我在微信里发了题为“尊敬的校长们,我想跟你们聊一聊”后,你们中很多人给我点赞,说我代表了你们的心声。我知道,我不说你们是不会说的,因为你们不敢说。我之所以要说出来,不是为了代表谁的问题,我是想让大家来认真地思考辅导员在大学生成长中的地位和作用,使辅导员能够切实成为大学生成长中的人生导师。因为你们对学生的成长所起的作用太关键了。

今天一早我就到了办公室,我打开电脑浏览着学生在分别时送给我的感言,我一边看,一边流泪。我好后悔啊,为什么当时不再多去一次他们的宿舍和教室?为什么不再多参加一次他们的活动?为什么不再多一次和他们谈话?为什么不再多一次给他们买些水果?我忙啊,难道忙是理由吗?我在任辽宁师范大学党委副书记的时候,常和机关学生工作干部到学生食堂吃饭。一次,食堂播放歌曲《同一首歌》,我听着听着就流泪了。团委书记问我为什么哭啦?我说生活太美好了,你们一定要认真地投入到工作中。你们现在一定要好好关心学生,当他们离开的时候你们想弥补已经来不急了。我现在就是有这种感觉,我感到十分愧疚。我想跟他们说:“孩子们,我做得不到的地方请你们原谅。我有机会会去看你们,我会等着你们回来!”

这里摘录几句我学生写给我的话语与你们分享:

(1)谢谢曲导四年来对我们的照顾,在上大学之前并没有想到能够遇到一位这样的辅导员,对我们的关怀无微不至,还经常给我们买些礼物,在学习和生活上都对我们十分关心,可以说我们有着曲老师这样的辅导员是非常荣幸的。

(2)在我们即将毕业之际,我对大学的四年生活依依不舍,对曲导也非常不舍,祝福四年来一直像父母般照顾着我们的曲导在生活中身体健康,事事如意!

(3)感谢曲导一路的陪伴,这四年来,曲导待我们总是如同孩子,带给我们的是无微不至的照顾和精心的教导。我们记不清收到过多少来自曲导的礼物。曲导外出总是记挂着我们,给我们带一些当地的特色零食,还有在端午、中秋等节日给我们准备习俗食物,让我们这些在异乡过节的学生们感受到家庭般的节日氛围。

(4)曲导除了在生活上对我们关心外,还注重对我们思想道德的培养,告诉我们人生不能输在品德线上。四年的大学生活很快就结束了,感谢曲导在四年中的陪伴和照顾,祝您身体健康!

(5)感谢曲导对我们的教育,除了强调学习的重要性外,您总是要求我们注重品格与精神的培养,教导我们做一名合格的大学生。最后,想对曲导说,尽管毕业了,但您的叮咛我们不会忘记。

(6)在上大学之前对于辅导员这一角色并没有概念,但是我知道在曲导四年的陪伴中做到了一个辅导员能够做到的所有事情,我们接近天空的每一次尝试,都离不开曲导在人生路上的传道授业解惑,在此我想对曲导表示最衷心的感谢,同时也祝愿曲导身体健康,一切都好!

(7)曲导,感谢您四年来的陪伴,我们在您的关怀下一步步成长,从初入大学校园的青涩胆怯到现如今的落落大方,我们在您的见证下一点一点长大。犹记得您常常教导我们识读大学。大学的确是很好的课堂,也是一本需要终身反复翻读的好书。我所理解的大学,是在解脱了高考赋予我们的精神和躯体上的双重枷锁后,解放自己的灵魂,释放自己的思想,陶冶自己的情操,练就自己的思想。在这座象牙塔里,我们哭过笑过,后悔过也绝望过,但是从未停下前行的步伐。因为您一直在路上,您一路的陪伴对我们来说是最大的鼓励和动力。

(8)曲导,您就是我们的父亲,我们爱您!

亲爱的辅导员们，黄金有价，真情无价！当我们每天都在这样的一些话语、身影的陪伴下度过的时候，我敢说，天底下绝不会有比我们更幸福的人了！

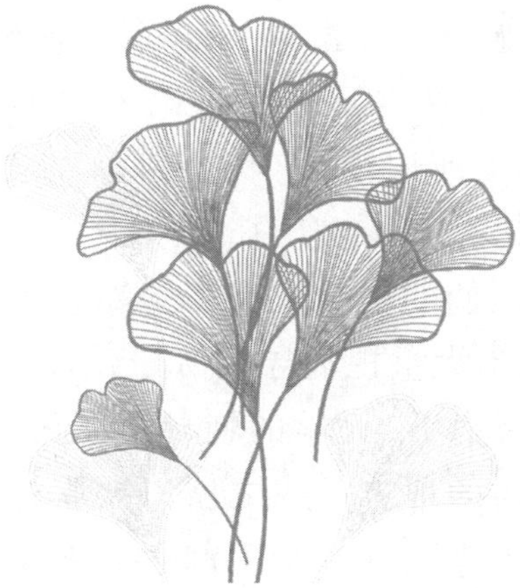

008

想对尊敬的校长们说的话

尊敬的校长们,我想跟你们聊一聊。这些话我不知憋了多久;这些话也不知折磨我多少个夜晚从梦中醒来。此时已是凌晨两点,我在床上翻来覆去地睡不着,我知道,这又将是一个难以入眠的夜晚。我应该怎么办?有些话,我早就想说了,之所以没说,我是觉得我没有资格;现在我不能不说了,我已经是一个年满六十岁的人了,不知什么时候就要“到马克思那里报到去了”,我若不说,你们的辅导员是不会跟你们说的!当然,这里的校长指的是那些极其少数不太重视辅导员队伍建设的校长。总体来看,这些年,在国家上上下下的努力下,大学的辅导员队伍建设还是得到了长足的发展,但是仍存在着薄弱的地方。我之所以要聊这个问题,完全是出于一个老辅导员的情结,希望能够进一步引起大家对辅导员队伍建设的重视,切实建设好这支队伍。

尊敬的校长们,你们没有理由不重视辅导员队伍建设啊!有的校长说:“我们学校就这样啦。”你们学校怎么就可以这样啦?建设好辅导员队伍是国家办好高等教育的要求。为此,2004 年 8 月,中共中央颁发了“16 号文件”;2005 年 1 月 17 日至 18 日,国家召开了“进一步加强和改进大学生思想政治教育工作会议”;2006 年,国家在上海召开了“辅导员队伍建设会议”,接着出台了教育部“24 号部长令”,以法规的形式对辅导员队伍建设做出了规定;2016 年年底,国家召开了“全国高校思想政治工作会议”,习近平同志出席会议并做了重要讲话,很快国家又下发了“中发〔2016〕31

号文件”。这些会议、文件、讲话，都强调了高校要建设好辅导员队伍。令人费解的是，为什么你们学校就不能按国家的要求来办？即便是民办大学也要按照国家的要求来创办。这不是学术问题，没有什么可讨论的，国家让你怎么办你就应当怎样办。是否重视辅导员队伍建设，首先是个认识问题，说得重一些就是态度问题，也就是是否与中央保持一致的问题、是否有看齐意识的问题。这不是扣帽子，这是办好中国特色社会主义大学的必然要求。

有的校长说，西方的大学没有思想政治教育。言外之意是我们大学的辅导员队伍纯属是多余的。我是世界上参观大学数量最多的人，目前世界上排名前100所的大学我去过六七十所，我怎么就没感到西方的大学没有思想政治教育呢？在耶鲁大学的校园里，矗立着一尊塑像，这个人叫内森·黑尔，美国独立战争期间他被英军俘虏了。英军想劝降他。当英军问他：“要杀死你了，你不遗憾吗？”内森·黑尔斩钉截铁地说：“我有遗憾，我唯一的遗憾是没有第二次生命献给我的祖国”。200多年过去了，耶鲁大学始终以这尊塑像代表着自己的办学方向。耶鲁大学的校训就是光明与真理。要知道，这可是西方一所著名的私立学校啊！什么叫西方没有思想政治教育，他们只是不用这个词罢了。像公民教育、人格教育、道德教育，这些是什么？不都折射着思想政治教育吗？大学是爱国的产物，若没有价值观教育，还办什么大学啊？

有的校长说，我想建设辅导员队伍，但是我没有编制。民办高校根本不存在这个问题，如果这样说纯属是借口。其实，在一定程度上，有的公办大学确实也有这种问题。招人需要向上级主管部门报批。可是让人纳闷的是，为什么在同一所学校其他专业缺教师就可以得到保障，到辅导员这里就没有保障啦？为什么招聘其他专业做教师就可以是事业编制，到辅导员这里就成了人事代理了，甚至有的学校对辅导员实行的是劳务派遣制度。如果学校对教师和辅导员能一视同仁的话，会出现这些问题吗？

有的校长说，我想给辅导员评职称，可是没有名额了。什么叫没有名额？你们学校副高职以上教师比例已经达到百分之四五十了，不是还年年评职称吗？辅导员按1∶200配备，有的学校连一个副高职都没有，怎么能没有名额了呢？还是一个指标分给哪个系里，分多少的问题？说到底，还是一个是否重视的问题。

有的校长说,我想给辅导员评职称,但是他们不够条件。诚然,有的学校辅导员队伍建设时间短,够年限评高级职称的辅导员可能没有,但是许多高校不存在这种情况。国家要求辅导员评职称须具备单独条件。什么意思呢?就是辅导员评职称要符合辅导员教师的特点。辅导员教师的学术特点是什么呢?就是高度的理论与实践的统一性。年年会有轻生的教师,即便发表的文章等级再高、出版的著作再多,这样的教师也年年评不上职称。辅导员教师的职称评定条件要与有些专业教师的条件有区别。他们的论文可以少些,但是必须要有工作业绩。就像教器乐的教师评职称,发表的文章再多,不能举办演奏会就不能评职称;或像教绘画的教师,只有文章没有美术作品不能评职称一样。这不是对辅导员的照顾,而是辅导员所依托的思想政治教育学科属性使然。

有的校长说,辅导员对提升办学水平没有用,这样认为未免有些偏颇。大学是以育人为核心的,大学的科技教育是为人文服务的,因为科技最终也是人文的科技。因此,大学培养人,必须注重对其价值观的引领。价值观错了,知识再多又有什么用呢?没有正确的价值观,就没有高质量的办学水平。辅导员是大学生的人生导师,他们是引领学生成长方向的,解决了大学生的精神动力问题,科技那点东西就好办了。我80年代做辅导员的时候带了80个学生,毕业的时候这些学生中有10个学生考上了硕士研究生。当时我们学校人文专业没有一个硕士点。这意味着什么?这些学生感谢专业教师给了他们知识,他们更感谢我让他们懂得了带着责任上路,懂得了没有奋斗就没有未来的道理。就在我带过的刚毕业的学生中,有个学生在家的时候和她的父母产生了思想矛盾,甚至要轻生。她的母亲告诉了我这件事,我改变了这个学生的思想。她母亲给我发来了微信,说孩子遇上我真是太幸运、太有福气了。我在这个学生毕业回家的时候还给她发了很长的一段微信,嘱咐她一定要坚定正确的价值观。她有天早上还给我回微信说:“谢谢曲导,您辛苦了!感谢您的支持和鼓励,我会好好地爱父母、爱生活、爱社会。有机会回大连看您。”一所大学,若是没有了人文、没有了思想政治教育,那会是什么样子?那就成了培训工厂、培训中心,培养的学生就都成了器物。我常想,若是大学里没有了这支辅导员队伍,大学会不会也是这个样子呢?

有的校长说,现在的辅导员根本起不到人生引领的作用。的确,一些辅导员是这样的。但是这怨谁呢？辅导员队伍建设是主、客观统一的过程。他们主观的努力很重要，但是我们客观上的努力也很重要。作为学校，你本来就不是按照职业化、专业化、专家化的发展方向选拔辅导员的，你的标准往往是能“管住”学生就行。本来他们就“先天不足”，你又把他们变成了“无限责任公司”，一些应当由后勤部门管的事情推给了他们，一些应当由教务部门管的事也推给了他们。许多不该他们管的事情都推给了他们，他们还怎么当好人生导师呢？不能因为他们年轻、他们听话、他们好使唤，便廉价地使用他们，工作要划清界限，尽管大学制度还不完善，你作为校长应当尽快地把它们完善起来。

尊敬的校长们，知道你们很辛苦，学校里的工作千头万绪，也都很累，但是能否建设一支职业化、专业化、专家化的辅导员队伍对你们来说太重要了。我在省里工作的时候常跟大家讲，学校党委书记重视辅导员队伍建设还说明不了学校对辅导员的重视，关键是校长重视。你掌握着学校的人财物大权，你的办学理念对学校的发展至关重要。重视学科专业没有错，但是忽视了灵魂的塑造那就失去了教育的意义。你不仅不能让学生输在知识的起跑线上，更不能让学生输在道德的起跑线上！

尊敬的校长们，习近平同志又提出了“要文化自信”。多么鼓舞人心啊！只有文化的超越才是根本的超越。我们不要夜郎自大，一切优秀的文化成果我们都要吸收，西方大学好的东西我们都可以拿过来学习。但是，我们绝不能妄自菲薄，我们的大学正在焕发出勃勃生机。我们绝不搞“普世价值”那一套，我们要为创造人类命运共同体提供价值追寻。这是多么大的气度、多么大的情怀，只有中国共产党人领导下的社会主义大学才能确立和实现如此崇高的价值选择和追求。这就要求我们，在大力提升高校的科技教育水平的同时，一定要大力提升高校的人文教育水平，要把立德树人作为教育的根本任务，即建设好教师队伍。如此说来，建设好辅导员队伍自然是建设好教师队伍的应有之意了，那就请各位再加把劲儿哦！

占用了你们宝贵的时间，实在是抱歉，说得不对的地方愿诚恳地接受你们的批评。

009

学生就业和辅导员的关系

每年一到学生毕业季，就业率便提到了议事日程。有的辅导员会说，“我们又要过关了”。因为有些学校把就业率全部“压”到了辅导员肩上，把就业率的高低作为考核辅导员工作好坏的重要指标。有的辅导员说，为了完成就业率，不得不求学生“帮忙”，甚至和学生一起造假，这样做使平日里的思想政治教育效果被冲淡了。

学生就业和辅导员是什么关系？从“理”上说，学生就业和辅导员没有太大的关系。学生能否就业取决于国家经济发展的水平，市场需求决定了就业的水平；学生能否就业取决于国家的就业政策，学生要算他大学四年的投入和所得划不划算；学生能否就业取决于学校的教学水平，就是说学校到底给了学生多少有用的知识以及学生的能力怎么样。因此，如果说就业和学校有关系的话，那么关系最为紧密的部门是教务部门，而不是学生部门，更不是辅导员。

我们还是从“理”上说，学生就业和辅导员也有着很密切的关系。辅导员是大学生的人生导师，是帮助大学生确立正确人生价值观的人。择业观是大学生人生价值观的重要组成部分，辅导员应当对大学生的择业观加以引导，加以关注。择业观不正确，即便就业率再高也没有什么意义。有一次我在一所大学里看到这样一个场景：有个从该所学校毕业了几年的学生，创办公司挣了点钱，便买了一万支蜡烛雇了几个人帮他摆了“Love You”造型，以向学妹求爱。如果挣钱就是为了找爱人，这样的择业观还是应当引导的。还有的学生，有了钱之后便任意挥霍，“今朝有酒今朝醉”，完全活在了“当下”。这就需要辅导员在学生上学时早些介入，不然就可能出现这样的结果。

当然，辅导员也要以积极的心态看待当前帮助学生就业的问题。现在的大学制度毕竟不完善，加上学校有的领导同志还没有从职业化、专业化、专家化视域考虑如何建立辅导员队伍，这就使辅导员还不能静下心来，专心做人生导师的事情。从一定程度上看，就业率又关系到学校的生死存亡，尤其是那些非研究型的大学。此外，就业对于学生来说又是一件大事，所以，辅导员应当能多帮助一个学生就业就多帮一个，这就不要算得那么清了。还有个别的学校要求其他专业教师也要“承包”几个学生的就业，按理说这更没有道理了，可是眼下个别的学校就这样做了。校长一定也有校长的难处，大家相互理解吧。不过“功夫全在功夫外”，如果学校真的在乎就业率，就不能只是重视专业教育、技能的培养，一定要以德立校，使学生具有良好的道德品质。这既是学校教育的本质要求，也是学生就业的有力促进。我去陕西渭南铁道职业技术学院考察过，这所学校抓的就是以德立校，当你走在校园里的时候，学生基本上能够做到向来访者问好。他们成了道德“品牌”，一些用人单位一听说是这个学校的毕业生就愿意接收。而我们即便在“985”的高校里，当你向有些学生询问事情的时候，他们会显得不耐烦，因为你打扰了他们，影响了他们搞学问的时间。这就是学校以德立校的差别。

“临时抱佛脚”是不行的。要在乎学生的就业，就要让辅导员参与其中，平日里要重视辅导员队伍建设，为他们做好本职工作创造条件，而不能简单地，甚至武断地把就业率强加到辅导员的头上，这样做不仅会让辅导员承受很大的压力，更重要的是这违背教育的规律，培养不出优秀的学生。当然，无论是学校还是辅导员，造假还是不好的，这是教育之大忌。这又涉及有关部门对学校办学质量的评价问题。

010

为辅导员开展工作创造条件

近些年来，在国家的重视下、在地方党委的领导下、在各高校的努力下，辅导员队伍建设得到了长足的发展，辅导员开展工作的条件也不断地得以改善。许多地方政府、高校设立了用于辅导员开展工作的专项资金，为辅导员开展工作创造条件。但是辅导员们对此认识并不一致。

我在担任辽宁省委高校工委副书记的时候，负责中共中央“16 号文件”的贯彻落实。在筹备我省大学生思想政治教育工作会议、制定我省实施意见的时候，我建议为保证辅导员很好地开展工作，给辅导员每个月 200 元工作经费补贴。有的同志不同意。他们说：“辅导员辛苦，公安辛不辛苦？消防员辛不辛苦？其他教师辛不辛苦？”我说：“公安辛苦，公安抓人的枪是用自己工资买的？消防员辛苦，消防救火的云梯是从自己家扛来的？给辅导员 200 元不是考虑他们辛不辛苦，而是考虑他们开展工作的需要。”辅导员要带几百个学生，他们手机要二十四小时开机，要经常用电话沟通事项、与学生交流，遇上心理有问题的学生，辅导员就要跟他们“软磨硬泡”，不然你放下电话学生就有可能出现意外。还有，学生患病住院，辅导员要到医院看望等。这样的一些费用由辅导员个人工资负担确实不太合理。这就如同在大学里工作的化学实验员，所穿的白大褂不是用自己工资来买的是一个道理。还有的同志更是不加考虑随意地说，“他们（辅导员）不是愿意干吗？”什么叫作愿意干？有哪个领导不是愿意干的，那还按级别给工作补贴干什么？这可不是愿干不愿干的问题，也不是觉悟的问题。后来，辽宁省委在文件中做了规定，每个月给辅导员200元工作补贴。现在各地、各高校都在贯彻落实2016年12月召开的全国高校思想政治工作会议精神。从已经见到的省级和高校的文件看，有的将为辅导员开展工作创造条件做了明确的规定，有的还是在"坐而论道"，也有的把这部分费用搅和在工资里，没有很好地解决这个问题。

当然，有了良好的客观环境，我们更要努力地工作，即使条件不如意，我们也要努力地工作，任何时候都不可能有尽善尽美的环境。对建设职业化、专业化、专家化的辅导员队伍，各地、各高校的情况千差万别，眼下各地、各高校的认识还难于达到高度的统一，这需要有关部门来解决。作为辅导员可不能置气，不能懈怠维护学生的利益，不能影响对学生的服务干劲。我刚当辅导员的时候，有个学生患病住院。学生做手术的那天早上，正赶上下大雪，交通瘫痪了。我顶着大雪，走了十多里路，当时好多路段只有我一人在走，身后留下了一串串艰难的脚印。待赶到医院的时候我已经成了一个"雪人"。当我赶到病房，这个学生正躺在手术车上，马上要往手术室送。见我来了，学生的眼角立马噙满了泪水。我握了握他的手，此时无声胜有声。他点了下头，我扶着车把手，陪着学生走向手术室。趁这个学生做手术的时候，我到医院小卖部给他买了水果、糕点、生活用品。那时没有人给我拿钱。几十年过去了，当谈到大学生活的时候，这个学生说，大学里给他印象最深的就是他手术那天的早上，窗外下着大雪，在他认为他很孤单、不能有人来看他的时候我出现了。

辅导员们，路是走出来的，一切的抱怨、牢骚都无济于事。三十多年过去了，如果我当年也是一味地等待的话，我就不会走到今天。我们渴望着一切都那么美好，而一切美好都在我们的奋斗和付出之中！

011

辅导员不是筐，不能什么都往里边装

辅导员是大学生的人生导师。什么是人生导师呢？人生导师就是帮助学生确立人生方向，因此，辅导员的主业就是告诉学生什么应当做，什么不应当做。不能给学生解疑释惑的辅导员不是合格的辅导员，更谈不上是优秀的辅导员了。有的辅导员说，学生和他们有代沟。即便真有代沟的话，一个重要的原因也是我们一些辅导员做不了自己的“主业”，不能名副其实地成为学生的人生导师，不能给学生正确的人生引领。这样，辅导员就“怕”学生了，不自觉地疏远了学生；学生认为同辅导员交流等于浪费时间，也会主动地离开了辅导员。

辅导员做不了“主业”，原因何在呢？外因是变化的条件，内因是变化的主要动力，外因通过内因而起作用。出现这样的问题首先还是要从自身找原因，为什么在同样的环境下，有的辅导员的人生导师作用发挥得好，有的人生导师作用发挥得不好呢？当然在客观上也有原因，一些不科学的做法一定程度上影响了辅导员人生导师作用的发挥。

在一些人看来，辅导员就是个“筐”，什么事情都可以往“筐”里装。现在辅导员干了许多不该他们干的活，或者说干了很多不应成为他们“主业”的活。有的学校把收缴学费的活全部给了辅导员，把它纳入到辅导员考核的重要内容中，甚至辅导员年终奖金分配的多少与学费收缴的多少直接挂钩；有的学校把寝室卫生管理全交给了辅导员，辅导员成了宿舍管理员。学校变着法评比宿舍的卫生，辅导员的主要精力都用到了卫生管理上；有的学校还把英语四六级过级率压到了辅导员身上，而这明明就是教务部门的事嘛；有的学校把学生课堂出勤率也交给了辅导员管理，每天让辅导员“赶着”学生来上课。有的专业老师更是理直气壮地找到辅导员，责问辅导员是怎么管的，为什么学生不来上课？教学过程主要是由教师负责的，学生上不上课主要在教师是怎样组织教学的，与辅导员真没有什么大的关系；有的学校把食堂就餐秩序交给了辅导员，而不是在提高服务质量上下功夫；此前推送的文章中还谈到过有的学校把就业率全压给了辅导员，这里就不再赘述了。这样说来，不是说辅导员不可以参与管理，可以说思想政治教育本身就是一种管理。问题是管理一定要与辅导员的主业相一致，管理也是为教育服务的。辅导员管理什么、管理到什么程度、怎样进行管理，这些是由思想政治教育所要完成的任务和思想政治教育发展的内在规律决定的，不是“拍脑门”决定，不能太随意。

学校无闲人，人人都育人；学校无闲事，事事都育人；学校无闲时，时时都育人；学校无闲处，处处都育人。学生是学校的学生，不是辅导员的学生。对学生的教育管理，人人都有责。还是应当划清工作界域，各负其责，这样职业化、专业化、专家化的辅导员队伍才能建立起来；辅导员是大学生人生导师的作用才能得到最大限度的发挥；思想政治教育的价值才能得到最充分的体现。

012

“向上”与“向下”

全国辅导员职业能力大赛已经连续举办了五届，在全国高校中产生了很好的反响，在辅导员队伍中反响尤其强烈，许多辅导员将能参加一次国家级的辅导员职业能力大赛当成了追求的目标。应当说大赛精心的设计、良好的组织，选手高质量的发挥，都为大赛增添了光彩。大赛已经成为高校辅导员工作的一个盛会、一个品牌，大家欢聚一堂，共谋辅导员发展大计，推动学生工作的水平不断提升。各高校对大赛也是越来越重视，认真准备，积极参赛，以借大赛展现自己学校的风采；一些辅导员为了取得好的成绩，更是下尽了功夫，废寝忘食地加以准备，既想展示自己的能力，又想为学校争光。

各高校的广大辅导员应当怎样看待职业能力大赛呢？这里谈几点个人的看法：一是各学校一定要重视职业能力大赛。因为大赛是一个标杆，也是一个方向、一个引领。通过参赛，辅导员能够学到许多好的经验，各高校也能看到自己学校辅导员在职业能力上与其他学校的差距，进而采取措施，加强辅导员队伍建设，改进自己学校辅导员在职业能力上的不足。二是要把“点”和“面”结合起来。辅导员职业能力大赛的目的，是要推动辅导员队伍的整体建设，让广大辅导员认识到职业能力的强弱直接影响到学生工作的效果。辅导员必须从主观上努力，按照应当具有的职业能力的要求提升自己。这里一定要注意整体性，就是说要让每个辅导员都动起来。不能为了参赛而参赛，为了取得好名次，搞“一俊遮百丑”，选几个“尖子”，加强培养，甚至进行封闭式训练，大赛成了几个辅导员的事，好像与其他辅导员毫不相干。三是注重实际工作的效果。大赛不是目的，提升工作水平、取得教育实效才是根本目的。因此，不要太看重比赛的名次，那只是“向上”的点，这里极为关键的还是“向下”的面，也就是说要提升学生工作的普遍水平。因此，在重视大赛的同时，还要抓好日常的思想政治教育管理工作，夯实思想政治教育的基础，增强学生教育管理的针对性、实效性。辅导员个人更不能因为参赛取得了好成绩而沾沾自喜，俨然以高人一等自居。总结参赛的经验是可以的，更为重要的是多多总结学生工作的经验，把自身培养起来的职业能力充分运用到学生教育管理中，将能力培养与教育实效结合起来才会更有示范意义。

衷心祝愿全国辅导员职业能力大赛越办越好，放射出更加耀眼的光芒！

013

忆我刚做辅导员的日子

我刚做辅导员的时候，学校给我分配了一个工作室，也就是一间寝室。这个工作室设在学生宿舍里。我没有舍得自己住，我当时从我的三个班中分别选了一个有特点的学生和我住到那个房间。这三个学生中一个年龄最小，我怕他管不住自己；一个性格内向，跟他父母都不怎么讲话；一个是非团员，我怕他表现不好。当然在加强对他们教育的同时，我通过他们，更多、更及时地了解到年级学生的一些情况。现在强调辅导员进公寓，基本上是辅导员单独住的。我那时就开创了辅导员住公寓的先河，并且我还与学生住一间寝室。

我当时在历史系当辅导员。我住的这间寝室与中文系女生寝室在一个楼层。因为给这些女生的起居带来了不便，起初中文系的女生对我们很反感，尤其是对这三个男学生。为了尽量少与这些女生相遇，像寝室打水、倒垃圾这样的活我就尽量多做些。为了求得她们的理解、缓解和她们的关系，我就挨个房间做解释。人心都是肉长的。当她们了解了我为什么让这三个男生和我住到一起后，她们风趣地说："我们的辅导员要是能这样，住到我们房间都行。我们都是姊妹，看一眼就看一眼，没什么了不起。您告诉您的学生，他们想什么时候出来，就什么时候出来。"她们的话语令我很感动，更激起我做好辅导员工作的热情。

014

辅导员工作一定要抓住根本

辅导员工作的根本是什么？就是帮助大学生“系好人生的扣子”，也就是让他们自觉地做到“四个自信”（文化自信、理论自信、道路自信、制度自信）。一个读了大学的人，对自己国家要走的道路不认同，对自己国家要坚持的理论不认同，对自己国家的政治制度不认同，对自己民族要坚持的文化不认同，这样的大学生即便知识再多、能力再强，又有什么用呢？他们不仅不会成为社会主义事业的建设者和接班人，还可能会成为国家发展的阻碍者、破坏者。

大家都知道，最初建立辅导员制度的时候，辅导员前是有“政治”这个定语的。所谓辅导员，就是政治辅导员。什么叫政治辅导员？就是管政治方向的，也就是说，社会主义大学培养的学生，政治上不能出问题，个人发展的方向一定要与国家的利益相一致。现在，我们已经不用“政治”这个定语了，通称为辅导员。这是说辅导员的政治属性没有了吗？当然不是，只是说辅导员的内涵更丰富了，并不意味着辅导员可以不做政治思想工作了。从社会主义大学的性质来看，做好大学生的思想政治工作始终是排在辅导员工作的首位的。这是辅导员工作的根本，也是辅导员职业化、专业化、专家化的立命所在，不然的话，还要辅导员队伍干什么？

前些天，我在公众号上发了一篇《辅导员不是筐，不能什么都往里边装》（前文已提及）的文章，大家看得很踊跃，直接阅读量就达到16500人。辅导员应当明白我的意思，我是希望在你们的工作中，能有个很好的外部环境，保证你们能够精心、净心、专心地做好你们的本职工作，特别是完成好你们所担负的根本任务。但是，我之所以提出了这样一个问题，从另一个方面也恰恰说明，现在还没有达到这样一个良好的环境，有的环境还很差。中共中央“16号文件”已经颁布三四年了，全国高校思想政治工作会议也召开了很长时间，整体工作环境有了很大的变化，但是发展很不平衡，至今仍然有学校不承认辅导员的教师身份，不给辅导员评职称；至今没有几所高校辅导员的工作界域是清晰的。“等靠”不是办法，这会磨灭你的锐气，耗掉你的胆识。你只能勇敢地奋起，坚定地朝着你前进的方向努力。你现在被这样那样一些不应属于你的“杂事”缠身，这是坏事，也是好事，它会警醒着你千万不能忘了你的“正事”，这关键要取决于你能否有一个积极的心态。要知道，马克思是在什么环境下创立了马克思主义；南非前总统曼德拉在监狱28年，成就了他民主的思想；著名的经济学家薛暮桥先生，在狱中也没有影响他对社会主义经济的思考；习近平总书记，在延安插队期间，虽然环境十分艰苦，但是他抓住学习不放松，艰苦的环境为他形成执政为民的思想奠定了很好的基础。

“咬定青山不放松。”辅导员的工作一定要紧紧地围绕着根本任务来进行。我于1982年留校做辅导员工作。那时的“杂事”很多：系领导支使你到某某老师家把他找来那是常态，到食堂维持就餐秩序更是考核辅导员工作好坏的一项重要内容。现在第一项“工作”对于辅导员来说一定是绝迹了，第二项“工作”应当也罕见了吧？我当时想，我是对大学生进行思想政治教育的，就是要帮助大学生树立正确的世界观、人生观、价值观，因此，不管有多少“杂事”，只要完成了，就要做自己的“正事”——开班会、搞活动、找学生谈话，不变的主题就是对学生进行价值观的教育。我有个学生，现在已经是局级干部了，在我辞去省教育厅领导职务又回到高校做辅导员的时候，他主动给我写了一封几千字的信。这封信的题目是《我的精神导师》，他说：“的确，在大学里与学生接触最多的应该是辅导员，彼此之间的距离也应该最近，但实际做起来则要看他的心是否愿意真正贴近学生，是否愿意把时间花在学生身上。我们当然不能期望总是在老师的护佑下生活，我们终要独立地成长起来，然而在这一成长过程中，无疑需要一个精神导师的正确指引。我敢相信，无论当时还是后来，恐怕并没有多少人真正理解和热爱辅导员工作，大多数人只把它看作一种职业，即使做了亦未必安心;也不愿深入探究思想政治工作,感觉耗时费力又未必讨好,怎能比得上当个专业课教授更体面、更轻松、更是“正道”呢。而曲老师却从中看到了另一片天地、另一番风景,于我而言他恰是我成长路上的一位精神导师。”我如果当初就在那等,而不是“闯出”一条路的话,今天的我还能当上教授、博士生导师?还会受到大家的尊重吗?

亲爱的辅导员朋友们,你们管住了学生的行为,却管不住学生的心。思想政治教育的最大成功是心灵的唤醒,在今天,就是让学生自觉地做到“四个自信”。如果你有了这两下子,你还怕什么?这是你舍身立命的坚强支柱!内心的强大才是真正的强大,你想等着别人怜悯你吗?或许你会被“双重晋级”,但是你的“含金量”有多少?这个你心中要有数。“市场”的行情是在不断变化的,“交易”的方式也在不断变化,“顾客”的需求也是在不断变化的。你想过没有,待大学制度完善了,那些杂活还会有吗?待真正实行“完全学分制”了,还会以这样的选人制度用人吗?没有了杂活,你能干什么?若真正由学生来选老师的话,你能选上吗?没有远虑必有近忧啊!为什么你们中有的人到今天走投无路了,只能靠着施舍、怜悯,说到底是你等得太久、观望得太多,本该用于培养自己、做“正事”的时间,都被你白白浪费掉了。你不被淘汰谁该被淘汰,你不出局谁该出局!

记住我的话:无论怎样,紧紧地抓住根本任务才是你工作的根本!一切犹豫、彷徨、等待、观望,一切评头论足、牢骚满腹都无济于事。抓住辅导员工作的根本,既是事业的需要,也是辅导员队伍职业化、专业化、专家化的需要。

015

平等地对待每一个学生

中华传统文化中非常强调“平等”的思想。“不患寡，而患不均”，这样的理念深深地植根于每个人的心灵里。很多毕业生在谈到他们的大学生活时，辅导员的能力怎样他们并不太在意，但是辅导员如果对他们不公平，不能平等地对待每一个学生，他们会永远“记恨”在心里。所以，辅导员要想得到学生的尊重、做好学生的思想政治教育工作，就要做到平等地对待每一个学生。

平等地对待每一个学生是从分配学生寝室开始的。（现在许多高校的寝室分配由后勤部门负责，学生工作部门应当介入，共同来制定寝室分配办法。）每年新生入学前夕，都会有些新生家长通过各种关系找到学校、找到辅导员，希望辅导员能够把他们的孩子分到居住条件好一点的房间。比如在北方的高校学生寝室，朝阳的房间和背阴的房间温差很大；住在下铺的同学比住在上铺的同学要方便一些（也有愿意住在上铺的），因此一些家长就希望能把自己的孩子安排在朝阳房间的下铺。而这样的家长一般都是有点“能量”的。我们有的辅导员就迎合了家长的要求。待新生来到学校之后，他们从老生（他们自己也很快成了老生）那里马上就明白了，寝室原来是这样分配的啊：谁住在哪个屋、哪张床，都是由家庭背景和与辅导员的关系远近决定的。如果学生们真的有了这样的看法，那你的思想政治教育就像下围棋一样，已经输了先手。

我在学校当党委副书记和在省里做高校工委副书记的时候，经常到学生寝室走走。每当这时,我都会"有意"地问问住在这个寝室的学生家是哪里的、父母是做什么的。我也经常通过我资助的学生,了解他们寝室学生的情况。像住在上面提到的条件好些的房间(床位)的学生家庭背景一般要好于条件差些房间的学生,这是一种偶然吗?这里是不是也不同程度地折射出了对学生的不公平?

辅导员要切忌因为学生家庭背景的不同,给予学生不同的待遇,这样很让学生瞧不起。其实那些得到了你的"恩惠"的学生在内心里也是瞧不起你的。我在做学院党总支副书记的时候,有个学生的家长是市委书记,他的舅舅是我们市的常委、组织部部长,他得到的是我另一种"关照":我到寝室从被窝里把他撵到操场做操;他上他舅家不按时归寝,我给他舅写信,让他舅督促他按时返校,不然我就要处分他;我坚决改掉了他在学校吸烟的习惯。他毕业的时候我已经离开这个学院了。他找到了我家,见面后他就给我鞠了一躬,接着又要鞠一躬,他说这是替他爸爸做的。他还说现在他真明白了谁是真的对他好。他的父亲后来是位正部级干部、中央候补委员,给我拜年的时候总是客气地说:"小曲老师您好,我给您拜个年。"我在教育厅工作的时候,这个学生的父亲到过沈阳,还专门请我吃过饭,我们聊得很投机。这个学生现在发展得也很好,是个局级干部,他还专门到大连看过我。他说:"老师,我很佩服您。若不是您当年那样管着我,我就没有今天这个样子。"

现在又到了给新生分配寝室的时候了。辅导员一定要把握住自己。我也知道有的辅导员是不得已而为之,也是碍于情面和压力,才做了违心的事。这怎么办呢?我的看法还是应当把学生的利益放在第一位,不能影响了对学生教育管理的效果。该得罪的只能得罪了,这也没有什么了不得的。对家长、领导、同事、朋友、同学的得罪都是暂时的,也能够得到理解;得罪了学生却是不应当的,而且这种得罪或许会使学生刻骨铭心的。

016

每逢佳节倍思“贫”

昨天我写了《出生于什么样的家庭是无法选择的，人生的价值是可以创造的》一文，那是从生活困难学生自身角度来谈的。那是告诉他们抱怨生活是毫无意义的，必须“穷且益坚，不坠青云之志”，懂得“打倒你的只能是你自己”的道理。而从教育者的角度来看，我们就不能把贫困只看成他们自己的事，就应当想方设法帮助他们克服困难，使每一个生活困难的学生都能时时感受到一种温暖、感受到爱的关怀。特别是在节假日的时候，当我们在想在哪里、怎样过节的时候，一定要想那些生活困难的学生怎样过节。思想政治教育是什么？它就是一种服务，就是要满足学生的需要。大道理要讲，“小事情”更要做。战争年代，官兵一致，当首长的给战士盖一下被子就管用，为了建立新中国，这些战士们就出生入死、奋不顾身。我在任省委高校工委副书记的时候，我经常跟从事思想政治教育工作的同志讲：“当你们开着名车、戴着闪闪发光的金银首饰、穿着名牌在学生面前讲什么是社会主义的集体主义的时候，有的学生饿得头都抬不起来了，这样的集体主义教育能有效吗？这不是说要你管他们的学费、饭费，而是说你们心中要有学生。当学生病了的时候给学生买点水果的钱总是可以‘省’出来的吧？”我从事了三十五年的大学生思想政治教育工作，我无论在哪个岗位上，都把“每逢佳节倍思‘贫’”作为我的工作理念，并在实践中力所能及地践行这样的理念。

我刚毕业留校做辅导员的时候，正月里我到学生家家访。有个学生在山上弄花泥，我到大山里找到了他。临走的时候我给了学生十元钱，当时十元钱占到我工资的三分之一了。虽然我家也很困难，但是我觉得那时的学生比我更需要。三十多年过去了，这个学生，还有他的母亲，总是把这次过年期间的家访挂在嘴上，他们对我似乎有一辈子也“报答”不完的情。

我在辽宁师范大学当党委副书记的时候，中秋节的晚上，我将全校几百名家庭生活困难的学生集合在学校办公楼前的广场赏月。学校给每个学生准备了丰盛的月饼和水果。军训教官和学院领导、辅导员代表与这些困难的学生一起赏月。我还为学生们安排了精彩的文艺演出，学生们一边赏月、一边欣赏着文艺节目。许多学生在谈到他们大学生活里难忘的一件事时都提到了“中秋赏月晚会”。我在教育厅工作期间，有一次在省政府开会，有个学生还跟我说：“那时我们都认识您。您为我们困难学生举办的‘中秋赏月晚会’令我们难以忘怀。”那时，元旦前夜我还组织困难学生自己包饺子，大家一起过新年，欢歌笑语满校园。这些生活困难的学生找到了“家”的感觉。

在省教育厅工作期间，每年春节前夕，我都把走访困难学生家庭作为主要的工作。我尽量地多去一个学生家，这样这个家庭就可以得到一笔“慰问金”，就可以过个好年。

我还特别关注孤儿大学生都是怎样过年过节的。我去过孤儿的家，了解到有的孤儿生活非常艰难。他们常常“躲年”，这是我的用语。有的孤儿没有地方过年，就到网吧过年；有的孤儿靠吃方便面过年。为此，我给省政府写报告，建议免除孤儿大学生的学费和住宿费。省里同意了我的建议，决定从 2013 年开始，在辽宁省高校读书的孤儿大学生一律免除学费和住宿费。有的孤儿大学生知道这件事是我推动的，便通过辅导员向我转达谢意，表示决不辜负党和国家的关心，一定努力成才，以报答这份关怀。中秋节的时候，我还在沈阳召开了驻沈地区困难大学生代表座谈会，几百人欢聚一堂，共庆佳节。这些困难学生切实感受到了思想政治教育送给他们的那份诚挚的祝福、那份满满的爱。

我辞去省教育厅领导职务，到大连海事大学做了一名辅导员。学校给了我很好的工作条件。学校聘我为二级教授，每年能有二十多万元的收入，我太满足了。我哪怕每年花一半在学生身上，剩下的比在省教育厅的收入还要多。中秋节的时候我给每个学生买一份月饼；端午节的时候给每个学生买鸡蛋和粽子；国庆节的时候请没有回家的困难学生吃饭；春节的时候给家庭生活困难的学生发红包。有个学生在给我的感谢信中说："在大学里不仅学到了知识，更学到了怎样做人。"她也要做个像我这样的人，把温暖送给别人。

应当说，这些年在帮助生活困难学生方面，国家、社会、学校做了大量的工作，包括思想政治教育工作者也在尽力地做。但是，做好这项工作还是有空间、有余力的。特别是作为一名思想政治教育工作者，我们是这些可爱学生们的人生导师，是他们的长辈，我们要过好节，困难学生也要过好节。这里有经济上的花费问题，但是这不是主要的，主要的还是要有"每逢佳节倍思'贫'"这样一份情。学生是很懂事的，他们心里都有一杆秤，你心里只要有他们就可以了，你尽没尽力他们是能够感受得到的。

017

谈话法：思想政治教育最简便、最有效的方法

方法，就是桥梁。想过河，就得有方法。思想政治教育的方法是什么？长期的思想政治教育实践使人们总结了无数的方法，也都取得了较好的效果，这些方法都值得不断加以运用。我从 1982 年毕业留校做辅导员算起，至今已经有三十五年的大学生思想政治教育实践经验，我个人的体会是：思想政治教育最简便、最有效的方法就是“谈话法”。所谓谈话法，就是与学生面对面地交流，用正确的理论帮助学生解疑释惑。谈话可以同单个学生单独进行，也可以同多个学生同时进行。

我有个学生现在在中华人民共和国澳门行政区办事处工作，是位厅级官员。在赴任前夕，正好也是我辞去省教育厅领导职务的当口，他给我写了一封长达几千字的信，信的题目是《我的精神导师》。他跟我说，他在大学读书期间，我同他在操场、教室、寝室、走廊谈了无数次的话。这些话我可能都记不住了，但是他一直记在心里。他从内心感谢我对他的人生引领。

我 1982 年做辅导员的时候还带过这样一个学生：这个学生很偏激、有“主见”，对许多问题都形成了自己的看法。这个学生有个特点，不胡搅蛮缠，愿意讲道理，但你必须让她心服口服她才真的能服。就这样，为了做通她的思想工作，我先后同她进行的仅时长一个小时以上的谈话就有 28 次。她服了。现在她是名教师，她的孩子也大学毕业参加了工作。有一次见到我的时候她说：“谢谢老师当年耐心的开导，不然我不知道自己现在会是个

什么样子。”

那时我每天都第一个到学生的教室，因为我和学生有个“课前五分钟”的集体谈话。我要求学生们每天提前十分钟到教室，我趁着学生还没有上课的时候把校内外发生的大小事情做一下分析，告诉学生哪些是对的、哪些是错的，哪些他们能做、哪些他们不能做。当四年大学生活结束的时候，全年级 80 个学生没有一人违反校规校纪；有 10 个学生考上了硕士研究生，而 1986 年的时候，他们所学的专业还没有一个硕士学位点。这意味着什么“你懂的”。后来他们中还有一人考上了北京大学的博士生。

我在大连海事大学做辅导员时，我坚持和学生的谈话不断。每个学生在新学期开始的时候，我都要和他们分别谈一次话。谈话根据具体的情况可长可短。我年级有分别来自新疆和西藏的两个少数民族学生，四年里我同他们谈过的话不计其数。长的时候个把小时，短的就是见面的时候过问几句。像新疆那个学生，因为是个小伙子，我就经常拍着肩膀跟他说：“好好表现，有困难找我。”通过谈话，我可以及时地了解学生的思想变化，以指出他们应当注意的地方。

我在每学期开学的时候，都对全年级学生进行集体谈话，我帮助他们总结上学期的表现，嘱咐他们这个学期应当做些什么。我还经常地同生活比较困难的学生集体谈话，让他们正确地面对困难，增强战胜困难的勇气。我还提醒他们不要为了得助学金的多少闹得相互之间不愉快。在同党员同学集体谈话的时候，我叮嘱他们一定不能违背党旗下的诺言，做个有尊严的人。什么是有尊严的人？就是不违背诺言的人，不然多让人瞧不起啊！

和学生谈话要择机而行，就是要不失时机。新生刚入学，就是最大、最好的时机，千万不能放过。这个时期的他们就像地里的庄稼，破土而出后生长得很快，而他们的生长环境是否“风调雨顺”，直接影响他们能否茁壮生长。军训不能都“放手”给教官，思想政治教育必须及时地跟上，不能“空挡”。

军训一开始的时候，我就在学生食堂轮流请学生吃饭。一次十几个学生，十几次下来和每个学生都“混”了个脸熟。我一边吃饭，一边和他们交谈我对大学的认识，谈对他们的期望，同时通过察言观色更多地了解学生在想些什么。

在军训间歇的时候，我还将学生集中起来。我告诉他们再坚持一会儿。我给他们讲“老乡会”是怎么回事，让他们把握好和老乡的交往；也给他们讲怎样看待学校里的社团。军训期间我还给学生讲“大学·大学生·人生”“出生在什么样的家庭是无法选择的，人生的价值是可以创造的”“怎样看待中国共产党的六十四年”等讲座。总之，要让学生们的思想尽快地统一起来。若是一开始就散乱了，以后的教育管理就要格外地费劲，效果还不一定好。

学生的生日这天是和学生谈话的好机会，可以尽量在学生过生日的时候和学生谈谈话。“情理交融”是学生最愿意接受的方式。我带的年级里有个学生，就是我在他过生日请他吃饭的时候，毫不保留地向我敞开了心扉。我了解了这个学生内心的苦闷、思想的痛楚。我决定到他家家访。就这样，我先后同他谈了无数次的话，我们之间还有十几万字的微信交流。这个学生的思想发生了根本的变化，他要“植大木以立长天，处江湖以忧国民”，要到西藏奉献他的一生。学生入党了、获得了奖学金等，都可以找他们聊一聊。让他们不忘初心，再接再厉，不断取得更大的成绩。

和学生谈话要主动捕捉谈话的内容。我在学生刚一入学的时候，就为他们建立了电子档案，把每个学生的情况都“记录在案”。辅导员要“吃透”学生档案中的信息，做到对学生了如指掌、心中有数，脑子要常琢磨跟张三说什么、跟李四说什么。我找学生谈话的许多时候都是从他们家的情况谈起的，这样有亲近感，可以拉近和学生的距离。从档案中我了解到有个学生家里有三个姊妹，父母都是农民。我想她父母抚养她们姊妹一定不容易。我把这个学生作为谈话的重点对象，鼓励她好好学习，通过知识改变命运。我还力所能及地帮助她。这个学生后来发展得很好，不仅入了党，还以优异的成绩被保送到了一所“985”高校攻读硕士研究生。在新生刚入学的时候我就在新生中进行了问卷调查，我让他们写一下他们读大学的梦想和最关心的一个问题，这样在和学生谈话的时候就有了思想上的准备。上面提到的新疆那个学生说他最关心的是“民族平等”问题。本来我就重视新疆籍少数民族学生的教育管理工作。在省教育厅工作的时候我还组织过每所有新疆籍少数民族学生的高校各派一名辅导员集体到新疆学生家家访。这个学生自然成了我谈话的重点对象。大学四年里，这个学生听从了我的引领，发展得很好。现在他已带着正确的价值观离开了学校。他说他要回去为民族团结做贡献。

和学生谈话要心平气和，不能盛气凌人，也不要训斥学生，更不要动怒。即便真是学生错了，也要让学生感受到你是在真心地帮助他改正错误。德国著名教育家卡尔·西奥多·雅斯贝斯说过这样一句话："我是有罪的，因为当罪恶发生时我在场，并且我活着。"这是一种教育境界、教育情怀。学生的错从教育的本质上说是我们都有"错"，到了错已经犯的时候，再责怪学生就没有什么意义了。我们能做的就是帮助学生总结经验教训，避免再犯同样的甚至更大的错。

和学生谈话还要注意不能"没话找话"，尤其要注意不能让学生感觉到你是在抱着猎奇的心态来窥探他心中秘密的。对这样的谈话学生会反感的，自然他们也就不会说出真心的话。

当然，谈话的效果除了上述这些之外，还有一个十分重要的保障条件，那就是学生对你的信任。没有信任，一切都无从谈起！

018

把学生干部队伍建设好

目前,高等教育已经进入到大众化阶段的末期,不用几年的工夫高等教育就将普及化了。现在只要称得上大学的高校,最少也是上万人的规模。教育部规定辅导员与学生的比例为1∶200,即便这样,辅导员要把学生管理好也是很费劲的,况且有的高校辅导员队伍建设仍有缺位,有的辅导员要带三四百个学生,甚至还有带更多的。从这个角度讲,辅导员即使有三头六臂,要教育管理好这么多的学生的确是有难度的。不是为辅导员们开脱,有些时候学生中出点事也是难免的。当然,这要看出什么样的事,要看是辅导员确实做不过来的事,还是应当由辅导员来做、辅导员也能做的事却根本就没做。所以,辅导员要想把学生管理好,就一定要学会借力。借谁的力?就是学生干部们的力。学生干部与广大学生有着天然的联系,他们是辅导员与学生沟通的桥梁和纽带。把学生干部的作用发挥好了,他们就会成为辅导员开展学生工作的得力助手。建设好学生干部队伍需要辅导员、学院、学校三个层面共同努力,形成合力。

首先是辅导员层面。辅导员是大学里最先熟悉和了解学生的人。因此,学生干部队伍建设得如何,从某种意义上说,辅导员是最为关键的环节。因此,选好干部"苗子"很重要。第一年的学生干部工作什么样,实际是在为后几年的学生干部"打样"(我是主张学生干部实行轮换制的)。开始搞好了,后面就好做了,特别是到了后两年基本上就可以"顺过来"了。要想选好"苗子",就要认真地翻阅学生的档案材料,从字里行间了解学生的具体情况，还要细致地观察新生来校时的表现。人的思想不都是通过口头语言表达出来的，通过形体语言也可以折射出来。学生干部的一个重要条件，也可以说最主要的条件就是愿意为同学服务。只有那些真心为学生服务的学生干部才有威信，才能得到学生的拥护，辅导员的意图也才能通过这些学生干部贯彻到广大学生当中，不然非“走样”不可。

我工作三十多年了，如今，我刚留校做辅导员时，所带的年级里一位学生干部的影子总是在我的脑海里徘徊，这个学生是一名团支部书记。他朴实无华、乐于助人，心里装的都是同学。我给大家展现这样一个小镜头：历史专业有门课叫“历史地理”，学这门课需要画图，那时的教学用具不像现在这样丰富，要什么有什么。因此，学生们画起图来就比较费劲。这个学生干部就苦思冥想：怎么能帮助同学解决这个问题呢？他用包箱用的铁皮条制作了一种专门画图用的卷尺，画起图来既方便又准确。尺“发明”出来了，他就到商店从丢弃的纸盒上收集这种铁皮条，利用午休时间为同学做这种尺，可以说是有求必应，同学们都叫他“活着的刘文彦”（刘文彦是20世纪80年代的一名大学生，为救人壮烈牺牲）。他班有位同学说：“××如果牺牲了的话，我也能写出长篇通讯，事迹比刘文彦还感人。”他在班级威信很高，发展他入党时，有的同学说用共产党员的标准来要求他早就够格。这个学生干部自然会把我对学生的要求不折不扣地贯彻下去，既不走样，学生也不反感。

在大连海事大学做辅导员时，我还是博士生导师，担负本科生的教学任务，经常外出开会、做报告，但我带的年级从未失控过，学生干部们发挥了很好的作用是一个重要的原因。我们年级里男中队长、女中队长各有一名。那个男中队长去年11月份就选择了去西藏工作，那个女中队长在去年10月份就被保送上了研究生。但是他们俩没有“万事大吉”、只忙自己的事情的想法。他们俩整天都在学校里，只要学生需要“服务”，他们就忙前忙后的。我还把一些事情交给他们去做，他们总是会认认真真地做，学生们也很“买账”，这让我十分地放心。

学生干部实行选举制为好。其实一个学生干部怎么样，同学心中最有数。辅导员难免有看走眼的时候。况且选举这种方式对学生的民主意识是种培养、对学生的能力也是一种锻炼。不要贪恋这点“权力”，尤其在当今这种社会文化环境下，有的学生当干部就是为了入党“加分”，为了保研

“加码”。他们的家长会动用一切社会关系找到学校、找到辅导员，这会使辅导员很为难。做还是不做？不做，似乎得罪了谁；做，又让学生不服、瞧不起。当然这里有时涉及对于怎样选学生干部，辅导员做不了主的情况。辅导员心中要有数：真正关心你成长的人，一定是不给你工作添麻烦的人。

学生干部选出来了，不能由此就放任自流了，不能让他们想做什么就做什么。要“扶上马”，伴着行。我经常召开学生干部会，对他们提些工作上的要求，让他们在各方面起带头作用。尤其在开始的时候，我让学生干部制订学期工作计划，我审查不合格的就让他们重写。工作计划要切实可行、富有思想性。可以说这些学生干部们确实做到了在各方面都走在前面，要求学生们做到的事情，学生干部们都能起到带头作用。我在辽宁师范大学做辅导员时带的年级，学校号召义务献血，我所带年级的班级干部全部积极报名，主要学生干部都献了血。系里召开运动会，无论有无特长，学生干部都积极报名参加。有个学生干部，体育素质不是很好，她带头参加了一二·九运动长跑，一跑到终点就摔倒了。在她的带动下，她的班级取得了较好的名次。

有个班级在班干部的带领下，积极地开展争创“三好班级”的活动。全班没有一人无故不出早操，没有一人无故旷课，没有一人违反晚归寝规定，没有一人吸烟、喝酒。全班同学互相帮助，从未发生过谁和谁闹矛盾这样的事情，同学们就像一个大家庭里的成员一样，欢欢乐乐，天天向上。这个班级被评为“大连市优秀团支部”。

我主张学生干部实行轮换制。当今时代竞争如此激烈，从一定角度上看，学生干部这样一个平台，也是让学生锻炼自己、应对社会的需要。当不当干部、管不管点事是不一样的。“无官一身轻”，在其位就要谋其政，不谋其政，就要撤换掉。这样一般学生通过学生干部这样一个岗位，就可以得到创新能力的培养。另外，“流水不腐”。经过一学期的“比较”，谁行谁不行更能看得清楚，通过轮换制，可以把更优秀的同学选拔到适合他的干部岗位上，使学生干部队伍始终保持一种朝气。“轮换”不是所有的都换掉，可以换四分之一至三分之一，这样可以很好地保持班级传统的传承、保持班级的稳定。我刚带完的这个年级就实行的轮换制，谁想做干部就报名，根据学生们的意见进行适当的调整。有个学生说，开始竞选学生干部的时候心理十分紧张，但经过这次锻炼，毕业应聘的时候我就不会紧张了。

有的辅导员总担心新换上来的学生干部能力不行、用起来不“顺手”。其实越是这样越说明轮换制是对的。为了一切学生、为了学生的一切、一切为了学生。我们的教育是面向全体的，不是为哪几个人的，越是不行，越要培养、越要给他们提供锻炼的机会。习近平同志指出，“要教育培养青年学生正确认识中国特色和国际比较，全面客观认识当代中国、看待外部世界”。辅导员就应以这样广阔的视野看待学生，以博大的胸怀培育学生。既然知道他现在不行，那我们怎么还能放心把他放到社会上去呢？那就更应当增强培养教育他们的紧迫性。事实上有许多学生，没当干部前，并不像个干部的样子；当上了干部之后，还真有点干部的样子。关键是辅导员要当好“大班长”，既要大胆使用他们，又要精心培养他们，这样学生干部的积极性就会很好地被调动起来，辅导员工作就会有很好的帮手。

了解情况是辅导员做好工作的前提。有的辅导员工作简单化，为了获得一些学生的信息，便直接让学生干部汇报（这常常被同学看成“打小报告”），特别是有些明显是从同寝的学生干部那里才能得到的一些带有隐私性质的信息，也让学生干部毫无保留地讲出来。学生干部会不禁因此而犯难：不跟你说吧，容易失去你的信任；跟你说吧，你似乎一时解决了问题，可是这个学生干部要和他们同寝四年，或许由此埋下了隐患，他们间会闹得很不团结。因此，辅导员要了解类似这样一些信息，一定要考虑周全些，讲究一下工作方法，最好自己工作再深入些，得到干部同学的配合，使得学生能够理解。

其次是学院层面的。刚才说了，其实辅导员采取什么样的方式选拔干部，常常是学院说了算。因此，从学院层面就应当放权，让辅导员在学生干部选拔方面有更大的自主权。辅导员有了这样的自主权，对学院来说也是“解脱”，一些“关系”就“自然而然”地断了。辅导员的自主权对学院学生工作有益无害，不然学院会形成“跑官要官”的风气，那学生还有个“管”吗？当然学院更要制定切实可行的学生干部制度。比如，院级学生干部原则上或一律由三年级以下的学生担任，这跟班级干部的轮换制差不多，这样可以使更多的学生干部在更高级别的干部岗位上得到锻炼。从学院层面可以经常召开学生干部座谈会、经验交流会，围绕中心工作大家集思广益、群策群力，共同推动学院学生工作的开展。我在辽宁师范大学当学院党总支副书记的时候，每学期都要召开学生干部大会，总结上学期的工作，布置本学期的工作任务，让学生干部有个遵循依据。从学院层面加强学生干部队伍建设，尤其要加强学生干部的严格管理，要立好规矩，底线不能碰，碰了就按规矩来。我刚到学院负责学生工作的时候，该学院学生风气非常差。我赴任的当天晚上就召开了学院学生干部大会。我说："今天开会就解决一个问题，就是大家还想不想当干部？不想当的现在就可以离开。"我等了一会儿，大家没有要动的。接着我又说了："今天就讲一个干部条件——不许抽烟。能不能做到？做不到的现在就可以离开。"又是过了一会儿，还是没有动的。我说："既然大家都愿意当干部，都同意干部条件，那就散会。"这些学生干部们面面相觑，谁也不离开。他们在心里纳闷："怎么才五分钟就散会啦?"我说："你们不走，那我走了。"就这样，我转身离开了。看我真走了，学生干部们才醒过味儿来，他们纷纷地离开了会场。等这些学生干部回到学生宿舍后，我也到了学生宿舍。一进宿舍楼我就看到有个学生在吸烟。"你是学生干部吗?"我问道，他认出了我。"我不抽了。"他回答。我笑呵呵地说："来，来，到这来。"我领他到走廊的板报前，当着他的面在板报上写下了免去他干部职务的通告。这一晚上我先后免掉了三个学生干部的职务。我在学院工作了八年，可以说很好地建设了一支学生干部队伍。拿吸烟来说，可以说从根本上除掉了学生干部的这个习气。和我那时在一起的学生干部，现在有的当上了副省级干部，也没养成抽烟的习惯，即便经商，抽烟的也很少。学生们说，这都是我当年把他们"管的"。

最后，再从学校层面简单地谈几句。学校学生工作部（处）、团委，是学生干部的主要管理部门。学校层面如何管理学生干部队伍，对这支队伍如何发挥好在学生工作中的作用有着重要的意义。学生干部工作一定要讲一个"实"字，不能养成他们华而不实的作风。比如，"班班有歌声"比赛，首先体现的就是"班班"的特点，不能让学院把整个比赛像"押宝"似的押到一个班上。要各班都参与，而且重在参与。在各班都参与的基础上，再选一个班代表学院参加校级的比赛。文艺部部长当得怎么样，要看全院的班级文艺活动开展得怎么样。学校层面要制定好符合学生干部实际的嘉奖条件，特别要处理好学习和工作的关系。不能以"学生以学习为天职"为由，使做了大量具体学生工作的学生干部得不到认可；当然也不能把学生干部都培养成了"职业革命家"。我在做学生处处长、校党委副书记的时候，每年全校新生干部产生后，都举办新生干部培训班。我做主报告，围绕"为什么当干部""怎样当好学生干部"的问题跟新生干部进行交流，同时再从学院层面、年级层面、班级层面选典型介绍经验，为新生干部开展工作引好路。每学期伊始，学校都要召开学生干部大会，介绍本学期学生工作重点，对学生干部提出要求。学校还不定期召开学生干部大会，总结学生干部工作经验，提升学生干部素质，推动学生干部队伍建设。

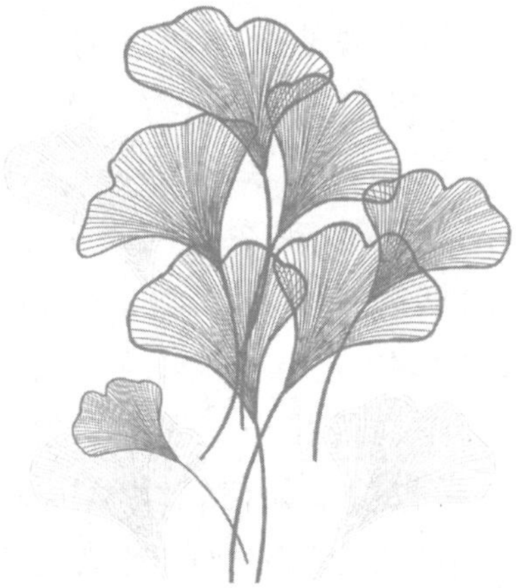

019

你的“好处”不是在现在

事物的发展需要主、客观的统一。从客观来说，学生干部队伍建设得如何，取决于辅导员、学院、学校的重视；从主观来看，取决于学生干部自身是否积极努力，以把自己塑造成一个合格的学生干部。正像大家都懂的道理：外因是变化的条件，内因是变化的主导，外因通过内因而起作用。应当说大多数想当学生干部的同学还是抱有“现在为同学服好务、培养自己的能力，将来更好地为社会服务”的想法的，这也是能不能当好学生干部的思想基础。但是应当看到的是，受多种因素的影响，眼下还是有不少想当学生干部的同学动机不纯。他们把学生干部这样一个职位当成了“敲门砖”，希望由此能够提高自己的身价，像下围棋那样，为自己获得奖学金、入党、保研、择业赢得先手，通过当学生干部获取最大的好处。为此，一些学生也是各显其能，动员一切关系，硬是要某个学生干部职位，似乎不这样，自己就要吃亏了。就在我写这篇文章的时候，我接了一个辅导员的电话，他说他接手的这个年级不到三百人，已经有二十个学生通过各种渠道跟他打招呼，希望辅导员在安排学生干部的时候能够“照顾”他们一下。

当干部真有好处吗？这要看你理解的“好处”是什么了。这就像上面提到的评优、入党、保研、择业，你把这些看成好处的话，或许也有点好处，但是这还不是当学生干部的真正好处所在。如果当学生干部就是为了这样一个追求的话，你现在这点好处，不仅不能使你永远占有，甚至你即便得到了更大的好处后，仍然可以使你丧失掉这些好处。

记得我在辽宁师范大学当党委副书记的时候，每年省委组织部都要到学校选调一些学生，而这项工作就由我来负责。能够成为选调生，对学生来说还是很不错的选择，因此竞争十分激烈。有一年有个学生经过了多轮竞争，在最后的面试环节被我刷掉了。面试那天，这个学生戴了个很“刺眼”的金戒指，她就坐在我的对面。我在心里想：“这样的学生真的能做到‘三个代表’吗？”她的内心世界里想的一定是怎样通过选调这个渠道走上仕途之路，以获得更大的权力、得到更大的好处。结果因为我，这个学生干部，也是党员，虽然平日里“付出”了很多，又进入了选调生的最后环节，但是她内心认为的“好处”被终结在了那里。“人间正道是沧桑”，看看现今社会上那些出了问题的官员，若是追根溯源的话，他们中一定有些人在大学时代就有极强的权力欲，他们当学生干部的初衷就是为了得到大家的“承认”，然后加入党的组织中来，就是为了得到“好处”，不然他们才不会白白地为人民服务呢。

我认为当学生干部是有好处的，这好处是通过当学生干部可以体验到人与人之间的交往需要真心、需要真情、需要付出。虽然学生干部职位不大，但是它可以让你有更多的为同学服务的机会，学会怎样用好手中的“权力”为大家办事，从中得到大家的尊重和拥护，这比什么都重要。人是有思想的动物。人的幸福不是物质方面的，它直接体现在精神层面上。一个心中有他人进而也被他人装在心里的人一定是幸福的。权力有什么用？只有用来为人民服务，权力才有用、才有价值。懂得了这些，带着这样的灵魂走向社会，你就不会被物欲这个魔鬼所俘虏，就不会被权力的大小所左右。你每天就会迎着阳光去上班，高高兴兴地下班回家。什么烦恼、忧虑都会被你统统抛在脑后。

我在大学的时候担任班级的生活委员。我想，当生活委员怎么啦？当什么级别的干部不都是为大家服务吗？我每天都为班级打水、扫地，为同学做力所能及的事。为此我得到了大家的尊重。我觉得这种感觉就很好。我留校工作后，先后当过学生处处长、学校党委副书记、省教育厅副厅长，无论在哪个位置上我都不忘当初当学生干部时得到的那些“好处”，不忘那种被大家尊重的感觉。我努力地为学生服务，寻求那种被别人需要、得到别人尊重的感觉。有一次我于20世纪80年代带的一个学生到大连看我，当得知我不在大连时，她给我发了一条感人短信作为问候。

我想，这是金钱能够买到的吗？只有大学时代当学生干部时所积淀的那些“好处”才能够换来！我现在又什么级别也没有了，这又能怎样呢？有的领导打电话关心地问：“你在他乡还好吗？”我真心地回答说：“真的挺好的，我很喜欢这种感觉。”四年里我和我的孩子们朝夕相处，我为他们做些我愿意、他们需要的事情。他们毕业的时候送给了我满满的祝福，他们说我是他们的“第二个父亲”，他们一定会回来看我的。我也答应他们，我一定会在这里等他们直等到连端一杯水的气力都没有的时候。我现在每天都在被祝福中度过，这是多大的好处啊！我经常问自己：如果我当初当学生干部时想的就是入党、将来当干部、有更大的权力，然后捞“好处”，那我还会不会像现在这样每天乐此不疲地给大家推送我的文章了呢？我也真不知道我会是在哪里了。

020

良心乎？ 党性也！

又到了迎新季。辅导员们真是忙得晕头转向。现在高等教育制度不完善，辅导员干了很多的杂活。但是尽管如此，广大的辅导员们还是表现出了较高的思想境界、职业素养，他们把学生的利益放在第一位，尽量克服困难，做好迎新工作。从这点来说，就应当为广大的辅导员们点个大大的赞。不过，由此亦引发了一些辅导员发出这样的议论、那样的感叹。比如有的辅导员说："辅导员工作就是一种良心活，多干少干就是凭着良心来。"其实这样的想法在辅导员平时的工作中也会常常听到，甚至成了个别辅导员的口头禅。

辅导员工作实乃一种"良心活"乎？这里首先要清楚什么是"良心"。百度里解释说："良心，儒家名词。良心是人被现实社会普遍认可并被自己所认同的行为规范和价值标准。良心是道德情感的基本形式，是个人自律的突出体现。"古有《孟子·告子上》："虽存乎人者，岂无仁义之心哉？其所以放其良心者，亦犹斧斤之于木也。"朱熹集注中说："良心者，本然之善心。即所谓仁义之心也。"可见，良心最简单的理解就是一种善心，也就是一种同情之心。有之，就会使你产生恻隐之心；缺之，则会使你产生冷漠之心。良心属于道德范畴，由自律而生成。良心"强"者，则行为善莫大焉；良心"弱"者，则善行不足；良心"无"者，则可能恶行滔天。

什么叫有良心？电影《辛德勒的名单》大家都看过了吧？应当说辛德勒就是一个有良心的人。奥斯卡·辛德勒（Oskar Schindler）是位德国商人。第二次世界大战期间，他目睹了纳粹分子对犹太人区的清理并深感震惊。据犹太人索尔·乌尔巴克所说，辛德勒从那时起“改变了对纳粹的看法，决心尽可能多地救出一些犹太人”。他保护了上千名犹太人的生命，占波兰全部存活犹太人数量的一半左右。为了保护更多的犹太人免遭杀害，辛德勒用自己的钱财向纳粹分子行贿。到战争结束时，辛德勒的所有积蓄都已经在贿赂纳粹分子和在黑市为工人购买给养中耗尽。他已经需要接受犹太人组织的援助来生活了。作家赫伯特·斯坦豪斯（Herbert Steinhouse）曾于1948年采访过辛德勒，他对辛德勒的事迹做出了这样的评价：“辛德勒的卓越事迹只是源自基本的礼仪和人性。”辛德勒表示：“我觉得犹太民族正在遭到毁灭。我对此别无选择，必须帮助他们。”

辛德勒曾哽咽地说：“我花掉了太多钱……我本可以……这辆车——十条命……这枚胸章——两条命……”一位幸存的犹太人用自己保存下来的一颗金牙，也是被辛德勒救出的众多犹太人战后仅存的唯一的财富，为辛德勒铸成了一枚戒指，并在上面刻了一句犹太法典上的希伯来经文：“救一条命等于救全世界（Whoever saves one life, saves the world entire.）。”1974年10月9日，奥斯卡·辛德勒逝世，享年67岁。他的遗体安葬在耶路撒冷的锡安山，是唯一一位得以葬在这里的前纳粹党成员。

1963年，以色列授予辛德勒“国际义人”称号，以表彰他在第二次世界大战期间挽救犹太人免遭大屠杀的功勋。此外，1966年德国政府还授予他联邦十字勋章。作为一位德国商人，只管发战争财不就得了，拯救犹太人的生命确实和辛德勒毫不相干。他完全可以不做，他也可以少做，他更可以在保证自己不倾家荡产的情况下去做，尤其是他不应冒着生命危险去做。但是辛德勒做了。他不仅做了，而且确实是想更多地去做，确实是用倾家荡产，冒着生命危险去做的。他哪来的那么大的决心和勇气？这里只能用“良心”诠释了：莫大的善性促成了他莫大的善举。

辅导员工作怎么能是一种“良心活”呢？辅导员工作说到底是做人的工作。辅导员工作的好坏从表面上是可以看出来：多去或少去一次学生宿舍，多找或少找一次学生谈话，多组织或少组织一次学生活动，多家访或少家访一个学生等。

要经常凭着“良心”思考问题：这些学生付出了那么多并带着美好的渴望来到了大学，如果他们在大学里、在我们的身边不能很好地成长，我们不能帮助他们培养起实现愿望的能力，反而使他们出了这样或那样一些问题，甚至彻底地毁掉了自己，作为辅导员、作为天天和学生在一起的人、作为学生人生成长的引路人，怎能看着此类问题的出现，怎能没有良心的发现？因此，对一些辅导员来说，他们会自律，从良心出发，尽量地做些帮助学生健康成长的事，对学生也表现出了热情，他们不愿意眼睁睁地看着学生的美好愿望化为泡影。可是，亲爱的辅导员们，我们的工作哪里是一个“良心”了得？哪里是一个我们愿意做就做、不愿意就不做，愿意多做就多做、不愿意多做就少做的问题啊！我们不应当忘了辅导员制度是怎样来的，我们应当清楚地懂得我们是干什么的。2019 年年底习近平总书记在全国高校思想政治工作会议上指出：“我们的高校是党领导下的高校，是中国特色社会主义高校。办好我们的高校必须以马克思主义为指导，全面贯彻党的教育方针。”这段话告诉了我们什么？这是告诉我们千万不要忘了我们的高校也“姓党”，高校的思想政治工作也是党的思想政治工作的组成部分。我们高校必须下大气力引导我们的学生做社会主义核心价值观的坚定信仰者、积极传播者、模范践行者。这个事情太重要了！青年兴则国家兴，青年强则国家强啊！

亲爱的辅导员朋友们，你们还记得列宁同志说过的这句话吗？“忘记过去就意味着背叛。”什么是我们的过去？我们的过去就是马克思主义的过去，就是中国共产党人的过去，就是中国特色社会主义道路的过去。

让我们简略地回顾一下那些我们永远不应忘却的过去：马克思主义来到人世间的时候，一切反动派把它视为“幽灵”；马克思逝世的时候，一切反动政府但愿马克思的学说会“随着这个红色博士的死去而死去”；当巴黎公社诞生的时候，梯也尔反动武装进行了疯狂的反扑，他们血腥地屠杀了五万多名巴黎公社社员；当十月革命胜利的时候，十八个帝国主义国家联手欲将第一个社会主义国家扼杀在摇篮之中；当第一次世界大战结束了的时候，美国总统威尔逊在巴黎和会上提出了他的主张，由此“二十一条”出笼了，“一切强盗亡我之心不死”；当第二次世界大战还在进行的时候，丘吉尔说“我希望战争的最好结果是希特勒躺在坟墓之中，斯大林躺在手术台上”；当第二次世界大战结束的时候，又是丘吉尔发表了他的“铁幕演说”；当中国共产党欲建立联合政府、建设新民主主义国家的时候，美国政府极力地“扶蒋反共”；当东京审判的时候，是谁在阻挠着中国人民发泄心中的怨恨？当毛泽东站在天安门城楼上庄严地宣告“中华人民共和国中央人民政府今天成立了”的时候，又是谁在继续阻挠着我们，以至于到今天台湾还没有回到祖国的怀抱？什么“钓鱼岛问题”“台湾问题”“南海问题”，这些本不是什么问题，可是一些别有用心的人硬是把它们变成了“问题”，这是他们蓄谋已久的了。当战场上打不过我们的时候，他们就打“无硝烟的战争”，他们提出了“和平演变”的战略。他们从骨子里也不想看到社会主义的崛起和强大。苏联解体、东欧剧变，西方世界欢欣鼓舞，他们可算把红场变成了“停车场”，他们以为下一个目标只剩中国了，也就好办了。但是在中国共产党的领导下，中国不仅没有像“多米诺骨牌”那样“顺势”倒下去，反而正沿着中国特色社会主义道路朝着实现伟大中国梦的方向阔步向前。这怎能使那些到处兜售“普世价值”的人们沉得住气呢？奥巴马为什么提出“重返亚太”，特朗普为什么鼓吹“美国优先”，他们到底要干什么？说到底还不是不想让我们好吗？前两个月国人心头有些沉闷，印度这样的国家竟然也敢公然侵犯我国领土。前两天，国人心头又有些释然：印度撤兵了！

我可是从当辅导员那天起也没有释然过啊！我们共产党人的奋斗目标是实现共产主义，这就决定了社会主义与资本主义的较量一定是个长期的过程，在这场斗争中我们无疑是要打胜仗的。这就要求我们必须把爱国主义作为思想政治教育的主线，一刻也不能放松。

爱国，就要爱党、爱社会主义。这就不是“良心”的问题，不是可做可不做的问题，而是党性的问题。辅导员必须为党的事业负责，必须努力培养社会主义事业的建设者和接班人，这项工作只能多做，不能少做。不然我们办大学干什么？强调我们的大学是共产党领导的大学干什么？要我们辅导员干什么？

辅导员应当有“良心”，帮助学生通过知识改变命运，使他们、他们的父母，乃至他们的后代都能过上幸福的生活；但是辅导员应当具有更大的“良心”，这就是要具有崇高的党性。须知党性和人民性是一致的。只有国家强大了，我们才能少受欺负，才能从根本上保证人民过上美好的生活！

021

抓住入学教育这个环节

这两天正值新生陆续开学，各高校对新生都开展了入学教育。及时地抓住新生入学教育这个环节对新生开展思想政治教育是十分必要的。毛泽东同志曾经说过：“一张白纸，没有负担，好写最新最美的文字，好画最新最美的图画。”大学伊始，对于新生来说就如同一张白纸，洁白无瑕，我们应当帮助他们描绘好他们的人生画卷。这就需要在他们入学的时候，就给他们的思想打上深深的烙印：来到大学就应当设计好自己的未来，排除掉头脑中原有的这样或那样一些错误的看法，最大限度地实现人生的价值。

前天晚上，我给辽宁中医药大学二〇一七届一千四百多名学生做了一场题为“大学·大学生·人生”的思想政治教育报告。我围绕“大学是个什么样的地方”，以及来到大学应当“崇真、向善、厚德、乐群、刚毅、惜时、慎独、健体”等内容跟大学生进行了近两个小时的交流。学生们给我送来了无数次的掌声。我好感动！报告结束后，有将近一半的学生加了我的公众号，有近百人给我发来了或长或短的感言。

甲同学说：

“您好曲老师！听了您的演讲深受影响，我会努力学习，以后更好地回报社会，成为像您一样的大爱之人！”

乙同学说：

“倾听了您的讲座我非常地荣幸，讲座很激励人心，让我受益匪浅、真是让人感动落泪。我家也是农村的。家庭生活是改变不了的，但是听完了您的讲座，我下定决心学好，将来报答父母。”

丙同学说：

“我是一个大学新生，想家的情感特别浓烈，在八月三十一日听了曲教授的讲话，我更加坚定了学成之后回家的决心，我没有像曲教授那样的胸怀，可我能认识到我的责任，我会回到家乡，哪怕那里不富裕、不发达，可我要带领他们走向更好的明天；在家人身边尽孝，尽心帮助更多普通的人治病。”

丁同学说：

“我是辽中医的2017级新生×× 。昨天听了您的报告，时而慷慨激昂，时而感动得热泪盈眶。我觉得您不仅是一位有思想的学者，更是一个有影响力的传播者，传播您的思想、您的正能量。您足以成为我道德与修养的领导者；再或者，您足以成为我改变一生的人。我尊重您，更佩服您的经验与阅历。但我知道，无论您多么高尚，您也是从我的年纪过来的，所以人与人的不同，也许就在于努力与思想的高度。您的与众不同在于别的老师教会我们知识，而您的爱国与亲情、厚德与向善，才是我真正的必修课。总而言之，感谢您的教诲，虽然已无缘让您成为我的导师，但希望以后您的思想也会指引我的人生，成为我的光明。”

戊同学说：

“我是辽宁中医药大学的一个刚入学的大一新生，昨天晚上听了您精彩的演讲，我特别激动。您告诉我们作为一个大学生应该做的和应该有的胸怀、应该有的爱国情怀，因为以前的我其实觉得国家跟我个人是没有多大关系的。但是昨天晚上听完您的演讲我彻底改变了自己的想法。我会为了国家尽自己的一分力量。谢谢您的教诲，也让我再一次燃烧起了为自己梦想奋斗的斗志，能听到您这样的演讲我真的特别荣幸。”

己同学说：

“曲老师您好！我是辽宁中医药大学2017级药物制剂专业新生× × 。在前天晚上，我有幸听到您在操场上的讲话。在听完您的讲话后，我深受感触！您让我看到了别样的人生，更有价值的人生！让我对未来的奋斗目标更加坚定。”

什么叫教学相长？学生们发自内心的感言对我就是最好的鞭策。军训期间正是新生比较疲劳的时候，但是学生们的表现告诉我们，他们需要我们的及时教育和及时引领。虽然累点，但是只要学生认为你是真心地对他们好、你说到了他们的心坎里，他们就会自觉克服军训疲劳等困难，悦纳你的教育、听从你的引领。四年前我在做辅导员的时候，就在新生军训期间给学生们做了报告、进行了集体谈话。我把在大学里他们应当知道的事情及早地告诉他们，帮助他们确立明确的人生方向。

那时有的学生一定会不理解，会在心里“犯嘀咕”：“我们的辅导员真烦人。”但是后来的大学生活告诉他们，军训期间我所跟他们说的那些话都是饱含真情的，是及时的、必要的。正是在我的引领下，一些大学生才度过了美好的大学生活，才描绘出了“最新、最美的图画”。

022

写给辅导员们的一百五十句话

亲爱的辅导员们好!

我从事了三十五年的大学生思想政治教育工作,有些感悟。这里给大家提供的是昨天夜里写的一百五十句话,没有顺序,想到哪里就写到哪里。以后我还会每天给大家写上十条八条的,与大家分享,也欢迎大家指正。为了我们所选择的事业,大家一起努力,我们一定要干出个样子!我们的事业功在当代、利在千秋!我们的事业是不朽的,我们将在不朽的事业中获得永生!

亲爱的辅导员们,你们能感受到我是含泪写下了这些话吗?

(1)初心:你的初心就是使祖国强大、学生幸福。

(2)读书:你愿不愿读书会影响学生读不读书。

(3)劳累:即便累倒在地,也要让学生踏着你的身躯前进。

(4)利益:为了学生的利益你可以尽量少想自己的利益。

(5)理论:理论不是用来评职称的。

(6)情感:别人的孩子也是孩子。

(7)起点:你工作的起点从记住学生的名字开始。

(8)麻烦:没有“麻烦”,学生会记得你吗?

(9)科研:科研是你工作的羽翼。

(10)公平:千万不要把学生分成三六九等。

(11)所得:不争而得。

(12)论文:发自心底的“呐喊”才震撼人心。
(13)水平:“水平”到学生心里“测量”。
(14)时间:你也要利用好碎片化的时间。
(15)手机:你最便捷的思想政治教育工具就是手机。
(16)谈话:你最有效的工作方法就是谈话。
(17)创新:把创新建立在继承的基础上。
(18)牢骚:记住“牢骚太盛防肠断”。
(19)目标:清楚你工作的目标。
(20)改变:实干会有最好的改变。
(21)恋爱:最好不要和自己的学生谈恋爱。
(22)影响:你的言行每时每刻都在影响着学生。
(23)口号:敢于喊出向你学习的口号。
(24)着急:别急,办法马上就会有的。
(25)辛苦:你的辛苦大家知道。
(26)付出:你的付出不会被埋没掉。
(27)角色:尽快进入角色,学生等不起。
(28)健身:不只是为了你自己。
(29)干部:把学生干部培养成你的“左膀右臂”。
(30)对等:你怎样对待学生,学生就怎样对待你。
(31)马虎:学生工作不能马虎。
(32)幸福;你的幸福就是多少学生记住了你。
(33)眼神:不要忘了那些期待的眼神。
(34)回报:回报总在付出后。
(35)利益:“利益”不会像秤称得那样准。
(36)计较:计较是因为你没“锁好”心胸这道“门”。
(37)荣誉:荣誉同幸福的指数关系不大。
(38)思考:考虑清楚了辅导员的内涵再做辅导员。
(39)环境:马克思创立马克思主义的时候环境最差。
(40)思想:思想是“思”“想”出来的。
(41)意识:带着问题意识工作。
(42)学习:学习和工作是孪生姊妹。

(43)死亡:明天活不活着不重要,重要的是今天活得要有意义。
(44)位置:你清楚你现在的“位置”吗?
(45)讨厌:千万不要成为让学生讨厌的人。
(46)日子:要把工作当成日子过。
(47)求实:你的工作不能像油浮在水的上面。
(48)信仰:信仰比知识重要。
(49)情感:情感比方法重要。
(50)践行:践行比说教重要。
(51)教育:教育是“最能”的。
(52)处分:处分是最“下策”的选择。
(53)问题:思想教育没有“小问题”。
(54)节日:每逢佳节倍思“贫”。
(55)代沟:即便有代沟,也是你挖的。
(56)档案:尽早“熟透”学生档案中的信息。
(57)家访:尽量到学生家看看。
(58)创新:创新不是追求“时髦”。
(59)党建:党建是学生工作的“制高点”。
(60)社团:思想性是支撑社团的脊梁。
(61)班级:不要把班级当成锻炼少数人的地方。
(62)关注:关注不同的学生群体。
(63)爱心:爱心不是说在嘴上的。
(64)自信:首先你要看得起自己。
(65)评价:学生的口碑是最准确的评价。
(66)规划:帮助学生做好人生规划的前提是规划好你的人生。
(67)择业:让学生懂得择业和幸福的关系。
(68)创业:让学生懂得比创业更重要的是价值观。
(69)团队:你们谁也离不开谁。
(70)和谐:和谐的工作环境需要你的配合。
(71)发火:对学生发火是你工作的大忌。
(72)能力:能力不足可以用公平来补。
(73)重点:每个阶段都要找准工作的重点。

(77)心理:不要轻易给学生扣上有心理疾病的“帽子”。

(78)快乐:找到和学生在一起就是快乐的感觉。

(79)劳累:对学生想得少,劳累就多。

(80)容易:你不容易才能换来学生的容易。

(81)位置:让学生感受到你的心中有他的位置。

(81)专家:专家首先是专心。

(82)名气:不要比名气,关键要接地气。

(83)语言:你的形体语言会告诉学生你在想什么。

(84)真情:你说的未必都对,但是一定要含有真情。

(85)心态:你的“痛楚”不是出在职业上,而是出在心态上。

(86)谦虚:记住你不是唯一。

(87)高尚:你的高尚融化在学生的生命里。

(88)出错:工作难免出错,错了改掉就是了。

(89)能力:你可以“输”在能力上,但不能“输”在努力上。

(89)口碑:最重要的是学生的口碑。

(90)品位:你的品位会影响学生的追求。

(91)懒惰:你若懒惰,学生就会耍滑。

(92)冷落:特别不要冷落那些认为会被冷落的学生。

(93)祝福:学生生日时别忘了送上你的祝福。

(94)导师:导师就是挥手让学生跟上的人。

(95)问题:工作做在前边,问题就会躲到后边。

(96)清闲:你越想清闲,麻烦越会找上门来。

(97)寝室:寝室是你工作的重要场所。

(98)教室:教室是你应当常去的地方。

(99)关照:对少数民族学生要格外关照。

(100)效果:把情感融入道理中的教育效果最好。

(101)方向:把你的努力变成学生前进的方向。

(102)故事:讲自己的故事。

(103)发火:发火对解决问题无益。

(104)实干:实干才能保证你走在前边。

(105)身体:身体后边若是没有“0”,那“1”还有意义吗?

(106)尊重:尊重从来都不是单方面的。
(107)杂活:大学制度不完善就难免会有杂活。
(108)勤劳:勤劳才会使愚钝躲开。
(109)桥梁:沟通是相互理解的桥梁。
(110)诚意:学生的心灵之窗需要用诚意打开。
(111)光亮:你心中有光,学生身上就会发亮。
(112)张狂:你张狂的“病因”是浅薄。
(113)条件:你“活的”工作态度可“治愈”“死的”工作条件。
(114)心正:心正,你工作出错的概率最小。
(115)心歪:心歪,伤害最大的是自己。
(116)烦恼:把心思多用到学生身上烦恼就少了。
(117)快乐:快乐的“别名”就是简单。
(118)理解:不理解你是因为你还没到被理解的时候。
(119)背景:很多学生工作专家的学术背景与学生工作无关。
(120)毛病:你的很多毛病都是懒惰造成的。
(121)训斥:训斥学生是无能的表现。
(122)自责:学生出错,从教育本质上看你也有错。
(123)民主:民主是你主要的工作作风。
(124)谦让:谦让会比计较得到更大的“利益”。
(125)被动:不要被工作推着走。
(126)灵感:常到学生中,“灵感”就来了。
(127)差距:你思想上的差距,工作可以“计算”出来。
(128)小我:“小我”在“大我”面前会暴露无遗。
(130)帮忙:你不谋事,老天也帮不上忙。
(131)清闲:“清闲死”的要比“累死”的多。
(132)能耐:不要能耐不大、脾气不小。
(133)跳槽:什么职业都不欢迎喜新厌旧的人。
(134)奖赏:学生的进步是对你最大的奖赏。
(135)折扣:“绕着”你学先进就会打“折扣”。
(136)熟悉:你必须熟悉党和国家的大政方针。
(137)优秀:你现在需要的是赶紧证明你到底优秀在哪。

(138)远虑:大学制度完善了你会做什么?
(139)本钱:你的本钱就是“不可替代性”。
(140)收集:注意收集工作的案例。
(141)正事:为学生服务是你最大的正事。
(142)爱国:把学生培养好就是你最好的爱国。
(143)完美:你工作的完美是用学生这支笔描绘的。
(144)幸运:让学生感受到与你相遇只能用幸运来解释。
(145)良心:学生工作良心乎?党性也!
(146)党性:人民性就是党性的体现,而学生就是你的人民。
(147)黎明:心中有学生才会渴望黎明的来临。
(148)模特:你是学生的榜样而不是模特。
(149)老乡:班级没有凝聚力就会“投奔”老乡。
(150)志向:培养志向远大的学生。

023

必须杜绝的情况

辅导员朋友们好！

这是一个学生发在我公众号“后台”上的一段话（附后）。看了后，我的心里很难受。这个学生所说的情况在许多学生寝室一而再、再而三地发生着。而这种情况发展下去不仅是寝室同学间的团结问题，更会导致恶性事件的发生。我做大学生思想政治教育工作已经三十六个年头了，对这样的案例知道得太多了。学生们带着美好的愿望来到了大学，但是他们美好的愿望能否实现呢？在他们的大学生活里，每一个环节都会对他们梦想的实现产生影响，而寝室怎样分是个十分重要的环节。为什么前些天我写了那篇《大学生活是从寝室开始的》文章，就是希望大家能够对寝室文化建设高度关注，把寝室作为大学生思想政治教育的重要场所。

我们一定要帮助大学生实现他们的梦想。这就要为他们梦想的实现创造良好的环境，就要下功夫建设好寝室文化。寝室文化建设是个细致、耐心的活，不能浮在表面上，必须抓实了。寝室一定要充满正能量，不能成为“藏污纳垢”的地方。每个学生都应当严格遵守寝室的规章制度，决不能有特殊的学生，不能让学生以强调所谓的个性、习惯而与众不同。应当从一开始就立下寝室规矩。看到这封信我能想象得到这个学生无助的样子，再发展下去后果不堪设想。辅导员朋友们，为了帮助学生们实现美好的梦想，我们无论怎么付出都是值得的。赶紧帮帮这些学生吧！

附这个学生的信：

老师您好，很抱歉打扰您了。我是××大学2017级新生。自从查到大学录取信息的那一刻，我就开始憧憬美好的大学时光，上课、跑步、读书，等等。我怀着激动的心情来到学校报道，同学们见面热情友好，因为共同的游戏爱好而马上熟悉起来。虽然我不玩游戏，还是感到开心。可当我在这样的环境下度过每一天，这才意识到许多问题是无法忍受的。游戏声音外放、旁若无人般的喊叫及飙脏话，实在不堪入耳。根本不考虑别人的感受，白天玩就算了，晚上还玩，与他们沟通过也没多大成效。在预料之中，一个人的习气不是三两句话就能改变的，更何况是四五个人。多说无益。每天晚上都是在我最想睡觉的时候吵个不停（我们寝室大约在11点20分熄灯，而隔壁寝室10点40分就已熄灯），好不容易说服他们熄灯了，依旧吵个不停。之后等他们睡着了，我又睡不着了。这两天脑袋昏昏沉沉，无精打采，做什么都提不起精神，就快成了一副行尸走肉了，还谈什么上课。好不容易熬到中午，眼皮都抬不起来，想睡一会儿完全不可能。下午又是昏昏沉沉的一下午。这根本与我心中的大学生活截然相反，严重影响我的生活。心情极度郁闷，老师，我应该怎么办啊？

024

关键是要变成内在的动力

日前,教育部以“部长令”的形式修订了《普通高等学校辅导员队伍建设规定》(教育部“第43号令”)并下发执行。

所谓“修订”,指的是2006年颁发过的《普通高等学校辅导员队伍建设规定》(时称教育部“第24号令”)。这就是说,此次下发的“第43号令”是关于辅导员队伍建设的第二个具有法规性质的文件。为什么要下发这样的文件呢?说到底就是为了推动辅导员队伍建设。从这点来看,颁布“第43号令”无疑是件大好的事情,对推动辅导员队伍建设会起到重要的作用。想一想“第24号令”刚颁布的时候,许多高校还没有专职的辅导员队伍呢,如今这种情况已经不见了。

已经有“第24号令”了,为什么还要颁布“第43号令”呢?从本质上看“第43号令”与“第24号令”没有什么大的区别,只是背景上有了一定变化,那就是2019年年底召开了全国高校思想政治工作会议,特别是习近平总书记高度重视高校的思想政治工作,对加强新形势下的高校思想政治工作做了进一步的强调。出台“第43号令”只能说明“第24号令”的一些规定没有被很好地贯彻执行。比如,至今仍有为数不少的高校在专职的辅导员与学生的配备比例上达不到1∶200,即便加上兼职的辅导员也达不到这样的比例;仍有为数不少的高校没有将辅导员纳入教师队伍管理,没有给辅导员评职称(“第24号令”对这两点都有明确的规定)。

那么问题出在哪儿?从中央层面看,已经很重视了;习近平总书记那么忙都出席会议并讲话了；有关部门下发了若干文件，包括“部长令”这样法规性的文件。问题的关键是下面的重视程度，特别是高校自身没有把加强辅导员队伍建设变成内在的动力（当然这里还有方方面面的合力问题）。在一些同志看来，辅导员工作是“软任务”，可有可无，上面强调“紧了”，就抓一抓、动一动，没有从高等教育的发展和大学生成长的规律上切实认识到辅导员是保证高等教育质量提升、帮助大学生全面发展的不可或缺的一部分教师，因而对辅导员队伍建设就缺乏机制性的考量。

为什么抓起“双一流”建设就那么卖力、有章法、有效、有动力，说一千道一万是“认识”到位。所以，从一名老辅导员的角度看，真是希望高校自身能够从根本上解决对辅导员队伍建设的认识问题，这样才会很好地贯彻习近平总书记的工作要求，诸如“第 43 号令”这样的一些法规能更好地落实到位。否则，“热闹”了一阵子，还是抓反复、反复抓，同一个问题总是在强调之中。我们千万不能“祈求”再过些年又出台个“部长令”来抓辅导员队伍建设了。其实这个问题应当倒过来，学校是办学的主体，学校应该着急，不能让国家着急，更不应当让习总书记着急。

025

高校辅导员队伍建设要形成合力

我们常讲“人心齐 ,泰山移”,辅导员队伍只有心往一处想、劲往一处使才能建设好。

首先是学校内部的合力问题。现在高校辅导员队伍建设在学校内部的合力就不足。高校到底应不应当有辅导员队伍,到底应当怎样建设这支队伍？这本不是个新问题,却成了一个“常论常新”的问题,常常是一届领导班子一届认识,有的认识有提升,有的认识有回落。建不建设辅导员队伍、怎样建设辅导员队伍,在理论上是党委领导下的校长负责制,运行当中取决于谁的“势力”强。从党委角度强调加强辅导员队伍建设,从行政角度公开表示不赞同的并不多见,但是在实际工作当中“磨磨蹭蹭”“短斤缺两”的并不少见。为什么其他专业需要教师就“足斤足两”,而辅导员教师总是配不齐？为什么有的学校至今也不给辅导员评职称？为什么有的学校不说不给辅导员评职称,但是一到评职称的时候不是没有指标就是条件苛刻？辅导员可望而不可即,只能望梅止渴,这怎么能建设职业化、专业化、专家化的辅导员队伍？其实没有指标是绝对站不住脚的。辅导员按照1∶200配备,他们当中有多少是教授、副教授？他们的指标哪里去啦？如果说他们不够条件还能搪塞过去,但如果不按照辅导员教师的职业特点,也就是原来的教育部“第24号令”,那么现今的教育部“第43号令”提出的“三单”给辅导员评职称,只按科研一个标准 ,又有多少辅导员能够评上职称呢？这与不给辅导员评职称又有什么区别呢？这种职称评审标准又会将辅导员队伍导向哪里呢？现在有个认识必须解决，按照“三单”给辅导员评职称绝不是照顾，这是由辅导员工作的职业特点和学科特点决定的，这也是在正本清源。当前在辅导员队伍职业化、专业化、专家化建设方面还有一个突出的问题需要解决，就是辅导员工作的界域应当清晰。我的基本观点是：学生是辅导员的学生，更是学校的学生，不能把辅导员看成“筐”，什么都往辅导员那里“装”。有些同志把给辅导员评职称看成了施舍，由此认为他们就应当懂感恩，就应当多干点，这种认识是错误的。为什么辅导员像割韭菜一样被割了一茬又一茬？诸多原因中的一个重要原因就是：辅导员工作太杂、太乱、太忙、太累，在很多人眼里他们就是“保姆”“管理员”“消防员”，甚至是“警察”，他们还不能静心、安心、专心做他们人生导师的工作（当然这个问题与辅导员个人的素质也有关系），这样，他们便缺少一种职业的尊严。显而易见的是，辅导员队伍成了“铁打的营盘，流水的兵”，这怎么能建起职业化、专业化、专家化的辅导员队伍呢？

其次是地方政府的合力问题。应当说在全国高校思想政治工作会议后，各地方党委政府都在积极地贯彻落实，一些省份在辅导员队伍建设上出了许多实招，像天津市委为思想政治理论课教师、辅导员教师专设指标，这是最有力的举措。世间一切事物中，人是最宝贵的因素，没有人什么事也做不了。但是一些省份仍然是会议落实会议、文件落实文件，在一些辅导员队伍建设重要环节上仍是强调认识多、解决实际问题少。比如辅导员队伍的配备问题，上面提到的一些高校没有配齐辅导员队伍，这个“账”有的不能算在学校身上。学校不掌控编制，学校进人受人力资源社会保障局的制约。人力资源社会保障局不给学校编制，学校着急也没有用。人力资源社会保障局到底有多少编制可以用到辅导员队伍建设上，这只有他们自己“知道”了。不给编制，1∶200就只能是个数字概念，职业化、专业化、专家化的辅导员队伍同样建设不起来。当前有项工作可以改进一下：有的省份对高校招聘辅导员实行统一考试，这个必要性不大。就像职称评定权下放给高校一样，可以由高校根据有关要求，结合学校实际自行组织考试，出了问题追究责任就是了。这里再举一例，思想政治教育是有规律的，因此辅导员工作要遵循思想政治教育的规律来进行，这就要与时俱进，不断加强科学研究。这也就需要省级科研部门在科研立项中为辅导员单列研究课题。有的省份不说辅导员不能承担课题研究，而事实上辅导员很难申请上课题。因为没有单列，辅导员只能申请其他学科的研究项目，这怎么能申请上呢？这样的做法，也会影响辅导员职业化、专业化、专家化建设的水平。

最后是教育部的合力问题。这些年来，在中央的重视下，在教育部和地方党委的领导下，高校的辅导员队伍建设有了很大的发展。但是从实际工作的需要来看，辅导员队伍还有进一步加强的必要，这也是颁布教育部“第43号令”的目的。其实从教育部的角度抓辅导员队伍建设会起到很好的杠杆作用。一是本科教学水平审核评估杠杆。没有一个学校不在乎这个评估，而评估时又没有几所学校在乎辅导员队伍不达标。原因很简单，辅导员队伍是个“软指标”，达不达标照样优秀。这种评估客观上起了不好的导向作用：辅导员队伍建设得如何对学校没有很大的影响。如果把辅导员队伍建设作为“刚性”条件呢？如果不仅看辅导员和学生的配备比例，再加上辅导员队伍的职称结构呢？如果再把这个“刚性”条件作为考核本科教学水平评估达标的一票否决呢？那高校辅导员队伍建设一定不是现在这个样子。从高校自身来说，辅导员队伍建设不只是党委部门的事；从教育部来说，辅导员队伍建设也绝不是思想政治工作司一个部门的事，只有各相关司局同心协力，才能保证建设一支职业化、专业化、专家化的高水平的辅导员队伍。二是“双一流”建设杠杆。成为“双一流”首先应当是“人文一流”。没有一流的人文教育就没有资格谈世界一流的世界大学。本人学术浅显，以一己之见认为，从价值体系上看，没有一流的价值体系怎么会有一流的大学？什么是一流的价值体系？那就是马克思主义思想体系。因此，一流的大学，一定要建设一流的人文，而马克思主义理论教育是人文教育的核心，建设好辅导员队伍是一流人文的应有之义。从这点来看，我们在建设“双一流”的过程当中，完全应当内含学校的人文教育、马克思主义理论教育、辅导员队伍建设。这对辅导员队伍建设才会产生根本的推动。不然评估不算数、“双一流”不内含，那辅导员职业化、专业化、专家化还不是总在概念中兜圈子？难道要过了十年再来颁布一个加强辅导员队伍建设的教育部多少号令？

026

共迎辅导员春天的到来

教育部“第43号令”已经开始实施。这是为辅导员春天的到来送来的又一缕强劲的春风。春天没有到来吗？现在不就是辅导员的春天吗？恐怕业内为数不少的人都是这样认为的,我也是经常听到有的领导、有的辅导员这样说。我不这样认为。我以为,辅导员的春天尚没有到来。昨天我写的《辅导员队伍建设需要合力》其实就说明了我的观点。现在别说学校外部,就连学校内部在辅导员队伍建设方面的认识也是存在着很大的差距,行动上也是那么地不统一。辅导员自身也没有很好地认识到辅导员的学科属性、工作性质和价值归宿。

辅导员的春天是什么样的？辅导员真正的春天应当是像呼吸空气一样自由、自然,哪像是被施舍、被恩赐、被同情,甚至需要声嘶力竭地呐喊、拼命地抗争才能得到有限的自我安慰般的空间！作为一名老辅导员,我是真希望辅导员的春天能够早一些到来。然而,社会的春天与自然界里的春天有着极大的不同:自然界里的春天会自然地到来,你都无法阻止它的到来;社会的春天则取决于社会的人们是否能持续地送上浓浓的“春意”。

事物的发展需要主、客观的一致性。对辅导员来说,决定社会的“春天”到来得早晚,其主观方面就是辅导员自身;其客观方面就是相对于辅导员自身之外的环境,像昨天文章中谈到的学校、省教育厅相关部门、教育部就是客观方面。在我看来,辅导员的春天能否到来,关键取决于客观方面,或者直白些说:取决于社会这个外部环境是否真心“迎接”辅导员春天的到来。这是辅导员自身无法左右的。但是辅导员也不是无所作为的,辅导员可以通过自身的努力,争得社会这个客观环境的认同,以促使外部环境“产生”更强的“春风”,共迎辅导员春天的到来。这里我想起了毛泽东同志说过的一句话:“社会主义制度的建立给我们开辟了一条达到理想境界的道路,而理想境界的实现还要靠我们的辛勤劳动。”有些辅导员说:“教育部‘第43号令’的颁布使我们吃上了‘定心丸’,我们有了‘尚方宝剑’。”这是事物的一个方面,事物的另一个方面在于我们辅导员自身是否真正地起到了教育部“第43号令”规定的作用。如果我们不努力地工作,起不到辅导员应起的作用,那我们的“上帝”就会怀疑他们是不是“做错了”,是不是应当“改变”他们的做法？这里有个笑话可以借喻一下。有个人想长生不死。他问上帝:“怎样才能长生不死呢?”上帝问:“你抽烟吗?”他回答说不抽烟。上帝又问:“你喝酒吗?”他接着回答说不喝。“那你……”上帝连问了类似问题,这个人回答都说没有。上帝说:“那你还活着干什么。”借喻这个笑话是说从辅导员自身来说,一定不要总是抱怨环境如何,总是想“双重晋级”的事,要真像个辅导员的样子,多想学生的事。“有为才有位”,这样“上帝”才会觉得他做对了,做得值。不然的话别说长生不死,让你“生出来”上帝都有些后悔啦。

我1982年留校做了一名辅导员。那时的环境比现在要差得多,谁还会瞧得起辅导员呢？记得系主任介绍新员工的时候,特别是那些搞专业课的老师根本不愿意瞧我一眼。然而只用了一年的工夫我就得到了全系员工的信服。我们系主任在全系大会上说过:“咱们系你们来不来看不出来,小曲半天不来就看出来了。”大家都觉得我“很有用”。

我在省教育厅工作的时候,有一次我在和一个学校的校长谈加强辅导员队伍建设的事,说着说着有个辅导员骑着自行车带着他的女朋友,买了些菜回宿舍了。校长说:“你看,不是我不想给他们创造条件,可是他们这个样子我怎么给他们创造条件。”虽然这是个别的,但是这样的情况也确实告诉我们:如果真是靠着“施舍”过日子,那就真的过不“富裕”、过不长久。

辅导员朋友们,现在属于辅导员的春风越来越浓了。你们的外部环境已经有了很大的改善。原来很多高校没有辅导员,今天谁还敢这样“理直气壮”？原来绝大多数高校不给辅导员评职称,今天不是也有了很大的改变吗？“风物长宜放眼量”,随着日益猛烈的春风的到来,加上你们卓有成效的工作业绩,这样,属于你们自己的明天才会“春意盎然”！

027

要有“不争而得”的心态

大家常常谈到要活得简单些，说若是这样那幸福指数就提高了。而什么叫简单呢？我有这样一个理解：不争而得。不争而得就是一种简单，它省却了你很多的烦恼，觉睡得稳，饭吃得香。我今年六十岁了，也说不上哪些事够得上争的必要，反正在有些人看来很值得争一下的事，在我看来根本没必要太上心。我一直比较中庸，认同不争而得。当然这里的不争而得不是没有进取、一味地顺其自然，前提是该做的事情一定把它做好，至于能得到什么程度就不要过于计较了。什么谁吃亏了、谁占了便宜的，怎么说呢？亏能亏到哪去？又有多大的便宜可占？谁还能吃上少活一辈子的亏？谁又能占到多活一辈子的便宜？正所谓“塞翁失马，焉知非福；塞翁得马，焉知非祸”？还是按照时间的顺序拣几件从我成人以来对我印象比较深的事说起吧。

（1）“不争而得”：我赚到了最高工分

1976 年我中学毕业到乡下做了一名知青。那时我 19 岁。因为我的人缘还可以，加上我肯吃苦，有的人就鼓动我当点长。因为当点长的工分比点里其他人的工分要高。我们青年点是 1968 年建的，在我来到这里之前，一直是这样。我没有去争。我觉得争的话多伤和气啊！既然人家当了点长，咱干吗去争着干呢？就这样我当了一个大家都不愿当的、为大家服务的伙食长。可是虽然我没有当点长，年底算工分的时候，我却改写了我们“点”以往核算工分的历史。全村只有三个人每天给十二点五个工分，其中就有我一个。另外两个人一个是生产队队长,一个是生产队会计。而我们青年点点长历年最高工分才八点五个工分,其他人都是每天六七个工分的样子。我为什么能拿到这样的工分?我是玩命地干啊!举一个例子。收割玉米的时候,包括当地社员都是同时收割四垄,而我却同时收割六垄,即便这样,我收割了一个来回,他们有的还没有到那头呢。还有冬天取水库里的淤泥。淤泥冻得像铁块一样,只能用镐头一镐一镐地刨。衣服穿多了,干活不得劲;穿少了,又冻得慌。为了多劳动,我从“点”里一出来就扛着镐头一路小跑到工地,然后就一镐不停地刨淤泥块,用劳动“取暖”。大家休息我不休息,待收工的时候我再一溜小跑回到“点”里。给我最高公分,村子里的人都服气。

(2)“不争而得”:我上了大学

刚恢复高考制度的时候,我没有正确的认识。我觉得有些人考大学就是怕苦怕累,要逃离农村艰苦的环境,我不跟他们一样,因此也就不上心。有一天劳动间隙我们大队党支部书记问我:“你怎么不考大学呢?”我在大队里表现还是不错的,我是大队创业连二排的排长。他们都知道我。“毛主席号召我们在农村这个广阔的天地里扎根干革命,我怎么能考大学呢?”我郑重其事地说。我们书记说:“干革命的机会有的是,考大学的机会不多。你可以念完大学再回来嘛。”我们书记是全国劳动模范、我国第一头“千斤猪”的饲养者,毛主席几次接见他,他为中国农业争了气。我一听毛主席接见过的人都这么说,那还是应当考大学。但是这时在大队报名的时间已经过了,不知去公社还能不能报上名。我从劳动工地直接到公社去询问报名的事。到了公社一打听,这里也过了报名的时间。幸运的是我们青年点有个人在公社帮忙,她就负责报名这件事。她对我比较了解,她认为我能考上大学。那时没有电话,她跟我联系不上,也就没法问我。因为从大队报上去的名单中没有我,她就自作主张给我加上了。见我来了,她说:“你赶紧补一张证明相就可以了,名我已经给你报上了”。我一听,心底涌起一种感激之情。那时太落后了,我们公社还不能速照证明相,没有办法,我又骑车到与我们比邻的公社了。照相馆的人说:“得一卷胶片全部照完了才能洗片,照片不能马上拿到。”没办法我把剩下的那些底片全包了。这样待洗完照片后,我又把证明相送到了我们公社。我就这样办完了报名手续。后来参加了高考,我考上了大学。因为这张证明相照得匆忙,简直就像一个被通缉的逃犯。我在机关工作的时候,有一次我们人事处的一个女同志拿着我的档案说:“书记,这是您的照片吗?”我还开玩笑地说:“你们女同志找爱人一定不要找‘白马王子’,要找就找我这样的‘黑马’。”

(3)“不争而得”:我当上了学生干部

1978年8月我上了大学。组建班级和年级干部队伍的时候我没有被“挑选”上。原因很简单,虽然我的高考成绩还可以,但是我表现得不积极,“从政欲望”不强。新生座谈会上,一些想当干部的同学争着抢着发言,我只能“落”在了他们后面,而且我又不像他们那样一副势在必得的架势,我“甘拜下风”。他们的发言都慷慨激昂,我的发言则十分“低沉”。我说:“大家来到一起不容易。我们要互相帮助。凡是大家‘争着’打水扫地的时候,我就不跟大家‘争’了;只要没有人‘争着’打水扫地的时候,我就打水、扫地。”就这样,我们班二十六人,有十三个人当上了班级、年级的学生干部,我被“摒”在了十三人之外。我估计再挑选两个人的话也轮不到我。到了大二的时候,班级同学沉不住气了。改选!改选成了班级主流的声音。那时我们本来实行的是“世袭制”,因为我,给打破了。一年的实践证明,就我当初怎么说的就怎么做了,差不多班上的同学天天喝我打的水。就这样,我进了班委会。其实我的专业课成绩也是不错的,我做个班长、学委应当也没有问题,我想我还是做生活委员吧,这个职位别人都不争。就这样我当上了班级的生活委员。我很“珍惜”这个职位,一直坚持给同学打水、扫地到毕业,我再也没争着当什么年级、系里、学校的学生干部。我在大学里的最高职位就是班级生活委员。我留校工作后当过系党总支副书记、学生处处长、校党委副书记,我最讨厌那种口惠而实不至的干部。每当学生干部培训的时候我都讲,“干部”不论职位高低,一定要名副其实,扎扎实实地为同学服好务。为了个人那么点私利争抢着当干部,多让人瞧不起。

(4)“不争而得”:我光荣入党

现在在大学生中发展党员的数量多了,网上公布了一个到2018年6月的统计:全国大学生党员约211万,占在校大学生的7.7%。记得那时候我们年级除了几个来到大学就是党员的同学外,直到毕业前才发展了三个党员。我们年级一百三十多人,共四个班级,有个班级发展了两个,我们班级发展了我,另两个班级就没有同学被发展入党。我始终积极要求入党,按照党员的标准要求自己。我坚定地相信:没有共产党就没有新中国,中国只能由中国共产党来领导。在工作上,我是班级生活委员,但是我常常干了年级的活。我的寝室在北院,上课教室在南院。因为是新建的教学楼,有些设施不完善,停水是常事。为了保证教室的清洁,我有时就自己在北院提一桶水、拿把拖布早上第一个赶到教室把地打扫干净。学习上我也十分刻苦,从来不舍得午睡,现在也保持着这个习惯。我的学习成绩在年级里也算排在前列的。体育上我虽然没有身材优势,但是我有毅力,坚持长跑,即便在寒冷的冬季也不停止。我成了一名业余万米运动员,为班级、学校在比赛中得了不少分、争得了荣誉。我创造过我们学校万米长跑纪录。我们年级有一个党支部,党支部讨论谁入党的时候,我根本就不知道。这时我的实干起了作用。后来找我谈话的党支部同志说:"大家一致认为你虽然不是班级、年级、学校的主要学生干部,但是你实干、肯干,如果不发展你入党就不公平了。"就这样,我"不争而得"地成为我们年级毕业前夕发展的三名党员中的一名。

(5)"不争而得":我留校做了辅导员

我们那时实行的是计划分配。每年毕业的时候国家根据毕业学生的数量制订分配计划。这就是我们通常讲的"一个萝卜一个坑"。国家计划是必须完成的,不服从分配就要取消分配资格,也就没有了干部身份。我是八二届的学生,我上一届学生分配的时候还有支边计划,就是到新疆、西藏这样所谓的边远艰苦的地区工作。若是有这样的计划,则落实起来比较难,因为大家都不愿意去。我愿意去这样的地方。我是这么想的:什么是人才?需要就是人才。越是边远落后的地方,越需要人才,越能够成就人才。其实像我们有些大学生争着抢着要留在大城市、大机关里,包括有的在大学里工作,当上了理论课教师、做了辅导员,从某种意义上说,已经决定你很难成为"人才"了,因为这里的竞争太激烈了,在"北上广"更是如此。可是,当年虽然填报分配意向的时候我填报的是"支边",但是正式计划下来了的时候我们这届没有支边计划。公布分配方案那天,当我走在去会场开会的楼梯上的时候,我的辅导员拦住了我。她说我留校做辅导员了,不用参加会议了,她让我赶快帮助填写派遣名单。我说:"我不是要支边吗?""没有计划,再跟你说吧。"就这样我跟着她去给同学填写派遣计划表了。那个年代,特别像我们师范院校的学生,能够留在学校工作还算是

“上选”，尤其是我们这届学生，家在大连的学生除了几个“情况特殊”的之外，都分配到了大连以外的城市，他们都不愿意去。我们班就有一个同学过了报到期也没有去报到，结果被取消了分配资格和干部身份。因此，有的学生还是想尽办法要争着留在学校工作的。可结果是偏偏我这样一个不想留校的人却留校了。

(6)“不争而得”：我被涨了一级工资

因为历史系是1980年才从政史系分出去的，所以1982年的时候这个系还没有毕业生。这样，学校就把我分到这个系做辅导员。得知我留校的当天下午我就到系里报到了，从此开始了我的辅导员生涯。我在系里资历最浅，年龄上只有几个应届考上大学的学生比我小，也不占优势。因为系里的其他老师是搞专业教学的，所以系里的许多杂活都成了我的活。比如那时没有电话，如果哪个老师的同学从外地来看他，系领导便理直气壮地让我去找，有时一天要找两三个老师。我还帮资料室老师取报纸，帮助办公室老师打水、扫地。春节期间我还自费到学生家家访。我工作一年后，学校颁布了一个政策，要给3%的员工涨工资，我们系分到了几个名额。系领导决定采取投票的办法来确定名额给谁。结果我排在了第一。我一看急了。我找到系总支书记和系主任，说别给我涨工资了，不然让大家觉得我工作就是为了涨工资。我们系的书记和主任就做我的工作，他们说：“你就拿着吧，不给你涨工资就乱套了。别难为我们了。”就这样我还替他们“解了围”，我被涨了一级工资。那时候一级工资还是很了不得的。有些老教师就盼着涨一级工资退休呢。

(7)“不争而得”：我当上了系党总支部副书记

我工作两年后，也就是1984年年底，记得有一天我在学生宿舍楼值班的时候，我们学校党委书记跟我说：“你干得不错，好好干，大家对你的评价很好。”其实他是话里有话。我们学校那时有个规定，学校领导要轮流到学生宿舍同辅导员一起值班，当晚就住在学生宿舍。我值班的那天正好赶上我们党委书记和我一起值班。我说我一定把辅导员工作做好。就在这一周，我们系党总支书记跟我说：“党委想让你到别的系做党总支部副书记，我不舍得你走，你还是在我这吧，等有机会在历史系任副书记。这样会耽误你一阵子，我听一下你的意见。”我说：“谢谢书记的关心。我无所谓，在你身边干就很好，我不在乎什么当不当副书记的。”就这样，我们系书记跟党委说“小曲不愿意去”。于是我还是按部就班地在历史系做我的辅导员。转过年的时候,也就是1985年5月的一天,我们系党总支书记又跟我说:“学校党委打算把你安排到别的系做党总支副书记,我考虑你就去吧。”我说:“没事书记,我还是等等吧。”我们书记说,现在工资按照级别来拿了,不能让我再等了。就这样,我当上了系党总支副书记。即便这样,从我留校当辅导员到任系党总支副书记,还不到三年的时间,也算比较快的了。当然那时候也比较缺干部,现在的辅导员也不要“攀”,现在和那时的情况有很大的不同。

(8)“不争而得”:我当上了学生工作部(处)部(处)长

我当了八年的系党总支副书记。刚任职的时候,这个系的风气很不好,学生抽烟、喝酒、打仗成风,学生干部与普通同学没什么两样。我从学生干部抓起,很快扭转了系风。我还创立了“新老生同寝”的宿舍管理办法,充分发挥党员、学生干部的带头作用。在后来的几年里,这个系百分之百的学生都向党组织递交了入党申请书。虽然这里有随大流的,但是随入党这个“流”总比随抽烟、喝酒那样的“流”要好吧?有个毕业生党员在座谈会上谈道:正是因为当初随了入党这个“流”,才使他有机会上党课,对党有了正确的认识,不然就加入不到党组织中来。1992年5月,党委将我调到了学校思想政治教研室任副主任,主抓全校大学生的思想政治教育工作,到这个岗位我也是没有思想准备。该教研室担负的就是党委学生工作部的职能。1995年5月,学校机构调整,将学生处与思想政治教育教研室合并,成立党委学生工作部、学生处。有些人还是很看重部(处)长这个职位的。尽管我的优势比较明显,但是我还是跟学校书记、校长讲,我就不跟他们争了,给我安排到理论课教学部、宣传部都行,我愿意上理论课,我不愿要什么“权力”。他们说“你就等党委安排吧”。就这样,党委还是让我做了学生工作部(处)部(处)长。

(9)“不争而得”:我当上了学校党委委员

我当学生工作部(处)部(处)长不久,赶上学校要开党代会。这次党代会上我被选为学校党委委员。我当上了党委委员真是“不争而得”的结果。党委委员一定是在党代表中产生的,而最初开始推选党代表的时候我不是党代表。事情是这样的:推选党代表的时候学校还没有成立学生工作部(处),那时我是学校思想政治教育研究室的副主任,兼任我们党支部的书记。而党支部书记本应当自然当选为党代表。但是我们党支部有个特殊情况，有个曾任过学校党委宣传部部长的老同志在我们党支部。这个老同志也算为党工作了一辈子，很想参加这次党代会，这也是他退休前最后的一次党代会了。这样在推选党代表人选的时候，我就把我的名额让了出来，我提议我们党支部选举这位老党员。当时有的同志还给我使眼色，意思是别让我让出来。我说就这样吧，大家投下票。那位老同志自然当选了，我就没有当上。后来事情有了变化。计算党代表名额的时候，我们机关党总支有个余数，可以再推荐一名党代表。这样机关党总支便召集机关党员开选举大会。大家从机关未当上党代表的名单中发现我还不是代表，于是便一致选举我做了党代表。那天因我有理论课，还没能参加上会议。我下课走在路上的时候有的同志见到我说我选上党代表了。开党代会要明确党委委员候选人。除了校级领导外，组织部部长、宣传部部长、团委书记、工会主席是指定的委员候选人。这样，在机关党总支推荐的候选人中，自然就没有我的份。我们书记和校长还跟我说："这对今后发展没有影响。"我说我能想得开，开始我还不是代表呢。结果汇总全校其他代表团推荐的候选人名单中，我的票都很高，这样筹委会就将我当作"分母"列到了委员候选人名单里。大会正式选举的时候，产生了十一位正式委员，我排在第九位。就是说我不仅没被落下，哪怕是只有九个委员名额，也有我一个。就这样，我成了那一届的学校党委委员。

(10)"不争而得"：我当上了教授

我这个人有股犟劲，喜欢挑战，有些在别人眼里是不可能的事，在我这里却觉得没有什么不可能。就拿评职称来说，现在辅导员能不能评教授还有人质疑呢，我们那个时候就更不用说了。但是我认为，辅导员为什么就不能评职称呢？我一定能评上教授。思想在我的脑海里、笔在我的手里，哪个刊物规定不发辅导员的文章呢？关键是你写到什么水平。就这样，从我工作那天起，我就带着"问题"来工作，我将工作中思考的问题给整理出来，加上理论分析，使理论和实际紧密结合起来。我工作五年的时候，有一次学校主管学生工作的书记找我，他说学校要解决辅导员的讲师问题，考虑我都是总支部副书记了，能不能就不参评了，把名额让给其他同志。我当即表态可以。我们系主任知道这事还跟我讲："你干吗让呢？弄不好以后你会步步晚的。"我说："早一年、晚一年的没有什么了不起。"这样，评讲师的时候我和同期参加工作的同志就差了一步。我们学校还是给思想政治工作者评职称的。待评副教授的时候,那些评讲师时得到过“照顾”的同志这次就没被“照顾”。我因准备充分、材料丰厚而评上了副教授。这样原来在我前面评上讲师的那些同志这次就全部被我“不争”地撵上了。过了几年,我的正教授职称又是“不争而得”了。记得有天晚上我在学生处工作,我们学校教务长看到我。他问我为什么不报评审材料(他负责材料审核,没有看到我的材料)。我说:“我不够啊!”他说:“你怎么知道你不够,你抓紧报。”结果经校评委会投票评选,那年在评选上的十八个教授中,我的名次还挺靠前。我就这样当上了教授。不仅是思想政治教育系里的好多同志,就连给我授过课的许多专业课老师在教授职称评审上都落在了我的后面。

(11)“不争而得”:我当上了学校党委副书记

我在任学生部(处)部(处)长期间,学校党委决定选聘三个校长助理协助校领导工作,同时也是为了加强培养,以补充校领导班子。这三个校长助理有这样的分工:一个学生工作助理、一个教学工作助理、一个后勤工作助理。党委的想法是让我做学生工作助理。有一天党委会上对选聘助理的条件进行讨论。大家一致同意党委组织部拟订的选聘条件。我们党委书记说:“大家没有意见就算通过了。”这时我说:“书记,我有个想法,不知合不合适?”我们书记看了看我说:“你说吧。”选聘条件中有这样一条规定:必须在正处级岗位上或有三年以上的副处资历才有资格选聘。我说:“我们选聘助理也是为下届领导班子考虑的。从我们现在的学历情况看,若是按这次的选聘条件,下届党委换届的时候,我们党委里还没有一个人有博士学历,这与我们这样一所学校是不是不太相配?我听说政治学院有一个副院长,是博士,但是刚任副处级干部几个月,像有博士学历的可不可以不受任职年限限制?”我们书记说:“大家觉得怎么样?小曲说得有些道理,不然就加上这一条?”党委会就这样同意加上这一条。选聘的结果不出我的意料,我出局了,我还是学生工作部(处)部(处)长,而我提到的那个人当上了学生工作助理。有人说我“傻”,我想只要做事的出发点不是为自己考虑的就不能算作“傻”。第二年的时候,我们学校党委副书记工作变动了,接着校长助理也进行了调整,要再选聘一个学生工作助理,这样我就顺理成章地当上了学生工作助理。又过了一年,我们学校党委副书记交换了岗位，学校党委建议我做党委副书记，经省委组织部考核、省委任命，我当上了学校党委副书记。

（12）“不争而得”：我当上了省委高校工委副书记

有一天，我们学校党委书记打电话跟我说省委组织部来考核我，明天要和我谈话。我问书记：“要安排到哪里？”书记说：“重用。”我开玩笑说：“到公安厅当厅长、进常委是重用，那我可不去。”后来我们书记说是要到教育厅工作。我知道这是要让我做高校工委副书记。这个位置闲了好长时间；中央颁布了“16号文件”，省里要加强这项工作；我在学校就负责大学生的思想政治教育工作。不谦虚地说，我的工作还是可以的。教育部对我们学校本科教学水平评估时，学校原来准备了三个教学优秀项目向专家组汇报。结果向党委行政反馈意见的时候，专家组认为这三个项目都不够优秀。这意味着这次评估学校不能评为优秀。学校主要领导和主管领导都没办法了。这时我跟专家组说：“本科评估应当把思想政治教育纳进去。我们学校的思想政治教育工作还是很有特色的。”那时已到了吃晚饭的时间。专家组组长让我吃完饭到他房间详细汇报一下。饭后我汇报了一个多小时。组长说，你们学校没有这方面的材料。我说我连夜写。从组长房间出来的时候，我们学校主要领导和主管领导问我怎么样，我说需要补个材料。就这样，我差不多一夜没睡，写了一万多字的材料。第二天一大早，我念材料，让我们学校打字最快的一个同志把材料打印了出来，八点半材料交给了专家组。经“复议”，我们学校的本科教学评估被评为优秀。我的工作也得到了时任教育厅厅长、工委书记的认可。省委组织部主管部长找我谈话的时候，我怕迟到了，就提前到了省委门口，从主管处室的同志到部长，我一个也不认识，这样我进不了楼里。没办法，我跟学校联系，让他们协调组织部派人到门口把我接了上去。省委组织部主管部长跟我说的第一句话就是：“我不认识你，教育厅领导推荐你，考核得不错，好好干吧。”我说我一定不辜负组织的信任。我是我们省委自成立教育厅以来，从大连调去的唯一的一个厅级领导，至今也是如此。

（13）“不争而得”：我获得了一些荣誉

我从留校工作到当省委高校工委副书记，在我的记忆里没获得过几次奖励，国家级的一次没有，省级的有没有我也记不清了。

我从厅领导岗位下来做了辅导员后，先后获得了“全国辅导员年度人物荣誉奖”“全国思想政治理论课影响力标兵”“全国师德标兵”“寻找最美教师之特别关注奖”“辽宁省‘五一’奖章”“辽宁省师德标兵”“辽宁好人·最美人物”“辽宁好人·时代楷模”“大连市优秀共产党员”等荣誉称号,平均一年能得到两项省级以上的奖励。我感谢组织上对我的认可。

不过从我的主观上来讲,我根本不看重这些。我已经主动辞去了厅级领导职务,“裸退”了下来,没有保留任何行政级别,这些荣誉称号会对我有什么吸引力呢?我跟学校有关部门讲,凡是需要在学校竞选一下再往上边报的一些评选我坚决放弃。如果上面指定的奖项,学校觉得对学校有益我也可以报。奖项能不要的我就不要。每次采访很麻烦,要占用我很多的时间。我的世界观已经很坚定了,给不给这些表奖我都会一如既往地努力工作在思想政治教育这个岗位上,直到我动不了手、停止了思想。

每次网上投票的时候都会有网络公司跟我联系,要帮我投票。开始我不搭理他们,或者发烦地说:“你们若是能把我投下来我就给你们钱。”后来一有时间我就做他们的思想教育工作。现在做网络投票的都是刚毕业的年轻大学生,我觉得他们做这样的“糊口”工作真没有价值,长远看还会毁掉他们。于是他们再联系我要帮我拉票的时候,我就跟他们聊,做他们的教育工作。我跟他们讲:一个刚毕业的大学生,应当好好规划自己,长远发展自己,认真地考虑把自己的知识更好地运用到社会中,在服务社会中实现人生的价值。有一次一个刚毕业的大学生说:“老师,谢谢您,我明白我要做什么了。”

“死后元知万事空”,“不争而得”。到了我现在这样的年龄,我更是感到这种中庸的哲学实在是一种幸福思想的源泉。不争,就会活得简单,就不会辗转反侧;不争,就不会把大好的时光用到歪的地方;不争,就不会利欲熏心、欲壑难填;不争,就不会不择手段、狂妄至极。看看那些待在监狱里的曾经的高官,有多少不是“争”的结果?如果“不争”“不抢”的话,怎么会沦落到这种地步?他们的结局实在是可惜、可叹、可悲、可鉴!

028

思想政治教育要出实招

在手机上看到一条新闻:陕西出台政策,在校孤儿大学生每月可获得1000元补助,填补了孤儿大学生救助的空白。我看到这个新闻后很是欣慰。思想政治教育是什么?它是一种实实在在的服务。这服务体现在两个方面,精神方面和物质方面。精神上,要为学生及时地解疑释惑;物质上,要力所能及地给学生以帮助。物质是基础,只有物质和精神两个方面的和谐统一,才会增强思想政治教育的说服力。

我常举这样一个例子:一个思想政治理论课教师,当戴着项链、背着名包、穿着名牌、开着名车来到学校给学生讲什么是社会主义的集体主义的时候,有的家庭贫困的学生已经饿得抬不起头了,这样的思想政治理论课会有效果吗?我的意思不是说要你管他的学费、生活费,我是说心中一定要有学生,要关心学生的疾苦。比如你上课的年级哪个学生患病住院了,你没有时间到医院看望,你可以拿出个百八十元的让辅导员买点东西替你转达一下你的问候。须知爱是可以放大的,你关心了你应当关心的学生、做了你能做到的事情,学生会感受得到的。做到这些,理论课的效果就一定不一样。

我在省教育厅工作的时候,就非常重视孤儿大学生的教育管理。我委托一个高校对全省孤儿大学生的学习、生活情况进行了调研。我还先后多次召开孤儿大学生座谈会、请孤儿大学生吃饭、走访孤儿家庭。一些孤儿大学生的生活状况很差:他们有的借高利贷缴学费;有的靠吃方便面过年;

有的没有地方住，只好到网吧去“躲年”。我了解到，该文件这些情况后，向多方反映、汇报，最终推动辽宁省政府出台了一个文件，该文件规定：凡是在辽宁高校读书的孤儿大学生一律免除学费和住宿费，并且在寒假过年的时候还给他们每人1000元的路费和生活补贴。有的孤儿大学生通过辅导员向我表示感谢，并决心好好学习，将来回报社会。我还资助了好几个孤儿大学生完成了学业，帮助他们找工作。他们现在都成了家、有了孩子。有对姐妹俩孤儿大学生，她们的婚礼我都是以老师和父亲的双重身份参加的，我帮助她们答谢她们的同学和老师。这个姐姐现在也是名辅导员，她表示一定好好工作，做个像我一样的辅导员。她有了孩子的时候，给我发了张照片，她说她要告诉她的孩子将来要像孝敬爷爷一样孝敬我。我在从沈阳搬回大连的时候，家里有一台钢琴。我爱人说就别卖了，也不搬了，你不是有个“外孙”嘛，就给你“外孙”吧。我的这个“外孙”已经四岁了。我跟他说，要好好学习，好好弹琴，做个听话的孩子。这个妹妹的爱人在顺丰公司工作，每年父亲节的时候他们夫妻俩都要从波士顿给我寄一对龙虾，表达她对我的深情厚谊。

2013年7月，我从省教育厅来到大连海事大学做了四年的辅导员，我带的学生今年暑期毕业了。我是一名老思想政治教育工作者，我深知思想政治教育不能“空对空”的道理，我跟学工部部长说，“我要把学校的孤儿组织起来，给他们建立个家庭，我做他们的家长，让他们感受到家的温暖”。今年中秋节的晚上，我请了孤儿学生们吃饭。有个孤儿在微信里说：“我本以为中秋的夜晚我只能躺在床上孤单地看着手机，没想到老师还能请我们吃饭，谢谢老师。”还有个孤儿说：“老师中秋节没有和师母在一起而是请我们吃饭，我好感动。老师饭桌上说的话我都记住了，我一定好好学习，不辜负老师的期望。”思想政治教育一定要以理服人、以情感人，实打实地做。“理”就是道理，学生能不能悦纳很重要的一点在于学生有没有从情感上认同你。“情”就像润滑剂，有了“情”“理”就不那么“涩”了，就会滋润学生的心田，就会在学生的心灵里播下爱的种子。这种子就会生根、发芽、茁壮成长！爱的种子必然结出爱的果实，这样，我们的祖国、我们的社会、我们的家庭、我们的生活就会到处洒满爱的阳光！

党的十九大胜利召开了！多么鼓舞人心、催人奋进啊！真应当感谢我们国家选择了马克思主义、选择了中国共产党、选择了社会主义。“三个选择”使中国人民站了起来、富强了起来！中华民族任人欺负的时代一去不复返了！我们的军舰开到了英国的港口，天宫、蛟龙、天眼、悟空、墨子、大飞机等重大科技成果相继问世；南海岛礁建设积极推进，开放型经济新体制逐步健全，对外贸易、对外投资、外汇储备稳居世界前列。这一切有力地表明：中国这头曾经沉睡的狮子已经醒了，中国特色社会主义进入了新时代。

当然我们也深刻地认识到：我们仍处在社会主义的初级阶段，我们还有很多困难需要克服，特别是我们要坚定不移地实现中华民族的伟大复兴！而“中华民族伟大复兴，绝不是轻轻松松、敲锣打鼓就能实现的”，青年兴则国家兴，青年强则国家强。由此，我们应当想到高等教育所担负的使命和责任。我们一定要教育我们的学生爱党、爱国、爱社会主义。“爱”从哪里来？今天不爱校，明天难爱国；进校不如家，也难以爱校如家。这就要求我们必须把思想政治教育做实了。现在我们一些大学把很大的精力放到了抓“双一流”建设、抓学科建设、抓专业建设上，这都不错，但是对大学来说最为重要的还是人的培养。“君子不器”，我们培养的学生如果没有情感、没有“四个自信”，他的能力水平再高对中国梦的实现又有什么用呢？说到底，无论你抓什么，离不开立德树人这个根本。须知科技一定是用来为人文服务的。我不信没有一流的人文会有世界一流的大学？我们的大学不仅要有为科技人才的发展努力创造环境的意识，更要有为学生的成长创造良好条件的意识。天气冷了，学生的寝室多少度？学校的网速怎么样？学校图书馆有没有足够学生可以看的图书？学校提没提供足够的课程让学生们选？学校的人文课程开设得怎样？思想政治理论课在学校处于什么样的地位？辅导员队伍、思想政治理论课教师都是什么状况，他们是怎么个精神风貌？怎么帮助学生解决生活上的困难？若挖掘潜力，学校可以为学生设立多少勤工助学的岗位？学校里那么多可经营的地方，可不可以尽量让学生们来经营？切记：学校最大的利益、最根本的利益是学生的利益！

广大的思想政治教育工作者们，你们是大学里离学生“最近”的人，也是学生“最亲”的人。你们千万不要让学生失望啊！多关心学生就是多为祖国服务、为中国梦服务、为人民服务，也是在为自己服务。我常讲，自己的孩子是孩子，别人的孩子也是孩子。我们可能难以做到关心每个学生都像关心自己的孩子那样，但是我们是“止于至善”的人，只要努力，我们还是能够做到当学生有困难的时候力所能及地给他们以帮助的。像上面提到的当学生有病住院，给他买点水果还是能够做到的，只需要我们用心罢了。你们千万不能把思想政治教育当成了花架子，华而不实，要让思想政治教育走进学生的心灵。你们不仅要说，更要带头去做。从这点来看，践行比说教重要得多。

陕西省解决了一个很实在的问题，下一个省份会是哪个呢？若省里不做，大学做不了吗？党的十九大报告里讲：“这五年，解决了许多长期想解决而没有解决的难题，办成了许多过去想办而没有办成的大事。”为什么这五年能办到？我们要为习近平总书记点赞！之所以有了这样的变化，说到底是因为以习近平同志为核心的党中央真正把人民的利益放在了心上。我想，一所大学，只要把学生放在心上，从学生的利益出发，看似难以解决的一些问题其实都是很容易的，不就是孤儿那点事吗？中国共产党人的宗旨是全心全意为人民服务。大学是我们党领导的大学，大学就要全心全意为学生服务，因为学生就是我们的人民！

029

这样几条新闻连起来读很鼓舞人

2017年10月22日的新闻早班车里有几条新闻，连起来读很鼓舞人。

(1)中国航天八院院长代守仑于2017年10月20日表示，我国计划在2030年前后实施火星采样返回、小行星探测等探测方案，推动深空探测工程实施。

中华民族自古就有“嫦娥奔月”的神话。此神话展示了中华民族的无限想象力。当然，中华民族也是一个具有无限创造力的民族，我们的祖先在很早就有了“四大文明”。中华民族为人类文明做出了巨大贡献。我们的落伍只是近代的事，帝国主义的入侵打断了中华民族发展的链条，由此我们陷入了半殖民地半封建社会的深渊。今天，我们又有了“天宫”“天眼”，我们又以雄伟的身姿遨游于宇宙太空。世界不得不为之惊叹：中国人，来了！

(2)外交部近日回应英国“人权活动人士”被拒入境一事，称这是中国的主权，中方已就英方近来在这件事上的一系列错误言论提出严正交涉。

“什么人权活动”？请那些高举所谓“人权”大棒的先生们好好审视他们自己都干了什么吧！国人怎么能够忘记：在近代社会，那个标榜“民主”“平等”“自由”“博爱”“人权”的“文明”国度，在同我们的贸易中“逆差”了，于是就用鸦片来毒害我们。林则徐搞了虎门销烟，他们就用大炮打开我们的国门。这纯粹就是强盗的逻辑。如今，我们已经从站起来、富起来，到强了起来。中华民族任人欺辱的时代已经一去不复返了。我们不干涉别人的日子，也不再允许别人对我们说三道四、指手画脚。别了，中国人民早已领教过的“人权”，我们要过好我们自己的日子。一切不怀好意的人们，听清楚了，我们让你们到我们“家”干什么呢？

记者问：

据报道，针对英国保守党人权委员会副主席罗杰斯被拒入境香港一事，英国首相特蕾莎·梅近日表示，英方已经并将继续在各层级向中方提出交涉。中方对此有何评论？

外交部发言人答：

香港是中国的特别行政区，中央政府负责与香港有关的外交事务。中国中央人民政府和特区政府依法处置有关问题。允许谁入境、不允许谁入境，是中国的主权。中方已在北京召见英国驻华使馆官员，就英方近来在这件事上的一系列错误言论向英方提出严正交涉。

我要强调，香港事务纯属中国内政，中方不会允许任何外国政府、机构和个人以任何方式干涉中国内政。

(3)十九大新闻中心记者会上，日媒提问：“安倍打算明年访华能实现吗？”中联部副部长郭业洲回应：“中日两国高层互访需要民意的支持，需要百姓的理解。”

多么铿锵有力的回答！中国是人民当家做主的国家，让不让你(安倍)来人民说了算。你是日本的首相，你不是中国的国民，你没有来去自由的权力。想想当年我们国破家亡，让他们给欺负到什么样子：“南京大屠杀”“七三一细菌部队”，还有《马关条约》的签订，日本政府硬是点名道姓地“逼”着我们到他们的家门口签下了丧权辱国的条约。打了我们，“军火费”还要我们拿，真是岂有此理！中国人民从来没有屈服过，在中国共产党的领导下中国已经改天换地。今天，在以习近平同志为核心的党中央领导下，我们又进入新的时代。我们可以按照我们的想法过好我们自己的日子了。

(4)第十二届世界数独锦标赛近日在印度落幕，中国数独队力压日本队、美国队等强队，首次在境外获得团体冠军，最小队员年仅13岁。

中华民族是个聪明、智慧的民族。四大文明古国只有我们中国传承了下来，这不是偶然的。我们毫不怀疑，随着中国的崛起，我们必然会创造无数世界第一。青年代表着未来，世界是属于他们的。13岁就为祖国赢得了荣誉。我们完全有理由相信：随着青年的奋起，中华民族伟大复兴的中国梦一定会实现！

030

凡事贵在精神

毛泽东同志在《纪念白求恩》一文中说:“一个人能力有大小,但只要有这点精神,就是一个高尚的人、一个纯粹的人、一个有道德的人、一个脱离了低级趣味的人、一个有益于人民的人。”什么精神？这精神就是全心全意为人民服务的精神，就是心中有他人，力所能及地关心和帮助他人。

自北京大学渐冻症女博士娄滔被媒体报道以来,我的心就很不好受。一个既有着美貌、才学,又有着美好心灵的人,就这样患上了不治之症。但是难能可贵的是,虽然娄滔的生命随时可能终结、虽然她始终在疾病的折磨中,她想的却不是一去了之,而是能为他人做点什么。她留下了遗嘱:“凡可以挽救他人的器官,尽可以拿走。”其实,凡事贵在精神。每个人只要有这种精神,都可以为他人做有益的事情。在贵州遵义有个“爱心豆花面馆”,该面馆老板自2017年10月开始,免费向附近环卫工等提供早餐,至今已送出3000碗。老板孙文志表示“会一直送下去”。挣多少是多啊!有了这种精神就不会在多少上算计了,就会尽量地关心和帮助他人。前两天还有这样一条新闻:江西一初中生朱宇俊日前跳入河中成功救起两名落水儿童,得知被救的一个孩子家庭困难后,又把收到的万元奖金送给他。这又体现了这种精神，都不用细究,这与朱宇俊家有没有钱无关。

辅导员中有这种精神的大有人在。全国优秀辅导员年度人物、上海师范大学的孙雅艳就是这样的人。她人长得漂亮,却并不是把钱都用到穿衣打扮上。她想的是怎样帮助学生们度过大学生活,她为学生花了很多钱。

有的思想政治教育工作者就忽视了怎样在工作中体现这种精神,他们常常会说“我没有这么多钱为学生做事”。还是这句话,贵在这种精神,缺失这种精神,自然就没有条件做为学生服务的事。

思想政治教育工作者必须懂得这样的道理:科学的理论要想让学生接受,我们就应当努力成为这种理论的积极践行者。在全国高校宣传思想工作会议上,在谈到对广大师生进行社会主义核心价值观教育时,习近平总书记在要求广大教师积极成为社会主义核心价值观的宣传者的同时,又要求广大教师一定成为社会主义核心价值观的积极践行者,就是为了使理论和实际结合起来,这样学生才会心服口服,我们的教育才有力量。我在辽宁师范大学做高校党委副书记的时候,有一天有个生活困难的学生找我谈缓缴学费的事。我顺手把我得的 200 多元稿费给了她。这个学生的母亲含泪给我写了一封信,告诉我这个学生把我给她的钱夹在书页中,激励她刻苦学习,将来要成为一个回报社会的人。我在大连海事大学做辅导员的时候,也是力所能及地帮助一些学生解决生活上的困难。学生们会把我的行动和我对他们的“说教”联系起来。他们觉得我就是一个积极践行社会主义核心价值观的人,因此我就会在他们的心中占有一席之地,我说什么他们都愿意听。好多学生在毕业留给我的感言中都表达这样的心愿:将来要做一个关心社会、关心他人的人,因为老师就是一个这样的人。

天冷了,穿过的衣服也可以拿来给学生穿;学生病了,给学生买点水果什么的是不会影响生活质量的。很多事做起来并不难,贵在确实要有做这些事的精神。

031

学生是谁的学生?

“学生是谁的学生?”这是个问题吗?这个问题有意义吗?这还真是个问题,这个问题还真挺有意义。

我们不假思索便可以把学生称为学校的学生,也可以说是校长的学生。因为学生毕业证上都要写清楚某某是哪个大学毕业的、校长是谁,都要盖上学校和校长的印章;学生毕业回到母校,询问的一般都是校长是谁。这样说来,作为一校之长,其实就是学生的“家长”,学校的每个员工都是在为校长“服务”:共同把学生培养好。而事实上却不是这个样子。学生成了书记的学生、成了辅导员的学生,只要能和学生沾上边的事,都算到了辅导员身上。学校就是因为有了学生才叫学校,没有学生自然也就没有学校。学校什么事能离开学生?不能因为和学生相关就什么事都推到辅导员这里。现在的学生教育管理与我们的愿望总是相差甚远,原因在哪里?一个重要的原因就是把学生只看成辅导员的学生,说得严重些,只是辅导员在“管”学生,其他人在看,甚至在添乱。看看学生中出现的那些问题,有多少是辅导员引起的。学生翘课、上课玩手机,辅导员要对学生进行学习目的教育;学生考试作弊,辅导员要对学生进行法治教育;学生择业,辅导员要“帮助”学校提高就业率。这些不通过提高教师教学水平、改进教学方法、提升教学质量来解决,辅导员即便一时管住了学生、“帮”了学校的忙,又有什么意义呢?还有学生服务方面,本来学生有些意见是合理的,但我们不是在改进服务上下功夫,反而责怪辅导员工作没做好。也有个别的教师在学生面前说话不负责任，给学生一些错误的信息，让辅导员承担这个错误要有多难？为什么辅导员中有的人离开了辅导员队伍像“胜利大逃亡”？为什么职业化、专业化、专家化辅导员队伍建设步履维艰？这与辅导员工作界域不清、干了太多的杂活有关。有的辅导员说，“我们是两眼一睁，忙到熄灯；两眼一闭，提高警惕”。这话虽然有些夸张、有些绝对，但也不失为现实辅导员队伍状况的一个真实写照。在有的学校，辅导员被看成另类，处在边缘的境地。他们年轻、没有学术地位、没有话语权，他们在学校敢得罪谁？很多活儿他们不愿意干也得干。当然，从辅导员主观方面来说，应当讲理想、讲境界、讲奉献。我在和辅导员群体交流的时候常讲，作为辅导员一定要把祖国、学生的利益放在心上。无数革命先烈为了社会主义制度的建立抛头颅、洒热血；马克思那么渊博，他可没想“双重晋级”的事，他被开除了国籍，他的一个孩子因疾病和饥饿而死在他的怀里。马克思说：“面对我们的骨灰，高尚的人们将洒下热泪。”今天我们不就是少睡点觉、多流点汗吗？面对先烈、面对马克思，我们只能感到汗颜！辅导员一定要做到像习近平总书记说的那样：不能“缺钙”。但是从客观方面讲，辅导员也上有老、下有小，他们也有对美好生活的新期待。因此，作为学校组织，就不能完全拿觉悟来要求辅导员了，我们必须有科学的制度，以保证辅导员安心工作并对他们的本职工作有热心。从中央“6 号文件”到《普通高校辅导员队伍建设规定》，再到中央下发的“31 号文件”，都明确地规定辅导员是大学生健康成长的人生导师。从“16 号文件”到“31 号文件”，时间过去了十三年，有多少高校把做大学生健康成长的人生导师作为辅导员工作的首要任务？在很多人看来，辅导员就是“保姆”“管理员”，甚至是“消防员”，“学生就是辅导员的学生，他们不干谁干”？试想一下，以这样的认识看待辅导员工作，职业化、专业化、专家化的辅导员队伍还要多长时间才能建立起来呢？还能建立起来吗？因此，从学校这个“顶层”来说，必须引导广大员工转变教育观念，学生绝不只是辅导员的学生，学生是全校每个员工的学生，学校每个员工都担负着教育管理学生的职责，都在为“校长”、为“学校”培养学生服务。每个员工都要管好自己那段“渠”，种好自己的田。现在各大学都制定了大学章程，要尽量划清辅导员的工作界域，不能以管理取代了人生导师的角色，要创造条件，让辅导员专心于他们的本职工作，更好地帮助学生系好人生的扣子。须知，我们对学生的教育管理不只是学生在校这几年,他们带着什么样的价值观走进即将到来的社会,这比他们单纯地找到了工作要有意义得多。

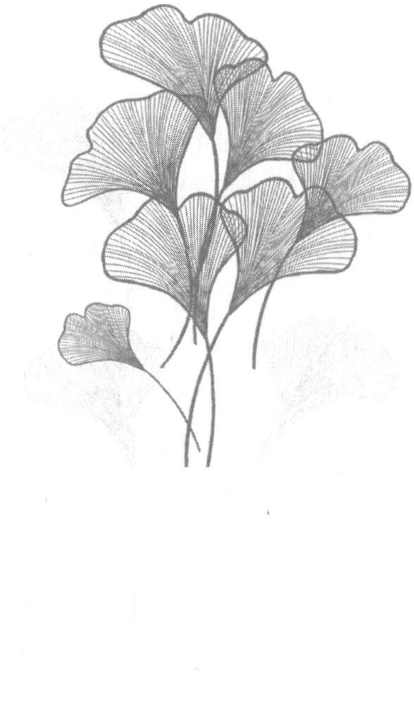

032

给学生思想引领

2017 年 11 月 22 日，中国教育部思想政治工作司在清华大学举办了首场“学习宣传贯彻党的十九大精神——千名高校优秀辅导员‘校园巡讲’和‘网络巡礼’活动”报告会。本场报告由五人组成，我是其中之一。

我演讲的题目是：坚定理想，脚踏实地，在为人民服务的不懈奋斗中书写人生华章。自我评价效果还可以，场上自发地多次响起掌声。报告结束后，有两个学生跑过来跟我打招呼。有个学生说感谢我给他带来了教育深刻的报告。另一个学生说，他是硕博连读的学生，他所学的专业跟核工业相关。他说他要向我报告中提到的钱学森、黄旭华学习，这两位伟大的科学家都是他的前辈，他也决心要拿下院士。

听到这两个学生的感受，我也很感动。学生都是爱国的，都是好学生，关键看我们怎样教育、引领他们，我们能给他们什么。我想起今年开学时我给我校新生做“大学 · 大学生 · 人生”的报告时的一个镜头。我给学生讲了八个关键词，其中有个关键词是“崇真”。所谓“崇真”，简单地说就是追求真理。对大学生来说，很重要的一点就是要爱国。当我讲到大学生要爱国的时候，并不像平日里有的同志所认为的那样：现在的学生很务实，你给他们讲要爱国，学生们往往不以为然。那天在我谈到大学生要爱国时，学生鼓掌的次数最多。当天夜里快到十二点的时候，有个学生给我发了条微信。他说我给他的都是正能量。他从小学到大学没有人告诉他学习是为了爱国。他的心灵被触动了。他立志毕业后到祖国需要的地方去，把青春奉献给祖国。

教育部关于加强辅导员队伍建设的相关文件中，都是把辅导员首先定位在大学生的人生导师上面，这就是说辅导员一定要注重学生的思想引领，要让学生懂得学习知识有个人的需要问题，更有祖国的需要问题。不能把学的知识都当饭吃了。辅导员要理直气壮地对学生进行思想教育，不能一味地迎合学生。学生是明白好坏的，并且学生最感谢、最记在心里的还是那些能给他们的前行方向指明道路的辅导员。前段时间在公众号上我写过一篇文章，提醒辅导员要注重理论学习，就是希望辅导员要处理好日常管理和人生导师的关系，一定要把两者统一起来，特别是后者，尤其不能忽视。须知，你的价值最终还是体现在人生导师上，不然你就具有了可替代性，也就失去了自主性，更难有主动权。为什么有的同志“恐慌”年龄大了就不能当辅导员啦？恐怕这是一个重要的原因。这就看你怎样设计自己、想怎样发展自己了。缺乏长远的规划，便容易抱怨各方面的条件，进取精神不足，慢慢地就被落下了，等明白过来也就晚了。

033

描绘一下辅导员春天的“气象图”

2018 年 12 月，全国高校思想政治工作会议在北京召开，习近平总书记到会发表了重要讲话，由此极大地推动了高校思想政治工作的开展，高校的辅导员工作也得到了进一步加强和重视。对此，很多同志欢欣鼓舞，他们说：“辅导员的春天来了！”

我于 1982 年毕业留校就做了一名辅导员，后来做过学生处处长、校党委副书记、辽宁省委高校工委副书记，今年六十岁了，四年前我辞去领导职务到大连海事大学又做了一名辅导员。可以说我这一辈子就做了一件事：做大学生的思想政治教育工作，为大学生的成长、成才服务。依我的认识，我感到辅导员的春天还没有到来，现在只能说辅导员的春风吹得“更猛烈”了（关于“辅导员的春天”以前我谈过一个观点。“16 号文件”颁布后，就有“辅导员的春天来了”的说法，我当时提出的观点是：只能说辅导员的春风更浓了。十几年的时间过去了，实践证明，辅导员的春天确实没有到来。我现在用的词是“更猛烈”了，我觉得用这个词形容当下的辅导员队伍建设更准确些）。为什么这样说呢？我给辅导员的春天描绘了一幅“气象图”，形不成这样的“气象”，怎能说辅导员的春天来了？

（一）“室外”“室内”温度一致

“室外”可视之为学校外部；“室内”指的是学校自身。先说“室外”温度。中央召开了全国高校思想政治工作会议，强调加强辅导员队伍建设，这是从全党来说的，各相关部委、各地方都应高度重视。而事实是，有的部委重视，有的部委不重视；有的地方重视，有的地方就不太重视。也可以说，有的部委、地区"春雨阵阵，细雨绵绵"；有的部委、地区，则"雷声大""雨点小"，关涉辅导员队伍建设的人、财、物方面的很多问题都没有从根本上解决。从"室内"温度来看，"旱涝不均"的"气象"十分突出。有的学校辅导员"双重晋级""职业化、专业化、专家化"的路径解决得较好，一批辅导员正朝着专家化方向发展；有的高校还没有走多远；有的高校才刚刚起步；更有的高校到现在也没有解决辅导员的职称评定问题，称他们尚处在"破冰"阶段并不为过。

（二）"春天"是"自然"到来的

辅导员的春天应当像自然界的春天自然到来一样，不可阻挡，不用加温。现在的情况是，我们总是在重视（加温）中促进辅导员队伍的加强。如果这样的话，即便是达到了春天的"气温"，那也是人为的结果。既然是人为造成的，就有可能今天重视（加温）、明天不重视（降温），那就不会出现辅导员真正的春天。为什么其他专业教师总是在"静悄悄"中得以加强？为什么他们总是生活在"春风荡漾"之中？说到底，是因为他们是从高等教育发展的内在要求上考虑的，他们被看成提高高等教育质量不可或缺的教师。而辅导员呢？则游离在"体系"之外，并没有被看成保证大学生成长成才不可或缺的教师。辅导员被看成"党"的人，没有被看成"政"的人。什么时候对于辅导员队伍建设得好坏，党务部门"不急"，而人事、教务部门急，那辅导员的春天就确实到来了。

（三）辅导员的工作界域清晰

英语教师是教英语的；数学教师是教数学的；化学教师是教化学的；计算机教师是教计算机的。这些教师的工作指向都非常明晰。若问辅导员教师是教什么的？从理论上也能说清楚，他们是教学生做人的，他们是大学生的人生导师。可是事实上他们被看成"一只筐"，什么都往里边装（前段写过一篇这方面的文章，这里就不再赘述了）。哪有春天来了还不知自己要播种什么的农民？而从现实来看，辅导员就是这样一些不知播种什么或不能播种自己想播种的种子的"农民"。所以，当辅导员的春天真正到来的时候，辅导员就应当清晰地知道在一个大的庄稼地里自己是负责种玉米还是种大豆的人。

（四）辅导员队伍结构合理、素质优良

现在各高校都在按照 1∶200 的师生比例配备辅导员。当然有的学校配备得好些，有的配备得差些。全国已经基本建立起了较为庞大的辅导员大军。但是，由此并不表明辅导员的春天来了。这支队伍的结构极为不合理。一是年龄结构不合理，过于年轻化，还起不到人生导师的作用；二是身份结构不合理，有些就是研究生，还不能算作辅导员教师；三是专业结构不合理，只是强调了学历要求，没有强调专业要求；四是职称结构不合理，大多数高校没有辅导员教授，很多高校辅导员中没有副教授，高级职称的辅导员占比太低。而辅导员队伍中存在的这些问题，在其他专业教师队伍里简直就是"天方夜谭"。如此，我们怎么能说辅导员的春天来了呢？

（五）辅导员的工作积极性是内生的

其他专业教师为什么就不用反复强调工作的重要性？为什么就不用督促工作？不用凭着"觉悟"来工作？不用为他们的"出路"着想？就是因为他们有内在的积极性。他们的教师身份是明确的，他们的工作指向是明确的，他们的工作条件是有保障的，他们的付出是得到承认的（可以评职称）。其他不说，单就工作条件来看，一个教计算机的教师，还用为学生准备教学用的计算机吗？教化学的教师在实验器材上也不用自己准备吧？而上述这些对辅导员来说几乎都在"抗争"着、被"施舍"着，例如电话费、看望住院学生费用等，这本是从事辅导员工作必须给予保证的条件，现在却成了因为"重视"而给辅导员提供的"待遇"。现在有的省份、高校就以增加辅导员工作补贴的办法激励辅导员努力工作，这种提法、做法未必妥当。你这是额外给辅导员的收入，还是本身就应当为辅导员工作提供的必要条件？靠激励是保证不了辅导员队伍的职业化、专业化、专家化建设的。对辅导员与其他教师一视同仁就好。该属于他们的不能缺了他们的；不该给他们的也没有必要额外给。切实解决了他们的教师身份、职称评定问题，他们的工作积极性就会得到极大的提升并保持长久，乃至于把辅导员工作当成终身从事的事业来做。

辅导员春天的"气象图"也实在是难以给予尽善尽美的描绘，我认为具备了上述五种"气象"，就基本可以确认辅导员的春天真正到来了。

愿方方面面齐努力，共迎辅导员春天的真正到来！

034

岁月留痕

都说时间可以抹平一切,那是因为没有留下刻骨铭心的痕迹,留下了痕迹的岁月是抹不掉的。我今年六十岁了,翻看一下三十五年前我做辅导员时留下的一本本工作手册,学生高考分数、政治面貌、外语情况、家庭住址、所获荣誉、录取志愿、兴趣爱好及其他情况……一一记录在册。

那些和学生们在一起的岁月就像汹涌的波涛在我的脑海里翻滚,历史就定格在那里。三十五年过去了,每个学生的名字我都能张口叫出来,他们的笑声、匆忙的脚步声总是在我的耳畔响起。这些怎能忘记呢?看着摆在我面前的这些工作手册,这里浓缩了多少我的青春年华,又铭刻着多少我对学生的爱意。

打开我的第一本工作手册,跳跃在我眼前的是法国词典学家利特雷的话:“珍惜自己生命的人应该总是在积极地工作,就好像他会永久地活下去;同时他又应该总是争分夺秒地来安排他的时间,就好像不久他就要离开人世。”由此我开始了我忙碌的辅导员生涯。我把我带的年级八十个学生的情况清清楚楚地写在了工作手册上。

我在历史系工作两年多就被任命为政治系党总支副书记,这些工作手册记录了那两年多的时间里我和学生的点点滴滴。多少男生,多少女生;多少团员,多少非团员;城市应届高中生有多少,县镇应届高中生有多少,农村应届高中生有多少;汉族学生多少,其他少数民族学生多少;家庭情况怎样;社会关系如何;各市学生多少;各录取分数段学生多少;报考志愿怎样；各年龄段怎样分布，谁的年龄最大、谁的最小，平均年龄是多少；谁哪天过生日；谁的单科成绩最高；他们都有什么爱好；高中时谁当过学生干部，谁获得过什么样的奖励；谁有什么特长等。“知己知彼，百战不殆”，我对学生的情况了如指掌，而思想政治教育就要从这样一些细微处入手。我和学生朝夕相处，他们成了我人生岁月中永远抹不掉的痕迹。

留下了痕迹的岁月是抹不掉的。

035

辅导员评职称“误读”种种

辅导员评职称并不是新鲜事物。我于1982年留校做了辅导员,1998年评上了教授,走的就是德育系列。当时学校对辅导员评职称很重视,记得有一年学校评职称的时候,有十三名年龄较大的辅导员没有讲师职称,时任辽宁师范大学校长何杰将当年的讲师指标首先保证用到这十三个人身上。没有做详细的调研,但我想恐怕给辅导员评职称绝不会是辽宁师范大学一枝独秀吧?这些年就不用说了,国家先后出台了很多文件,都明确规定各高校要按照教师系列给辅导员评职称。可是在实际贯彻落实中,却出现了对辅导员评职称的种种误读,这里略举一二。

其一,辅导员不是教师,不能评职称。辅导员怎么不是教师了呢?中华人民共和国教育部“第43号令”《普通高等学校辅导员队伍建设规定》第三条写得十分清楚:“高等学校要坚持把立德树人作为中心环节,把辅导员队伍建设作为教师队伍和管理队伍建设的重要内容,整体规划、统筹安排,不断提高队伍的专业水平和职业能力,保证辅导员工作有条件、干事有平台、待遇有保障、发展有空间。”

“把辅导员队伍建设作为教师队伍和管理队伍建设的重要内容”是什么意思?不就是明确地表明辅导员队伍是教师队伍的一部分吗?既然都是教师,怎么其他专业教师可以评职称,而辅导员教师不给评职称呢?这不就是明晃晃的歧视吗?再说了,习近平同志在全国高校思想政治工作会议上明确指出,“我们的高校是党领导下的高校,是中国特色社会主义高校。办好我们的高校,必须坚持以马克思主义为指导,全面贯彻党的教育方针”。这段话最通俗的解释是不是这样:大学不是私有物,不是你想怎么办就怎么办,而是党叫你怎么办你就应当怎么办?中华人民共和国教育部“第43号令”《普通高等学校辅导员队伍建设规定》第十一条还明确提出,高等学校应当结合实际,按专任教师职务岗位结构比例合理设置专职辅导员的相应教师职务岗位,专职辅导员可按教师职务(职称)要求评聘思想政治教育学科或其他相关学科的专业技术职务(职称)。

这里不是说得很清楚了吗?辅导员既然是教师,就要给他们评教师职称,这不是你想不想评的问题,这是必须依法治校的问题。

其二,辅导员可以评教师职称,但是条件不够。从2014年中央“16号文件”算起,关于辅导员评教师系列职称的春风一阵强似一阵,特别是2018年底召开了全国高校思想政治工作会议后,辅导员评职称的春风刮得更猛烈了。应当说,就全国来看,不给辅导员评教师系列职称的地方和高校已是少数了。但是接着出现的问题是:给辅导员评,但是辅导员“条件不够”。这使很多辅导员都因“条件不够”被卡在评职称大门之外。评职称对很多辅导员而言,只是望梅止渴、画饼充饥而已。客观上讲,由于这些年没有按照学科化背景建设职业化、专业化、专家化辅导员队伍,这使得一些辅导员虽然工作年限到了,但是学术水平太低,完全是一副学生事务管理者的形象,若是只想通过“照顾”得到教师系列职称,这也确实不妥,从长远看,这对建设职业化、专业化、专家化的辅导员队伍是种伤害。所以,辅导员评职称也不能降低条件标准,不能搞“送人情”。这里要研究的是有些辅导员“条件不够”是怎样造成的。是他们真的不够,还是我们对辅导员评职称的学术标准不科学,没有很好考虑辅导员教师的教学(工作)特点。

当然,我这里分析的是后者,我认为,一些辅导员评不上职称是后者造成的,也就是说我们没有很好地尊重辅导员教师的教学(工作)特点,人为地把他们拒在评职称大门之外。为什么这样说呢?简单地说,评职称围绕的核心是是否达到了本专业、本学科、本领域的学术要求。而每个学科、专业、领域却有其不同的特点,有些相同性强些,有些差异性比较大。比如,历史、文学、哲学、法律、马克思主义理论等,它们的学术评价标准相同性强,用同样的评价标准,即主持过什么样的课题、在什么样的刊物上发过多少文章等来考核学术水平问题不大。而音乐、美术若是也用这样的标准来评价其学术水平，恐怕就不符合这些专业、领域的教学特点。就是说一个声乐教师想评职称，他的文章发表得再多，不能举办独唱音乐会应当是不行的；同样，一个教国画的教师，理论水平再高，没有美术作品，也评不上教师职称。以这样的认识来看辅导员的职称评定：辅导员教师的教学（学术）水平如何，具有理论与实际的高度融合性，就像音乐、美术教师系列职称评定一样，一个辅导员想评教师系列职称，即便著作等身，而学生工作做得一塌糊涂，这怎么能评职称呢？同样，学生管理得再好，没有代表理论水平的学术成果，这也不应评教师职称。因此，辅导员评职称，一定要把握好理论研究与实际工作间的度。没有学术成果不行；同样，没有工作业绩也不行，这就像没有独唱音乐会、没有美术作品一样。要有理论文章，但是不应要求他们与文学、历史、法律、马克思主义理论等学科、专业有同样数量的学术成果。这不是“照顾”的问题，这是学科要求使然。这也是学科导向的要求。辅导员教师若是被导向了只写学术论文，不管学生工作实际效果，就失去了辅导员评职称的意义，这反而是辅导员评职称中必须注意的问题。

其三，条件够，但是没有名额。这是什么问题呢？教师中应有多少教授、副教授、讲师是有总量“控制”的，确实不能保证达到了条件就能获得相应的学术职称。因此，每年职称评定的时候，各学校都有名额限制。问题是在总量“控制”下，应当考虑学科平衡。当然，这种平衡也是相对的，比如有的学科是国家或省级的重点学科、有的有博士点等，像这样的学科在职称结构上高级职称的教师比例就会高于其他的学科。而现实问题是一些够条件的辅导员因没有名额没评上职称不是这种情况。现在本科院校教师的高级职称比例怎么也在50%以上（就是为了说明问题，多几个、少几个百分点不影响对问题的分析），而辅导员教师队伍呢？严重拖了“后腿”，很多高校辅导员教师没有一人有教授职称，包括“双一流”高校，辅导员教师所依托的思想政治教育学科与学校其他学科出现了严重的不平衡、不充分。怎么能没有名额呢？哪个高校不是一年评一次职称？哪个高校里的某个学科、专业没有有教授职称的教师？辅导员教师按照 1∶200 配备，按照相应的职称结构比例，他们应当有多少教授、副教授名额？怎么一到评职称的时候，其他专业仍有名额，就辅导员没有名额呢？按道理讲，国家要求高校要把马克思主义理论学科建设成重点学科，评职称应当向辅导员倾斜，凡是够条件的应当让他们先上才对，这样教师职称结构才更合理、更平衡。“没有名额”的说法、做法是没有道理的。

其四,辅导员可以评职称,但是不能兑现待遇 。这又是为什么呢? 这个问题与上个问题有关。有的学校给辅导员评了职称,但是不是很情愿,或者说是受“大气候”影响,不得已才给辅导员评的。这就在内心深处把辅导员教师职称的含金量“缩水”了。在这样的同志看来,辅导员教师的职称学术水平比其他学科、专业教师的职称学术水平低,因此,虽然给辅导员评了教师职称,但是在待遇上要分等、要有所区别。说到底,这种做法还是对辅导员教师评职称的一种变相歧视 。既然都是按照不同学科、专业的学术水平评的教师职称,就具有同等的含金量,就应当一视同仁。

对辅导员评教师职称在这里只列举了四种带有普遍性的误读,这是辅导员职业化、专业化、专家化建设中必须解决的认识问题。认识是先导。我们在辅导员职称评定中的一些不正确的做法,都与我们认识上的误读有关。全国高校思想政治工作会议又过去了一年,虽然在解决辅导员评教师职称这个辅导员职业化、专业化、专家化建设的瓶颈上我们有了很大的突破,但是不平衡、不充分的问题仍很突出,作为一名老辅导员,我真心希望借“更猛烈”的春风,推动辅导员教师职称评定这项工作更科学化、机制化、普遍化,以迎接辅导员教师评教师系列职称这一春天的真正到来。

在我的公众号里,我之所以不惜笔墨地多次谈到辅导员教师的职称评定问题,这是因为这个问题在我看来太重要了,一定意义上可以这样讲,这个问题不从根本上解决,思想政治教育在形式上可以“轰轰烈烈”,但是在成效上难以“扎扎实实”。

在探讨这个问题的过程中,有的思考或语言表达上带有情感的成分,加上尚需缜密地推敲,例如今天推送的文章,就是见缝插针写的。这边我在写着文章,那边还在等着“焦点访谈”“辽宁卫视”等媒体的随时采访,说得不妥当的地方,敬请大家谅解。相信我的心是好的,情是真的。我们都是为了学生的成长,为了中国梦的实现!

036

在学生心灵上耕耘，其乐陶陶

2017年12月29日，中央电视台播放了中宣部授予我全国“时代楷模”荣誉称号的决定，很多人向我表示祝贺！作为一名老思想政治人，我感到十分地荣幸，同时感谢各方面对我的帮助。这份荣誉太重，我只是做了一名思想政治工作者分内的、应当做好的事。12月27日，在新闻发布厅主持人让我向在场的辅导员谈谈我三十多年来为什么有这样的激情，不离不弃地在学生工作这块田野上辛勤地耕耘着，我说了下面这段话：

我还在大学读书的时候，有一天我正要上楼，看到有个学生家长在亲属的搀扶下哭着往楼下来。她的亲属手里抱着一个骨灰盒。这个学生因为恋爱问题自杀了。这一幕，深深地刺痛着我。一个年轻的生命就这样结束了。我想，若是辅导员能够及时发现学生的想法并加以引导，此类问题是不是会被避免呢？

于是，从我当上辅导员那天起，我就坚定了一个想法，一定要做大学生的知心朋友，为大学生健康成长保驾护航。我刚做辅导员时带了八十个学生，我有九本工作手册详细记录了每个学生的基本情况。我每天都到教室、寝室走走。有一次我看到有个学生在床边画了个问号，我问她为什么要画这个问号呢？这一问引出了她憋了满肚子的话。她说她要问上帝在哪里，为什么不惩罚那些作孽的人？她的思想很偏激。为了转变她的思想，我经常找她谈话。最后这个学生的思想转变了。这个实例告诉我，思想政治教育一定要耐心、细致，只有走进学生的心灵，学生才会悦纳你的教育。

没有不愿接受教育的学生，只有不会教育的老师。

四年前，当我辞去省委高校工委副书记、副厅长职务，放弃正厅级待遇来到大连海事大学做一名辅导员的时候，一开始我便给每位学生建立了电子档案。每个学生有什么特点我都清清楚楚。每学期开始的时候我都要分别同学生谈话，掌握学生的思想动向。每个学生什么时候过生日我都记在笔记本里。有时间我就请学生一边吃饭一边交流，或者给他们发上少则几百字、多则上千字的生日祝福。四年里，我和学生间有200多万字的微信交流，虽然这些文字够不上一篇学术论文，但是这些微信学生需要，对教育学生管用。

在这里，以×××同学为例，他的思想能够发生变化，是因为我和他之间仅微信交流就有15万~16万字。思想政治教育就是要因事而化、因时而进、因势而新。工作要紧紧地围绕学生、关照学生、服务学生。我告诉学生们，我就是他们的代理父母。我跟他们所说的每一句话都是含有真情的。参加工作以来，我去过一百多个学生家家访。有一次我坐上了一辆没有安全系数的车到学生家。我当时想我要是死了怎么办呢？“死了就死了吧，在为学生服务的路上倒下了，也值了。”我始终坚持“每逢佳节倍思‘贫’”的工作理念。那些家庭生活困难的学生更容易产生思想困惑，对他们更要给予格外的关心。

多年来，我力所能及地资助了很多学生使他们圆满完成学业。有个我资助过的现在已经是位厅级干部的学生，把他得到的第一个月的工资寄给了我，他说：“父母创造了我的生命，您创造了我的人生。”有个我曾资助过的孤儿，孩子满月后给我寄了张孩子的照片，她说：“我告诉孩子，将来要像孝敬爷爷一样孝敬您。”有个学生家长含泪给我打电话说：“老师我谢谢您！您给了孩子那么多的帮助，让我们做家长的十分放心。我每天都能安稳地睡觉，不用担心得抑郁症了，我给您叩头了。”在2019年我的学生毕业时，学生们在一块展板上写下了他们的名字，他们说“老师，我们会想您的，我们一定会回来看您的”。我眼里含着泪水跟他们说：“老师也会想你们的，我会在这里等你们”。

什么是幸福？和学生在一起就是幸福！什么是快乐？有了学生就是快乐！回想起和学生在一起的日子，真是感到无比的幸福和快乐。

世上的职业千万行，辅导员工作功在当代、利在千秋，关涉培养什么样的人、如何培养人以及为谁培养人这个根本问题。学生工作是有些琐碎、有些麻烦，但不正是这些琐碎、这些麻烦让学生记住了我们吗？不正是这种付出为学生点亮了理想的灯、照亮了前行的路吗？我今年六十岁了，我没有来生，但是我会在为学生服务中完结我的一生。

当然，学生工作绝不是辅导员自己的事。此时我还特别想说，应当关心辅导员队伍建设，着力打造职业化、专业化、专家化的辅导员队伍；应当将思想政治教育贯穿在教育教学全过程；应当形成学校思想政治教育内外部的强大合力。只有全社会都来关心学生的成长，才能使一代代青年学子继往开来地奋进在实现中国梦的伟大征程上。

037

是信任也是激励

2018年1月4日,在高等教育出版社召开了全国思想政治工作网上线开通启动会议。教育部对这次会议非常重视,教育部部党组书记、部长陈宝生,部党组成员、部长助理郑富芝、刘大为,教育部相关司局领导,北京、上海教委领导,北京大学、清华在学、人民大学、北京师范大学等高校的领导,部分辅导员、学生参加了会议。我非常荣幸地被邀请参加了这次会议,并同陈部长还有北京大学的学生李晓丹一起按下了开通按钮。我知道,我能被邀请参加开通仪式并同陈部长一起按下按钮,是因为最近我获得了中宣部授予的全国"时代楷模"荣誉称号,是对我长期从事大学生思想政治教育的肯定。陈宝生部长在会上做了讲话。他深刻阐述了对习近平同志网络工作思想的认识,强调了办好高校思想政治工作网站的意义,要求把网站办好。陈部长在讲话中还说了一句"建武老师,你看可不可以这样说"。那一刻,我感到惊讶和激动。惊讶的是,部长的讲话能够提到我这样一个辅导员;激动的是,作为一名辅导员,能得到如此的理解和信任。我第一次和部长这么近距离地接触,部长的亲和力深深地打动了我。我知道,这是部长以他特有的语言风格所表达的对广大辅导员的信任,这是在激励我们一定要把思想政治教育工作搞好。

随着科技的进步,网络越来越发达。今天的大学生无人不在上网。思想政治教育一定要因事而化、因时而进、因势而新。学生在哪里,辅导员就要在哪里。学生在网上,辅导员就要在网上,而且还要在"网的中央"。我在四年的时间里，给学生发了近200万字的微信、短信，最多的一个学生，我和他的微信交流约有16万字。这个学生由刚来大学时的犹豫彷徨，到现在坚定了理想信念，要到祖国最需要的地方去。为了增强及时性，我给学生发的微信，除了利用早起、晚休的时间外，一些微信是在地铁口、两节列车车厢连接处、候机室、候车厅、租车上发的。辅导员一定要充分利用好网络平台，做好学生的引导工作。习近平在多个场合反复强调，互联网是我们面临的最大变量。

过不了互联网这一关，就过不了长期执政这一关。而要过好互联网这一关，党的各级领导干部首先必须学会上网。这里对互联网将带来的变化有了充分的估计。辅导员就应当清醒地认识到自己的工作须离不开互联网。要切实把网络作为开展好大学生思想政治教育的重要平台。时下教育部思想政治工作司花费很大力量打造了全国高校思想政治工作网，辅导员一定要充分利用好，使其作用得到最大限度的发挥。

038

思想政治教育就是个细致活

有张照片这两天在网上爆红，就是国内某大学一间被学生改造过的男生寝室。网友们给了各种各样的评论。校方现在已经要求将该寝室恢复原状。寝室不是自己的家，当然不可以由“室主”任意打扮。可是既然校方不同意随意改造寝室，这样一项违规的“宏大”工程，为什么能建造起来呢？显然校方疏于管理是个重要原因。这里我无意去探究寝室应不应当这样装饰、谁应当负责管理，我要说的是，从思想政治教育的视角看，我们应当得到什么样的启示？

我想，思想政治教育一定不能像油浮在水面上那样，一定要细致入微，了解学生的所思所想。前些天，我写过一篇《大学生活是从寝室开始的》文章，讲的就是我们不能把寝室仅仅看成学生睡觉的地方，寝室更是思想的园地，通过学生在寝室的一些表现，可以“顺藤摸瓜”地了解到学生的思想。我刚留校做辅导员的时候，每天都到学生教室、寝室看看，跟学生打打招呼、道个晚安什么的。一次我看到有个女生的床边挂了副羽毛球拍，我想，这个学生不爱好体育活动，她也不会买副球拍给大家用，那这副球拍是从哪里来的呢？是她爸妈带来的？她爸妈也没来学校啊！我判断是她交男朋友了。第二天我找她谈话的时候，她说她刚认识了一个男朋友，本来还想问问我怎样呢。我说了些供她参考的意见。现在这个学生的孩子已经上大学了，我们见面的时候她还谈到我当年的意见是对的。还有个学生在床边的墙上画了个问号，因为有其他同学在场，我就没有当面问她。第二天我找她到我的办公室。“你为什么要画个问号呢?”我这一问,这个学生把她从小学到大学憋在肚子里的所有的话都倒了出来。我感到这个学生的思想比较偏激。为了转变她的思想,我跟她谈话谈了很长时间。

应当看到,现在由于我们思想政治教育“高高在上”,使思想政治教育留下了一些“死角”,寝室就是一个最大的“死角”。须知许多问题的产生都是在寝室“酝酿”的,有些就直接发生在寝室。从管理上看,由于男女生分楼,辅导员已经不能随意去学生寝室了,但是核心的问题还是我们工作的理念问题,即我们是否真正重视了寝室文化建设的重要性问题。我们有些辅导员也常到学生寝室去,但去的目的很明确,就是检查卫生。如果学校不对寝室进行卫生评比,恐怕他们就不会去寝室。我在我最近出版的《大学时节》一书中说过这样一句话:“床头是离你灵魂最近的地方,一定要挑选好摆放的物品。”为什么说这句话呢?这就是从思想政治教育视角来看寝室文化建设的。有些学生把不雅的照片、书籍摆放在床头,晚上能休息好吗?不影响学习吗?不“想入非非”吗?思想政治教育要想收到润物细无声的效果,就要从细微处着手,从一定视角看,就是要从寝室开始,寝室文化建设好了,许多问题都会被消灭在萌芽当中。

039

辅导员也要成为“惜时家庭”的一员

有个辅导员在我公众号后台留言说:“现在很多辅导员的工作现状是没时间管思想,整天忙于各种业务工作,加之一个人带三百人,找学生谈话的时间都没有。”忙,确实是现在辅导员工作的一个现状。这一点,我在前文中论述过。说得夸张点,由于大学制度不完善,凡是和学生沾边的事都让辅导员来做。学校是什么,学校不就是因为有学生才称为学校吗?学校里还有不和学生沾边的事吗?所以,对辅导员的忙碌我十分理解,也十分同情。可是理解和同情对你又有什么用呢?谁都希望自己的工作环境尽善尽美,事实上又有谁的工作环境尽善尽美过?很小的时候我就记住了鲁迅先生的一句话:“世界上哪有什么天才,我只是把别人喝咖啡的时间用在工作上了。”向雷锋同志学习,我知道了雷锋同志的钉子精神。早先有篇报道:北京大学食堂有个炊事员考上了研究生,他的秘诀就是比别人少睡觉。

我也有这样的体验,时间真像海绵里的水,需要你使劲地挤。要说忙,应当说我就够忙了:我是博士生导师、硕士生导师,我要上思想政治理论课。我前四年还做了一个年级的辅导员;虽然我现在不做辅导员了,我还“自命”为我们学校来自新疆的五十多名维吾尔族学生、来自西藏的十名学生的指导教师;我还在学校建立了“孤儿家庭”,做九个孤儿学生的“家长”;我还是教育部(大连海事大学)辅导员发展研究中心副主任、教育部思想道德修养与法律基础课教学指导委员会副主任;我还承担了一些科研任务;特别是从 2017 年 6 月开始,我正式开通了“仍然在路上”的公众号,从此我没有一天停止过，每天都要发原创文章，至去年年底我已写了近 60 万字的文章。你们哪里知道，2018 年 9 月我到东欧三国考察，因为时间差和网络的原因，每一天公众号的文章发得都很费劲，我略微动摇一下，那段时间的公众号就停了，有谁能看出来我的文章是在境外发回来的？

我在做学生辅导员的那四年里，和学生有 200 多万字的微信交流。这些微信哪能用整块的时间来写啊！有些微信是在地铁口发的（担心车上信号不好）；有些微信是在两节列车的车厢连接处发的；有的是在出租车上发的；有的是在等候飞机、火车时发的；有的就是“挤占”了睡眠的时间发的。我保持了在大学读书时的习惯，从来不舍得睡午觉；每天晚睡、早起；坐火车、乘飞机时常常是身边鼾声一片，唯我独醒。有一年我乘美联航的飞机从北京去美国，近十四个小时的航程，飞机上几百人就我自己一夜没合眼，而且一直在看书。看上两个小时我就起来活动活动。有个服务员向我伸出了大拇指。我常常把在飞机上思考的问题写在登机牌上，然后进行整理。我经常开玩笑说，如果算“净时”的话，相对于有些和我同样年龄的人，恐怕我已比他多活了好几年。大家常说这样一句话：可怜之人必有可恨之处。其实，凡是可敬之人也自有可贵之处。吹把牛说，如果我有点与众不同的话，就是我比有些人要勤奋一些、能坚持，因而占有的剩余时间就多一些。一些辅导员说因为忙，带的学生多，便没有时间管学生的思想，和学生也没有时间谈话。我每学期都要和学生谈话，有的长些、有的短些。我是不如有些辅导员带的学生多，但是这些辅导员一学期和学生谈了多少次话呢？谈 300 个可能谈不过来，谈了 200 个没有？谈了 150 个没有？恐怕有的连 50 个也没谈上，或者更少。这就不只是时间的问题，而是工作的理念和态度问题。我们有的辅导员还没有认识到对学生思想引领的重要性，还没有把谈话作为自己工作的一种有效方法，也可以说还没有从哲学意义上弄清楚主客观的关系，因此一忙起来也就忘了辅导员的本职工作是成为大学生健康成长的人生导师，忽视了自身的学习。须知，对学生的行为管理是必要的，但是比行为管理重要的是给学生思想的引领；为学生事务服务是应当的，但是为学生思想服务更应当摆在首位。

040

别说“不行”

在办公室整理材料时，看到了三十年前我在辽宁师范大学做辅导员时记下的一些话。

上面记录了我说给一个学生的一副对联。这副对联的上联是：你行我也行；下联是：他行我更行。横批是：别说不行。看到这副对联，我想起了我和这个学生的一段交往。

这个学生来到大学的时候，起初走路总是低着头，少言寡语。我问他为什么老是这样沉闷？他回答说：“我不行”。我说这样吧，我送你一副对联。上面我说的这副对联就是这样送给他的。我让他仔细地琢磨琢磨这副对联的意思。

后来这个学生变化很大，由原来在同学面前根本不敢张口变为在学校“卡拉 OK”大赛中获奖。这个学生毕业时给我送了一段留言，他说：“对您的敬仰倾慕何止万分，谨在吾毕业之际，祝官运亨通、万事皆顺达。千万温馨在此时，一片冰心在玉壶。”

通过这件事，我想说这样一个道理：每个人都有自己的长处，要好好把它挖掘出来，只要努力，人人都会从自己原来的台阶再向上迈一个台阶。

总结我的一生，我的一个很大特点就是从不气馁、从不自卑。我相信自己，相信自己的努力、相信自己的坚持。现在回过头来看，无论是在做知青期间，还是在读大学的时候，以及在毕业后的工作中，我若是放弃了努力，就不会成为今天这个样子。我非常喜欢《国际歌》，这是无产阶级的

“战歌”，同时也是鼓舞我前进的“号角”。“从来就没有什么救世主，也不靠神仙皇帝，要创造人类的幸福全靠我们自己。”我从不埋怨环境、从来也不抱怨，我始终做着我能做的一切。我们有些人就是缺乏这样一股劲儿，往往工作还没做，就这也不行、那也不行，自己先“退”了回来，这样的同志事实证明真是不行。怎么知道自己就改变不了世界呢？努力了不一定会改变，但是不努力那就一定改变不了。

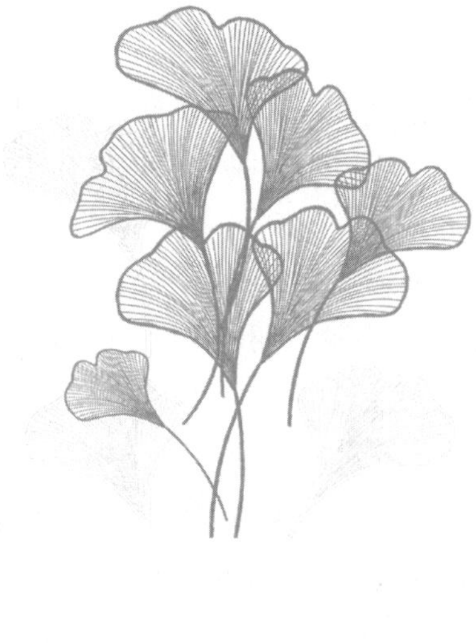

041

我想起了岳麓书院里的两副对联

我被世界吉尼斯世界纪录收录为:“世界上参观大学最多的人”。这在“圈里”的人恐怕无人不晓。

我已经利用各种机会参观了世界上一千多所大学,我亲自拍摄了数十万张大学里的照片。这些照片有人物雕像、大学图书馆、大学博物馆、精美的石头、校园里的湖泊、校园里的小路、校园里的桥梁,等等。我有个愿望,我要“占有”世界最全的大学景观资料,然后建个关于大学的网站,把世界上所有的大学都放到我办的网站上,我再用世界上几种主要的语言把这些资料翻译一遍,我要让世界所有的人都知道中国人厉害、中国人最有文化。我就是个理想主义者。不过,人若是连理想都没有,那活着为什么呢?

其实,我还有很多项目,只要我申请的话,应当也是世界之最了。比如,去过名人故居最多的人、去过名人墓地最多的人、去过庙宇(教堂)最多的人、去过图书馆(书院)最多的人、去过博物馆(展览馆)最多的人、这里每一个单项我都不会少于500个。

我为什么愿意去这些地方?因为这些地方最有文化气息。本来自己就学识浅薄,尤其是随着年龄的增长,原有的很多知识都变得模糊不清,渐渐地忘去,再不随时加以填充,就只剩下躯壳了。昨天我在公众号上与大家分享《别说“不行”》一文时,想到了我参观岳麓书院时看到的两副对联(我共收集了几千副对联,亦准备在网站上推出,供大家欣赏、教学、从事学生思想政治教育使用),今天推送给大家。

我先后四次参观过岳麓书院，这里气势磅礴的中华文化令人震撼。站在文化巨人的面前，我时常因自己的浅薄而感到汗颜。我在省里工作的时候，包括现在有机会在外讲学时，我都强调辅导员们一定要多读书。当然岂止是辅导员们，每一个国民都应当好好读书。中华文化博大精深，世人为之倾倒，虽然我们中华民族还算不上是最爱读书的民族，但是在世界上也是出了名的。

岳麓书院有副对联这样写到：

对联一：

上联是：是非审之于己，毁誉听之于人，得失安之于数，陟岳麓峰头，朗月清风，太极悠然可会；

下联是：君亲恩何以酬，民物命何以立，圣贤道何以传，登赫曦台上，衡云湘水，斯文定有攸归。

这副对联出自清代岳麓书院山长旷敏本。对此对联由朱汉民主编的《岳麓书院》一书有这样的释义：

事情的大是大非要自己决定，闲言闲语就让别人说去吧。人生事业能否成功，除了靠个人的努力之外，还要看机遇（数）。

如果你面临是非、毁誉、得失的人生困境，千万不要悲观失望，你就去登（陟）岳麓山吧，去感受一下皎洁的明月、徐徐的清风，你就会发现自己已经完全融入大自然之中，天地万物之理也了然于胸，荣辱得失都可以置之度外了。

当你春风得意之时，要报答君（朝廷）和亲（父母）的栽培、养育之恩，要思考如何让老百姓的日子过得更好些，要把圣贤的道统、中华民族的优秀传统文化传承并发扬光大。在高耸的赫曦台上，你俯瞰衡云湘水，一定对儒家文化有执着的信念。

对联二：

上联是：治无古今，育才是急，莫漫观四海潮流千秋讲院；

下联是：学有因革，通变为雄，试忖度朱张意气毛蔡风神。

这副对联出自湖南师范大学马积高教授。《岳麓书院》一书对这副对联做了这样的释义：

治理国家无论是古代还是今天，急迫的任务是培养人才，切不可忽视世界历史潮流和千年学府讲学的传统；

治学要掌握承传和革新的关系，把握如何变化才是英雄人物，试想一想，朱熹与张栻的治学精神、毛泽东与蔡和森的经世风格，不是很值得我们后人思考和学习吗？

读了这样的对联和释义，我真是感到我再怎样发挥都是多余的、苍白无力的。我多希望我能有来生！我独不知有些人怎么还能睡得那么安稳？大学生朋友们，一切都来得及，当然如果也只是感叹的话，恐怕那逝去的芳华也就只能换来满头的白发。

042

有谁容易？

辅导员们常挂在嘴边的一句话是："我们不容易。"这的确是辅导员的基本写照。为此，有的辅导员产生了一定的情绪，对工作有所懈怠。这着实不应该。有谁容易？恐怕谁都不容易。我常想，你所嫌弃的、抱怨的，或许正是别人所羡慕的、想得到的。

昨天下午我参加了"2017 年度辽宁省公安系统最美警察和最佳警队评选揭晓晚会"。晚会安排我给获得特别奖的团队颁奖。颁完奖后，主持人让我讲几句颁奖感言。

我说了这样几句话："人民警察真是不容易。他们不只是心里想着人民，为了人民他们有时还要献出生命。他们就是我们新时代最美的人，他们就是我们新时代的楷模。我们什么时候都不要忘了人民。"

警察确实不容易。他们要抓捕罪犯，他们要抗险救灾，他们要维持秩序，他们要站岗守卫……

我觉得和警察比，辅导员还是轻松不少的，起码辅导员还有两个假期，节日的时候还基本能休息，警察可就没有保证了。

我被授予了全国"时代楷模"荣誉称号。怎么说呢？从本意上讲，我是不愿意要这个"荣誉"的。我想做个这样的人：没有职务我关心学生，没有名利我同样关心学生，至于我死后那就由不得我了，愿怎样就怎样吧。

不是谦虚，新闻单位采访我的时候我都说过这样的话："做好大学生的思想政治教育是我分内的事，就是说都是我应当做的。社会上宣传的很多道德楷模，都在做着本跟他们不相干的事，他们为社会默默付出着，我比他们容易多了。辅导员不容易、警察不容易，医生容易吗？抢救病人的时候、“医闹”的时候、奔赴灾区的时候，想一想他们就不容易。还有下矿的工人、种地的农民、边防哨所的战士……我们常常被这些人的事迹感动得热泪盈眶，他们也真是不容易。记者的职业挺“风光”吧？他们也要完成一个接一个的采访任务，有时要长途跋涉，有时要昼夜奔波，有时还要冒严寒、顶酷暑，有时还要赴战场，有时还要当卧底。有谁容易呢？真是谁也不容易，相互理解吧。

总之，如果别人认为我们不容易，那可能就是不容易；如果我们自己认为我们不容易，那可能就有夸大的成分。容不容易都得过，何不图个“乐呵”呢？在什么情况下都需要保持良好的心态，不要抱怨自己的工作，这恐怕是最为重要的。

043

你去过愿意被家访的学生家吗？

寒假以来，许多高校组织了辅导员家访活动。中共辽宁省委高校工委更是每年都做出专门部署，组织全省高校主管学生工作的校领导、学校负责学生工作有关部门的同志、广大的辅导员，在寒假里连续十几年到学生家家访。辽宁高校开展家访活动，先后去了五万多个学生家家访，提升了思想政治教育的效果。家访成了辽宁高校加强和改进大学生思想政治教育的品牌项目。

中共山东省委高校工委这些年也组织省内高校积极地开展家访活动，他们开展家访工作的情况还得到过中央领导的表扬。这些天，群里谈论家访的多起来，一些积极参与到家访活动中的辅导员感到家访对自己的工作很有帮助：了解了学生，沟通了感情，增强了工作的责任心。他们表示一定好好带学生，不辜负学生和家长的期望。不过也有的辅导员对家访缺乏一定的认识，以学生不愿意暴露隐私为由，对参与家访活动不积极。

客观上会有这样的学生（无论家庭贫穷还是富裕），不愿意让同学和老师知道他家的详细情况，有的不愿显富，有的不愿露贫。可是我们说的家访，是深入细致地做好学生思想政治教育工作的一个途径，是学校教育与家庭教育相结合的一种模式。家访并不是唯一的一种方式，也不是要家访每一个学生，更没有必要花很大的成本家访一个学生。家访可以成为高校思想政治教育工作的一种理念，尤其要成为辅导员增强学生思想政治教育工作实际效果的一个抓手。现在高校的学生来自四面八方，辅导员也来自各个地方,辅导员家访也可以通过顺访来完成。至于有的学生不愿意被家访,那就要尊重学生的意见,不强去。但是,对于一些学生为什么不愿意让辅导员家访,辅导员要做到心中有数。对于极为个别的不愿让辅导员家访的学生,恐怕越是学生不让去,辅导员越是想要去,这里需要注意的是要努力沟通好、讲究一下方法。辅导员到学生家家访,了解学生的情况,涉及学生的隐私问题,辅导员把握好尺度就没有问题。

事实上以不愿暴露隐私而拒绝辅导员到家中家访的学生是少数,这里关键不要让学生感觉到你是“告状”去了。如果平时学生对你就认可,把你看成他们的知心人,你利用假日到学生家走一走,学生也知道你这是为了他们好,尤其在春节前后家访,学生会很感动。

20 世纪 80 年代我刚留校做辅导员的时候就在全国辅导员中率先开展了家访。在我任省委高校工委副书记期间,我也是坚持到学生家家访,到大连海事大学做辅导员后,我仍坚持到学生家家访。听说我要去家访,学生都很高兴,尤其是学生家长,而且越是生活在落后地区、家中生活困难的学生家长,越欢迎我的到来。他们像要过节一样,把家里尽量整理得整洁干净些,他们会为你准备些水果、瓜子。就像有些学生家的贫穷超出了你的想象一样,一些家长们的淳朴和热情也会超出你的想象。

我有几十年的家访经历,去过上百个学生的家庭,还真没碰到过拒绝我去家访的家长和学生。辽宁省每年都要对家访优秀个人进行表奖。记得有个辅导员讲,学生听说他要去家访,家长早早就赶到村头迎候。听说城里的老师要来,一些村民也出来迎接。这使学生家长在村子里很有面子。家长对老师的到来只是一个劲地嘱咐孩子听老师的话,不要辜负了老师的心。这种场合下所产生的教育效果确实是在学校里难以达到的。

家访了,才会有亲身的感受。对家访还缺乏认识的辅导员,不要以学生不愿暴露隐私而永不登学生的家门。总有愿意被家访的学生,你去过几家呢？你可以从愿意被家访的学生家走起。

044

珍惜和学生在一起的时光

谢谢大家对我获得“全国优秀教师”荣誉称号的祝贺！实在没有时间一一致谢，特在此一并感谢！我们共勉！

作为一名老辅导员，我经常会听到有些曾经做过辅导员的同志谈论他们做辅导员时的感受。有的辅导员很后悔他们曾经没有珍惜和学生在一起的时光，现在学生都大了，有的发展得很好，但是与他们都没有什么联系。学生毕业后与辅导员关系的疏远一定有学生的问题，但更主要的还是辅导员个人的问题。一些学生认为他们在大学学习期间，辅导员给予他们的帮助太少，辅导员如同陌路人。一些辅导员当年和学生的关系就不密切，在学生的心目中就没有什么位置，就没被学生记住，如今学生毕业了，又怎么能不和他们疏远呢？

这些年国家提出了建设职业化、专业化、专家化辅导员队伍的要求，但是任重道远，我们离这样的目标还有很长的路要走。就目前来看，辅导员职业化、专业化、专家化建设还是理论层面上的设计，现实制度中还很难保证辅导员终身从事辅导员工作。特别是在当前机关不留人，辅导员工作界域不清，发展空间、条件还没有根本保障，只要本科学历就可以从事辅导员工作的情况下，辅导员的流动性很大。他们中有的很快被充实到机关部门，有的便另寻他路。很显然，他们的离开有的是自己努力的结果，有的是组织的安排。不管怎样，辅导员还是应当珍惜和学生在一起的时光，不然一旦离开了学生，再想弥补就来不及了。

我在大学做党委副书记的时候保持一种工作习惯,就是每周至少一次约上几个学生工作部门的同志一起到学生食堂吃饭,了解学生的现实生活,感受学生生活的气息。有一次在食堂吃饭的时候,电视里播放歌曲《同一首歌》。我这个人有时感情比较脆弱,愿意流泪。这也不一定是弱点吧。鲁迅先生讲:“无情未必真豪杰,怜子如何不丈夫。”我听着听着,眼角就情不自禁地流出了泪水。

我当时想到了两点:

一是生活很美好,一定要认真地投入;二是我做辅导员的时候,经常到困难的学生家家访。

记得在一次家访结束时,临走的时候我都要给学生的母亲十元钱。现在想起来,我当时为什么不给他们十一元钱呢?我的意思是一定要尽最大的力量帮助学生。我跟与我一起吃饭的几个同志讲,一定要珍惜和学生在一起的时光。做学生工作没有最好,只有更好。要对得起自己的工作,不能让学生离开你的时候就把你忘掉了。

我们中有的辅导员“烦”学生。要开学了,有的辅导员便在心里嘀咕着:“倒霉”的学生怎么又要来了;还没放假,有的辅导员便不能在心里嘀咕着:“倒霉”的学生怎么还不放假?这怎么能带好学生呢?要知道在你“烦”学生的同时,学生也一定在“烦”你。

当然,珍惜和学生在一起的时光不是为了以后让学生记住你,更不是为了让学生回报你。珍惜和学生在一起的时光是为了珍惜帮助学生成长的机会。大学生正处在人生的紧要处,辅导员是大学生人生成长的指导者、引路人,大学生需要辅导员的解疑释惑,辅导员是否做好自己的工作,对学生的成长至关重要。因此,辅导员一定要处理好个人发展和学生成长的关系,千万不能把辅导员工作当成“跳板”。要“身在其位谋其政”,干一天像一天,即便真是到了离开学生的那一天(不管是组织原因还是个人原因),也要让学生能够理解、能够对你恋恋不舍。要让学生感到你的人虽然离开了他们,但是你的身影、你的心却深藏在学生的心里,直到永远!

045

给学生精神力量

我在高等教育领域工作了三十六年，作为一名思想政治教育工作者，在工作中我深深地感到，在大学里学生们最需要的是精神的力量，这是他们前进的动力。精神有力量，行动才能坚定、持久，才能懂得自身存在的价值。

我想起了美国当代著名教育家、纽约州立大学前校长、美国联邦教育署前署长欧内斯特·博耶说过的一句话："教育的目的不仅是为学生的职业生涯做准备，而且要使他们过一种有尊严和有意义的生活；不仅是生成新的知识，而且要把知识用来为人类服务；不仅是学习和研究管理，而且要培养能增进社会公益的公民。"（欧内斯特·博耶：《大学：美国大学生的就读经验》，北京师范大学出版社，1993 年 12 月版，第 176 页。）

大学不是工厂，不是培训中心，大学是文化的场所、是精神的家园，大学培养的是"人品"，而不是"产品"，正如孔老夫子所言："君子不器"。"人品"和"产品"的最大区别在哪里呢？"人品"是活物，产品是死物，前者有精神世界，可以左右自己；后者只能被动地任人摆布。

大学生正处在价值观确立的关键时期，他们的精神世界如何，对他们的影响不只是一时的、四年的，或许是终身的。我决定从省教育厅辞去领导职务回到学校工作时，我大学刚毕业留校做辅导员时带的一个学生请我吃了顿饭。席间他跟我说，吃饭不是目的，他要送我一封信。这封信有好几千字（前文已述）。

我来到大连海事大学做辅导员时，带了一个名叫××的学生（在前面的公众号文章中有些介绍）。刚来大学时××也是心思沉重，曾想放弃学业回家帮助父母减轻负担，照顾弟妹。后来他发奋学习，懂得了只有把个人的发展融入祖国这个大家庭才能实现人生的最大价值。毕业时，他以优异的成绩和优秀的表现被保送到哈尔滨工业大学飞机发动机专业攻读硕士学位研究生。毕业晚会上我拍拍他的肩膀说："二十年后能不能拿下院士？"第二天父亲节的时候他给我写了很长的祝福，他说：

人文的毕业晚会是我有史以来最难忘的一次毕业晚会，大家其乐融融。人文这个大家庭有大家长，也有兄弟姐妹，很团结、很凝聚、很难得。我知道老师们都投入了很多很多心血，但是我也知道我们这帮学生肯定不会让您失望的！

您对我说希望二十年以后我成为院士，我不敢大言不惭，但是也不会轻言放弃，我很郑重地跟您承诺，我会在将来的岁月里不断拼搏努力，硕士、博士、青年学者，我会勇往直前，一步一个脚印，踏实工作、努力研究，不敢说是为中华之崛起而读书，但愿为中国航空发展而贡献自己微薄的力量！我也一定不会辜负您的期望，在将来中国航空发展的创造史上一定会有您学生的成绩！请您放心！

2018年毕业后他回家看望了父母、弟妹，接着在学校还没报到的时候他就先期"报到"了，投入到他的研究生学习当中。一次我到哈尔滨看他，他表示无论多难也要在他所学的专业里有所作为。今年春节，他为了节省时间没有回家过年，一头扎在实验室里，他说他父母也很支持他。二十年后能不能拿下院士是个未知数，相信有了这种"为中华之崛起而读书"的精神力量，他一定会在成功的路上走得更远。

现在的学生思想政治教育往往"管得"太多，特别是辅导员，整天被大量的事务性工作"缠身"。此前我也写过，不能把和学生相关的事都往辅导员那里推，大学里还有不和学生相关的事吗？这种工作界域不清情况的出现，与现今的大学制度还不是很完善有关，当然也与有些同志对思想政治教育的认识、特别是对辅导员工作的认识存在一定的偏差有关。作为思想政治教育工作者，一定要认识到给学生精神力量是思想政治教育的根本，要置种种不利的条件于不顾，"咬定青山不放松"。正像习近平总书记要求的那样："帮助学生系好人生的扣子，如果第一颗扣子系歪了，后面的扣子都会歪了。”

眼下辅导员还是要做到胸中有数，即你的本钱就是思想引领，给学生精神力量。管理是为教育服务的，如果单纯管理的话，就没有必要下这么大的功夫建设职业化、专业化、专家化的辅导员队伍了，也没有必要给辅导员划到教师系列了，放到管理系列不就得了？

为什么辅导员教师身份、职称评定总是被误解，原因很多，有认识上的问题，也有辅导员自身给人的形象问题。辅导员希望自己什么样是一回事，怎样才能实现自己的希望又是一回事。

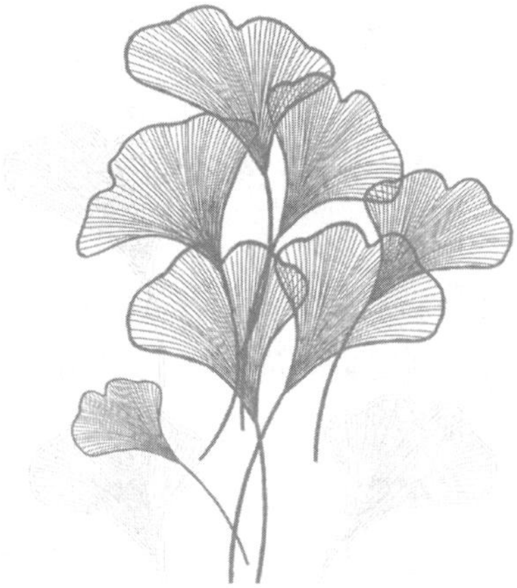

046

绝不能伤害了学生

对经典的“希波克拉底誓言”大家都很熟悉。那时从医的人都要发誓，一定遵守这一誓约。该誓约中有这样一句誓词：

尽我的能力，遵守为病人谋利益的道德原则，并杜绝一切堕落及害人的行为。

每当想起这句誓词的时候，就使我联想到作为一名教师岂不是也应当坚决做到这一点：决不能伤害学生！

这里谈及的教师对学生的伤害与医生对患者的伤害有很大的不同，医生对患者的伤害往往是身体上的；而教师对学生的伤害尽管也有身体上的（这是极其个别的），但是更多的还是精神上的，或者说是思想上、价值观上的。尤其需要我们注意的是，这种伤害常常是在一些教师的满不在乎、甚至打着“学术自由”的幌子下进行的。

作为一名教师，给学生以专业知识是必要的，帮助学生提升能力也是应当的。但是比此更为重要的还是要让学生的头脑增添精神的力量、装进正确的思想、确立正确的价值观。这也就是我们一再强调的作为一名教师一定要教书育人。而事实上我们有的教师离这样的要求还有一定的距离。有的教师是没有认识到这一点；有的教师恐怕就是对学生不负责任。

经常会听到有的学生谈到在课上老师都说了什么。有的教师课上“信口开河”，想说什么就说什么；有的教师更是以己之悲喜，肆意评价历史、现实中发生的大事、出现的人物，还美其名曰“学术自由”。

学生正在成长过程当中，这就像“秧苗”需要水分一样，需要及时给他们浇灌。但是作为教师一定要给学生浇灌纯净之水，而不能给学生灌上“混浊”之水，不然，不仅不能解“秧苗”之急，反而会伤害到“秧苗”的生长，严重的会使“秧苗”从根烂掉。

我们常讲这样一句话：“学术讨论无禁区，课堂讲授有纪律。”这是对的。打个比方来说，夫妻间谈论的事总不能不加选择、不分场合地点、不管孩子的接受程度毫不保留地什么都讲给孩子吧？

当然有些学生有一定的分析能力，对教师所讲的不对的地方会采取筛选的办法，或者拒绝接受；有的学生脑袋空空，“饥渴难耐”，也就失去了选择和判断能力，凡是教师讲的就奉为“真理”，就全部吸收，结果有的脑袋里就灌进了“混浊”之水，进而导致精神上受到伤害，思想错误、价值观扭曲。

我经常接到有的毕业生（也有学生家长）给我打来的电话、发来的微信，这些学生（还有家长）反映的一个比较集中的问题就是在大学读书期间他们受到了精神上的伤害，有的教师没有给他们思想力，给他们灌输了一些错误的价值观念。有个学生更是气愤地说他今天的样子就是在大学时某某教师的不负责任造成的。

个别学生的看法或许有夸大其词的一面，但是有的反映却能够看出我们的确有个别教师的不负责任的言论对学生产生了不好的影响、造成了精神上的伤害。

教师是学生除了父母之外最为信任的人。教师不经意间的一句话就有可能影响学生的一生。因此，作为一名教师，在学生面前一定谨言慎行，时时考虑为学生提供正能量，千万不要因说话而伤害了学生，这样学生会“记恨”你一辈子的。

047

精神力量激活学生成长“动力源”

人的崇高，首先是精神的崇高，崇高的精神追求会使人产生不竭的动力。在习近平同志的七年知青岁月里，他年龄最小、去的地方最苦、插队时间最长，他为什么能够坚持下来？

最简单的回答就是为群众做实事是他始终不渝的精神追求。可见，精神是行动的出发点，是种价值观，也是人生前行的动力源。

有了强大的精神力量，就不会惧怕前进道路上的任何艰难险阻。辅导员就是要成为大学生的人生导师，帮助学生树立正确的价值观，系好人生的扣子，给学生思想力。青年学生只有精神力量强大了，行动才能自觉、坚定、持久，才能懂得自身存在的价值和意义。

当前给学生精神力量具有更为现实和深远的意义。习近平总书记在党的十九大报告中明确提出：“到 21 世纪中叶，要把我国建设成为富强民主文明和谐美丽的现代化强国。”这个时间节点意味着当代大学生要全程参与到实现中华民族伟大复兴的实践当中。“中华民族伟大复兴，绝不是轻轻松松、敲锣打鼓就能实现的。”从国内来看，我国社会主要矛盾已经转化为人民日益增长的美好生活需要和不平衡不充分的发展之间的矛盾；从国际来看，我们正在行进的发展道路，并不是一条笔直平坦的路。

新时代的新使命要求当代大学生能够正确认识世界和中国发展大势，全面客观地认识当代中国、看待外部世界；正确认识时代责任和历史使命，用中国梦激扬青春梦，自觉把个人的理想追求融入国家和民族的事业中。

这就需要辅导员工作一定要把学生精神培育放在自身工作的核心地

位，一定要用习近平新时代中国特色社会主义思想武装学生头脑，切实为学生提供强大的精神力量。

（一）辅导员给学生精神力量，首先自身就要成为精神崇高的人

辅导员是大学里离学生最近的人，辅导员的精神世界对学生产生的影响最直接。辅导员一定要把自己的工作看成崇高的事业。要深刻地认识到辅导员工作是党的事业在高等教育中的具体体现，辅导员工作关涉培养什么样的人、怎样培养人、为谁培养人这个办学的根本问题；关涉党和人民的事业后继有人、兴旺发达的问题。

"正身立己"是给学生树立的最坚挺的标杆。作为辅导员，首先要有坚定的理想信念，时刻把党和人民的利益放在第一位。只有这样，才能自觉地为学生点亮理想的灯、照亮前行的路，把给学生精神力量摆在自己工作的突出位置，以推动和鼓舞学生前进。

在辅导员工作中，我十分注重对学生的精神培养。2013 年新生入学期间，我第一时间给学生做了"怎样看待中国共产党领导下的新中国成立的六十四年？""出生于什么样的家庭是无法选择的，人生的价值是可以创造的"等专题报告，启发学生的思想觉悟。

曾经，有个学生党员刚入校时思想上有些气馁，我同这个学生党员仅微信就交流了几万字。我跟这个学生说："同学们就是通过你来看我们党的，你一定要像个党员的样子。对党要忠诚，举起的右手即便粉碎了也不能再放下。"这个学生坚定了精神追求，在年级里很好地发挥了一名共产党员的作用。

（二）辅导员给学生精神力量，要"润物细无声"

强大的精神力量不可能一蹴而就，需要培养的过程。在当今这样一个政治多极化、经济全球化的大背景下，加上自媒体时代的到来，学生内在的精神世界与外部世界已经实现了无缝链接，这就使得他们的精神世界变得"色彩纷呈"。

毫无疑问，其中有些"色彩"是"黯淡无光"的，与他们人生成长的"主色"不相符，会影响他们的人生绽放绚丽的光彩。这就需要辅导员帮助学生选准铸就他们人生辉煌所必备的"色彩"。

作为一名辅导员，我知道自己难以了解学生的精神世界里所"存储"的

每一种“色彩”，但是我必须清楚这个学生现在所追求的人生“主色”是什么，必须最大限度地帮助学生分清那些在他们精神世界中会“混淆”其“主色”的“色彩”，尤其是对那些极为“黯淡的”、对“彰显”其人生“主色”有绝对“破坏”作用的“色彩”，辅导员要帮助学生坚决、及时地处理掉。

在辅导员工作中，我一直重视对学生进行思想状况问卷调查，从中了解学生的精神世界。有个学生刚来学校的时候精神苦闷，他过生日的时候我请他吃饭，他彻底敞开了他的精神世界。我到他家家访；给他买书籍；跟他几十次交谈；和他之间的微信交流有十五六万字。这个学生确立了他的人生追求，要去西藏奉献他的一生。

我经常嘱咐学生正确地认识人生，走好自己的每一步；每个新学期开始的时候，我都要和学生普遍谈一次话，对学生的精神世界加以“把控”，以使学生的精神世界产生强大的精神力量。

(三)辅导员给学生精神力量，要处理好“灌输”和“疏导”的关系

从精神世界的形成来看，大学生正处在精神世界的确立时期，他们的头脑里不可能天然具有强大的精神力量。辅导员要清楚自己的主业，要坚持“灌输”这个思想政治教育原则，积极主动地帮助学生丰富他们的精神世界。但是，在具体的方法上一定要“灵活多样”，要结合学生的特点，采取他们喜闻乐见的方式寓教于乐，不然学生对我们的“灌输”会采取排斥的态度，关闭他们精神世界的闸门，拒绝我们提供的一切精神力量的进入。

辅导员特别要启发学生的学习自觉性，调动他们内在的精神需求。我做辅导员时，在年级里成立了“读书社”，组建了理论学习小组。学生们经常组织读书报告会，我做指导教师，对学生的读书体会进行点评。我还购买了《习近平总书记系列重要讲话读本》分发给每个学生，让学生丰富自己，增添他们精神世界的力量。

有个学生说：“感谢您一直以来对我的鼓励与引导。大学到现在也算是到了尾声，在这个人生的十字路口上，我选择了就像您所教育的那样，到西部去、到基层去、到祖国最需要的地方去，作为一名大学生党员，真正地去为国家做点事，去给那里的孩子们送上温暖，尽我微薄之力。我愿意也非常渴望用一年的时间去做令我一辈子难忘的事。”

048

谈谈辅导员的亲和力

一年一度的辅导员素质能力大赛又开始了。今年的大赛跟往年比“升格”了:以往获奖证书由教育部思想政治工作司盖章,今年改由教育部盖章。

这无疑又增加了大赛的“热度”,比赛会更加激烈,赛场上选手的表现会更加精彩,值得期待。

这些年举办的辅导员素质能力大赛为辅导员队伍建设搭设了平台,为辅导员素质能力提升起到了很好的引领推动作用,有力地促进了辅导员队伍职业化、专业化、专家化建设。

当然比赛就是比赛,表明的是种态度,核心是让方方面面都能关心辅导员队伍建设,让广大的辅导员都能重视自身的素质能力培养,把辅导员工作做好。

既然是比赛,就不可能人人都亲临赛场,但这绝不是说只有参赛的选手才与此有关,广大辅导员要通过观看比赛查找自身的不足,并赶紧把它弥补上。当然任何比赛都会有它不足的一面,比如素质能力大赛怎样更加充分地展现辅导员的素质能力就是一个需要不断改进的问题,不过我相信这一定会不断得到完善。

但是辅导员们应当清楚的是,并不是只有纳入比赛中的素质能力才是最重要的,有些素质能力是无法通过比赛展现出来的,其对辅导员工作来说又很重要,比如亲和力就属于这样一种能力。亲和力怎样,对辅导员工作的效果有直接的影响,要想当好一名辅导员还真需要注意自身亲和力的提升。

亲和力是什么?说得简单些就是学生愿意和你在一起的感觉,就是你在学生心中被悦纳的程度。作为一名辅导员,你的其他方面的素质能力再强,若是学生烦你、不愿意见你、总是躲着你,你的十八般武艺岂不是无用武之地了吗?那学生怎能得到你的引领呢?

想到亲和力一下子就会使我们想到这样的场景:一些小孩子往往有的人抱他就愿意,有的人抱他就不愿意;有的小孩子见到有的人还会号啕大哭。这些孩子愿意被抱和不愿意被抱的标准是什么?什么样的人会让孩子受到惊吓?概括来说一定是那些没有亲和力的人。想一想学生和辅导员之间的关系恐怕也是这样。

作为一名辅导员,在学生面前总是绷着脸,学生难能见到你的笑容;对学生爱答不理;对学生显得不耐烦;对学生的事漫不经心;动不动就训斥学生;在学生面前端架子,这些都是没有亲和力的表现,都会使学生疏远你。

辅导员一定要让学生和你在一起时有一种放松的心态,让学生有一种想见你的感觉。特别是有的学生既然能够找到你,想跟你聊聊,这是需要鼓起很大的勇气的,你不应把他拒之千里,这就需要亲和力。有了亲和力,学生才会敞开心扉,你那两下子才会有用武之地。

平日我在学校的时候,常常会有与我素不相识的学生找我。他们在与我交谈的过程中,差不多都会讲这样一句话:听别的同学说您没有架子,很随和。我想,亲和力是学生决定找你的前提条件,没有亲和力,你再有两下子,学生也会离你远远的,他才不会自讨没趣,来看你的脸色呢。

049

思想政治教育学科要“突出思想政治教育”

作为一名老辅导员，我非常理解辅导员们的辛苦，我就是这么过来的。

当年我做辅导员时恐怕比现在还要忙碌，那时谁家也没有电话，若是哪个老师的同学从外地来看他，就得有人到这个老师家去把这个老师找到学院来，我是学院里最年轻的教工，找人这个活“名正言顺”地落到了我的身上，我们系领导也常常理直气壮地推开我办公室的门：“小曲，你去把××找到学院来。”每当这时我都心甘情愿地立马起身执行系领导的指令。

现在人人都有手机了，辅导员们，你们想干这活也干不上了，科技解放了生产力。毫无疑问，辅导员忙有其客观的原因，辅导员工作界域不清这点难脱干系。不过我想，随着大学制度的不断完善，一定会“各耕其田”，到那时辅导员眼下这种忙碌的状态一定会大有改观。

今天我说思想政治教育要“突出思想政治教育”，说的还不是辅导员们所被动地做的那些本不属于辅导员工作界域里的事情，这里主要是想提醒辅导员们一定要“种好自己的田”，忙要忙在点子上。不然，一些辅导员虽然心甘情愿、乐此不疲地做了大量的学生工作，梳理后发现，这里有很多本不属于辅导员的本职工作；或者说从思想政治教育学科来看，既然辅导员介入其中，那就应当实现思想政治教育所要实现的教育目标、完成所要完成的教育任务，而不是其他。

毫无疑问，从学术的视角来看，学校的一切工作都可以归属于某个学科，都可以从某个学科得到管理支撑。例如，组织工作可以归属于党建学科;校办工作可以归属于管理学科;教务工作可以归属于教育学科;宣传工作可以归属于马克思主义理论学科;学生工作可以归属于思想政治教育学科。

当然,机关所有工作都涉及管理学科及其相关学科。就像学生工作,主要依托思想政治教育学科,但是教育学、心理学、法学、社会学、管理学等学科都交互其中。孰重孰轻?这就看辅导员怎样把握了。从学科属性上来说,学生工作依托的是思想政治教育学科的理论支撑,因此,辅导员工作再忙、再杂,也要为思想政治教育学科服务,也就是说忙碌要体现在思想政治教育学科的本质要求这个点子上,即我们通常所说的要用马克思主义理论武装学生的头脑,帮助大学生系好人生的扣子。完成不了这个任务,或与这个问题不相干,那么辅导员的忙碌就真是瞎忙碌了,结果是种了别人的田、荒了自己的地。最终不仅自身的价值没有体现出来,反而轻而易举地被别人取代了。

从辅导员工作来看、从思想政治教育学科属性来看,辅导员首先应当着急的不是学生的就业,而是学生带着什么样的价值观就业,价值观错了,即便百分之百就业了也没有什么意义。事实上我们很多辅导员都忙碌在帮助学生就业上,忽视了对学生的就业观的教育引导,这是本末倒置,到头来就是瞎忙乎。比如学生家庭生活贫困自卑的问题,这是心理问题还是思想问题?失恋了想走极端,这是心理问题还是思想问题?学习有压力,是心理问题还是思想问题?生活困难就必然自卑?失恋了就必然极端?学习压力大就必然心理不适应?我说这里主要还是思想问题。出生在什么样的家庭是无法选择的,但是人生的价值是可以创造的。多少学生的成功都证明了这一点。

许多学生的失恋就是没有解决好恋爱观的问题,没有处理好理智和情感的问题,一些失恋后的极端行为也是因为没有责任造成的,心中别说没有祖国,连父母都抛弃了,说到底这还不是思想上出了问题?完全可以把学习的压力变成学习的动力嘛。为什么学习、为谁学习这个根本问题解决了,恐怕就不会有学习压力了,也不会存在心理不适的问题,这还是思想的问题。因此,一个合格的辅导员、一个优秀的辅导员,一定是把思想政治教育放在首位的,一切工作的重点都打在学生的思想政治教育上,也就是帮助学生树立正确的价值观上。

这是真功夫，也是学生真正需要的，更是建设职业化、专业化、专家化辅导员队伍的出发点和落脚点。现在一些辅导员总是忙于这个证书、那个证书的，这对辅导员工作会有补充，但是绝不是替代的关系。辅导员首先还是在思想政治教育上要合格，要有这方面的本事，多准备一些本学科的证书，这样你才具有了不可替代性，你就不会有本领恐慌，你才会游刃有余、潇洒自由地做好你的工作，你才能在职业化、专业化、专家化的路上越走越远。

050

推送一封学生写给我的信

这个学生现在是名厅级官员。有一次他和他的妻子(也是我的学生)请我吃饭。吃饭的时候他告诉我给我写了一封信。

我看到这封信的时候,掉泪了。一个辅导员,对学生的影响真是太大了。你的一言一行学生都看在眼里、记在心上。尤其对学生精神上的引领,会影响学生的一生。

这封信的题目是他写的,全篇的核心思想集中在他概括的这段话上:于我而言,您恰是我人生成长路上的一位精神导师。

这封信给了我很多溢美之词,我之所以推送给大家,并不是为了借学生之口夸耀自己,这对我一个六十多岁的人还有什么意义吗?我只想告诉辅导员们,一定要成为大学生健康成长的人生导师,给学生精神的力量,这是根本,这是学生最能记住你的地方。这也算是对昨天写的那篇《思想政治教育要"突出思想政治教育"》文章的回应吧。

我的精神导师

2013年3月,在一次见面时曲建武老师告诉我,他已向省委组织部请辞现任省委高校工委副书记、省教育厅副厅长职务,到大连海事大学专心从事高校辅导员和思想政治工作研究与实践。说这话时他的语气和表情都很平淡,却在我内心激起了不小的波澜。继而我陷入深思,与其相识30余载的记忆不断闪现。蓦然间我似乎懂了,对老师本已满怀的敬意愈加升腾起来。

1982年9月,我与曲老师相识于辽宁师范大学。那时我刚刚入学,他则刚刚毕业留校做我们的辅导员，从此我们结下师生之缘。

延续至今已30余年，并不断被赋予精神内涵，以致后来他逐步走上各级领导岗位，我依旧称呼其“老师”，因为这两个字已经化作精神图腾融入了我的血脉。

初次见面是我们报到的当天。大家正在宿舍里埋头整理床铺，不觉间，一位看上去比我们稍长几岁的青年男子悄然而入，个子不高，面容白净而棱角分明，眼睛有神而透着真诚，用带有大连当地的“海味”口音轻柔地问候大家，说话时竟伴有一丝脸红。初以为是高年级学长，聊过后方知是我们的辅导员老师。见我们忙，问候之后又悄然离开。第一印象感觉他很低调，也很有亲和力。第二天新生开会，系里有关领导和老师讲解一些需要知晓和注意的事项。轮到曲老师讲话时，声音依旧轻柔，却陡然增添了几分穿透力，该说的面面俱到而又清晰利落。感觉他很务实，也很干练。

他的家就在当地，却发现他除了周末以外平常总是和几个学生同住在宿舍里。初时大家都有些不解，私下里还有些调侃。不久却明白，他是怕我们这些新生、特别是年龄小些的同学刚刚离家，不一定能适应独立生活，住在学校便于关照我们。感觉他很有爱心，让人油然生出些敬意。他每天很早便起床去操场长跑。

后来知道这个习惯他已坚持数年并达到了健将级别。除了以此锻炼身体，更主要的是锤炼意志和耐力，也树立个榜样带动我们一起去做，日久天长大家都觉身心受益。可见他是个有目标、有规划、有恒心、有准备的人。他几乎每天都和我们在一起。上课前在教室、睡觉前在寝室，他有意无意跟大家聊上几句，传递着师长的关心与关注，也随时掌握着学生的各方面动态。时间长了彼此的距离越拉越近，大家都愿意和他说说话，甚至有什么心事也愿意找他倾诉。渐渐地，这成了我们生活的一种习惯，若是偶尔哪天看不到他，便觉得缺少点什么。

与一般辅导员老师不同，他除了管理学生还要讲课，主要是思想政治教育。这种课讲起来其实很难，容易灌输大道理让人感觉枯燥乏味，而他也讲道理但不照本宣科，有自己的独到见解，言之有物，直击心灵，给人启发。而且他讲课时口才很好，语调也变得激扬起来。

他善于创造机会让学生得到陶冶和锻炼。譬如，要求每天大家在教室轮流值日的时候，值日生要在黑板一角写上一句名言警句；到了周末组织大家远行探海，在欢乐当中培养意志、增进交流；安排我们到附近小学做班主任助理，提早去接触实践；鼓励我们自主开展丰富多彩的文体活动，当然里边都有他的思想与设计。

至于针对学生的不同情况谈心交流就更是家常便饭了。更加值得一提的是，在做我们辅导员不到三年时间里，他践行了一个极其不平凡的举动，就是利用假期放弃休息，长途跋涉奔赴散布在全省各地特别是农村的学生的家里探访慰问，遇有家庭困难的便慷慨解囊，尽管自己每月只有几十元的微薄收入。他传递的是温暖和力量。

我们当时并不知道，其实他自当上辅导员那天起，就已立志把毕生精力投入到高校思想政治工作中去。大概在老师眼里，大学之道，很重要的一点在于如何塑造好青年学子的人格和精神、培养其心智和能力，使之能够正常健康健全优质地成长，成为未来对国家、对社会的有用之才。而辅导员以及思想政治工作的性质决定其要直面学生、通达人心，具有独特优势，可以大有作为。

的确，在大学里与学生接触最多的应该是辅导员，彼此之间的距离也应该最近，但实际做起来则要看他的心是否愿意真正贴近学生，是否愿意把时间花在学生身上。我们当然不能期望总是在老师的护佑下生活，我们终要独立地成长起来，然而在这成长过程中，无疑需要一个精神导师的正确指引。我敢相信，无论当时还是后来，恐怕并没有多少人真正理解和热爱辅导员工作，大多只把它看作一种职业，即使做了亦未必安心；也不愿深入探究思想政治工作，感觉耗时费力又未必讨好，怎么比当个专业课教授更体面、更轻松、更是“正道”呢。而曲老师却从中看到了另一片天地、另一番风景，于我而言他恰是成长路上的一位精神导师。

自认识曲老师后，承蒙垂爱，与他接触相对更多一些，得到的教诲、受到的熏陶也就更多一些。即使毕业之后我们仍一直保持联系，遇到什么不解之事依旧愿意向他请教，30余年从未曾间断，成为我人生成长的组成部分。以我的浅薄，对于老师多年坚守的理想、理念和追求等，实是无法尽述，唯愿把内心最强烈的那些感受，在这里再静静地体味一番。

他有一个核心理念，就是一个人无论做什么，都要首先把人做好。不单要求做个品格上的好人，而且毫不避讳、理直气壮地要求做一个有理想、有信念、有担当的人。他不认为这是空洞的大道理，而是一个人特别是中国知识分子应有的追求和气节。为此，他无论在课堂上还是在生活中，无论面对顺境还是曲折，都坚持不懈地传输着这种理念，点拨和疏导一颗颗尚处于激奋而莽撞情态的青年的心，入情入理地为我们铺陈和勾画人生的蓝图与路径。而且坐言起行率先垂范，前面所述他做的每一件事看似“小事”，都有他巨大的付出，并潜移默化地影响着我们。

他有一种坚持不懈的精神，就是30多年来不管职务岗位如何变换，始终孜孜不倦地从事高校辅导员及思想政治工作的研究，不断探索规律、深入实践、建言立说，贡献着自己的智慧和辛劳。为此他坚持学习、博览群书，即使在做了头部手术的时候依然笔耕不辍，还在工作之余真刀真枪地苦读思想政治科硕士、博士研究生，后来成为博士生导师，并逐步确立了在这个领域具有全国影响力的权威专家地位。他矢志不渝地传道授业解惑，服务教师、学生和社会，这种坚守、这种意志，敢问世上能有几人。

他有一个宏远愿望，就是在有生之年走遍全球著名的大学，汲取无尽营养，丰富自己的实践。在老师的心目中，大学似乎已经是他的生命构成，是精神家园和归宿。从三十五年前进入大学读书到毕业后留校任教，即使中间一度离开校园走上领导岗位，也依然与高校相关，现在又全身心地回归了校园。到如今，国内高校他已经走了数百家，国外大学也去了几十所，每到一地都努力收集各种资料，面对不同的建筑和校园中蕴涵的精神文化凝神思索，留下自己独特的感悟。犹记得我在澳门工作时他去考察，我本想与他多走走玩玩，谁知他竟专门拿出时间用于与澳门大学做交流了。他还有另一种情怀，就是大爱之外，对妻子、儿子的爱同样感人。特别是对儿子的教育令人动容。虽然他工作繁忙，但始终给予儿子充分的父爱，细心体察儿子的每一点变化和成长，适时送上心灵的关照，但绝不宠溺。他从不摆出严父的架势，而充满了尊重和平等，引导儿子独立地思考问题、解决问题，塑造其健全的人格。点点滴滴，我述难详，曾有他们父子间的深情对话结集成书，讲述一片温情。后来，他的儿子以极其优秀的综合素质进入北京大学读书，毕业后又去美国等地深造实践，已成青年翘楚。

在当了我们3年辅导员后，他便因工作出色被提拔为政治系副书记，而后逐步做了校学生处处长、党委副书记。2004年又在事先不知情下奉调到省委高校工委任副书记。刚提任时大家多有不舍，我还因一时激动，质疑老师是否因一官半职而舍弃我们，他沉吟半晌没做过多解释，说日后便知。日后我终于明白，并为自己曾经的狭隘而羞愧不已。

在我看来，老师的内心深处更想做一个纯粹的有良知的知识分子，但又绝非“独在小楼”，而是抱有更大的理想与追求，希望能够有益于他人和社会。因此，他做一个系、一个学校的领导者时，也并没有觉得自己变得高大，而是更加努力地让几百人、几千人受益；到了做全省高校的领导者时，依然没有把自己看作一个官，而是努力地在更大的平台上让更多的人受益。能够30多年如一日，始终在高校思想政治这一多数人并不看好的领域辛勤耕耘，若非胸怀高远志向和深沉大爱，是绝难做到的。对此我深信不疑。

他曾私下里袒露心怀：不喜欢做官，不愿意把很多时间花在应对烦琐的事务和人事中去。因此，他迄今由一名普通的大学辅导员一步步做到厅级官员，皆源自组织和同事的信任，从不去跑官、要官，更遑论买官了，这在当今官场大概算是个奇葩了。而如今，他又在事业风生水起之时突然辞官急流勇退，恐怕就更加令人惊诧了！但既然做了官，他便对履行职责毫不含糊，务实、勤勉、诚恳、深入，具有开创性。

而同时即使做了官，他却始终没有把自己当成官，总是把自己摆在服务者的位置上。他经常不在办公室，而是在大学的教室、寝室、食堂里；他经常见的不是官员、老板，而是辅导员、贫困生、优秀学子；他经常缺席“圈里”的饭局，却愿意拿出时间邀请失亲学生一起过节；他从不在教师学生面前立威，却对工作中遇到的问题直抒胸臆；他未曾接受过任何身外之物，却积极申请或自拉赞助表彰优秀贫困学生；他舍不得用更多的时间去应酬，希望把有效精力放在自己钟爱、他人期待的学术研究与实践上。只要对事业、对工作、对辅导员、对学生成长有益的事，不管分内分外、白天黑天，他都会不计得失、全力以赴，出思路、提建议，不抓个水落石出决不罢休。

万千高校教师和莘莘学子得益于他的官德、政德，桃李天下不乏追随的脚步。

当今社会，人们对官场以及做官之人大抵都有相似的看法，身处官场之人也大多都有切身的体验。各种情绪化作舆论时常冲击着官与民的神经，让一切变得烦躁不安。那么老师的为官之道和他最终远走官场回归校园之举，能否给人一些启示？能否对人们的神经产生些正面的冲击？至少，我真切地感受到了一缕春风扑面而来。

忆述至此，我的语言开始变得苍白起来，而一句伟人说过的名言“做一个高尚的人、纯粹的人、有道德的人、脱离低级趣味的人、有益于人民的人”蓦然回荡在脑海。唯愿深怀感恩之心，继续在老师精神力量的牵引下，追随他的脚步默默前行。

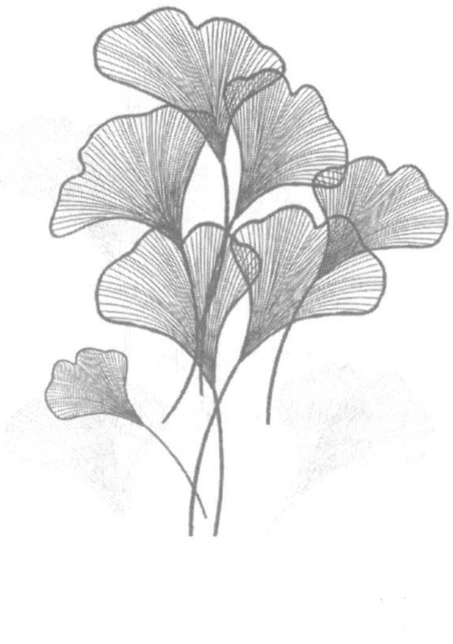

051

莫负人民

对一名老师，我们常说的一句话是莫误人子弟。对一所学校呢，我要说的是莫负人民。没有人民就没有我们，我们是在为人民办大学，人民把对幸福的渴望寄托在我们的身上。

我常想，我们所教的学生，不就是从一个个普通的家庭走出来的吗？我们没有理由不把他们的孩子培养好。一个学生若是倒下了，那毁掉的不仅是学生自己，还毁掉了一个家庭，乃至一个家族。一个孩子成功了，同样，幸福的也不是他自己，那一定还有他的父母，乃至他的家族。在我们有需要的时候，人民帮助了我们，现在人民把孩子送到了我们这里，我们必须要好好培养这些孩子。

当年因为家里生活比较困难，我母亲就希望我早点工作，贴补家里。我就这个没有听她的。我刻苦学习，努力工作，也算是有所成功吧，我改善了父母晚年的生活，对我的家族也给了最大的帮助。这里有我个人的努力，更多的还是学校对我的培养、老师们对我的教诲和帮助，不然何谈成功？我带过的一个学生现在是厅级干部了，他母亲经常念叨我。我要是不给他母亲拜年，他母亲就好像过年缺点什么似的。我在教育厅工作的时候，每年我都去给他母亲拜年。他母亲挂在嘴边的一句话是："没有你，就没有俺家孩子的现在。"她告诉她的孩子："你就算忘了父母，也不能忘了老师。你爸妈晚年的幸福是曲老师给的。"

习近平总书记强调，"我们的大学是共产党领导下的大学，必须坚持社会主义方向，必须为人民服务”。可见，办好我们的大学，就是党的全心全意为人民服务宗旨的一个重要体现。从这个角度来说，学生就是我们的人民，为学生服务，就是为人民服务；莫负人民，就是莫负学生。怎样才算为学生服好务了？在当今科技发展迅猛的大背景下，学校必须让学生提高知识水平、有专业能力，这是对的，但是这不是检验一所学校是否为学生服好务的标准。学校要给学生“干粮”，更要给学生“猎枪”。这里“猎枪”就可以看成价值观。

一个人懂得了他的责任，就会产生前进的动力，责任越大，动力越足。一个人只有懂得了为什么学习、为谁学习，他所掌握的知识越多越有意义，而且不会的东西他会想办法学会。不然，知识再多，给社会、给父母带来的未必是福音。大量的高科技犯罪显然都是有知识的人干的。父母们含辛茹苦地把孩子送到了大学，有些孩子并不懂得感恩。当然这样的学生也不能全部责怪学校，但是学校如果能够很好地为学生服好务，帮助学生系好人生的扣子，一定会最大限度地避免这样一些问题的发生。

莫负人民，学校就要切实落实好立德树人的根本任务，就要将对学生价值观的培育融入教育教学全过程。我在做学生辅导员的时候，就给学生家长发过微信、写过信，我告诉家长们放心：四年后我一定把一个长大了的帅气小伙子、漂亮大姑娘送到他们手上。有个学生家长孩子毕业的时候来到学校，我亲自到机场接他。他跟我说：他之所以到学校来，一是参加孩子的毕业典礼，二是要当面谢谢我。这四年有我的关心帮助，他太省心了，可以全身心投入到他的工作中。一所学校，也应当郑重地向家长承诺，告诉家长们放心：学校一定会尽最大的努力培养好他们的孩子。待他们孩子毕业的时候，学校不仅会让这些学生（孩子们）带上知识和能力，更会让他们带上正确的价值观，使他们成为一个爱祖国、爱父母、爱社会的人。

当然，这不只是说说而已。莫负人民，就要言行一致，奋力前行。千万不能忘记了：人民在看着我们、期待着我们，人民把幸福的“赌注”都“押”在了我们这里！

052

保持好的心态

心理状态对辅导员的工作有着很大的影响。积极的心态会使你每天都期盼着黎明的来临，想着为学生多做有益的事情；消极的心态则相反，每天度日如年。毫无疑问，拥有积极的心态才会克服工作中的困难，不断进取；不然便会不思进取，处处感到工作的为难。

为什么会产生消极的心态呢？这与你对辅导员工作的认识和理解有关。辅导员怎么了？每天和学生在一起，帮助解决他们需要解决的问题。就是在这种需要中实现了自身的价值。而你却看不到这一点，本来好好的，偏偏这也不顺眼，那也不满意，你越这么想，“自然”就是这么回事了。事实上，每个人有每个人的处境，每个人都希望自己能够处在尽善尽美的环境里。可是这又怎么可能呢？只能是你适应和改变环境，而不可能是环境适应你。有许多事情是可遇不可求的。学校领导就那么几个，当不上校领导就烦恼？那恐怕你真就要总是在烦恼中了。

我讲学的时候常讲到这样的看法：你在“双一流”学校当辅导员都烦恼，那些在一般本科、高职高专院校当辅导员的怎么办？在北京、上海、广州地区高校做辅导员都烦恼，那在甘肃、西藏、新疆高校做辅导员的怎么办？搞文学好，还是搞艺术好？搞自然科学好，还是搞社会科学好？这其中的感觉又有谁能说得清楚？没有好的心态恐怕做什么都会有烦恼，都不会感觉到快乐。有钱和没钱是不是也会这样呢？没钱的人一定没有有钱人那么洒脱，可是钱多了是不是也有担心被劫的烦恼？

有一次我坐出租车从车站往学校赶。闲聊中司机听说我是大学的教授，他先是“恭维”了几句，接着话锋一转：“你们教授也没有我们好。我们愿意拉谁就拉谁，愿意喝茶就喝茶，愿意打牌就打牌。”他说：“告诉你吧，秦始皇建阿房宫跟老农建茅房的欢乐是一样的。”我补充了一句：“秦始皇没有老农欢乐。”“为什么呢？”我说：“秦始皇用阿房宫要戒备森严，防止被暗杀；老农上厕所，想去就去。自然是老农快乐了。”

可见烦恼也是比较出来的，看你怎样比了。心态不好必然产生烦恼。我真心希望辅导员们能够有积极的心态。你现在是麻烦些，但是这未必不是好事。没有这些麻烦学生不会记住你，也不会想着你，将来更不会“管”你。现在看起来其他专业老师“挺好”，他们“清闲自在”，但是如果平时不对学生“好些”，待学生毕业了，学生见了他们就如同陌路人一样。

辅导员的工作环境一定会越来越好。从中央“16 号文件”发布到现在，不过十几年的时间。一个学科的建设一定需要一个过程。总体看辅导员队伍建设越来越得到重视。我认为随着国家层面政策制度的陆续出台，辅导员教师的工作界域一定会越来越清晰，对辅导员教师的评价一定会越来越科学。对辅导员们来说，就是以积极的心态做好自己的工作，别的你也管不了那么多。

前两天还看到这样一则报道：河南灵宝 53 岁的独臂教师贾站顺坚守大山深处 32 年，1 个人教 4 门课。贾站顺说，残疾不可怕，做教师就是要有爱心。真不知他有没有过烦恼，我只是觉得与这样的老师比，我们的一些烦恼就是无病呻吟，我们真是没有必要自寻烦恼，人生就那么些天，过一天少一天，我们何不快乐地活着呢？

昨天听到叙利亚盲童演唱的一首歌曲，我根本没有心思看翻译的歌词。随着孩子那无助的歌声，我的脑海里只是闪现着叙利亚上空的炮火，多么无辜的孩子啊！

我们生活在日益强大的国度里，我们在阳光下作业，这样想想，我们的一切烦恼是不是应当烟消云散啦？

053

思想政治教育与心理疏导

大家都清楚，辅导员的定位就是做大学生政治思想工作的，辅导员工作的第一使命和任务，就是不能让学生在政治上犯错误。特别是从20世纪80年代中后期开始，社会思潮泛滥，西方的价值观对青年学生的思想产生了很大的影响。一些大学生“崇洋媚外”，觉得“外国的月亮就是比中国的圆”，甚至天真地认为套用西方的民主制度，我们的一切问题就迎刃而解了。

那时动不动就有学生上街游行的情况发生。因此，高校把稳定工作当成了头等大事来抓。所谓稳定，就是要让学生们思想稳定，那时在大学生中深入开展了“坚持四项基本原则”教育。思想政治教育突出的主题就是让学生坚信党的领导不能动摇，坚信中国必须走社会主义道路不动摇。

应当说，在学生的政治观教育上还是有明显成效的，我们之所以保持了近三十年的稳定，与高校长期坚持对青年学生开展的政治思想教育是分不开的，这其中自然与辅导员具体的思想政治工作分不开。

现在不叫政治辅导员了，是不是辅导员的工作重点和主要任务就发生改变了呢？不是的。现在只是思想政治教育的内容更丰富了。对辅导员来说，不仅要关注学生的政治思想状况，还要关注学生的心理状况；要让学生不仅成为政治上有追求的人，还要成为人格健全的人。虽然不叫政治辅导员了，但是辅导员对学生的政治思想教育仍然是排在第一位的。

在当代，作为一名辅导员，就是要用习近平新时代中国特色社会主义思想武装学生头脑，让学生坚定地做到“四个自信”。这项工作做得怎样，是检验辅导员合格不合格、优秀不优秀的首要标准。这个问题解决得不好,其他问题解决得再好也没有意义。这一点辅导员一定要牢牢记住,要清清楚楚,绝不能含糊,不然辅导员队伍真就有“有没有必要存在”的问题了。有些同志不重视辅导员队伍建设,跟这点有一定的关系。在他们看来,既然辅导员做不了或做不好学生政治思想工作,那就没必要有辅导员队伍。

为了做好学生的思想政治教育工作,我们又提出了要加强对学生的心理疏导,这是必要的。一个人的坚定追求一定是以积极的心态为基础的,如果连活着的勇气都没有了的话,还会有学习的动力吗?还会有崇高的理想信念吗?但是这里需要注意的是,心理疏导绝不是思想政治教育的全部内容,更不是主要内容。从另一个角度来说,心理疏导也必须贯穿思想政治教育这个主线,为学生确立正确的价值观服务。因为单纯的心理疏导是一个中性概念,不仅我们有,西方社会比我们还普遍,各类群体也都有心理疏导。因此,如果只把心理疏导作为中性来看待,或者说不为思想政治教育服务,那让辅导员来做心理疏导就没有意义了。

现在客观上存在着重心理疏导、轻思想政治教育的情况。一些辅导员把两者的关系搞颠倒了。在他们看来,一切问题都是心理问题,包括有的“专家”甚至认为绝大多数的学生都有心理问题。有些学校,学生一进校辅导员便对其进行心理排查,把学生分成了“轻重缓急”的对象;一些辅导员也是一味地追求心理知识的掌握、提高,急于取得心理咨询师方面的证书。

这样做不是不可以。我想说的是,不管怎样,思想政治教育还是要先解决思想政治教育方面的问题,尤其是学生政治思想方面的问题,这是根本。我在学生一入学的时候对其进行了问卷调查,在回答“你最关心的问题是什么”时,有个学生明确地说:“民族平等问题。”我找他前后或长或短地谈了无数次的话;我还通过微信同他进行了几万字的交流,放假时我也与他联系;毕业了,我照样和他保持联系。这个学生的思想彻底转变了。

其实现在许多学生的心理问题都是思想问题,也可以说由于思想政治教育的弱化,一些学生产生了心理问题,凸显了心理疏导的作用。不要误解我的意思。我不是反对心理疏导,从学生的现实情况出发,心理疏导还需要进一步加强。但是,心理疏导绝不能等同于思想政治教育,它一定是排在学生政治思想教育之后的。

这里我只是嘱咐辅导员们:“解铃还须系铃人。”思想政治教育的问题,还是要通过思想政治教育来解决。你们不能只顾提升自己心理疏导方面的知识,你们更要提升自己的思想政治素质、提升自身的思想政治理论水平。就辅导员队伍的现实状况和所担负的使命与责任来看,这后者的提升恐怕更迫切、更重要些。

054

“放下”就是简单

我们共产党人的人生哲学岂不应超越佛语里的“放下”？应活得更简单些，这就是一心想着全心全意为人民服务，不想与人民的利益不相符的东西，活得轻轻松松、洒洒脱脱、坦坦荡荡。怎样才能“放下”？怎样才能简单？这里真需要有正确的权力观、名利观。一些人活得那么累，活得那么“不简单”，乃至于把自己活到了进监狱的份上，跟没有正确的权力观、名利观不无关系。我去北京八宝山革命公墓的时候，看到有座墓碑上刻着这样一段文字：

> 我是谁？这不重要。我做过什么？也不重要。我的经历、我的职务、我的待遇，等等，都不重要。人，就是人，光荣的人、神圣的人，即共产党人。

我想，一个共产党人若真是活到了这个样子，那一定是个能“放下”的人。我们说要继承中华传统文化，并不是要我们不加区别、全盘地拿来吸收。须知中华传统文化也不都是优秀的，例如“官文化”就是很糟糕的文化。可以说从祖上传来的这样一种“官文化”，至今仍有一定的“市场”。

多大的权力是权力？一些人总是不知足。多大的名利才是名利？一些人就是贪得无厌、欲壑难平。有的人出事就出在这里；如果抱有这样的权力观、名利观，即便现在没出事，出事恐怕还不是早晚的事？我辞去厅级领导职务到学校做了一名无任何行政级别的辅导员。有的朋友问我：“你适应吗？”我没觉得有什么不适应。我常想，多少人不如我呀！我要是不行的话，那得有多少人不行啊！

我们校长、书记怕我累着，劝我别当辅导员了。我说不当辅导员我回来干什么？他们遵从了我的选择。我们学校有个规定，庆祝教师节大会上新入职的教师都要上台领取任务书，我也上去了。我们书记和校长看到我站在那里等着领取任务书，他们分别跟我说："你怎么也上来啦？"我说："我是学校的员工啊！请书记、校长放心，我一定完成学校交给我的任务，做一名合格的辅导员。"

那一刻，我没觉得有什么不好。一些人总想着掌握更大的权力，"管"更多的人，当然这要辩证地看，如果能"权为民所用，利为民所谋，情为民所系"，做到"放下"，这也不是什么坏事。关键是有的人恐怕想的就不是这么回事了。

我经常跟辅导员们说：只管把工作做好，对得起学生。不要总想怎么能"双重晋级"，这是"肉食者谋之"的事。如果天天琢磨怎么"双重晋级"，那能不做梦吗？那得多累啊！这样也就干不好工作。年纪轻轻的就把权力、名利看得那么重，这是不行的。这种"放不下""不简单"会给你带来很多烦恼，也是很危险的。我现在没有级别了，也就是没有权力了，真是觉得很幸福、很快乐，每天想着把属于自己的事情做好就完了。虽然我也很忙、很累，但是心情愉快，累身不累心。

去年我带的学生毕业的时候我花钱为他们举办了毕业晚会，学生们说："老师，我们会想您的，我们一定会回来看您的。"他们送给了我一块展板，上面写下了他们的名字、摁上了他们的手印。我掉泪了。我感谢四年里学生们带给我的那些美好的时光。这是权换不来的，也是钱买不到的。我真觉得我的"放下"是对的、是有价值的。活得简单，就会省去烦恼，更不会走进监狱。

要什么权力？要什么名利？有了学生就有了一切，学生就是最宝贵的财富。

"放下"对于辅导员们来说，也是对一名共产党员来说，就是多为学生的利益着想，尽量地少想自己的利益。权力、名利都是身外之物，你越能"放下"，你活得就会越简单，你给予学生的就会越多，你的烦恼就一定会越少，你就越像一个共产党人的样子，你得到的幸福和快乐就会越多。

055

由“原件”到“复印件”

有的辅导员说,相对学生来说,辅导员就是“原件”,学生就是“复印件”。

这种比喻比较形象,表明了辅导员和学生之间的关系。一些大学生走向成功,不能不说与辅导员的影响和帮助是分不开的;同样,有的大学生走向了失败,尽管辅导员不愿看到这样的结果,这又不能不说与辅导员工作没有某种联系。

辅导员是“原件”,学生是“复印件”,那么要想得到精美的“复印件”,对“原件”来说应当怎样来做呢? 这里有两点需要把握好。

要想得到精美的“复印件”,首先就要“制作”出精美的“原件”。“原件”不精美,“复印件”不可能精美。我们有些辅导员,从主观上来说,也希望学生这个“复印件”是精美的,但是自己这个“原件”不精美,“复印件”怎么会精美呢? 辅导员是大学里与学生接触最多的人,对学生的影响最直接,辅导员怎样,学生在很大程度上就会怎样。这一点有许多的实例可以证明。正所谓:要想推动别人前进,自己首先就应当是能够推动和鼓舞别人前进的人。

我在做学生辅导员的时候,我告诉他们我要每天都给他们发微信。他们过生日的时候我要送去我的生日祝福,少则写上几百字,多则写上千字;遇到社会上出现较大事件发生的时候,我会加以分析后给学生发微信,谈谈我的看法。一年后有个学生跟我说:“老师,您刚开始说给我们发微信,我在心里可嘲笑您呢。”我问:“为什么?”他说:“因为我觉得您在吹牛。后来我服了。我将来也要像您一样,做个工作忘我的人。”

即便辅导员这个“原件”很精美，但是也未必就能得到精美的“复印件”，这是因为再精美的“原件”，如果复印“设备”出了“问题”，自然就得不到满意的结果。这里的“设备”可以看成辅导员工作的技巧和方法。辅导员要想得到精美的“复印件”，就要研究辅导员工作的具体方法。有些辅导员工作也很卖力，但是结果常常是学生不买账，不愿成为辅导员希望的样子。

这就需要辅导员把主观愿望与实际工作统一起来。要深入实际、调查研究，和学生交朋友，不仅要以理服人，更要以情感人，努力获得学生情感上的认同，取得学生对你的信任，这样学生才会听你的话，才会按照你希望的样子去做。

一次我到一个学生家家访。当我离开时这个学生给我发了一条微信。这个学生说：“我妈在您走的时候掉泪了。我妈说哪有这么好的老师啊。我妈让我听您的话，按您要求的那样去做。”这个学生毕业时被保送上了硕士研究生。

在她写给我的一封信中有这样几句：“感谢老师四年里对我的关心和帮助。不然我就不会是现在这个样子。我要像老师一样，做个温暖别人的人。”可以说，一件精美的“复印件”就是这样被“复印”出来的。

056

境界的高低决定了行动上的差距

有这样一则报道:陕西有个叫陈天强的人,18 年前偶遇流浪老人刘桂花,经多次打探老人亲人消息无果后,他收留了老人,像对待母亲一样奉养了 18 年。

这是一种什么样的情怀,又是一种什么样的精神境界?

人和人之间在行动上为什么会有那么大的差距,说到底都是由境界的高低决定的。境界高,行动就坚决、就持久、就走得远;反之,则被落在后面。

客观来讲,现在的学生思想教育工作确实有些难做。这使得一些同志失去了教育的信心。为什么会有代沟说呢?从一定角度来看也是没有教育的信心造成的。为什么没有教育的信心呢?这又与没有教育的情怀、教育的境界有关。

现在放开二胎政策了。多少思想政治教育工作者在要“二胎”?又有多少想要“二胎”?为什么你和孩子在年龄上都差几十岁不怕有代沟呢?特别是有的思想政治教育工作者和学生根本在年龄上没差几岁就认为会有代沟,说到底还不是因为孩子是自己亲生的,学生不是自己的孩子。陈天强若不是把那个流浪的老人当成母亲看待,别说 18 年,我看他连一天也不会管这个流浪的老人。因为他和这个老人确实“半毛钱”的关系都没有。

我在决定辞去厅级职务回到学校做辅导员的时候,有的朋友跟我说:“别当辅导员了,现在的学生不好带。你都这把年纪了,学生和你之间会有代沟的。”我想这里是有个和学生间的年龄差距问题,但是代沟不是因为年龄形成的,而是由于情感,也可以说是境界不够形成的。我只要把学生放在心上,为他们着想,他们怎么能不听我的?怎么会不信我呢?

我本来有套较好的商品房,但是离学校比较远。为了方便工作、及时为学生服务,我在学生宿舍边上每月花2700元钱租了一套面积只有60平方米的房子,冬天寒冷、夏天炎热。尽管如此,我每天睡得安稳,学生睡得安心。我有台私家车,我告诉学生谁也不准坐没有安全系数的车,有急事找我。我还真有好几次送学生上医院。学生读懂了我。父亲节的时候,他们给我送来了满满的祝福。他们说我就是他们的父亲。他们说他们爱我。

学生们很信任我,有些心里话也愿跟我说。我力所能及地帮助他们,把他们的事看成自己的事。我们之间跨越了时空的阻隔。有一次我到一个学生家家访,这个学生的父亲告诉我:“俺家孩子说了,她毕业不回家了,她要在大连工作。她要像女儿一样照顾您的晚年。”那一刻,我的眼角涌出了泪水。哪有不懂事的学生(孩子)?恐怕只有不爱学生的老师吧?

习近平总书记在与北京师范大学师生座谈时说:“爱是教育的灵魂。”这是教育的最高境界。有了这样的境界,在我们和学生共同“编撰”的人生字典里,还会找到代沟这样的词汇吗?没有了代沟的阻隔,你不仅不会被落下,你还一定会成为在“终点”等着别人的人!

057

“最后一公里”谁来走？

本来我说过双休日、节假日不推送公众号文章了，以让后台休息一下。可是今天这个日子我还是没有忍住，我想以此文向广大的辅导员致以节日的敬礼！你们就是培养走在“最后一公里”路上的人，衷心地祝你们节日快乐！

“最后一公里”谁来走？经过六十多年的社会主义建设，特别是经过改革开放四十年，今日之中国已经由“站起来”到“富起来”再到“强起来”，我们离中国梦的实现就剩“最后一公里”了。

“最后一公里”毫无疑问要由当代青年来完成。党的十九大明确提出：“到21世纪中叶，我们将把我们国家建设成为富强民主文明和谐美丽的社会主义现代化强国，这个时间节点意味着当代大学生必将全程参与到实现中国梦的伟大实践中。”

这就需要大学生们一定要坚定“四个自信”，把个人的发展与祖国的命运紧密地结合起来。一定意义上可以这样来讲：今日之青年怎么样，我们的祖国未来就会怎么样！

辅导员是大学生的人生导师，是大学生人生成长的指导者和引路人，是培养走在“最后一公里”路上的人！这是多么令人羡慕的职业啊！我们说劳动伟大、劳动光荣，最初的时候我们还只是从物质层面来理解什么是劳动的，今天我们的“劳动”已经将精神“产品”的创造纳入其中。创造物质财富的“劳动”尚且如此光荣、伟大，创造精神财富、培养人的人怎么就不光荣、伟大了呢？

我们有的辅导员对自己的“劳动”尚缺乏正确的认识，看不到自己“劳动”的价值所在，总希望有朝一日尽早离开辅导员队伍（当然这与客观环境也有一定的关系），这实在是一种短视啊！想想36年前我当辅导员的时候是什么环境啊！那时有几人了解辅导员是干什么的？一些教过我的老师都劝我赶快别做辅导员了。因为历史系没有毕业生，我是从政治系分到历史系做辅导员的。我们系主任对我挺好，私下里他曾对我说“你做辅导员纯是人才浪费”。他认为我能上好其他专业课。

我对辅导员的“劳动”有我自己的认识。辅导员怎么了？辅导员有什么不好？

在大学里和学生接触最多的就是辅导员；对学生人生引领最大的是辅导员；学生最难以忘怀的也是辅导员。

我带的学生入学三十周年的时候，他们在校外举办了纪念会。我让他们邀请几个专业课教师作为代表一起参加。学生说我来就代表了。

专业课有什么难的？教外语的老师把外语讲得明白；教数学的老师把计算公式搞明白；教计算机的老师把程序调整好了就可以了，而辅导员不仅要有理论水平、要有情感，更要有人格的力量。

我那时做辅导员时只管做好我自己的工作，每天乐此不疲的。我相信我的选择，我相信明天一定美好。任何劳动都是如此，首先要自己看得起自己。我在刚做辅导员的第二年到北京考察，在北京劳动人民文化宫里只看到一尊塑像，是时传祥的。时传祥是个掏粪工，他脸上总是带着微笑，他以自己辛勤的劳动换来了人的尊严和幸福。我想我们每个辅导员若对自己的工作都能有这样的劳动态度，还会有什么困难不可克服？

不如意总是难免的，不要祈求尽善尽美的劳动条件，事实上那也是不可能的。劳动创造一切。一切的一切只有通过劳动才能获得。慢慢地都会好起来。不过都好起来的时候怎能凸显你的价值？正所谓“沧海横流方显英雄本色”，奋斗的人生最有意义。

前两天看到关于林俊德的新闻报道：一位一辈子参加了45次核试验的中国将军，也是一位院士，为祖国做出了巨大贡献，却一辈子隐姓埋名坚守在罗布泊52年，从未抱怨过、从未向祖国讨价还价过。他是最有资格这样做的，但是他却偏偏不这样做。他用自己的生命书写了劳动伟大、劳动光荣之辉煌的人生。与林俊德对比一下，一切自我的东西显得是那么的渺小、那么的微不足道。

辅导员是培养“最后一公里”的人。想到这里我就替辅导员们感到光荣与自豪！待中国梦实现的时候，正好也是你们付出你们全部人生的时候，你们的人生伴随着伟大的事业而放射出灿烂的光芒。这还不足以让你激动不已吗？你还需要什么呢？你不需要别人的理解、甚至别人的同情。你就在伟大的事业当中，你就在从事着伟大的育人劳动。

亲爱的辅导员朋友们，对劳动节最好的纪念就是忘我地劳动！撸起袖子加油干吧，待到山花烂漫时，你就是那笑在丛中的人！

058

把对的事坚持做下去

2018 年 5 月 19 日，我在北京参加了由中国好人网主办的“全国第九届好人论坛”。会议的主题是“坚持好人大团结大联合，共建道德建设共同体，交流助残经验，帮扶残疾好人”。会议的规格还是比较高的，中国残疾人联合会副主席李志军先生莅临了会议并发表讲话。

大家可能对中国好人网还不太了解，这里我简单地介绍几句，想了解更多的情况可以到网上查阅一下。

中国好人网是在国家工信部正式注册的中国第一个专门宣传好人、帮助好人的民间公益网站。它创办于 2008 年 5 月 19 日汶川地震全国哀悼日，以“说好人、帮好人、做好人”为宗旨，总部在广州的华南师范大学。创立十年来，中国好人网得到了广泛的社会认同，被中央电视台、中央人民广播电台、新华社、《人民日报》、《中国日报》、《中国文明网》、《中国社会科学网》、《中国新闻网》、《南方日报》、凤凰卫视以及国外的、英国《金融时报》、美国《今日美国》、新加坡《联合早报》等 200 多家媒体报道数百次。中国好人网是由华南师范大学马克思主义学院谈方老师个人出资 20000 元发起创办的。网站创办起初大家都不以为然，特别有的人还对谈老师冷嘲热讽。

但是谈老师认为对的事就要坚持做下去。他克服了很多困难，把这个网站办得越来越大，影响力越来越广。特别是谈老师利用节假日奔走十几万公里，帮助了无数的好人，他还个人出资几十万元用于资助那些需要帮助的好人。在我看来，谈方老师就是个大好人。

我和谈方老师比较熟悉。中国好人网刚创立的时候,我还专门从沈阳飞到广州参加了第一届好人大会,并给好人基金捐款5000元。后来有一次到广州开会的时候,我还利用会议间歇时间到华南师大见过谈方老师。我们一边吃饭,一边交流。谈到中国好人网、谈到他所从事的这份事业,谈老师信心满满,充满了期待。在帮助好人这条路上谈老师已经走了整整十年。

今天在北京参加由中国好人网主办的第九届好人论坛,我有很多感触,其中一点就是一定要把对的事坚持做下去。正如鲁迅先生所说:“惟其幼小,所以希望正在这一方面。”其实,人们许多时候不是做的事情不对,而是没有把对的事坚持做下去,往往就差在“最后一公里”。

我在留校做辅导员后,有的老师很关心我,让我早点转到其他工作岗位上;我们院长就说过我做辅导员是人才浪费,他认为我能成为一名很好的专业课教师。我也认为我能教好专业课。但是我更看好的还是辅导员,我最愿意上的一门课还是“思想道德修养与法律基础”课,因为我认为,辅导员、“思想道德修养与法律基础”课离学生最近,对学生的价值观影响最大。三十七年来,我有很多机会离开教育战线、离开学生工作,我都没有离开,我坚信的一条就是:我的选择是对的,要把对的事坚持做下去。

我在会议发言中祝愿中国好人网越办越好,祝谈方老师开创的好人事业更加红红火火。我也希望社会各界更多地关心中国好人网,对好人事业给予更多的支持和帮助。我和谈老师一样,相信“中国好人网”“好人”事业的明天一定会更加美好!

中国残疾人联合会副主席李志军先生在致辞中所表达的思想也很让人敬佩。李主席在24岁正值青春最美好年华的时候,因在国防施工中发生了意外,他的双眼永远失去了光明。他曾不止一次地想到了死。而每每这时他又想到了活着的美好。他坚强地站立了起来,把“活着”这件对的事情坚持着做了下来。他的恋人很伟大,在他住院治疗的过程中,始终陪伴着他,并在他出院后,陪着他从病房走进了洞房。

以上这些都告诉了我们这样的道理:做对的事就值得做,坚持做的事就会有好的结果。如果说我今天的工作也算是有点成绩的话,不是因为我有多大的能耐,而是要感谢我把对的事坚持做了下去。

059

怎样判断你做的事是对的呢?

我曾推送了《把对的事坚持做下去》一文,有的朋友在公众号后台留言说:“怎样判断所做的事是对的呢?”由此使我想到了推送今天这篇文章的必要。依我人生的经验,我认为判断你所做的事的对错可以遵循这样三条原则:

一、你所做的事对民族、对国家是否有利,也就是是否符合社会的发展规律

社会总是要向前的,这是不以个人的意志为转移的。不同的是每个人在社会发展中所起的作用是不一样的。有的人顺社会的发展大势而动,为社会的发展起了推动作用。中国共产党人就是这样一批顺历史潮流而动的人。他们为民族的独立解放奋不顾身,他们所做的事无疑是对的。今天在习近平为核心的党中央领导下,中国社会正朝着实现中国梦的伟大目标前进。判断你的行为对错的标准,就是是否符合实现中国梦这样的大势:顺之,则是对的;逆之,则是错的。拿大学生就业来说,国家号召到祖国需要的地方去。为中华之崛起而读书,能够把个人的发展同祖国的需要紧密地结合起来,这样的选择一定是对的,坚持下去就一定会大有作为。

二、你所做事的出发点一定是正确的

这又使我想起了马克思十七岁时就说过的一句话:“一个人如果只是为自己劳动,他也许能够成为著名的学者、伟大的哲人、卓越的诗人,然而他永远不可能成为完美无瑕、真正伟大的人物。”要想做对的事,就不能把获得个人的利益放在首位。这就像有的人论才能并不低,可是为什么论作为却平平呢?

这里很重要的一个原因是自私自利的情感限制了其才能的发挥，做事总想个人能得到什么好处是不行的，做这样的事必是错的。屠呦呦能获得诺贝尔奖，那是拿个人的命做“抵押”赢得的。她仅在她自己的身上就做了无数次的实验。若是怕死的话，还会有这样的实验吗？诺贝尔奖还会落到她的头上？

三、评价你所做的事的对错标准一定不是自我的

范仲淹在《岳阳楼记》中说过这样一个观点：“不以物喜，不以己悲。”这个观点可以借用来评判你做事的对错。一般说来一定是这样：你自我认为是对的事，未必是对的，只有得到大家认可或点赞的事才是对的。我从事三十七年学生工作，为什么我能坚持下来？因为我知道我所做的事是对的。我为什么认为我做的事是对的？这不是我主观上的看法，而是实践的检验。三十七年里，真不知有多少家长给我写过信、打过电话，他们共同的心声就是感谢我对他们孩子的教育和帮助。有个学生家长说她太激动了，给我写信过程中自始至终眼含泪水，能够看出来，信纸上都有她落下泪水的痕迹。有个家长在电话里说：“老师我给您叩头了。我的孩子怎么这么幸运遇上您这样的老师。我不能得抑郁症了。”三十七年里，也真是数不清有多少学生送来他们感激的话语。有个学生给我写了一封四千多字的信，说我是他的精神导师；有个学生说：“父母创造了我的生命，您创造了我的人生。”三十七年里，我的脑海里总是翻滚着这些家长和学生的话语，我也总是在想：如果我做的是错的，家长和学生绝不会给你送上这么多发自肺腑的话语。

做对的事，就是做对民族、对国家有利的事，就是做出发点有利于他人的事。对的事不是我们个人自以为是对的事，对的事一定是能经得起时间检验的事。

060

把爱传递下去

“只要人人都献出一点爱,世界将会变成美好的人间。”这句歌词可谓妇孺皆知。而在现实社会中,这种爱也总是在生活中不断继续着。

前两天的早间新闻中有过这样一则报道:四年前,安徽的李女士通过他人捐献,获得了一颗肾脏。临终时,她又将自己的肝脏、胰腺、一对角膜捐了出去,成为我国首个从器官移植接受者变为捐献者的案例。虽然报道的文字不多,但读后让人心里暖暖的。生活告诉了我们,爱的海洋就是这样汇聚的。每个人的身上都储藏着爱,关键是要把它挖掘出来并传递下去。

我们学校图书馆附近,矗立着一块刻着“爱”字的石头。有一年冬天下大雪的时候我把它照下来发给了我的学生。

我问学生们:看了这块几乎被大雪完全覆盖的石头有何感想?我说:“你们知道老师是怎么想的吗?”老师想的是:“无论环境多恶劣,爱无处不在。爱,是掩埋不住的。”看看真是“天公”作美,整个一块石头偏偏“爱”字露了出来。

作为一名思想政治教育工作者,我努力做到把学生放在心上,让学生无时无刻不感受到我对他们的爱。在我出差的时候,我都会给学生买些礼物。一次我到香港地区考察。要结束的时候,我到一个商场给每个学生买了一大块巧克力。售货员用好奇的眼光打量着我,她很纳闷:“这个人为什么买这么多的巧克力呢?”因为看上去路途不是太远,我就没有舍得打车。我背着一大袋子巧克力步履维艰地朝我住的酒店走去。我让我的同事把我背着袋子往山坡上吃力行走的样子照了下来。回到酒店我把这张照片用微信发给了我的学生们。我跟学生们说：

“小伙伴们，知道老师为什么把这张照片发给你们吗？老师不是作秀。老师正厅级都不要了，会再弄个科级？老师要告诉你们的是：你们始终在老师的心上。心就那么大，腾出点地方装一装别人吧。千万别太自私了，一定做个有爱心的人。”

有个学生说：

“做您的学生真的觉得好暖好幸福啊！真的不知道该如何报答您对我们的爱。真的好幸运能遇到您这么好的老师。我希望我以后也可以做一个像您一样温暖的人。”

还有个学生说：

“曲导每次出远门都想着我们，看您背着袋子上坡的照片，真的很感动。曲导辛苦了！”

教育就是一种爱。习近平同志在北京师范大学与师生座谈时指出，做好老师，要有仁爱之心。教育是一门‘仁而爱人’的事业，爱是教育的灵魂，没有爱就没有教育。好老师应该是仁师，没有爱心的人不可能成为好老师。

教师对学生的爱，是人世间最美好的情感。汇聚我们的爱吧！再把这些爱传递下去，用我们的爱“滋润、浇开学生美丽的心灵之花”，当爱的花朵在学生的心灵深处盛开的时候，我们的生活一定会比蜜还甜，我们的社会一定会变成更加美好的人间。

061

辅导员队伍建设要有法治思维

我有很多机会同高校辅导员交流。谈起这些年高校辅导员队伍建设，大家总的感觉是辅导员队伍建设得到了加强，仅从数量上看，今天的辅导员队伍与十几年前比就有了明显的增长。但是实事求是地看，辅导员队伍建设仍存在着不少问题，发展很不平衡。有的高校辅导员与学生的比例过高，达到一比五六百；有的高校仍不给辅导员评职称；有的高校辅导员评职称仍没有实行“三单”。总之，有的高校仍没有按照国家有关辅导员队伍建设的规定去做。显然这样下去是建设不起一支职业化、专业化、专家化的辅导员队伍的。

关于辅导员队伍建设我此前说了很多，在我公开发表的学术论文中有相当的篇幅都与辅导员队伍建设有关；自我去年开通公众号以来，加强辅导员队伍建设也是我谈论的重点话题；我还主持完成过一个国家社科基金项目，课题的名称就是“建构辅导员工作长效机制研究”，这里对辅导员队伍建设做了全面的阐述。我本来已无意再写这方面的文章，我也说过这个意思。可是作为一名老辅导员，看着眼前存在的这些从中央“16 号文件”颁布以来就在着手解决的本不应成为问题的问题，我真是打心眼里着急。辅导员队伍建设不解决好，加强和改进大学生思想政治教育工作怎样落实？培养德智体美全面发展的社会主义建设者和接班人这个根本任务怎样完成？不说真是憋得慌。

仅从这十几年来看，2004 年，国家颁布了“16 号文件”；2005 年年初，中共中央、国务院下发了《进一步加强和改进大学生思想政治教育工作的实施意见》；2006 年，教育部颁布了《普通高等学校辅导员队伍建设规定》；2016 年

"全国高校思想政治工作会议"召开,接着中共中央、国务院印发了《关于加强和改进新形势下高校思想政治工作的意见》(中发〔2016〕31号);2017年8月31日,经教育部2017年第三十二次部长办公会议修订,《普通高等学校辅导员队伍建设规定》(教育部"第43号令")通过,自2017年10月1日起施行。

在上述这些重要文件中对加强辅导员队伍建设都做了明确的规定,可是为什么一些高校辅导员队伍建设与国家的要求会有这么大的差距?原因固然很多,其中一个重要的原因就是我们一些同志缺乏法治思维,没有依照法律法规办事。

其实上面所提到的这些文件,从广义法的角度看,都具有法律法规的性质,尤其是教育部"第43号部长令",这本身就是学校办学的法规性文件,高校就应当不折不扣地执行,没有什么可讨论的,因为这不是什么学术问题。党的十八大以来,举国上下都在积极贯彻落实全面依法治国方略。

大学作为思想文化的园地,更应当成为依法治校的典范。学校的决策者们没有理由不遵守国家的法律法规,不能把依法办学只当成口号喊在嘴上、写在文件上,一定要牢固地树立起法治思维。何为法治思维?检验是否有法治思维的一个重要标准就是坚决依照法律法规来办事。国家要求按照1∶200的师生比配备辅导员,学校决策者抓紧研究怎么配齐就完事了,不能到了这时还研究起有没有必要配备的问题;国家要求给辅导员评职称,学校决策者抓紧制定具体的条件就是了,不能到了这里又研究起能不能评职称的问题。

现在学生中动不动就出这样或那样的问题,不是为辅导员开脱,客观上来看,一些辅导员带了那么多的学生,还要干那么多本不属于他们的杂活,他们确实忙不过来。学校不能出了问题就责怪辅导员。但从辅导员队伍建设来看,首先把人员配齐,再解决好他们的发展问题,学生中的问题就一定会减少。

辅导员队伍建设要回归常识

对于常识,百度里有这样的解释:常识即普通知识,即一个生活在社会中的心智健全的成年人所应该具备的基本知识,包括生存技能(生活自理能力)、基本劳作技能、基础的自然科学以及人文社会科学知识等。常识,一般是指从事各项工作以及进行学术研究所需具备的相关领域内的基础知识。

为什么说辅导员队伍建设要回归常识呢?这是因为在现实的辅导员队伍建设中一些高校决策者们确实违背了常识。辅导员队伍建设由来已久,这是常识,这里就不再赘述了,不然就像不懂常识似的。辅导员的职业身份是什么?这个常识还是经过了较长的时间才得来的,在此有必要简单地说一下。

在辅导员队伍建设的初期,大家对辅导员的身份界定就是政工干部,即做党的思想政治工作的。因此辅导员队伍主要是按照党务干部队伍来建设的。那时辅导员的工作界域也是清晰的,辅导员的职业要求就是做好学生的思想政治工作,至于学生事务方面的事情辅导员涉猎得并不多。

改革开放后,高等教育迅速由精英教育向大众教育转化,高校的学生事务多了起来,这时的辅导员工作界域发生了变化。虽然文件上没有规定辅导员是行政干部,客观上辅导员基本上归属到学校的行政管理干部当中,这时学生的“吃、喝、拉、撒、睡”成了辅导员工作的主业。在很多人看来,辅导员就是管理者,这支队伍就是做学生事务管理的。“保姆”“消防员”“保育员”怎么出现的?就是这么出现的。20 世纪 80 年代后期,在谈到思想政治工作的时候,邓小平同志讲,“我们最大的失误是思想政治教育的失误”,由此唤醒了人们对辅导员这支队伍在高校里身份的再定位。再后来，又由于我们急于把经济搞上去，由于我们偏重学校的规模建设，辅导员的定位总是没有得到很好的解决。经过了将近二十年的争论，辅导员的职业身份得到了法律上的确认：2006年5月20日经教育部部长办公会议讨论通过。

自2006年9月1日起施行的《普通高等学校辅导员队伍建设规定》发布，在此明确提出"高等学校要坚持把立德树人作为中心环节，把辅导员队伍建设作为教师队伍和管理队伍建设的重要内容，整体规划、统筹安排"；2017年8月31日经教育部2017年第三十二次部长办公会议修订通过后的《普通高等学校辅导员队伍建设规定》公布，在这部带有法规性质的文件中，再次强调"高等学校要坚持把立德树人作为中心环节，把辅导员队伍建设作为教师队伍和管理队伍建设的重要内容，整体规划、统筹安排，不断提高队伍的专业水平和职业能力，保证辅导员工作有条件、干事有平台、待遇有保障、发展有空间"。

我们说辅导员队伍建设要回归常识，指的就是辅导员是高等教育不可或缺的一部分教师这个常识。这就像你叫什么名字，别人怎么说都没有用，看看户口本上怎样写的就清楚了。

辅导员是教师，这是常识。毫无疑问，建设辅导员队伍不能违背常识。可是令人遗憾的是，我们有些决策者的思维还没有从过去本来就对辅导员的职业身份抱有的错误认识中转变过来，仍把辅导员仅仅当成了学生事务管理者，更有甚者，凡是学校里和学生有关的事都成了辅导员的事。话说回来了，学校里哪有和学生不相关的事呢？学校不正是因为有学生才被称为学校的吗？

有的学校把就业率、外语过级率、考研率（简称"三率"）作为考核辅导员工作的主要指标，这怎么能够看出辅导员的职业身份是教师呢？这和人生导师的教学要求是不是相差得太远了？其实从本质上看，上面提到的"三率"都是技能性的指标，即便考核的话也应纳入教学工作考核范畴，把"三率"作为考核辅导员教师教学任务完成得怎样的标准，就是违背常识。

辅导员队伍建设要回归常识。这就要把辅导员当成教师队伍来建设，这是建设好辅导员教师队伍的根本。是教师，就要明确教学任务，就要明确学科依托，就要划清教学界域，就要尊重辅导员教师成长规律。可见，只要有关决策者们回归到了"辅导员是教师"这个常识，辅导员队伍建设中的许多问题就迎刃而解了。

063

常想不如你的人

在我国传统文化中，关于知足的词语很多，像“故知足不辱，知止不殆，可以长久”“祸莫大于不知足，咎莫大于欲得，故知足之足，常足矣”“知足常乐”“人心不足蛇吞象”等都属于这一类。英国文艺复兴时期的剧作家、诗人莎士比亚对于知足说过这样的名句：“当我们胆敢作恶，来满足卑下的希冀，我们就迷失了本性，不再是我们自己。”

遗憾的是我们有些后人只是把它们当知识学学、当故事听听而已，并没有把这些词语作为人生的启迪和借鉴。在现实生活中，一些人总是不满足，总感到自己这也不顺心，那也不如意，除了抱怨外不会做什么了。更有的人大肆贪污，金钱堆积如山，把自己送进了监狱。

人生还是要知足，一定常想那些不如你的人。我想起我上大学的时候，在《贵州青年》杂志上看过的一篇文章。文中说，有个大学生对学校的办学条件不满意，嫌学校吃的、住的不好。针对这个学生的不满牢骚，作者说：“你有什么不满意的？你能有机会读大学就知足吧。中国不光你有才学，我们也有才学，只是没有赶上你们这么好的机会。”这个作者说的是对的。我们考虑问题一定要全面些。

我在辞去厅级领导职务回到学校做辅导员的时候，省委组织部的一个领导关心地对我说：“你没有了厅级待遇，将来看病怎么办？”我觉得这不是问题，我很知足。

要知足，就不要攀比，不要贪得无厌。要知道，当你因没有住上豪宅而烦恼的时候，想一想又有多少人还没有买上商品房；当你因没有买上名车而闹心的时候，想一想又有多少人还在骑自行车；当你因只能骑自行车而沮丧的时候，再想一想又有多少躺在病床上的人渴望能在微风中、夕阳下自如地行走在马路上。我弟弟就常跟我发牢骚，我说有什么可发牢骚的，生在大连就是幸福；我也跟学生们讲，看看伊拉克、也门、叙利亚，生在中国就是幸福。

辅导员培训的时候，我对辅导员们说，“双重晋级”对他们来说就是锦上添花的事。为了学生，辅导员就应当尽量地少想自己的利益，多想学生的利益。当然大学生们也没有什么可牢骚的。你们懂的，即便现在我国的高等教育毛入学率已经达到了大众化的水平，仍有多少适龄青年圆不上大学梦？你们想的就应当是珍惜光阴，克服困难，好好培养自己。我孩子参加工作的时候，我让他记住的一句话也是“向上努力，常想那些不如你的人”。

谁都有不如意，谁都不容易。不要放大自己的痛楚，这会放慢你前行的脚步。不要抱怨了，把抱怨的时间用来追赶在你前面的人。

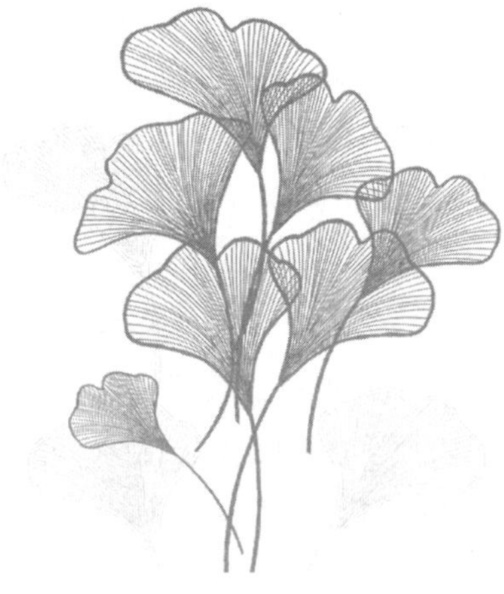

064

“优出”还是“优留”？

“优出”还是“优留”？这是一个本不应成为问题的问题，可是现实中却偏偏把它弄成了一个问题。

说它是个不应成为问题的问题，是因为那么多的行业、部门，有哪个行业、部门不是把能胜任工作的人留下，把不胜任工作的人“送走”，“优胜劣汰”说的不就是这个意思吗？

说它是现实中存在的一个问题，说的是当前辅导员教师队伍建设中恰恰就存在着这样的问题，一些高校在辅导员教师队伍建设的文件中明确规定“优出”，什么意思？就是干得好、优秀的辅导员教师就可以离开辅导员教师队伍，转到机关某部门，有的也可转到其他教学岗位；干得不好、不优秀的，那就对不起了，只能在辅导员教师队伍中待着，也就意味着“剩”在了那里。

辅导员教师队伍建设一定要注意和解决好“优留”的问题。应当说，像上面提到的有的高校，对于干得优秀的辅导员教师，都为他们提供了离开辅导员教师队伍的机会，或让他们转到其他教学岗位，出发点还是好的。

他们也确实有着解决辅导员教师发展瓶颈的考虑，但是这么个解决办法真的是好事吗？对此，我是不敢认同的。我认为“优出”的办法对谁都不是好事。首先对“优出”这些人不是好事。既然他们是优秀的，学校就应当按照教师身份给他们评教师职称，这对他们是最好的承认。不然的话，他们在辅导员教师工作岗位上已经工作了好多年，因为工作优秀被安排到机关工作，这样即便给这些人解决了科级、副处级职务，又能怎样？他们中会有几个人当上处长？即便当上了处长又能怎样？退休的时候一个处级干部和教授相比，工资级别上是有很大差别的。

有的学校领导说“优出”是辅导员教师们自愿选择的。这怎么能归结到辅导员教师身上呢？学校就这么一个“优出”导向，他们不这么选择又能怎么选择？若是给他们评职称你看看会是什么样？情况一定会大有不同，辅导员教师队伍就一定会出现“优留”的局面。“给他们评啊！”有的学校也着实制定了给辅导员教师评职称的文件，可是谁评上了呢？往往在一线任辅导员教师的难评上，有“优势”的是曾做过辅导员教师后来“优出”到机关里当了领导的人，这岂不更助推了“优出”？

所以从表面上看，一些辅导员教师“心甘情愿”地“优出”；但从深层上看，他们也是不得已而为之，职称是重要的指挥棒，指向哪里，辅导员教师就会奔向哪里。许多辅导员教师在内心深处并不愿意离开辅导员教师岗位，从某种程度来看，正是所谓“优出”的制度造成了辅导员教师不安心工作在自己的岗位。如果学校制定这样的政策：只给一线辅导员教师评职称，看看会是什么情况？那不用怀疑，结果就会反过来，不仅那些从辅导员教师“优出”到机关的同志，就连没有辅导员教师经历的机关干部也会主动应聘到辅导员教师队伍中来。从2008年起，辽宁就制定出台了辅导员教师职称评审实行“三单”的文件，目前已经有七八百名辅导员教师评上了副教授、教授职称。每到新的聘期的时候，不只是机关干部，其他专业教师竞聘辅导员教师工作岗位早已司空见惯了。

因此，对辅导员队伍建设的真正重视和关心，就是承认他们的教师身份，按照学科特点给他们评职称，这才是解决辅导员教师发展的根本路径，才能称得上是真正为辅导员教师做了好事。

这种“优出”对学校来说也不能称为好事。如今都什么时代了，其他专业教师队伍都要求博士学历，唯独辅导员教师目前还是硕士学历起点。设想一下：如果学校机关按照现在这样一种“优出”的办法用人，过不了多少年，机关干部岂不都是辅导员教师出身？这样行不行？大学是有“学术权力”和“行政权力”的差别的。

应当承认的是，辅导员教师管理大学的优势是熟悉学生、行政能力强，但是从总体看，辅导员教师学术能力弱，这样“行政权力”和“学术权力”怎样协调统一？试想一下，长此以往，一批硕士出身的辅导员教师靠着“行政权力”

管理一批博士出身的从事学术的人，这能管理出什么水平？后者又能“服管”吗？果真这样，这个学校又会是什么样子？所以这种“优出”的做法一定要慎重，不能顾此失彼、只看眼前，不能只想机关的需要。

我们的目标是要建设一支职业化、专业化、专家化的辅导员教师队伍。应当说有相当一部分辅导员教师还是热爱自己的工作的，也有长期从事辅导员工作的准备。但是“优出”制度的制定很伤他们的心，让他们左右为难。“优出”吧，这不是他们的追求；留下吧，又担心被看成被淘汰的。这种状况应当改变。辅导员教师是有学科属性的，也有学术范畴，不是谁都能做的，培养一名优秀的辅导员教师是需要一定过程的，不比其他学科培养一名学术带头人容易，他们不仅要有学术积淀，更要有人格魅力，像现在这样割韭菜，怎么能建设好职业化、专业化、专家化的辅导员教师队伍呢？

我的观点很明确：辅导员教师队伍建设一定要建立“优留”的制度，要让那些优秀的辅导员教师在职业化、专业化、专家化的道路上阔步向前，扎根在培养学生的一线。至于机关怎样聘人，我也有我的一点看法，只不过这不是本人的研究范畴，在此就不做陈述了。

065

让学生带走有价值的东西

一年一度的毕业季进入了尾声。我代表我们学校的教师在毕业典礼上讲了话。依我的性格,我真不愿意在这样的场合讲话。

讲什么？都是祝贺？显然我不能这样讲,我还要对有的学生提出批评。

四年的大学都干什么了？就这个样子毕业了,对得起谁?

我也张不开那个口让学生感谢我们所有的老师,我们有个别的老师做得并不好。

毕业典礼上当我讲到这个地方的时候,我一个六十一岁的人,给学生们深深地鞠了一躬,我自己可从来没对学生做错过什么啊！学生们给了我雷鸣般的掌声。

没做调查,不知道我是不是有大学毕业典礼以来,在代表教师讲话时第一个替做得不好的教师向学生鞠躬致歉的人？我的讲话没有华丽的辞藻、没有刻意的修饰,讲的都是大白话、大实话,学生们给了我无数次的掌声。

有个学生在我的公众号中留言说:

尊敬的曲老师,您好!

我是今天参加毕业典礼的一员,外国语学院的毕业生。感谢老师的谆谆教导,听着老师每一句真挚的祝福和教诲,我不自觉地泪流满面,能够感受到老师的每字每句,都是对我们未来的期望,生怕漏掉哪一部分,真的很感激。从未听过老师的课程,今天看来可能是一个遗憾。听君一席话,胜读十年书!我明后天就离校了,到大连一家外企工作,以后有机会一定要回学校蹭您的课。

祝福老师身体健康，一切顺利！

×××

2018.6.30

也有的粉丝让我把在毕业典礼上的讲话推送给他们分享。在此，为满足粉丝的要求，我把在大连海事大学二〇一八届学生毕业典礼上的讲话推送给大家。

附文：

亲爱的大学生朋友们，也是可爱的孩子们，你们好！

当学校通知让我代表全校教师在今天这样一个隆重、热烈、庄严、神圣的毕业典礼上给你们讲话的时候，我的第一反应是："这样一个重要的时刻我能讲好吗？"

这些天我一直在琢磨着我讲点什么，虽然就一千多字，可是没少费神，真如同让我写一篇洋洋万言的学术论文一般！因为，这一千多字不仅要对你们过去的四年进行圈点，更为重要的是这一千多字要能为你们未来的前行带上有价值的东西，实乃诚惶诚恐也。不过我向你们保证：我所说的每一句话未必都是对的，但是我所说的每一句话都是含有真情的。你们长大了，你们有了判断和选择的能力，在你们即将离开这里的时候，希望你们能挑选几句有用的带上。

首先我要圈点你们过去的四年。因为它已属于过去，我不想占用我有限的篇幅。还记得你们四年前来到大连海事大学的样子吗？那时你们还只是一个个急于打探世界的孩子，你们对大学的生活充满了渴望、充满了期待。校园的小路、教室、图书馆、操场、食堂……留下了你们匆忙的身影。四年，只是短短的四年，你们像一只只海燕，长硬了你们的翅膀，飞向了属于你们的大海！此时我代表全校老师祝贺你们，祝贺你们经过四年的苦读，圆满地完成了你们的学业，获得了你们人生前行路上必备的一个十分重要的证书！同时老师要提示你们，没有人会独自成功。

你们不能只记得了自己的努力，忘记了老师们的付出，他们是指引你们前行方向、增添你们前行力量、值得你们用一生来尊敬和感谢的人。诚然也有个别的老师做得还不是太好，也希望你们能够谅解，多记他们的好。他们一定会改掉不足，把你们的学弟、学妹培养好。这里我也代表他们向你们鞠躬致歉了。

大学要为你们的一生负责。作为你们的老师，源于我内心的良知和情感也在呼唤我，不能只对你们的四年唱赞歌，我必须认真地提醒你们：当你们拿到毕业证的时候，不仅要看毕业证的大小，还要称一称毕业证的含金量。为此，我要对有的同学提出批评。知道你飞翔的翅膀为什么还不是那么坚硬吗？那是因为你把本应用来锻造翅膀的时间用来刷“抖音”了！我必须明白无误地告诉你们：没有剩余时间，就创造不出剩余价值，诸如刷“抖音”等肆意挥霍时间这样的坏毛病在你们即将离开校园的时候必须把它坚决地摈弃掉！

在你们即将离开母校、开启新的征程的时候，作为一名老师，我还特别想跟你们表达这样几点：

1. 希望你们成为一名热爱祖国的人

大学就是爱国的产物。习近平总书记指出，爱国是第一位的。

你们要牢记习总书记的教诲，把祖国放在心中。祖国不强大，你们什么也不是。你们的学长，我带的一个被保送到哈尔滨工业大学攻读飞机发动机专业名叫××的学生，整个寒假都没有回家，年三十都是在实验室度过的。他说在未来中国航发的创造史上一定要留下他的名字。你们要向他学习。

2. 希望你们成为一名感恩父母的人

因为我是全国“时代楷模”的缘故吧，一些家长给我打电话，他们真是替你们着急啊。有的家长恨不能来看着你们学习、替你们读书。他们不是为了自己着想，他们都是为了你们好。你们没有理由不为你们的父母着想。没有他们哪有你们？记住：孝敬不能等待。你们还年轻，你们还有时间等，你们的父母越来越老了，他们不能等。不能读了这么多书，反而离父母却远了，这根本就不像接受过“大文化”教育的人。把爱送给爱你们的人，父母就是天底下最爱你们的人！

3. 希望你们成为一名家庭幸福的人

家庭的幸福与恋爱的情感基础有关，更与经营婚姻的水平有关。很快你们就要成家了，一定珍惜在你生命最需要幸福的时候来到你身边的这个人。“大家”是由小家组成的，要顾及“大家”，也不要忽略了小家，要把两者很好地协调统一起来。接着你们就要有自己的孩子了。家庭是孩子的第一学校，父母是孩子的第一任老师。你什么样，你的孩子就会什么样。孩子的幸福需要你们的付出，孩子的幸福也是你家庭幸福不可或缺的部分。

4. 希望你们成为一名勤奋踏实的人

社会是不会埋没你们的。不要工作没干多少，便咋咋呼呼，整天讨价还价，像谁欠你似的。记住，哪里都不会喜欢斤斤计较的人。就剩"最后一公里"了，甩开膀子加油干吧，国家好了，大家就都好了。

5. 希望你们成为一名心中有他人的人

心就那么大，腾出点地方装一装别人吧。只有心中有他人，他人才能真心地容纳你。切记：社会不是为你量身定制的，自私自利的人必然被淘汰出局。

说了这么多，真不知你们记住了多少。你们总不能连你们是从哪里飞起的都忘了吧？老师就像你们的父母，你们离开得越久、离开得越远，越期盼着你们回家看看。老师会想你们的，也会每天在我的公众号——"仍然在路上"喊你们的。带上你们的成功、带上你们的幸福回来吧！老师会在这里等你们的，老师会等你们直等到连端一杯水的气力都没有！

亲爱的大学生们，也是可爱的孩子们！我们毕业不说再见！无论你们在哪里，你们都在老师的心里。

老师衷心地祝福你们一切都是那么的美好！那么的令人渴望！那么的地久天长！

066

辅导员教师的教学模式是什么样的?

我经常愿意用辅导员教师这个概念,虽然有点多此一举,辅导员不就是教师吗?可是你即便这样叫了,还有许多人不认为辅导员就是教师,如果不这样叫,会更不利于强化“辅导员是教师”这个概念。不管你怎样认识,辅导员是教师已经是不争的事实。

如今“辅导员是教师”明确地写在教育部下发的多个文件里,白纸黑字,清清楚楚,无须赘述。这里要指出的是,既然辅导员是教师,那么辅导员教师的教学模式应当是什么样的?显然在这个问题上无论从理论层面来看还是从实践层面来看,都存在不一致的地方,目前还没有一个清晰的答案。应当说单从中央“16号文件”颁布算起,关于辅导员教师的提法就已经有十五年了,辅导员教师的教学模式处在现在这样一个水平着实不应该。我认为,辅导员既然是教师,就应当有教师的特点,就应当有区别于其他教师教学的独自教学模式。

辅导员教师的教学模式是个很庞大的问题,这里只是简单地做一提示,为的是引起大家的进一步思考和注意。首先是理论教学方面的,课堂教学是主渠道。辅导员教师应当通过课堂教学来体现自身的教师特点,如我就给学生们讲授过“大学、大学生、人生”“出身于什么样的家庭是无法选择的,人生的价值是可以创造的”“大学生要理性爱国”“怎样看待中国共产党的领导”“处理好情感问题”“培养团队精神”“为实现中国梦而刻苦读书”“树立正确的择业观”等专题。就是说辅导员教师要尊重学生的成长规律,从培养德智体美劳全面发展的社会主义建设者和接班人的教学目标出发,开设专题讲座,以给学生价值的引领。每个年级讲什么、想解决什么思想问题、达到怎样的教学要求,要有教学设计。

现在有的辅导员教师给学生上思政课,这恐怕是“短期”行为,难以长久。这种状况的出现也是辅导员工作的界域不清造成的。辅导员教师自身的教学、管理任务就很重了,怎么还有精力上思政课呢?如果思政课教师不缺编的话,怎么能有辅导员教师的课上呢?这种情况的出现主要是“愿打愿挨”造成的。一边“缺编”需要教师,一边为了评职称需要课时。

我们现在的教学还没有达到完全学分制的程度,到那时围绕人文教育(思想政治教育是人文教育的核心)需要开设很多课程,辅导员教师的作用就会更加凸显出来。应当着眼于长远,依据辅导员教师的学科特点、教学要求,从顶层设计上尽早规划、编写统一的适于辅导员教师使用的教材,这是共性的一面;也要考虑不同类型院校,如民族院校、艺术院校、体育院校、医学院校、师范院校等,编写符合完成思想政治教育目标任务的教材,这是个性的一面。

辅导员教师教学的一个明显特点就是实践性。辅导员教师的教学任务不可能只通过课堂来实现,一定要通过大量的实践教学来实现。辅导员教师的实践教学十分丰富,比如怎样迎新、怎样建设学生组织、怎样组织社会实践、社团怎样建设、班会怎样开、寝室文化如何建设等,这里都要贯穿一条主线,就是要对学生进行价值引领,要与辅导员教师所要完成的教学目标相一致。

实践教学存在着整体设计的问题。对于不同的年级有哪些不同?要完成怎样的实践教学任务?日常搞什么活动,假期搞什么活动,节日搞什么活动?都要符合教学要求和学生成长成才的实际。现在的问题是辅导员教师的实践教学色彩纷呈,恐怕是有艺术特长的辅导员教师,开展的艺术类实践活动多些;有体育特长的辅导员教师,开展的体育类实践活动多些。即没有整体的设计、没有教学意识,除了一些学校统一的要求外,基本上就是辅导员教师各显其能。

辅导员教师要做一些管理工作,但是这些管理工作一定是为教学目标所要完成的任务服务的,能够起到人生引领的作用,单纯的管理属于学生事务,这不是辅导员教师的本质内涵。比如学生宿舍管理,辅导员教师要考虑的是宿舍文化建设这样的实践活动对大学生角色确立和养成的教学价值,这里需要辅导员教师自身要有问题意识。

辅导员教师教学模式还有一个重要的环节就是和学生谈话。这不是辅导员教师想不想谈、谈多少的问题,这是对辅导员教师的硬性要求。如辅导员教师怎么和普通学生或党员学生群体谈话?和家庭生活困难学生群体怎样谈?和女生群体怎样谈?和来自富裕家庭学生群体怎样谈?和学习好的怎样谈?和学习不好的怎样谈?乃至于和长得漂亮的学生怎样谈?和长得不漂亮的学生怎样谈?等等。此外,什么时候谈?过生日谈、获得了表彰后谈,还是每学期开学时谈?在寝室、教室谈,还是在办公室谈?这些都要遵从教学规律的要求,不能随心所欲,不能想谈什么就谈什么,想什么时候谈就什么时候谈,想怎么谈就怎么谈,想不谈就不谈。

辅导员教师教学模式包不包含家访?我认为这是必需的。思想政治教育课程的最佳效果一定由合力形成。家庭教育就是重要的教育力量,要充分利用好。尤其是随着高等教育普及化时代的到来,在校大学生家长有高等教育背景的会越来越多,这些家长对孩子的大学生活都会做些指导,特别是对孩子一些问题产生的原因他们都很清楚,因此辅导员教师加强和学生家长的联系,对学生的引导会起到积极的作用。当然,家访不光指到学生家里去,家访有多种形式,也可以是电话访问,尤其在自媒体时代,先进的科技条件为辅导员搭设了很好的平台。这里关键在于一个辅导员教师怎样利用家访这种教学模式了。

067

不能忽视自我教育

这些年为加强和改进大学生思想政治教育，从国家层面、省级层面，到学校层面都在不断加强辅导员队伍建设。

这其中一个重要举措就是举办辅导员培训班。通过培训，提高了辅导员对自身工作的认同，培养了他们从事辅导员工作的能力，坚定了他们在辅导员职业化、专业化、专家化道路上走下去的信心。

与此同时，有的辅导员养成了一种“依赖”习惯，把参加辅导员培训当成了提高自身职业素养的唯一途径。显然这种认识是不可取的。

教育过程是主客观相统一的过程，外界教育环境再好，主观不努力，那也达不到好的教育效果。反过来看，虽然外界教育环境并不如意，但是主观能动性发挥得好，也会取得较好的教育效果。从这个意义上讲，教育过程就是受教育者适应和改变教育环境的过程，心在哪，教育就在哪。有条件，要把条件充分利用好；没有条件，也要创造教育条件。所谓创造条件，这里指的是一定不能忽视了自我教育。

我于 1982 年毕业后做了一名辅导员，大家可以想象，那时辅导员队伍建设会是什么样的情况，哪有什么各级层面的培训，更没有什么集体参观考察。

但是我想，辅导员要有眼界，要比学生看得远、看得深、看得透，这就需要走出去。那时真的没有现在这样的条件，就这样，我利用假期自费去了很多地方。

我在中国历史博物馆看到了绞死革命家李大钊的绞刑架。站在绞刑架前，我的脑海里闪现出一个共产党人宁死不屈、大义凛然的身影。我作为一名共产党员，就要学习李大钊这种为共产主义事业奋不顾身的精神品格。我参观了圆明园。站在断壁残垣前，我的脑海里闪现的是我们中华民族曾经的辉煌、近代的落伍，增强的是我的责任和使命。我还参观过鸦片战争博物馆。林则徐身上那种“苟利国家生死以，岂因祸福避趋之”的爱国精神都对我产生了深刻的影响。

应当说这种自我教育，为我坚定地从事大学生思想政治教育工作奠定了很好的思想基础。后来我还两次拜谒李大钊烈士的墓地，给他敬献花束。我在心里默默地说：“先辈，我来看您了，我一定继承您的遗志。”

我之所以能坚决地辞去厅级领导职务回到学校做一名辅导员、上思想政治理论课，是因为这种自我教育奠定的思想基础始终在影响着我。我们真是没有资格向党和人民讨价还价，若是讲个人利益真是应当感到脸红。

1983 年暑期，我还自费到华东师范大学学习了“青年学”课程。为期一个月的学习没少“遭罪”。我从大连这样一个夏季凉爽的城市突然来到了闷热的南方城市，感觉就像待在桑拿房里。夜里根本睡不着，总起夜到水房用自来水把浑身冲个透。虽然吃了苦，却丰富了我教育培养青年学生的理论，这为我做好辅导员工作打下了很好的理论基础。记得当时我们历史系每年暑期还担负着批改高考历史卷的任务，参加批卷会得到一笔可观的收入。我们系主任对我很好，他劝我别外出了，若是外出的话，里外都是不小的损失。但是我还是坚持要利用假期外出学习考察。假期的时候，我还结合家访考察各地的历史文化。

在辽沈战役纪念馆，我更加懂得了毛泽东同志所强调的“人民群众是真正的英雄”的道理。辽沈战役的胜利固然有军事指挥正确的原因，但说到底，关键在于人民群众的拥护。所以，我们无论什么时候也不能离开人民。不离开人民，对一名辅导员来说，就是要把学生放在心上。

我参观过习近平总书记下乡的梁家河青年点两次。这两次都不是集体组织的。我也下过乡，站在窑洞前，我能想象到习总书记当年克服了多少常人无法克服的困难。习总书记能够有今天这样伟大的政治抱负，那是因为他始终和人民在一起，和人民心连心。

现在的条件多好啊！辅导员要增强自我教育的意识，这很重要。这也是是否重视学习的一个表现。一个善于自我教育的辅导员，才能更好地把握自己，才能更好地做好自己的工作，也才会有更好的发展前景。钱，是个问题，又不能成为根本问题。有的辅导员说学校不给买书。学校越是不给买，你越是要买啊！

有的辅导员说学校不组织外出考察。学校越不组织，你越要自己想办法外出考察啊！要能省一点就多省一点，能看一个地方就多看一个地方，能多买一本书就多买一本书。想到学生的需要、想到发展的需要，钱，恐怕就不是问题了。

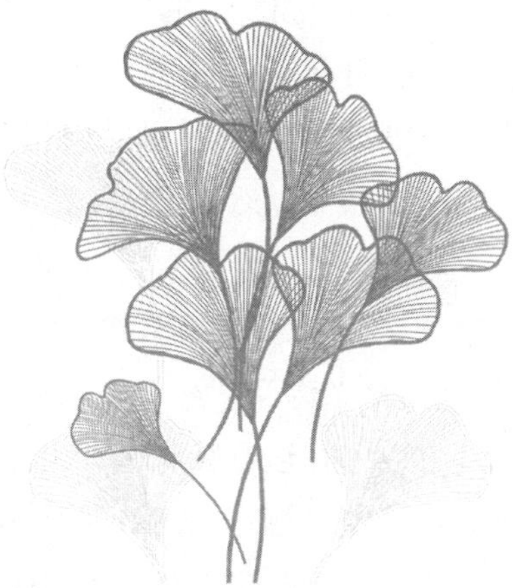

068

学习一定不能停止

习近平总书记要求我们一定要加强学习，把学习当成人生的追求。

学习如同流淌在人体中的血液，一直不能断流。一个不愿学习的人是干不好自己的工作的。辅导员是大学生的人生导师，更要注重自己的学习，自己若是浑浑噩噩，怎么能给学生指明前行的路呢？

有的辅导员说现在学生和他们有代沟。即便有代沟，也不是学生挖的，谁能找到哪个学生扛着镐头来学校了，然后挖了条和辅导员不可逾越的“鸿沟”？

事实上有的辅导员和学生之间确实有条“沟”，这是一条阻断学生与辅导员交往的“沟”。为什么会有这条“沟”呢？有个重要的原因就是有的辅导员不愿学习，理论水平不够，不能及时地回答清楚学生们的问题，这就使学生疏远了辅导员。在学生看来，跟辅导员聊什么呢，那不纯是浪费时间吗？所以，一些学生不愿意和辅导员交流。责怪学生是没有用的，问题恰恰出在辅导员自身。

如何填“沟”？我真没遇到过和我有代沟的学生。尽管我很忙，但是我每学期开学都要和学生逐一谈话，了解他们的思想，为他们解疑释惑。不仅是我带的学生，我们学校其他学院的学生也经常约我，向我询问对一些问题的看法，征求我的建议。若是能和我谈上话，他们会高兴地发微信朋友圈，说今天曲老师和我谈话了。

还有我的微信、公众号里，有许多学生问这问那的，我只能根据轻重缓急有选择地做些回答,实在无法及时地每条都给予回复,我也很感谢这些学生们的理解。

我被评上全国“时代楷模”后,一些新闻媒体到学校采访我。有一次有个记者问我对理论学习的看法。我想起了我在大学学习的情景。我是学政治教育专业的,那时我就想,一定把马克思主义理论学好,这是我人生的本钱。记得早上在操场跑完步后,我会经常在那里诵读马克思主义经典作家的著作,像《共产党宣言》的一些章节我都能背诵下来。《马克思恩格斯选集》《列宁选集》《毛泽东选集》,从中拿出一篇文章我都能说出这篇文章在哪一卷里,是在上半卷还是在下半卷,每篇文章的写作背景、主题思想是什么我都清清楚楚。

自大学毕业做了辅导员后,我更加感到学习的重要。从参加工作到现在,我从不舍得睡午觉。习近平总书记的系列讲话我都认真地读过。虽然我的马克思主义理论学得还不是太好,但是它基本保证了我工作的需要。学习是我存在的一种方式,学习和我不能分离。

现在有的辅导员总是以忙为由忽视学习。这个我能理解,但是不能原谅。你有一万个理由放松学习,也有一万个理由如饥似渴地学习。这里的关键是要有责任心,要有追求。想到学生需要你的引领,作为辅导员,你就应当把学习当成第一要务、当成人生存在的方式。不然把学生引领错了,那是件多么可怕的事情啊!

有一次我到上海开会。会后我要参观大学。有两个辅导员想陪我一起去。我怕她们体力跟不上我,就说算了吧,她们说没有事。我们从上午十点到下午四点看了六七所大学,结果她俩一点都不示弱。我说你们可以啊。其中有个辅导员说:“其实我们星期天逛商场的时候比这走得还要远。”我笑了。

我想起了我妻子星期天逛商场就像她们说的那样,一早上出去了,很晚才回家,结果闲逛了一天什么也没买。而在同样的时间里,我在家学习了一天,有了满满的收获。

现在是自媒体时代,手机成了流动的课堂、图书馆和学校。

重视学习就会处处时时主动学习。我利用手机拍了大量文章和有价值的照片,这为我搞科研、回答学生的问题提供了丰富的素材。可惜的是,有的辅导员并没有把手机作为学习的工具,发了许多没有价值的东西,浪费了时间,自己一点也没有得到提升,真是不应该。

我乘飞机时也不舍得睡觉。那时飞机上是不准使用飞行模式的。我就把我想的一些问题写到登机牌、报纸、卫生口袋上,下了飞机再整理出来。就这样,我在飞机上写了一本书,书名叫"大学时节"。我把学生从来到大学到毕业列为150个时节,每个时节我用自己总结的二十句人生哲理来回答。比如:

当你拿到通知书的时候,在你欣喜若狂之后,一定要想到你不过就是七百万分之一;

在你获得毕业证的时候,不仅要看毕业证的大小,还要称一称毕业证的含金量;

床头离你的灵魂最近,一定要挑选好摆放的物品;

出身于什么样的家庭是无法选择的,人生的价值是可以创造的;

到图书馆不要占座,你装进了知识,挤走了灵魂;

什么叫人走茶凉,你从来就没有沏过热茶。

上帝没有偏爱我,没有多给我一分钟,我尽量利用好碎片化的时间学习。恐怕正是我占有了比别的辅导员多得多的剩余时间,才使我创造了较多的"剩余价值"。

到目前我已经独立出版了五六百万字的著述,我会努力前行,力争成为中国在思想政治教育方面留下文字最多的人。

069

莫要被“我”束缚住了

《在马克思墓前的讲话》中，恩格斯对马克思有这样一段评价：“现在他逝世了，在整个欧洲和美洲，从西伯利亚矿井到加利福尼亚，千百万革命战友无不对他表示尊敬、爱戴和悼念，而我敢大胆地说：他可能有过许多敌人，但未必有一个私敌。”

这段话启示我们：马克思的一生之所以能够如此伟大，那是因为他无论是从事学术的研究还是实际的运动，出发点都是为最广大人类服务，绝没有个人的私利。为此他不惧被开除国籍、遭到迫害、陷入贫困潦倒，谁和人民过不去，他就和谁过不去。

道理应当是一样的。今天当我们从事思想政治教育工作的时候也有出发点的问题。毫无疑问，如果被“我”束缚住了，就会患得患失，迈不开步子；就会阿谀奉承、唯唯诺诺，不敢坚持真理。

我先后利用各种机会去过十几个省份学生家家访。家访还是比较辛苦的，有时要顶着酷暑、有时要冒着严寒，有的路途遥远、有的还要起早贪黑，确实没有在家嗑着瓜子、喝着茶水、开着空调看电视舒服。若是被“我”束缚住了，那还能更好地为学生服务吗？

我在做学生处处长的时候，有一次学生向我反映食堂炸油条的油不新鲜。我尝了一口学生端来的油条，确实没有香味。我把情况反映给后勤部门。他们不以为然，甚至认为我多管闲事。食堂继续用这种油炸油条。我十分气愤，我将油条端给了校长。校长把后勤处处长等一干人找来狠狠地训斥了一顿。

这几个被训斥的人在校长办公室里就向我瞪眼,他们恨死我了。油条问题解决了,我也把他们得罪了。

后来我当了学校党委副书记,我的工作还是可以的。可是年底考核的时候总有不合格票。每当告诉我考核结果的时候我都一笑了之。我心想:说我不优秀可以,说我不合格,纯是泄私愤。我根本没有“私敌”。或许我有应当改进沟通方法的问题,但是根本还是有的人应当改进工作。如果被“我”束缚住了,就不会指出他们的不足。

2004 年年底,我到省委高校工委做副书记,主抓全省大学生思想政治教育工作。当时我着力解决的一个问题就是按照“三单”给辅导员评职称。别说其他委办局,就在我们教育厅内部,思想认识也不统一。我批评了有个处室具体负责的同志,当时我若是考虑我年底考核别丢了票数,我就不会积极推动这件事;若是嫌麻烦,我就不会不辞辛苦地协调有关省教育厅单位。辽宁省于 2008 就出台了文件,按照“三单”为辅导员评教师职称。到目前,辽宁省已经有七八百名辅导员教师评上了副教授、教授职称,这有力地推动了辅导员职业化、专业化、专家化建设。

我在省教育厅工作的时候,还推动了一项工作。如果被“我”束缚住的话,这项工作也根本做不成。我走访了一些孤儿家庭;召开孤儿大学生座谈会;请了很多孤儿吃饭。我写了一份调研报告,向有关部门建议免去孤儿大学生的学费和住宿费。这项工作得到了落实。我是负责大学生思想政治教育工作的,减免学费和住宿费本不属于我分管,我为什么要做?我打了“擦边球”。我是从思想政治教育工作要以人为本、以情感人、解决学生的实际需要角度来考虑问题的。如果怕这怕那的,恐怕今天也做不成。想到对学生们的好处,我也就不想那么多了。

我能理解我们一些辅导员工作的难处。有时确实是领导错了,这怎么办?领导也不容易,非原则问题顺着过去就完了,原则的问题还是要坚持的。辅导员也是上有老、下有小,也有个人的利益需要满足,特别是有的学校给辅导员的待遇很低,这是学校应当改进的地方。

从辅导员这个角度还是要考虑为了学生的利益尽量少想些个人的利益。关键是不要被“我”束缚住,一切从学生的利益出发,把自己的工作做踏实了,“人间正道是沧桑”。学生的评价是最好的评价。当你是唯一的时候,谁还能说你什么呢?

070

给辅导员评职称不就有“出路”了吗?

很多学校领导跟我讲,在辅导员工作一段时间后,要帮助他们解决“出路”问题。为此,有些辅导员被安排到了机关;有些被安排到了学校、学院(系)其他管理部门。应当说,这些校领导们的想法还是好的,在为辅导员的明天着想。但是,我不得不说的是,这种好心做的未必是好事,这样的结果对许多辅导员来说,什么都耽误了;对学校来说,是无法建设好职业化、专业化、专家化的辅导员队伍的。

从中央“16号文件”教育部“第24号令”到中央“31号文件”教育部“第43号部长令”,已经过去了十五个年头,为什么仍有为数不少的高校离辅导员队伍职业化、专业化、专家化的目标相差甚远,上面这样的辅导员队伍建设思路是根本原因。我在想:辅导员是教师,既然是教师,给他们评职称不就完了吗?这是解决辅导员教师出路的最佳路径,这条路走不通,辅导员教师怎么能安心终身从事大学生思想政治教育呢?

2004年年底,为贯彻落实中央“16号文件”的精神,省委任命我为省委高校工委副书记。我上任后,时任省委高校工委书记、教育厅主要领导问我准备怎样开展工作。我说战略上十二个字:乘势而上、顺势而进、造势而为;战术上八个字:有人干、会干、愿意干。应当说有人干不是问题。

不管出于什么想法,在招聘辅导员的时候发现报名十分踊跃,会干活也不是问题,解决问题的办法总比问题多;关键是愿意干,愿意干就会干下去,又有什么干不好的呢?怎样才能愿意干呢?那就要满足辅导员教师最根本的需要。什么是辅导员教师最根本的需要？那就是给他们评教师职称。有了教师职称，他们才能与其他教师平起平坐；才能得到本应属于他们的那份尊严；才能保证辅导员教师的职业化、专业化、专家化建设。

我知道形成这样一个共识还是很难的。从一定意义上讲，这是一项开创性的事业。我到任后马上接手的具体工作就是负责筹备全省大学生思想政治教育工作会议、制定会议的有关文件。我把解决“有人干、会干、愿意干”作为这次会议和制定有关文件的重中之重。为此，我真是豁出去了。

2005年年初，我洗头的时候发现我的颅外表皮下长了个花生粒般大小的肿瘤，因忙于工作就没有在意。瘤子长得很快，转眼如鸽子蛋般大小。厅主要领导多次催促我到医院看医生，我一是不舍得时间；二是担心我要是真需要住院做手术，谁来制定具体的可操作性的辅导员队伍建设文件？

辅导员队伍建设关涉很多部门。我和职能科室的同事一起先是从总体上制定了切实可行的辽宁省辅导员队伍建设实施意见。全省大学生思想政治教育工作会议一结束，相关的文件就下发了。接着，我们就开始考虑制定“辽宁省高等学校辅导员评审教师职务基本任职条件”。就在同年的八月底，我头上的瘤子长得差不多有鸡蛋般大小了，开始有疼痛感。我还是没有去医院。我坚持着到高校督察全省大学生思想政治教育工作会议落实的情况；对制定辅导员评职称条件进行调研。到九月底，头上的瘤子疼痛加剧，影响睡眠，实在无法坚持了。就这样我便利用国庆节这几天到大连一家医院看了医生。医生给我做了切除，诊断的结果是恶性肿瘤。

这样，国庆节后，我又到北京做了检查，意见是一致的。我又做了第二次手术。我拒绝了医生化疗、放疗、植皮治疗的建议，我缠着绷带、流着血水、没有拆线就出院了。在我住院的第二天我就让我在北京的一个学生送来一台电脑，我腾出右手，左手插着输液的管子，两只脚夹着检测仪器的线，我就这样继续了我的工作。

我出院就上班了。制定“辽宁省高等学校辅导员评审教师职务基本任职条件”是我工作的一个重点。我在前些天推送的公众号文章中谈到，别说其他有关部门，就在我们教育厅内部，对辅导员能不能评职称意见都不一致。真是功夫不负有心人。经过反复协商，我的工作得到了有关各方面的理解和支持。就在今天我们有些省份、有些高校还在讨论给不给辅导员评职称的时候，辽宁省早在十多年前（2008年）就下发了“辽宁省高等学校辅导员评审教师职务基本任职条件”,要求高校按照“三单”的条件落实这个文件。特别是辽宁还搞了创新:以往评教师职称时教育厅设一个大评委,各学校把学校审核通过的材料报到大评委来评选。在辅导员评职称还没有得到其他学科教师共识的情况下,一些辅导员尽管费了很大的劲冲出了学校,到了省里大评委会上又成了分母。为了解决这个问题,我跟我们厅长要了“权力”。我说我建议成立辅导员教师、马克思主义理论教师职称评审分委员会,我做主任,按照学科特点,聘请熟悉本学科的专家给辅导员评教师职称,届时我将评审结果在大评委会上做个通报。

我们厅长知道我是不愿要权力的人,从分工上看,我是高校工委副书记,本应管高校班子建设的,我没有要这个权力。我跟厅长讲,我熟悉辅导员工作,热爱学生工作,我还是负责学生工作吧。我们厅长很了解我,他知道我不是为了要权。就这样,对我的建议他非常赞同,于是他把本属于他的这部分权力给了我。

因为辅导员评教师职称是新生事物,其他专业教师高级职称在教师队伍中已经占到了百分之六七十,我又沟通人力资源和社会保障部门,每年辅导员高级职称的评审通过率比其他专业教师的通过率还要高几个百分点,有时高出十几个百分点。目前,辽宁省已经有六七百名高校辅导员评上了教师高级职称,一大批辅导员安心做自己的工作,这有力地推动了辅导员职业化、专业化、专家化建设。

应一些同志要求,我把辽宁十多年前制定的“辽宁省高等学校辅导员评审教师职务基本任职条件”推送给大家(附后),供大家参阅。

在此我对其中几条规定做以简要说明:

学校主管学生思想政治工作的学生工作部、团委、就业指导中心的工作人员(曾连续从事学生思想政治工作五年以上),以及分管学生思想政治教育工作的校级领导,可以参评辅导员教师职称。

我当时考虑,辅导员评职称是新鲜事物,此前一些学生处处长、就业中心主任、主管学生工作的校领导,长期在学生工作岗位上,他们因优秀而得到了重用,因此不给他们评职称有些不公平。特别是有些学生处处长还是校级后备干部,如果不给他们评职称,他们没有教师职称恐怕就要影响他们的提拔,进而影响学生工作。同时为了避免照顾某某,学校把他安排到学生处处长岗位,评完职称再转到其他处级岗位,文件做了必须有连续五年学生工作经历的学生处处长才可以评职称的规定。应当说现在十多年过去了，辅导员评职称应当尽量注意向辅导员倾斜，首先保证一线够条件的辅导员能评上相应的职称。

部分二级学院的党总支书记可以评辅导员教师职称。这是因为一些学院的学生管理体制没有设总支副书记，总支书记直接管学生。还有的虽然设副书记，但是副书记不管研究生，研究生由总支书记负责。因此凡是负责学生工作的学院（系）党总支书记都可以评辅导员系列教师职称。

文件没有要求辅导员像理论课、历史、文学、哲学等其他人文专业教师一样。这不是照顾，这是辅导员教师的学科特点决定的。辅导员教师评职称要看文章，也就是要看他们的理论水平，但是尤其要注重他们的工作实际。从未来的发展看，辅导员教师评职称完全可以不要文章，他们的水平是通过业绩体现的。“条件”做了学生满意率的规定，特别是还有些业绩的具体规定。有的没有写进文件中，但具体操作的时候有要求，比如辅导员评职称要有家访的经历；凡是当年度所带学生有自杀的辅导员不能评职称。

研究成果对进一步做好学生思想政治教育工作具有一定的指导作用。辅导员的理论研究成果一定属于本学科的学术范畴，对辅导员工作有指导价值。不然种了人家的地，成果发表的档次再高也没有用。

附文：

辽宁省教育厅关于印发《辽宁省高等学校辅导员评审教师职务基本任职条件（试行）》的通知

（辽教发〔2008〕69号）

各市教育局、省直有关部门、省属各高校：

现将《辽宁省高等学校辅导员评审教师职务基本任职条件（试行）》印发给你们，请遵照执行。

辽宁省教育厅

二〇〇八年七月二日

辽宁省高等学校辅导员评审教师职务基本任职条件(试行)

为贯彻《中共中央、国务院关于进一步加强和改进大学生思想政治教育的意见》(中发〔2004〕16号),落实《普通高等学校辅导员队伍建设规定》(教育部"第24号令"),加强高等学校辅导员队伍建设,根据《教师法》和《高等学校教师职务试行条例》的有关规定,结合辽宁省高等学校辅导员队伍的实际,特制定本教师职务基本任职条件。

一、适用范围

第一条　本任职条件适用于本省各类高等学校在职在岗的专职学生思想政治教育教师,具体范围包括:

高等学校专职辅导员、院(系、部)团总支(支部)书记,分管学生工作的院(系、部)党总支(支部)副书记,仍从事学生思想政治教育工作的院(系、部)党总支(支部)书记,学校主管学生思想政治工作的学生工作部、团委、就业指导中心的工作人员(曾连续从事学生思想政治工作五年以上),以及分管学生思想政治教育工作的校级领导。

二、思想政治条件与职业道德要求

第二条　遵守国家法律和法规,热爱祖国,拥护中国共产党的领导,热爱人民的教育事业,贯彻国家的教育方针,坚持正确的政治方向。重视学生的思想道德建设和思想政治教育,以良好的思想政治素质影响和引领学生,具有良好的职业道德和敬业精神,为人师表,教书育人,敬业爱岗。能全面、熟练地履行岗位职责,积极承担工作任务。团结合作,勇于创新。学风端正,治学严谨。

第三条　有下列情况之一者,不能晋升教师职务:

1. 违反国家法律、法规和党的政策、纪律,或者工作严重失职造成重大责任事故或经济损失,受到党内严重警告以上或行政记大过以上处分未满一年者;

2. 违反工作纪律,有违师德规范,造成恶劣影响者;

3. 无故不接受工作任务,不履行岗位职责,年度考核不合格者;

4. 违背学术规范,弄虚作假、抄袭剽窃,搞不正之风干扰评聘工作者。

三、学历、资历条件与任职能力要求

第四条　学历、资历条件

1. 考核确定职务条件

获硕士学位、研究生班毕业、获第二学士学位，或获学士学位从事大学生思想政治工作一年以上者，经考核合格，可确定助教职务。

获博士学位，或获硕士学位后在高校从事大学生思想政治工作一年以上，累计工作满三年者，经考核合格，可确定讲师职务。

2. 晋升职务条件

晋升讲师职务，一般要求从事大学生思想政治工作年限累计两年以上。没有学士学位的应担任助教职务五年以上；获学士学位的应担任助教职务四年以上；获研究生毕业证书或第二学士学位证书的应担任助教职务三年以上；获硕士学位的应担任助教职务二年以上。

晋升副教授职务，一般要求从事大学生思想政治工作连续五年以上。没有硕士学位的应担任讲师职务六年以上；获硕士学位的应担任讲师职务五年以上；获博士学位的应担任讲师职务二年以上。

晋升教授职务，一般要求从事大学生思想政治工作连续五年以上，具备思想政治教育相关专业博士学位者，从事学生工作年限累计三年以上；具备其他专业博士学位者，从事学生工作年限累计五年以上。没有博士学位的应担任副教授职务七年以上（其中获硕士学位五年以上并任副教授职务五年以上的业务骨干教师，可按正常条件晋升）；获博士学位的应担任副教授职务五年以上。

第五条　任职能力要求

1. 进修培训要求

任现职以来根据所从事的学生思想政治教育工作需要，完成国家和省有关大学生思想政治教育工作者所规定的培训任务和其他继续教育任务，达到规定的要求，不断提高政治理论水平、教学与研究水平和综合工作能力。新任辅导员应参加由辽宁省教育厅组织的高等学校辅导员上岗培训，并取得培训合格证书。

2. 专业理论知识要求

晋升讲师职务，具有较高的政策水平，具有本学科较系统而坚实的理论基础和相关知识；具有一定的组织、协调和综合管理能力，具体从事学校某一方面或一个年级的学生思想政治教育工作。在工作中具有改革、创新意识，能针对新时期学生思想工作的新特点和新形势，提出新的工作方法和工作思路，并取得明显的工作成效，得到领导和学生的好评。

晋升副教授职务，具有系统而坚实的马克思主义理论基础；有较丰富的思想政治教育专业知识和相关的哲学、社会科学知识；对大学生中有影响的社会思潮具有较强的剖析能力，具有较强的组织管理能力和综合协调能力。具体负责学校某一方面的学生思想政治教育工作或全面负责一个院（系、部）学生思想政治教育工作。组织完成具有全局意义的报告、总结、规章制度等。能为学生思想政治教育工作的改革提供决策依据。在思想政治教育工作中开拓创新，并取得较大的成效，其经验在省内外有较大的影响。

晋升教授职务，具有较高的马克思主义理论水平；有比较渊博的从事思想政治教育所需的专业知识和相关的哲学、社会科学知识；了解国内外较有影响的社会思潮的主要观点和发展趋势，并对其中某一领域有比较深入、系统的研究。具有较强的组织协调能力、决策能力和驾驭全局的能力。遵循教育规律，依法治教，全面贯彻国家的教育方针，善于在工作中开拓进取，改革创新，开创学校思想政治教育工作的新局面。所分管的学校思想政治教育工作独具特色，对高等学校教育管理改革产生较大的积极影响。

3. 外语、计算机要求

熟练掌握一门外语，取得专业技术人员职称外语等级考试相应级别的合格证书或符合免试条件。

通过计算机应用能力考试，取得相应级别的合格证书或符合免试条件。

四、业务条件

第六条　晋升讲师职务业务条件

（一）教育教学工作

讲授过思想政治教育方面的课程，或卓有成效地指导过两次以上学生社会调查等实践活动，或心理咨询，或上党课，或面向学生开展形势政策专题讲座等。根据需要，组织和指导学生会、学生社团开展活动。

（二）学术水平与业绩成果

具有一定的科学研究能力。能运用思想政治教育领域最新研究成果和经验，对学生思想政治教育工作、学生的思想状况和社会上主要观点进行深入分析、研究。研究成果对进一步做好学生思想政治教育工作具有一定的指导作用。

（三）工作实绩要求

具有一定的学生思想政治教育工作专业知识和实践经验，在学生思想政治教育工作中取得一定成绩，申报者当年学生测评满意率85%以上。

第七条　晋升副教授职务业务条件

（一）教育教学工作

任现职以来，独立、系统讲授过一门思想政治教育方面的课程，教学效果好。或者结合新时期学生的思想特点，定期组织面向学生的专题讲座，上党课，开展心理咨询，组织指导学生开展社会调查等实践活动。卓有成效地开展学生思想政治教育工作，帮助学生树立正确的世界观、人生观、价值观，促进学生全面发展、健康成长。

（二）学术水平与业绩成果

1. 具有较强的科学研究能力。针对学生的思想发展状况和思想政治教育工作的现状，运用思想政治教育方面最新研究成果和相关学科知识，对一些重要问题进行深入、系统的研究，提出新观点和新的工作方法。其研究成果对高等学校的学生思想政治教育工作具有积极的指导作用。

2. 任现职以来，在省级以上刊物上独立或作为第一作者公开发表过对实际工作有积极指导作用、有较高学术水平的研究论文（简称研究论文，下同）2篇以上，代表作经同行专家鉴定达到副教授学术水平。同时具备下列条件之一：

（1）作为主要成员（排名前二位）获得省级以上教育主管部门（含省人文社科研究规划部门，下同）思想政治教育方面科研奖励。

（2）公开出版过学生思想政治教育方面论著、译著或教材（本人撰写部分不少于4万字），经同行专家鉴定达到副教授学术水平。

（3）作为主要参加者（前二名）承担省、部级学生思想政治教育方面教学、科研课题，并通过成果鉴定，经同行专家鉴定达到副教授学术水平。

（4）作为主要撰稿者（前二名）起草的工作经验材料（在本人所主持的工作领域）在省级以上相关会议上进行过交流，或者撰写的调研报告为省级以上领导机关提供了参考决策。

（三）工作实绩要求

具有较丰富的学生思想政治教育工作专业知识和实践经验，在学生思想政治教育工作中取得显著成绩，申报者当年学生测评满意率80%以上。任现职以来，具备下列条件之一：

（1）个人或所带学生团体累计获得省级以上教育主管部门颁发的荣誉称号1次以上。

（2）个人或所带学生团体累计获得市级教育主管部门颁发的荣誉称号2次以上。

（3）个人或所带学生团体累计获得校级荣誉称号3次以上（荣誉称号的认定以证书签章是否为校级行政或者党委的签章为准）。

第八条　晋升教授职务业务条件

（一）教育教学工作

1. 独立、系统地担任过一门以上思想政治教育课程的教学工作，年均教学工作量不少于专职教师规定工作量的四分之一。教学态度认真严谨、经验丰富，教书育人成绩突出。

2. 为学校思想政治教育教师队伍建设做出过突出贡献。指导过青年思想政治教育教师，并积极组织专职学生思想政治教育教师队伍的建设，运用现代最新知识和政治理论，使学校思想政治教育队伍的整体素质和水平有较大幅度的提高，是学校公认的思想政治教育领域的带头人。

（二）学术水平与业绩成果

1. 具有很强的科学研究能力，并具有指导和组织课题研究的能力。运用政治理论和相关学科知识，针对新时期学生思想的新特点、新形势，对思想政治教育的规律性问题和发展趋势进行深入、系统的研究，积极提出学生思想政治教育工作的新思路、新方法、新举措，经实施取得显著成效。其工作实绩与研究成果对高等学校学生思想政治教育工作有较大的指导意义。

2. 任现职以来，在省级以上人文社会科学研究核心刊物上独立或作为第一作者发表过4篇以上对学生思想政治教育工作有重要指导作用、高水平的学生思想政治教育方面的研究论文，代表作经同行专家鉴定达到教授学术水平。同时具备下列条件之一：

（1）正式出版过学生思想政治教育方面学术著作（本人为第一作者或

主编,并撰写8万字以上),经同行专家鉴定达到教授学术水平。

(2)承担并完成省级以上主管部门组织的思想政治教育工作研究课题1项,本人为主要设计者、组织者。

(3)作为主持者获得省级以上教育主管部门思想政治教育方面科研奖励1次以上。

(三)工作实绩要求

具有丰富的学生思想政治教育工作专业知识和实践经验,在学生思想政治教育工作中成绩突出,申报者当年学生测评满意率80%以上。任现职以来,具备下列条件之一:

(1)个人或所带学生团体累计获得省级以上教育主管部门颁发的荣誉称号2次以上。

(2)个人或所带学生团体累计获得市级教育主管部门颁发的荣誉称号3次以上。

(3)个人或所带学生团体累计获得校级荣誉称号4次以上(荣誉称号的认定以证书签章是否为校级行政或者党委的签章为准)。

五、附则

第九条　本条件中所称"以上""以下",包括本数。

第十条　本条件中所要求的论文为公开发表在有"CN""ISSN"刊号的出版物上的学术论文;论著、译著或教材为有"ISBN"书号的正式出版物。在学术刊物的"增刊、特刊、专刊、专辑"上发表的论文及论文集上收集的论文均不计入规定的数量,只供参考。

第十一条　教学、科研奖励等级及名次,项目、课题成果鉴定水平均以获奖证书和鉴定报告为准。教学和教学研究方面的论文、研究成果和获奖,均视同于相应的科研论文、研究成果及获奖。

第十二条　本条件由辽宁省教育厅负责解释。

第十三条　本条件自颁发之日起执行。

071

对学生千万不能抱着“恨不得……”的心态

我们有的老师在学生犯错误的时候“恨不得”一棍子把学生打死，让他一辈子再也翻不了身。

我在做学校党委副书记的时候，有个学生犯了错，因偷窃，公安机关找到学校要追究她的刑事责任。我跟公安机关的同志讲能不能让我跟这个学生先谈谈，他们说可以。

那天我把这个学生叫到了办公室。这个学生一进屋便大声哭了起来。我把她让到沙发上，给她倒了杯水，使她平静一下心情。这个学生跟我说，她父亲带病拉扯着这个家，她的母亲几乎双目失明瘫在床上，她有个弟弟在读初中。为了帮家里，她顺手牵羊地见到能吃能用的东西就拿。就这样累积起来偷窃的物品折算成人民币的话达到了犯罪的数额。她说她父亲上班穿的鞋都是她偷的。她自己有颈椎病，从来不舍得花钱到医院看医生，更不舍得自己用。我问了一下她的辅导员，她说的情况属实。她几乎每个星期回家一次，把她偷的一些生活用品送回家。她欺骗她的爸妈说这些东西都是她打工挣钱买的。

我觉得这个学生的情况挺值得同情。我跟公安的同志商量能不能由学校来处理。他们说需要跟领导汇报一下。我正好有个学生在市公安局做领导，我还把情况跟他沟通了一下。后来这个学生就交由学校来处理了。学校有的同志觉得这个学生“可恨”，给学校带来了不好的声誉，主张把她开除学籍。我说还是给她留条路吧，好好跟她谈谈，让她汲取人生教训。

我找到了这个犯错误学生的辅导员,我批评了他。这个学生有时把偷来的罐头、可乐摆放在寝室里。辅导员对这个学生的家里情况根本不了解,工作不深入、不细致。这个学生根本买不起这些东西。

我说这事的目的不是让我们在学生犯错了的时候大事化小、小事化了,而是告诉大家当学生犯错了的时候一定要有同情心,要替他们惋惜。对学生千万不要抱着“恨不得……”的心态,不能简单化,更不能一棍子打死。要从挽救、教育的目的出发。特别是要举一反三,把问题消灭在萌芽中。

事实告诉我们,一个工作认真负责的辅导员,所带的学生犯错的就少,反之就多。辅导员要增强工作的责任心,想想这些学生多不容易,他们的家长多不容易,如果因为我们的工作不到位而使学生犯了错,多对不起这些学生,多对不起他们的家长。

072

要关心和爱护学生干部

这两天广州中山大学因为学生干部“级别”的问题而成为舆论的焦点。

其实这种级别划分在高校并不新鲜，我读大学的时候我们学校学生会就设学习部、体育部、生活部等若干部。

每个部不可能由一人组成，这几个组成人员又有不同的分工，要有一个负责人，这就自然而然地出现了“级别”的划分，每个部的主要负责人顺理成章地成为部长，然后是副部长、委员，我觉得这没有什么不可，不这样称谓难道还叫他们第一委员、第二委员、第三委员……如果是这样称谓的话，本质上与部长、副部长的称谓又有什么不同？

现在全国的大学基本上都是这样划分学生干部“级别”的。我理解中山大学学生会把秘书处标明级别的初衷，因为你标明级别了才能说明担负这个职务的人将负有什么样的职责，学生在竞选的时候才有个选择。不是说“不想当将军的士兵不是好士兵吗”？想当学生会主席、部长级干部也不是什么坏事。

这里的关键是为什么要当干部。现在网上对学生干部有个“一边倒”的舆论，说他们都是些为我主义者，更有人说他们是“精致的个人主义者”，这有失公允。应当看到学生干部的主流，他们积极向上，关心集体、关心他人，做了大量和他们本不相干、没有什么好处的事。青年历来起着先锋和桥梁的作用，怎么到了现在都成了“精致的个人主义者”呢？对学生干部在协助辅导员工作、带领同学成长中所起到的积极作用应当给予充分的肯定。

大学里也确有一些学生当干部的动机不纯,图的是将来做“大官”、谋私利。这也不奇怪。大学生不是生活在真空里,大学就是他们准社会化的过程,社会上的问题必然折射到大学里。社会上一些官员的腐败(包括有些学校里的腐败现象会对他们产生负面的影响)提醒我们的是一定要加强对学生干部的教育引导。

从学校来说,要加强对学生的理想信念教育,加强爱国主义教育,引导学生把个人的发展同祖国的发展紧密结合起来。

要让学生们懂得,每代人有每代人的使命和责任,要为祖国而奋斗。离中国梦的实现不远了,我们一定要努力。从这个意义上说,我们就是要鼓励学生们干大事、挑大梁、担大任。

像张载讲的:“为天地立心,为生民立命。为往圣继绝学,为万事开太平。”如果学生们都缩手缩脚,都不出头,都“精致地只管自己的事”,那怎么能凝聚力量、形成共识,团结一心地实现中国梦。

要知道,青年是祖国的未来,实现中国梦需要他们的全程参与。学校是培养人的地方,我们必须努力地建设好良好的生态环境。学生首先是从学校看社会的。广大教师,特别是广大干部一定要率先垂范,努力做到“立党为公,执政为民”,这对学生是最好的引领、最好的教育。学校既要建立公平的竞争机制,切实选好人、用好人,给每一个想展示自己领导才能的同学以机会;更要有科学的评价机制,要让那些切实一心一意为同学服务的学生干部得以承认,要把那些利用学生干部职位谋求个人利益的学生干部尽快淘汰出局。

学校是教育人的地方,学生都是受教育的对象,他们正处在世界观确立的关键时期。对学生干部的成长不能撒手不管,要“扶上马,送一程”,多关心、多过问他们的工作。对一些做得不好的学生干部要从教育爱护的角度出发,该批评的批评,该撤换的撤换,让他们在关爱中成长,把问题坚决消灭在萌芽中。

从思想上真正解决为什么当干部的问题。无论什么“级别”,都是为同学服务的,在为同学服务中增长智慧和才干。要特别养成扎实的工作作风,求真务实,千万不能好高骛远、以权谋私。须知这样一些不好的东西会影响自身的发展,甚至会毁掉自己的一生。看看那些进了监狱的官员,有些在大学里抱有的认识就是错误的。他们为什么要入党？为什么要当干部？他们想的就是将来个人有什么发展,能得到什么样的利益。

我在大学里第一年什么干部也不是。但是我每天都在为同学打水扫地。第二年我打破了常规,班级重新选举了干部,我进到班委会中。虽然我的各方面表现还是比较突出的,但是我从没有谋取年级、学院、校级学生干部的想法。我为大家扫了四年地、打了四年水,到毕业,我的最高学生干部级别就是班级生活委员。毕业做辅导员后,我因为工作优秀,先后担任学生处处长、校党委副书记、教育厅副厅长、高校工委副书记等职务。2013年7月,我坚决辞去了领导职务,到学校当了一名没有任何行政级别的辅导员,上马克思主义理论课。在我看来,级别不重要,重要的是你为人民做了什么。真是金杯、银杯,不如老百姓的口碑。我经历过前些年“官海”混浊的时期,我没有走进监狱,我很感谢在大学里我就没有为自己追逐干部级别的想法。

蔡元培先生早年告诫北京大学的学子们:“ 法科者,非为做官;商科者,非为致富。”学生干部同学们,你们一定要带着这样的认识当学生干部,这样才不会犯错误;即便将来你有了再大的权力,也不会毁在权力里,也不会被权力所“压倒”。做一个有尊严的人、一个让人瞧得起的人,而这可不是干部级别能够给你的,它取决于你是否用人民给予你的权力很好地为人民服务。

073

相信你也可以做到

华中农业大学辅导员祝鑫出版了她的著述《用一颗向上的心，做一个像样的人》，书中记述了她写给学生们的心语。祝鑫开通了博客，用九年时间写了八十多万字，有上千万人阅读。由此可见其付出的心血、受到的欢迎，很多辅导员为她点赞。

其实祝鑫能做到的你也可以做到，只是你没有用心、细心、耐心，多多少少地也与你爱心不够、责任心不强有关。解疑释惑，做大学生人生成长的引路人，是辅导员的本职工作。

为此就要关注学生们在想些什么，就要想作为一名辅导员应当做什么。一名辅导员，即便管住了学生的行为未必能管住学生的心。作为辅导员，你一定不能让学生在思想上出差错。有了这样的责任心、有了这样的爱心，就会主动自觉地加强学习，带着问题工作，弄懂弄通学生们需要认识清楚的问题，就会急不可耐、想方设法把自己知道的告诉学生们。我每天也很忙，但是再忙也不能断了和学生的交流，而我与学生交流的一种主要的方式就是给学生发微信，像祝鑫一样，把自己对一些问题的看法及时地告诉学生们。我能理解祝鑫每天一定都是争分夺秒地安排她的时间，每天都在捕捉学生思想的脉搏，帮助学生将思想的“猎枪”装满子弹。

我们有些辅导员也想做到这些，但是往往一时心血来潮，做了一阵子，缺乏坚持，也就半途而废了，这也是挺可惜的。

“不积跬步，无以至千里。”许多思想的大家也都是由小家成长起来的。

辅导员要耐得住寂寞，扎扎实实地一点一点地做，把学生头脑中存在的一个一个问题搞通了，你也就成大家了。这也是水平，这也是学问，这来不得急躁，非一日之功。

还有些辅导员看不起"博客""微信"这样的交流方式，觉得这都是"小儿科的东西"。眼睛愿意向上看，总是想搞出"高大上"的东西来。这也无可厚非。问题是我们的研究要干什么。辅导员离学生最近，对学生影响最大。因此辅导员的学术研究一定要紧紧地"围绕学生，关照学生，服务学生"，要说对学生有用的话，写对学生有用的书。一定意义上讲，辅导员教师的教学特点已经决定了一个辅导员教师很难成为一个马克思主义理论家（也许会有个例），但是他却完全可能成为一个马克思主义理论教育家。因此一名辅导员教师还是要找准自己的学术切入点，要研究真问题，研究迫切需要研究的问题，研究你能研究的问题，研究属于你应当研究的问题；一句话，要研究对学生有用的问题。

现在我们对辅导员教师的评价还不是十分科学、准确，离辅导员教师的学科特点较远，过于注重了学术引领，忽视了实践建构，这在客观上使一些辅导员总是"仰望星空"，忘记了"脚踏实地"，没有将理论研究和实际很好地统一起来。

但是这些都是会改变的。辅导员教师还是要回归初心，回归对学生人生的引领，这样就会看到祝鑫的一些研究的价值。须知若是起不到对学生人生引领的作用，再"高大上"的论文也只能是自娱自乐而已。

074

可惜的不只是学生

我们总是告诉学生们要利用假期好好学习，浪费了时间多可惜啊！可是我们辅导员就没有浪费假期的问题吗？这不同样是可惜的吗？

我感到学习和责任是成正比的，辅导员责任心越强，其学习的动力就会越足，就会抓紧一切时间好好学习。

什么是责任？就是把学生培养好，不能让他们在价值观上出错。人的行为是受思想支配的，正确的思想产生正确的行为；错误的思想产生错误的举动。那些毁掉自己的学生，首先就是在思想上腐朽了。

我多次讲过，现在客观上看辅导员的杂活太多，这是外部环境需要不断加以改善的地方。可是越是这样，辅导员越是不能忘了学习，越是要发挥主观能动性，越是要和时间赛跑，越是要在有限的时间里取得最佳的学习效果。这不是你个人愿不愿意的问题，这是你自身工作的性质所要求的。不帮助学生解决价值观方面的问题，你的管理做得“再好”，一定意义上也是管住了学生的行为而管不住学生的心，这与我们辅导员工作的本质要求相距甚远。有的辅导员说，现在就是这样要求的，只要学生不出事就行了。客观上的确是这样，可是作为辅导员你心中还是要有数的。你要清楚你是干什么的，你可不能满足在这样的水平上。你要相信，随着大学制度的不断完善，这种现状总是会改变的，不然就没有必要建设职业化、专业化、专家化的辅导员教师队伍了。

我从留校做辅导员那天起，就注重从思想上引领学生成长，再忙，我也要深入到学生中，了解学生的思想实际，把他们的思想梳理排队、分清轻重缓急，有针对性地对他们的思想加以引导。普遍性的问题集体谈话，个别的思想问题个别谈话，有的简单谈；有的反复谈。

我想，我不能以能否胜任这种管理现状要求自己。我要学习、我要看书、我要写文章，我要带着问题来做我的辅导员工作，不管别人对辅导员有怎样的要求、看法，我对自己的要求是学习不能和我分离。实践证明我是对的。

我有时间就学习，从不舍得睡午觉。我每天重复着最简单的两件事：除了工作就是学习。我没有什么假期，假期对我更是最好的学习时间。歌德讲："机遇不会光顾那些没有准备的头脑。"我有了准备，就有了机会。我当上了教授，当上了博导。不是此地无银三百两，我评职称时一点被照顾的成分都没有。当时全校所有学科给了 18 个名额，经过投票我排在很靠前的位置，据说我还走了破格，没有占学校的名额。

辅导员朋友们，习近平总书记在北京大学和师生座谈时明确提出，"我们的高校要培养德智体美劳全面发展的社会主义建设者和接班人"。毫无疑问，建设者和接班人的首要条件就是价值观要正确。青年学生不可能天生就带有正确的价值观，这就需要从外部"灌输"。术业有专攻。辅导员不就是干这个活的吗？没让你干那是因为我们有些同志对大学怎样培养人，培养什么样的人，为谁培养人等还缺乏正确的认识。时日可待，辅导员教师队伍建设一定要回归常识的是，他们一定天经地义地是大学生的人生导师；检验他们工作好坏的重要标准，是看他们给学生指引的道路正不正，他们培养的学生价值观错没错。真到这一天你觉得你会怎么样？你能胜任吗？真到这一天你现准备还能来得及吗？

对学习必须引起高度的重视，这是你工作的需要，也是你发展的需要。莫忘了"没有远虑，必有近忧"啊！假期刚刚开始，还有无数的假期在等着你，考虑好当前，规划好长远，只要你带着责任想学习的问题，你就会排除一切干扰、拒绝一切"搪塞"，一心地投入学习当中。你准备充分了，工作起来就会游刃有余、顺心得手了。无论环境怎样变化，你就可以以不变应万变了。

075

用发展的眼光看问题

我有很多机会同辅导员们交流。有些辅导员对高校辅导员队伍建设持乐观的态度，认为辅导员的春天来了。有的则比较悲观，觉得辅导员不被重视，学校也不给辅导员评职称；有的学校即便给辅导员评职称，制定的辅导员评职称条件也比较苛刻，按照现在的条件很难评上教师职称。

在这样一些学校里，学校按照“三单”的标准评定辅导员教师职称，一些辅导员从根本上解决了出路问题，他们干得顺心、干得舒心。

抱有悲观态度的辅导员也大有人在。国家在2005年年初就召开了进一步加强和改进大学生思想政治教育工作的会议，出台了相关文件，文件还特别强调要加强辅导员队伍建设。2016年年底，国家再次召开高校思想政治工作会议，习近平总书记到会并做重要讲话，这次会议后紧接着也下发了多个文件，以推动高校思想政治工作的深入开展，其中辅导员队伍建设无论是在会议上还是在文件中都被摆放在重要的位置。

可是如果仅从2004年中央“16号文件”算起，辅导员队伍建设到今天已经有十五六个年头了，现在有的学校也确实没有达到国家的要求，没有按照“三单”标准给辅导员评定教师系列职称，给辅导员评定教师系列职称这个制约辅导员教师职业化、专业化、专家化发展的瓶颈还没有贯通。

有的高校辅导员队伍建设不被重视的确是客观现实，可是辅导员应当怎样来看这个问题？悲观显然是不可取的，越是在这样的环境下，辅导员个人越是要正确面对现实，用发展的眼光看问题，要相信一切问题都是暂时的、可以解决的，也是必然会被解决的。

我在1982年毕业后当了一名辅导员。可以想象一下那时候辅导员会是什么样子？与现在相比，真是不可同日而语。那时候做辅导员被认为是什么都做不了的才做辅导员。我不信这个邪。辅导员怎么啦？有什么不光彩的吗？

不管别人看不看得起我，我要看得起自己。我踏踏实实，努力工作，仅一年的工夫便得到了全系教职工的认可和尊重。我觉得在大学里有很多项工作，辅导员工作对学生影响最大、最直接、最重要。只要你肯付出，学生就会记住你。后来我也评上了教授，我评的就是德育教授。

2004年年底，我调到省委高校工委任副书记，主抓全省大学生思想政治教育工作，我着力推动的一项工作就是制定辅导员教师职称评定意见。那时候推动这项工作难度还是很大的，认识很不统一。但是“功夫不负有心人”，辽宁2008年就颁布了《辅导员教师职称评定意见》。该意见的下发，有力地推动了辅导员职业化、专业化、专家化建设。记得刚制定这个文件的时候，有的辅导员说，“我们学校仍不给我们评职称”。我说，“你等着吧，有政策了，那就是早晚的事了”。

现在辽宁高校已经评了六七百名辅导员副教授、教授了。我刚到省里工作的时候，有的学校还没有辅导员队伍呢，现在建设辅导员教师队伍岂不是达成共识了吗？全国现在没有辅导员的高校找不到了，需要解决的是辅导员教师的素质问题了，这同样是早晚的事。没有什么可悲观的。不是给你们评职称了吗？只是你还不够条件，或者说条件太苛刻，你现在难以达到。

这不要紧，应发展地看问题。鲁迅先生讲：“其实地上本没有路，走的人多了也便成了路。”很多高校在开始的时候不给辅导员评职称，后来给评了；很多高校在开始的时候，辅导员评职称的条件也很苛刻，实践一段觉得不合理、不科学，便开始改变了，已经按照辅导员教师的职业特点评辅导员教师的职称了。

现在有的省份下发的辅导员教师职称评定意见，明确要求按照辅导员教师的职业特点评定职称。慢慢就好起来了，虽然条件苛刻，但是毕竟迈出了关键一步。实事求是是马克思主义活的灵魂。苛刻的条件一定会改变的，因为它不符合实事求是的原则。

这些年教育部抓辅导员队伍建设的力度前所未有：辅导员年度人物的评选，辅导员培养培训，辅导员课题研究，思想政治教育经费投入，等等，都有力地推动了辅导员队伍建设。“风物长宜放眼量”，用发展的眼光看问题，辅导员教师职业的明天一定会更美好！

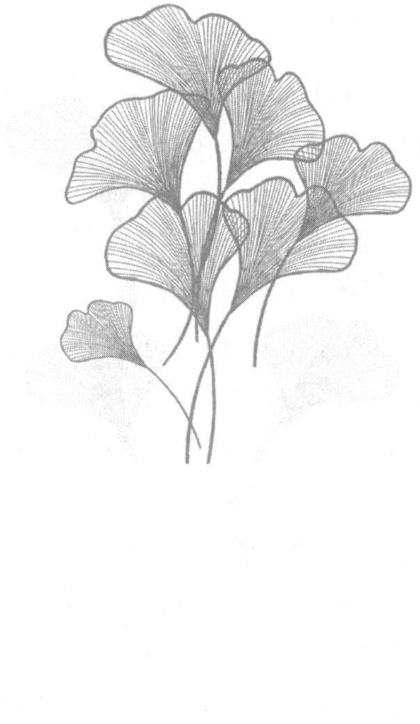

076

把思想统一到人才培养规律上

在大学里，为什么思想政治教育总是得不到其应有的地位？当然也会有人说现在思想政治教育的“春天”来了，思想政治教育被重视了起来。应当说这只是一种乐观的看法。

总体来看，与前些年相比，思想政治教育的被重视程度是有了较大提升，但是还没有真正地被重视起来。什么叫真正被重视？真正地被重视应当是“不用重视”。一定意义上可以说，被重视本身就是因为没有得到重视或者说没有得到应有的重视。不然还强调要重视干吗？

为什么我们从来听不到要重视外语教师队伍建设？听不到要重视计算机教师队伍建设？因为这些教师的存在已经得到了重视，达成了共识。只要办大学就不会听到可以没有外语教师的声音，也绝不会听到可以没有计算机教师的声音。可为什么可以没有辅导员教师、没有思想政治理论课教师的声音总是不绝于耳呢？所以，被重视不只是我们从事思想政治教育的同志说我们应被重视、我们很有用、我们很重要，不能“自说自话”，而应当形成办大学不能没有思想政治理论课教师、辅导员教师一样的共识。

为什么对于思想政治教育课教师队伍特别是辅导员教师队伍建设，虽然一个接着一个文件强调，一个接着一个会议推动，但是辅导员队伍建设仍是步履维艰、困难重重呢？

原因是多方面的，其中一个重要的原因，是我们一些同志还没有认识到辅导员教师在人才培养中的作用，没有按照辅导员教师所应起到的作用建设辅导员教师队伍。一句话，这样一些同志还没有把思想认识统一到高校人才培养的规律上。

什么是人才？这一点毋庸置疑，就是我们通常所说的又红又专。仅仅专业知识强，但思想素质低下，显然不能称其为人才。不仅不是人才，还有可能是废材，更有可能成为社会的害群之马。当下大家在关注的“疫苗案”主要犯罪嫌疑人，不就是硕士毕业吗？其团伙成员中又有几人不是大学毕业生呢？

人才怎样培养？人才培养一定要遵循人才培养的规律，一定要纳入教育教学的全过程。全过程就蕴涵着思想政治教育，就意味着不能没有辅导员教师。

辅导员教师是大学生的人生导师，他们就是负责培养大学生思想政治素养的。

特别应当看到的是，大学生思想政治素养如何，不仅关系他们为什么学习、为谁学习的问题，而且也关涉他们愿不愿学习、能不能刻苦学习的问题。从这点来看，思想政治素养是大学生成长的非智力因素，有责任的人才会有动力、懂坚持，才会为了实现崇高的理想目标不懈地奋斗。所以，著名心理学家戈尔曼认为，“人的成功百分之二十三取决于智力因素，主要地取决于非智力因素”。

我在刚留校做辅导员时，带了八十个学生，毕业时他们中有十人考上了硕士研究生。

而当时他们所学的专业没有一个硕士点，考过研究生的人都清楚这意味着什么。我那时天天“看着”他们学习，让他们确立更高的追求目标。有个年龄最小的学生，我怕他管不住自己，第一年我把他安排到了我住的房间。我那时要求所有的学生都要到教室、图书馆学习。

有一天这个学生在寝室偷懒，躺在床上。我说：“你坐起来不行吗？”他坐了起来。“站起来不行吗？”他站了起来。“你出去不行吗？”他要往门外走。我说你对不起你的父亲，他流泪了。这个学生后来以优异的成绩被保送到吉林大学攻读硕士学位，他现在是名处级干部。还有个学生后来到北京大学攻读了博士学位。这些学生毕业三十年聚会的时候，那些硕士毕业的学生说，若不是我在后面推动着他们，他们走不了这么远。

我去年刚送走的这届学生中，有许多家庭困难的学生考上了硕士研究生。他们有的家在云南,有的在江西,有的在河南,有的在山东……他们的家我都去过。有个学生说:“您走的时候我妈都流泪了。我妈说,哪有这么好的老师啊,一定要听老师的话。”我对她说:“一定要听老师的话,好好学习,别着急谈恋爱。”这个学生最后以优异的成绩被保送到一所“985”大学攻读硕博连读研究生。有个来自西藏的学生刚来时没有信心,我在生活、学习、思想上全面帮助她。她增强了信心,有了追求,有了动力。毕业时她的学习成绩在她们专业里排第二,并且她郑重地向党组织递交了入党申请书。

什么叫人生引领?人生引领就是给学生提供非智力因素,就是给学生指明学习方向,给学生学习动力。这对学生的成长多么重要啊!

这不正是我们在口口声声呐喊的提高高等教育办学质量的应有之义吗?怎么能说辅导员教师是多余的呢?就是无法实验,也绝不允许进行这样的实验,今天的高等教育要是没有辅导员教师会成为什么样子?

某种意义上来说,有些不应该出现的事情的出现,不也正是辅导员教师队伍建设被忽视的结果吗?

077

要尽快地熟悉学生

“知己知彼，百战不殆。”辅导员就像战场上的指挥员，要想打胜仗，就必须清楚自己所指挥的这支队伍的状况。这里包括物质状况和思想状况。

所谓“物质状况”，就是你所带的年级的自然状况。这些学生都来自哪些地区？他们的家庭（包括孤儿家庭、单亲家庭、农村家庭、城市家庭、从政家庭、经商家庭、教师家庭、富裕家庭、贫困家庭等）是什么情况？他们在中学有怎样的表现（包括担任学生干部、申请入党、参加社会实践、获得奖励等情况）？他们都是第几志愿来到了这所大学、这个专业的？多少男生，多少女生？多少复读生？年龄最大的是谁，年龄最小的是谁？他们都叫什么名字？应当越详细越好。

我在做辅导员的时候，开始工作的当天，我就从学生处把学生档案借了出来，反复地熟悉学生的情况。有个学生来系里报到的时候，衣服扣子系串了，我很自然地叫出他的名字。我告诉他扣子系错了。这个学生后来跟我说：“老师您知道那次您给我的印象是什么吗？”“您这个人不是工作很认真就是很难对付。”这个学生很听我的话，大学期间表现得挺好，现在是个副教授了。

熟悉了这些自然情况，和学生谈话的时候才能找准切入点，才能有共同的话题。若是连学生的名字都叫不上来，或学生的家是哪里都说不上来，学生在心里自然就会和你产生距离，甚至会排斥你，也就会疏远你。思想是行动的先导。大学生活怎样度过？这取决于学生的头脑装进了什么样的思想。辅导员是大学生的人生导师,从某种意义上说,辅导员的一切工作都是为学生的思想服务的。熟悉学生的自然状况最终也是为思想服务的。因此,辅导员还要特别熟悉学生的思想状况。就像指挥员,想打胜仗,就要知道战士们愿不愿打仗?他们为谁打仗?他们会不会冲锋陷阵?他们会不会成为“逃兵”?

一些思想问题可以通过问卷调查来了解。学生入学的时候,我问过学生最关心什么问题。有个学生说他最关心民族团结问题,他认为民族不团结。我找他谈话。四年里我做了大量工作,这个学生现在思想有了根本转变,毕业晚会上他表示要回到家乡多做民族团结工作。现在他也给我发微信,看得出来他的思想还是很上进的。

一些思想问题可以通过谈话来了解。要尽快地安排时间和学生谈话,让学生感受到你对他的关心,让学生讲出他们的心里话。真心一定会换来真心。我的学生有什么想法都愿意和我讲,这也是因为我取得了他们的信任。

一些思想问题可以通过观察来了解。人的思想不都是用语言来表达的,有些是肢体语言表达出来的。这就要深入学生的生活,了解他们的实际表现。辅导员一定要注意学生在寝室的表现。寝室不只是休息的场所,更是思想的园地。学生的很多思想都是在寝室“暴露”出来的。关注学生在寝室的表现,会有利于把握学生的思想脉搏。

学生中产生的很多问题都与我们对他们不熟悉,尤其是对他们的思想状况不熟悉,因而工作不及时有关。现在,我们一些辅导员下功夫掌握了不少学生危机干预的“战术”,这也有必要。但是如果把工作前置,尽早熟悉学生,早点做好学生的思想工作,这些危机干预的“战术”是不是就派不上用场了?要知道,现在解决问题花十分的气力,到干预的时候恐怕花上百倍的力气效果都不会尽如人意。

078

说到做到是最简单的道理

思想政治教育没什么神秘的,说到做到就会有“疗效”。很多家长把孩子培养得很好,这是家长懂得“大道理”吗?可能恰巧相反,一些家长并没有什么大道理,但是他们懂得一个最基本的道理,就是说到做到。经常有辅导员问我:怎样才能当好一名辅导员?我回答得很简单,就是不要搞双重标准。

什么叫双重标准?就是要求学生一个样,要求自己另一个样。当你在做学生的时候,你在内心对辅导员一定有个期望值,即希望辅导员是个什么样子;现在轮到你当辅导员了,你就不按你在学生时期的期望值去做了,这自然是当不好辅导员的。

焦裕禄可学、雷锋可学、郭明义可学、无数英模都可学,但是你值不值得学生学?那些典型离学生太远,绕过你学他们怎么能不打折扣呢?实践证明,用身边的典型来教育人最有效,作为辅导员,你理应成为学生身边最近的典型。

《焦点访谈》在宣传我的那期节目里,用了这样一句话做节目的标题:一个敢于喊出“向我学习”口号的辅导员。这句话是我说的。《焦点访谈》节目记者在采访我的时候问我做辅导员有什么体会:我说一名好辅导员,一定要敢于喊出“向我学习”的口号。辅导员离学生最近,辅导员是怎样一个人,自然会影响学生成为一个什么样的人。一定意义上可以这样认为:有多少莘莘学子,在辅导员的教育引导下走向成功、走向辉煌;也有不少学子碌碌无为、甚至走向毁灭,这又怎能说与辅导员的工作毫不相干呢?

不只是辅导员要说到做不到,学校层面的思想政治教育也有说到做到的问题。学校要把立德树人作为根本任务。怎样叫把立德树人作为根本任务呢?一些学校说得太多,落实得太少。至今有的学校思想政治教育队伍建设离国家的要求相差甚远。思想政治教育常常是"喊起来重要,做起来次要,忙起来不要",这显然是搞不好思想政治教育的。

还有以人为本的问题。什么叫以人为本?就是以学生的成长、学生的利益为出发点,帮助学生切实解决他们生活学习中存在的问题。有的学校用于学生活动的场地太少、太小;有的学校为学生生活服务的条件较差。教育学生爱校如家,那要让学生感受到进校如家,进校不如家怎能爱校如家?让学生树立社会主义核心价值观,学校就是积极践行社会主义核心价值观的第一场所。学校就应当为学生着想,让学生尽量少花一分钱却得到了最好的服务。

做永远比说重要,思想政治教育尤为如此。邓小平同志讲,"不干,半点马克思主义都没有"。2018 年 5 月,习近平在北京大学与师生座谈时说,要做实干家。这里强调的都是做的问题。说到做到,每个思想政治教育工作者都懂这个道理,这里极为重要的是,要从自身做起,不仅懂得道理,还要做出样子。

079

要想到生活困难的学生怎样过节

思想政治教育就是要以理服人、以情感人，走进学生的心灵。

我在大学生思想政治教育岗位工作了三十多年。我当过辅导员、学生处处长、校党委副书记、省委高校工委副书记，无论在哪个位置上，我在工作中都坚持这样一条理念：每逢佳节倍思“贫”。就是说在我们要过节的时候，一定要想到那些生活困难的学生怎样过节。

“但愿人长久，千里共婵娟”。记得我在辽宁师范大学任学生处处长、党委副书记的时候，我曾提议在学校广场举办家庭生活困难学生中秋赏月晚会并到会与学生们交流，学生们一边吃着月饼、水果赏月，一边欣赏着交响乐团的演出。在任省委高校工委副书记的时候，有一年中秋节，我提议让驻沈高校近300名孤儿大学生汇聚一堂，共话中秋佳节。

我在做大连海事大学公共事业管理与人文学院2013级辅导员的时候，每年中秋节我都会给学生们准备月饼和水果。昨天晚上，我在学校中心餐厅举办了“中秋话团圆，民族一家亲”赏月晚会。所有新疆、西藏的学生，孤儿，年级中家庭生活困难的学生，我的硕士、博士，有民族生的学院辅导员代表，大连市“青马工程”班的代表，共130人参加。我向参加晚会的学生每人赠送了一本我写的《大学时节》一书。学校说给我拿钱，我说那“味道”就不一样了，要让学生们感到老师对他们的关心。

学生们都很高兴。我在祝词中从阖家团圆讲到民族团结、祖国祥和；从祖国祥和讲到世界命运共同体。我告诉学生们要有“小家”，更要有“大家”;没有“大家”的富强,就没有“小家”的欢乐。

当代大学生将全程参与到实现中国梦的伟大实践中,这就需要大学生们把爱国放在第一位,并要勇于面对困难。出生在什么样的家庭是无法选择的,但人生的价值是可以创造的。我鼓励学生们立大志,做一名有价值的人、崇高的人,也就是把祖国放在心中的人。

虽然我歌唱得不好,我还是给学生们唱了《敢问路在何方》这首歌。我让学生们记住“敢问路在何方”“斗罢艰险又出发”。晚会结束后,有个学生说:“谢谢老师给我们过节。我懂得了老师的心,我要做个孝敬父母、对得起祖国的人!”

大学四年里,学生们要过很多的节,那些家庭生活困难的学生在哪里过节?从事思想政治教育的同志真应当在要过节的时候替那些家庭生活困难的学生想一想。情到了,心就近了,学生就会悦纳你的教育。

080

辅导员要引导大学生融入国家事业

这是我在《光明日报》上发表过的一篇文章，推送给大家分享。为便于大家阅读，我将其重新做了编辑。

习近平总书记在全国教育大会上提出："我们的教育必须把培养社会主义建设者和接班人作为根本任务，培养一代又一代拥护中国共产党领导和我国社会主义制度、立志为中国特色社会主义奋斗终生的有用人才。"

作为一名老辅导员，我深感要想完成好如此使命光荣、责任重大的教育任务，应当着力做好理想信念教育工作。

1.把理想信念教育摆在思想政治教育的首位

思想政治教育说到底是为大学生的成长成才服务的，这就要求思想政治教育一定要"围绕学生、关照学生、服务学生"。"围绕""关照""服务"的重心在哪里？摆在首位的无疑是加强学生的理想信念教育，使学生不断树立为共产主义远大理想和中国特色社会主义共同理想而奋斗的信念和信心。使学生树立坚定的理想信念是实现中国梦的必然要求。在近百年的中国革命和建设的历程中，中国共产党人就是靠着崇高的理想信念战胜了一个又一个看似无法战胜的困难的。党的十九大提出，到21世纪中叶我国将建成富强民主文明和谐美丽的社会主义现代化强国，这样的时间节点就意味着当代大学生将全程参与到实现中国梦这一中华民族伟大复兴的实践中。这需要一代代青年人的接力奋斗，需要一代代青年人怀揣崇高的理想信念战胜前进道路上的任何艰难险阻。作为党领导下的高校，作为中国特色社会主义高校，我国高等教育肩负着培养德智体美劳全面发展的社会主义事业建设者和接班人的重大任务。在今天这样激烈的科技竞争时代，大学加强学科建设、专业教育，极大地提高青年学生的科学知识水平是必要的。但是，这还不是最为重要的，解决“培养什么人”“怎样培养人”“为谁培养人”才是大学的根本所在。这就要求大学一定要坚持社会主义办学方向，加强思想政治教育，切实保证人才培养的质量。

使学生树立坚定的理想信念是保证大学生健康成长的需要。大学生正处在人生的“拔节孕穗期”，在他们的成长过程中需要有人帮助他们系好人生的扣子，而他们人生的扣子系得正不正，关键在他们的人生总开关，即理想信念这个价值观的核心定位准不准。特别在当今这样一个全开放的、文化多元的社会环境中，尤其需要大学生有强大的思想“定律”，用崇高的理想信念抵制和排除各种错误思潮、杂念的侵入，以坚定不移地行进在实现中国梦的伟大征途上。

2. 把握好理想信念教育的关键环节

坚定正确的理想信念不可能在头脑中固有，它是以科学的思想认识为基础的。因此，要想解决好学生的理想信念教育，就必须把握好提高学生思想认识这个关键环节。及早关注学生的思想状况。新生一入学，我就给学生建立了思想档案。我通过问卷调查、走访学生寝室、深入学生军训生活、与学生逐一谈话等多种方式，在第一时间里尽量详细地了解掌握学生的思想状况，然后进行梳理，围绕理想信念教育这个思想政治教育的重心同学生进行个别谈话、为学生做报告。我在报告中引导学生用习近平总书记的新时代中国特色社会主义思想武装头脑，让他们全面客观认识当代中国、看待外部世界；正确认识时代责任和历史使命，把个人价值的实现与奉献社会统一起来。

注重启发学生提升思想认识的自觉性。最好的教育是由外在教育转化为内在教育，由“被教育”变为“我要教育”。新生入学，我在年级里成立读书社，每个学生都加入其中。我个人出资购买了上万元的励志书籍分发到学生中传阅。我列出了若干关涉树立正确的理想信念需要认识清楚的理论问题让学生重点阅读。我经常组织学生开展读书报告会，并做他们的指导教师，对他们的读书体会一一加以点评。

实现思想交流的“无缝链接”。思想没有真空地带。对学生的思想引领要随时随地进行。我和学生搭建了微信平台。我开设了“大学生与历史上的今天”栏目，我把历史上出现的重大爱国事件和人物事迹推送给学生，增强学生的“四个自信”；我及时评述社会上发生的影响较大的政治、经济、文化现象，帮助学生辨析是非，为学生提供思想力；我将参观爱国主义教育基地、拜谒烈士墓收集到的励志格言发送给学生，让学生选准人生方向；每个学生过生日的时候我也是送上少则几百字、多则上千字的生日祝福，嘱咐学生让自己的社会年龄与自然年龄同步增长，为中华之崛起而读书。

3. 在理想信念教育中以身作则

要想推动别人前进，自己首先就应当是能够推动和鼓舞别人前进的人。学生的理想信念教育需要榜样的引领，教育学生要有理想信念，辅导员自身就应当是理想信念坚定的人。敢于以身作则，这是对学生最好的理想信念教育。要始终保持对党的忠诚。作为有着36年党龄的老党员、大学辅导员，我坚定地相信，党的领导是中华民族实现伟大复兴的根本保证。我用现身说法教育党员学生怎样看待名和利、怎样做一名名副其实的共产党员。有一名党员学生，我同她仅用微信就交流了几万字，她说她此前还真气馁过，后来这个学生在年级里很好地发挥了党员的先锋模范作用。还有一名党员学生毕业时到西藏做了一名志愿者，她在给我的微信留言中说：“我懂得了老师为什么要这样引领我们成长，我要担负起一名共产党员应当担负起的时代责任。”

要始终把学生放在心上。对学生理想信念教育的价值追求应充分地聚焦到爱祖国、爱人民上面。对辅导员来说，学生就是我们的人民。在日常工作中，我努力做到想学生之所想、急学生之所急。我个人出资和募集了几十万元用于学生的学习、生活及其家人的医药费。我教育学生要时刻把祖国、把人民、把父母、把他人放在心上。有个学生在微信中说：“老师就是一个心中有祖国、有人民、有学生的人，我一定要把在老师身上表现出来的这种大爱传承下去。”

要始终保持忘我的工作状态。我曾经患过癌症。当时为了把剩余的时间留给学生工作，我拒绝了植皮、化疗、放疗等疗法。我在刀口还没长好的情况下缠着绷带出院了。我是博士生导师，还为本科生授课，虽然教学、科研任务十分繁重，但是我每天都争分夺秒地做辅导员工作。一次，春节期间我到学生家家访,我坐上了一辆平日里绝不允许学生坐的安全系数很低的车。我想:“我死了怎么办?死了就死了吧,死在为学生服务的路上值了。”工作以来,我利用各种机会去过100多个学生家。学生们说,老师就是一个有理想信念的人,我们要向老师看齐。

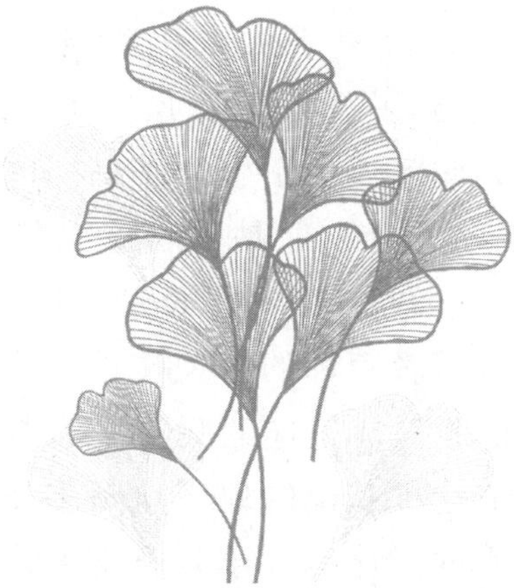

081

“扶上马”，送一程

如今我国的高等教育已经进入大众化阶段的后期。截至2016年年底，高等教育毛入学率便达到了百分之四十二点七，再有几个百分点，高等教育就普及化了。面对如此庞大的学生群体怎样进行教育管理？

当然这涉及学校的各个方面，但是不管怎么样，辅导员在学生的教育管理中担负着重要的职责。可是辅导员如果仅仅靠着自身的力量也是难以教育管理好学生的。按照教育部的有关文件要求，辅导员与学生的师生配比应不低于1∶200，而事实是怎样的呢？大家都清楚，还没有多少学校达到了这样的比例。造成这种状况的原因也是多方面的，这在客观上就使得有的学校辅导员与学生的配比远大于教育部要求的配比。其实，即便达到了1∶200的比例，也可以说一个辅导员要想完全靠自己的力量来教育管理好200个学生也是不可能的。

因此，把学生干部队伍建设好，就成了辅导员工作中一项迫切而重要的工作。总体来看，辅导员还是重视学生干部队伍建设的，从选拔到使用都有一套好的做法，使学生干部的作用得到了很好的发挥，这些学生干部真正成了辅导员的“左膀右臂”，成了辅导员更紧密地联系学生的桥梁和纽带。

可是实事求是地讲，有些学生干部的作用发挥得并不好，有的不仅没有起到好的作用反而帮了倒忙，辅导员的一些工作要求得不到很好的贯彻落实。

这种情况的出现自然应当从学生干部自身寻找原因。你为什么要当学生干部？怎样当好学生干部？这是当好学生干部的重要前提。思想无序，行动必然慌乱。也就是说首先要解决好主观能动性上的问题，不然不仅得不到培养和锻炼，却养成了夸夸其谈、华而不实、狐假虎威、咋咋呼呼的坏毛病。如果形成了习性，那麻烦就大了。这样不仅做不成大事，早晚还要出大事。追溯起来，看看那些倒下去的官员，在大学期间基本上都有显耀的“官职”、靓丽的光环，他们的今天从某种角度来看，不正是从大学开始的吗？

当然，学校是培养人的地方，辅导员是大学生的人生导师，学生干部也是学生，他们身上出现的一些问题跟辅导员的教育管理也是有着关联性的。我们有的辅导员对学生干部的管理放任自流，尤其是对学生干部过于“偏爱”，不能严格要求。所以为什么有些学生干部不胜任、不能很好地发挥学生干部的作用？辅导员也要从自身寻找原因。

学生干部，尤其是新生干部，也有成长的过程。在他们成长的过程中辅导员不能撒手不管，一定要“扶上马”，送一程。该鼓励的鼓励，该表扬的表扬；同样，该批评的要批评，让他们克服掉身上的不足。

我在2013年做辅导员的时候，采取公平竞争的办法产生班级和年级学生干部。学生干部产生后，我给学生干部开会，告诉他们一定要解决为什么当干部的问题，然后再解决怎么干好的问题。我让他们写出工作计划，让他们不要写那些华而不实的东西。我审阅他们的工作计划，帮助他们一起制订工作计划。我参加他们的班会，指导学生干部工作的开展。有次有个学生干部没有按时开学，我给她发了很长一段微信，批评她没有起到带头作用。这个学生说她以后一定注意，严格要求自己，给同学做榜样。后来她做到了，在同学中有很高的威信。

一定意义上讲，学生干部就是辅导员的影子。辅导员怎样，学生干部就怎样。辅导员一定要从关心、爱护学生干部的角度出发，多过问他们工作的情况，多向普通同学了解他们对学生干部的看法，帮助学生干部发扬成绩、改正不足。这样既对我们的工作有利，也对学生干部的培养有利。辅导员和学生干部把“着力点”都共同作用到学生身上，学生就会感受到一股力量的推动，就会在前行的路上加快自己的步伐。

082

不要和学生发生经济利益关系

辅导员带几百个学生，会遇到各种不同性格的学生和不同类型的家长。

有的学生和家长出于感谢的目的，会给辅导员送礼物，以表达谢意；有的学生和家长出于交往的目的，也会给辅导员送礼物，请辅导员吃饭，以图在大学期间一旦有点什么事能有个照应；更有个别的学生和家长出于个人利益考虑，给辅导员财物，以图达到为个人“发展”铺路的目的。辅导员一定要把握好与学生及其家长的交往尺度，不要和学生发生利益关系。

我于正月十五期间去过一个学生家家访。我给这个学生买了年货，还给了他拜年钱。开学的时候，这个学生给我带了两袋羊肉片，说他母亲让他一定在第一时间找到我，以便我能喝上新鲜的羊汤。这怎么处理呢？我很感动。我又不可能让他把这两袋羊肉拿回去，我只能收下了。我想，以后再找“机会”还上这份情就是了。多年来，总有的家长为感谢我对他们孩子的关心帮助，给我送比较贵重的礼物。这就要坚决拒绝了。辅导员的职责就是要帮助学生健康成长，你为学生所做的一切都是应当的。如果对学生和家长送给你的礼物不加区别地一律收下，就会养成接受学生礼物的习惯。那到头来不只是让学生瞧不起，还会导致犯大错。

我现在经常请学生吃饭。有时学生过生日个别请客，有时过节集体请客。我觉得我有这个条件。我们有的辅导员会说“我没有这个钱”。这完全可以理解。辅导员没有请学生吃饭的职责，谁也没有叫你必须请学生吃饭。辅导员要做到的是一定不能让学生请你吃饭。我在省教育厅工作的时候,有个校友去看我。讲到他辅导员的时候,他就记住了辅导员让学生请吃饭这件事。他说:“我的辅导员可差劲了。有一次让我们请他吃饭,他喝了两瓶啤酒。”你看,一名辅导员,可能工作也没少付出,但是被两瓶啤酒“摆平”了,学生认为不欠你的了。这多不值啊!

至于对想通过给予你好处“打通”你和他们关系的学生和家长,必须严肃地指出他们这种做法的错误。不能因为经济利益的诱惑而没有了党性、没有了原则、没有了做人的尊严。多大的利益值得你低下高昂的头?你要成为大学生的人生导师,看到学生不对的地方,要帮助他们及时矫正错误,不能使学生在“幼小”的心灵深处种下这样不好的种子。如果你不是对此加以制止,反而“悦纳”的话,这不仅会毁了你自己,也会毁了学生。他们明白了过来会忌恨你的。

这两天,网上在炒作一学生举报辅导员贪污班费及奖学金的事。如果事实属实,那可完全是辅导员个人主观故意的了。辅导员无论如何不应当做这样违法违纪的事,这也只能自作自受。当然这件事也暴露出了这样的问题:我们对辅导员队伍建设还缺乏科学有效的管理机制。素质如此低下的人怎么还能当辅导员呢?这就告诉我们,一定要采取有力举措选拔优秀的人做辅导员。应当看到,这些年来,在上上下下的齐心努力下,一大批优秀的辅导员正在茁壮成长。他们爱生如子,很好地担负起了大学生人生成长的指导者和引路人的任务,受到学生的喜爱。也确有个别的辅导员,只想自己,不顾学生的利益;没有原则,忘掉了一个共产党员的党性;忘记了一名教师所应有的尊严,失去了教书育人的情怀。显然这与辅导员队伍建设的要求是格格不入的。

当下,辅导员队伍建设越来越受到重视,辅导员队伍正向着职业化、专业化、专家化的方向发展。我们有理由相信一定会有更多的高素质同志加入辅导员队伍中来,这是大学生思想政治教育不断取得实效的保证。不过我们也要清醒地认识到,不管什么原因,总会有人混进辅导员队伍,这就要及时加以清理。只要我们弘扬正气,克服不足,给予这支队伍应有的关爱和尊重,辅导员队伍建设必然会越来越好。

083

幸福的人一定睡得安稳

什么是幸福？这是人人都关心的一个话题。

关于幸福是什么，大家给出了很多标准、很多答案，真是无法一一罗列。不过在无数的标准和答案中，有一个标准和答案大家一定认同：幸福的人一定睡得安稳。因为凡是睡得不安稳的人一定有“闹心”的事。“闹心”的人自然食之无味，睡之不香，也就谈不上幸福了。

当然“闹心”的事也不一定都是“自找”的，有的的确是别人带来的。比如到商场买东西买到了假货；车被别人撞了，撞车那人还蛮不讲理；到饭店吃饭吃出了沙粒……不过这都是小事，没那么重要，想想“倒霉”的事不会都让你赶上。这些“强加”在你身上的“闹心”事很快都会过去，它们对你的幸福不会产生什么影响。

这里我特别想说的是有类自找的“闹心”着实没有必要，那就是一些人把人生的幸福建立在对名利的追逐上。你若是一心想着名利，能不“闹心”吗？你还能睡得安稳吗？这又怎么能幸福呢？

中央电视台拍摄电视片《平语近人》第三集时康辉采访了我。在我们私下交流中康辉问我这样一个问题：你从辅导员做到厅级干部，又放弃厅级职务回到学校，能适应吗？

我说我的初心就是做辅导员，从来没想过一定要做多大的干部。我都是不争而得。在我从省教育厅到学校当辅导员的时候，有个领导关心地说“没有了厅级待遇你能行吗？”我说没什么。我也不是出生就是厅级干部，生带不来死带不去。我是聪明人,我不会把我自己送进“苦海”里。我有专车的时候,我也没感到什么幸福,反而带来些烦恼。到学校开会、调研总要被“前呼后拥”着,有人还要给我开车门。我很不适应,我真想悄悄地进到校园里,开完会在学生食堂吃个饭完事了。但是我左右不了自己,常常“被动”地安排。

我觉得现在挺好,我自己开车上班。我唱着《国际歌》上班。想想这一路走来,有组织的培养,有大家的关心和帮助,但是没有个人的努力同样是不行的。没有救世主,没有神仙皇帝。我来学校的时候,学校领导开始不同意我做辅导员。我说我回来就是要做辅导员的。

当教师节大会我上台领取任务书的时候,校长、书记说:“你怎么也上来了?”我说:“我是新入职的员工,我要服从学校的管理,我一定完成交给我的任务,当好辅导员。”那一刻,我从心里感到幸福。总想要权力管别人干什么?被别人管着又怎么啦?不是少操不少的心吗?我在大学一年级不是干部,但是并没有影响为同学服务,我天天打水扫地。在我参加工作后,我经常跟要求入党和当干部的学生讲,一定要从思想上解决入党、当干部的问题。想为人民服务的机会有的是,不用非要有什么样的级别、非要在什么样的位置上。

2017年年底我被授予了全国“时代楷模”的荣誉称号,这个荣誉沉甸甸的。以我的本意真不希望宣传我。我跟学校和省委宣传部有关领导都谈过我的想法。我说我就想做个不图名利的辅导员,把学生培养好。宣传不宣传我都会一样做学生工作。没有这样的名利我会睡得更安稳。

为加强辅导员队伍建设,国家出台了相关文件为辅导员解决“双重晋级”的问题。这是对的。一定要加大力度,采取切实有效的举措建设一支职业化、专业化、专家化的辅导员队伍。从辅导员自身来看,还是要“看透”这些外部环境。“双重晋级”是领导们想的事,我们个人不要太“当回事”。职称、级别都是身外之物,关键是学生怎样评价你。你有了学生就有了一切。千万不要因为“双重晋级”而“闹心”,这样你就睡得不安稳了,你的幸福指数就要降低了。

084

预防比干预重要

很多辅导员会问这样的问题:“学生出现心理危机的时候怎样干预?”有的辅导员为了掌握干预的技巧而四处“求学”,参加各种培训班,下了不少的功夫。这样做不是不可,不过这里有个问题还是应当搞清楚:不要把工作的重心放在学生心理危机干预上,最好还是把工作重心放在对危机的预防上,放在对学生思想的引导上。

其实很多学生的问题还是思想问题,并不是心理问题。比如长得丑就不想活了,是心理问题还是思想问题?比如家里生活困难便没有了战胜困难的勇气,是心理问题还是思想问题?比如没有得到奖学金便闷闷不乐,是心理问题还是思想问题?我认为这些都是思想问题而不是心理问题。长得丑便不想活了显然是思想上出了错,心中没有父母,没有想到自己这种行为会给父母带来多大的痛苦;生活困难便没有战胜困难的勇气,这是没有责任的表现,有了责任就有了担当、有了胸怀,就不会把眼前这点困难放在眼里;至于没有得到奖学金便忧虑不已,这更是思想问题,这样的同学根本没有解决好名和利的问题。

我有个学生曾给我写过一封1300字的感谢信,她说:以前她很叛逆,经常跟自己过不去。读完初中后,她就想辍学,因为有很多,很多原因。以前她们家也不怎么富裕,家有三个小孩儿。初三时,她选择了离家出走,她还记得那时她给她爸妈写了一封信,把信放在他们的枕头边,在信中写了很多她想告诉他们的一些话,离开了家,独自一个人去了很远的地方。就这样她在外地待了一个星期，那一个星期里，她吃别人吃剩的饭，睡在台球桌底下，最后实在待不下去了，然后就选择了回家。到家后，她妈因为她的离开而住进了医院，她爸不认她这个女儿。顿时，她也崩溃了。她便选择了自杀，准备割脉自杀，最后她还是放弃了。她本以为到了大学后会很孤单、很无奈，不知以后的路怎样走，她会很痛苦。

一般来说，很多辅导员会把像这个学生的情况看成有心理问题，需要心理预防，不然就会发展到危机干预的程度。我觉得她就是思想上有了问题。于是我找她谈话，跟她用微信交流，给她买学习用品，帮她解决回家的路费，陪同她游览……这个学生彻底改变了。她坚强起来，有了自信。

毕业前夕，她向党组织写了入党申请书，专业成绩也提高了上来。她说：

从小在山沟里长大的我，第一次受到这么多好心人的帮助，在这里我感受到家庭的温暖，尤其是您——曲导，您对我的照顾，我无法用语言来形容。因为有了您，我摆脱了这些孤单、无奈。我真的很感谢您，在这里，您是我最亲的人，就如同我爸爸。您对每一位学生都像对待自己的子女一样，我们在这里真的体验到了家的温暖。您说了很多令我们一辈子都铭记在心的话，您说“我决不会让你们任何人饿着肚子上课”。当时，我流泪了，因为第一次遇到这么好、这么关心我们、为我们这么付出的老师，我真的很感动，这句话我一辈子都会记在心上。说实话，我在上中学时，也从来没有人对我这么好。现在我满怀感激，我再也不像刚开始那样孤单、寂寞了，因为有您陪伴着我，很感谢在这四年有你一直陪伴我。曲导，现在的我对自己很有信心，不像刚开始那样对未来失去自信。

毕业时我把这个学生送到了机场。她在毕业留言中说：“大家即将要各奔东西了。而我选择了回自己的家乡发展，因为那里更需要我们这些年轻人。希望能有越来越多的孩子走出大山走进课堂接受更好的教育，也希望他们能走出大山看看外面的世界。走出来也是为了更好地回去。”我过生日这天，她给我送来了生日祝福：“曲导，生日快乐！我永远的父亲！”这是多么大的敬重啊！应当说这个学生思想的变化就是思想教育的成功案例。

许多辅导员在新生一入学便加强了对学生心理的排查，却忽视了学生思想的排查，这是本末倒置的。首先还是应当排查一下学生在思想上都是什么状况。思想是行动的先导，思想预防好了，恐怕就没有心理干预的机会了。我做辅导员时给学生建立电子档案、找学生谈话，对学生的思想状况了如指掌，增强思想政治教育的主动性、针对性、实效性，这样也就避免了有的学生由思想问题发展到心理问题，更避免了出现心理危机干预的机会。

085

教育引导学生崇尚劳动

可以说生活的美好都是通过劳动得来的。整个人类社会是这样,单体的个人也是这样。热爱劳动本应成为人区别于动物的重要特征。可是,在现实社会中,并非人人热爱劳动,好逸恶劳者大有人在。为什么会这样?这与我们对孩子(学生)的教育有关。现在在家庭里,孩子都成了掌上明珠,当家长的哪有舍得让孩子做家务的,在有的家庭里,就连本应由孩子自己做的一些最基本的事情也都由家长包办了。有个学生说,他从来不端洗脚水和洗脸水,这都是他父母的活,父母这样做是为了给他节省每一分钟用于学习。

现在的基础教育也是这样,追求的是升学率,同样不舍得花时间让学生参加劳动。有的学校甚至出现类似学生打扫教室这样的劳动也是由学生的家长代替的情况。这虽然是个案,却足以说明今天学校的劳动教育被忽略到何种地步。

现在大学的劳动教育和基础教育阶段没有太大的区别。一些大学虽然把劳动教育列入课表中了,但是并没很好地落实,基本上都在走形式。特别是一些高校以社会化为由头,原来由学生做的很多劳动项目如清扫水房、宿舍走廊、教室等都由社会化代替了。现在的学生真正是做到了“两耳不闻窗外事,一心只读圣贤书”,说今天的学生“四体不勤,五谷不分”一点都不为过。在教师节期间召开的全国教育大会上,习近平总书记指出:“要在学生中弘扬劳动精神,教育引导学生崇尚劳动、尊重劳动,懂得劳动最光荣、劳动最崇高、劳动最伟大、劳动最美丽的道理，长大后能够辛勤劳动、诚实劳动、创造性劳动。”

这是对各级各类学校教育提出的新要求。高校作为学校教育的最后阶段，必须认真落实好习近平总书记的讲话精神，上好大学生劳动教育这一课，教育引导学生崇尚劳动。

086

坚定教育信心

我在从省里回到学校做辅导员的时候,有的领导跟我讲:现在的学生不好带,你带的学生要是出事了怎么办?我想,只要工作做得细致些,学生一定会听我的,就不会出事。如今我带的学生圆满毕业,他们没有出事,他们已经高高兴兴地离开了。

毕业前他们说:“老师,四年里我们没少吃您的饭,能不能让我们请您吃顿饭。”我说:“这万万不可,我要请你们吃最后一顿饭。”就这样我个人出资为学生们举办了像样的告别晚会。学生们感谢我对他们的教育引导。四年里也没有一个学生给我弄得心烦意乱的。学生们说:“我们会想您的,我们一定会回来看您的。”我说:“老师也会想你们的,我会在这里等你们,直到连端一杯水的气力都没有。”每每想起那些和学生在一起的日子,心里总是充满了幸福和快乐,总是会给我的内心增添几分教育的信心。

我时常听到有的同志讲,现在的学生都是“独立”的一代,不愿接受我们的教育,这种看法是站不住脚的。不管是什么时代,哪有不愿接受教育的学生?即便是今天的学生,也是如此。一些教师不能给学生真正的教育,不能很好地教书育人;有的辅导员不能切实担负起大学生人生导师的任务,总是抱怨学生这也不好、那也不对,没有很好地从自身找原因。

作为教育工作者,你不把学生放在心上,学生怎么能把你放在心上?你不在乎学生,学生自然也就不会在乎你了。有的同志工作还没做,便打退堂鼓,便想学生不会听我们的,这只能使代沟越“挖”越深。大家常用德国著名教育家雅斯贝尔斯的一句话来探讨教育的本质,即“教育就是一棵树摇动另一棵树,一朵云推动另一朵云,一个灵魂唤醒另一个灵魂。”

这句话告诉我们的是,一名教育工作者,必须增强教育的主动性,有教育信心,要有教育的原动力。你若没有信心、没有原动力,你怎能“摇动”“推动”“唤醒”另“一棵树”“一朵云”“一个灵魂”?

我从参加工作起,就对教育抱有坚定的信心。我相信,作为思想政治教育工作者,只要我们有一种孜孜以求的精神、有一种不教育好学生誓不罢休的精神、有一种爱生如子的情怀,学生就一定会听我们的,就一定会跟我们走。我的教育信心被我三十六年的思想政治教育实践反复证明着。就在前两天,在我给一所高校大学生做报告后,我在我的公众号后台看到这样一段话:

尊敬的曲教授您好!

真是不知怎样感谢您,也不知我哪来的勇气给您写下这些话。可以说我本来以为我的心已经死了,我再不会向别人诉说我内心世界的想法,可是此时我抑制不住内心的激动,我要把我的心里话说给您听。

我是个内向的孩子。这内向首先是我个人原因造成的,但是也与外界环境分不开。从我懂事的时候开始,我所听到的声音都是“好好学习,将来考个好大学”。来到大学后,看到的差不多都是在为自己忙乎的同学,老师告诉我们的和我在上大学前听到的差不多,就是学好专业,将来找个好工作。我迷茫过,甚至低沉过,我问过我自己:读大学就是为了找个工作了事?那天听了您的报告,我的心胸豁然开朗。您说竺可桢校长告诉他的学生们:“乱世道德堕落,历史上均是如此,但大学犹如海上灯塔,吾人不能于此时降落道德标准。切记:异日逢有作弊机会,是否能‘磨而不磷,涅而不缁’,此乃现代教育试金石也。”您告诉我们要以德立生、以德立学、以德立业,这使我懂得了人生要有追求,不能只想自己在哪里工作,要想能为祖国做些什么。请您放心,我已经清醒过来,我知道了我的路在哪里、我要往哪里走,我一定积极向上,绝不能枉费了一生。

再次谢谢您!

读完这封信,我的眼前仿佛闪现出一个坚强的身影、一个奋力前行的身影，我相信这个身影一定会走得很远、很远！

作为教育工作者，我们没有理由不坚定教育的信心。这信心不只关系我们是否能全身心地投入教育学生的工作中，更关系我们的学生能否继往开来地行进在实现中国梦的伟大征程中。

使命呼唤担当。我确信，只要我们充满坚定的教育信心，就一定会引领一批又一批青年学生紧跟在我们身后前行。

087

和辅导员谈谈考博的问题

辅导员考博是个热门话题。这些年教育部思想政治工作司在辅导员队伍建设方面下了很大的功夫,采取了许多举措推动辅导员队伍建设。

其中之一就是建立了教育部高校辅导员培养和研修基地、教育部高校辅导员发展研究中心(最近又重新申报评审,将这些基地和中心重新更名为“教育部高校思想政治工作队伍培训研修中心”,并由原来的二十九个基地和中心增加到四十个),面向高校辅导员招收博士研究生。这些年,已经有为数不少的辅导员通过基地培养获得博士学位,还有些辅导员正在“基地”和“中心”攻读博士学位。这一举措有力地推动了辅导员队伍职业化、专业化、专家化建设。辅导员读博的劲头十足。

怎样看待辅导员考博的问题?有的辅导员讲,他现在一心想的就是考辅导员博士。他说他想进一步提高学历,做好辅导员工作。对辅导员考博首先应当充分肯定,不过需要思考的是提高了学历就一定能把辅导员工作做好吗?恐怕这两者不是“天然的”等值关系。教育的关键是要有爱,没有爱也就没有教育,思想政治教育工作尤为如此。思想政治教育工作需要理论水平,但是即便有了理论水平而没有爱心也是做不好辅导员工作的。学生会认为你竞讲大道理,他就不会悦纳你的教育。一名辅导员,如果有了爱生如子的情感,就会想方设法把学生培养好,就会主动了解学生的所思所想,就会自觉地掌握思想政治教育的相关理论,及时地为学生解疑释惑。况且有的博士生导师严格说起来,其学术背景和研究领域并不属于思想政治教育学科,这就使有的辅导员费了好大的劲考上了博士,却只能跟着导师研究导师熟悉的领域,甚至是在帮导师"提升",所研究的问题、写的博士论文对辅导员工作的指导价值不大,有的还会相去甚远,这样的话就算博士毕业了又能怎样呢?

如此说来我是不是不赞同辅导员考博士?不是的,前面我已经说了,对于辅导员考博应当充分肯定。我这里主要是希望辅导员要把读博和工作结合起来。特别不要为了考博耽误了工作,结果学历上去了,学生落下了,这是得不偿失的。当然还有的辅导员考博不是为了提升自己的工作水平,只是为了自己有个博士学历,待有了学历之后,便寻找机会转到其他专业课教学中,这就是另一个方面的问题了。

不要为读博所累。有机会、有条件,处理好读博和工作两者的关系,读博没有什么不好;没有机会、没有条件也不要焦躁,读博不是为了更好地做好辅导员工作吗?没有博士学位就做不好辅导员工作了?显然不是这么回事。

我就不看重学历。应当说我在读大学的时候学习算不错的。我的老师想推荐我读硕士。我认为我认真准备的话能考上研究生,但我放弃了。我那时是生活委员,每天打水扫地,为同学服务,我想我要是考研的话谁来打水扫地?我想我就不考,我看能怎么了。我留校做辅导员后,要求自己绝不能让学生在思想上出错,因此我十分关注学生在想些什么。我了解到有个学生思想偏激,对民主、对法治、对社会主义、对党的领导都抱有自己的看法。为了纠正她的思想,我有准备地同她谈了二十八次话,每次都不少于一个小时,每次谈话我都认真做准备,要看很多书、查阅相关的资料,最后解决了她的思想问题。

我有三十六年做学生工作经历。我与时俱进,随着学生的思想脉搏不断思考现实存在的问题,这使得我的思想政治理论教育水平不断得以提升。我的许多论文都不是因为读了博士而写的,我评上教授的时候没有博士学历。我在2000年读的博士。那时候我已经是教授、校党委副书记,读博对我已没有什么大的"用处",我为什么要读呢?

一是我孩子马上要上初中了,我要给他做榜样,让他感到我本来是可以每天"歌舞升平"的,却天天要爬格子,我的博士论文写了二十六七万字。二是当时有些人想着法子"混"了个博士,然后印在名片上穷显摆,我想我也可以读博，能考上为什么不考？三是北京师范大学的培养模式很好，我们在职博士的课程一般都安排在假期里，这样基本不耽误工作。按照现在的通常做法，没有博士学位恐怕是当不上博导了，不过要是就想做好辅导员工作的话，不当博导又能怎样呢？

辅导员读博一定要想清楚了到底你想要什么？怎么才能得到？这只能是你自己最清楚你自己了。我的主要观点是：不管怎样么，不能学问上去了，而学生被落下了。

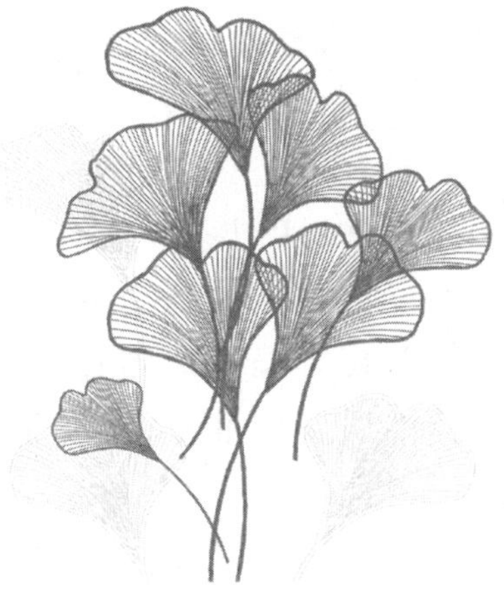

088

莫将“1”和“0”混为一谈

大家经常会看到英年早逝的报道。就在前些日子，很不幸李咏年仅五十岁就去世了。大家为之惋惜、为之悲痛。在悲痛之余有的人便大发感慨：身体是“1”啊，没有了“1”，后面有多少个“0”都没有用了。

乍听起来，此话有些道理。若细论起来，这话就不怎么有道理了。“1”是什么？“1”是自然生命；“0”是什么？“0”是社会生命，这两者是不能混为一谈的。“1”的后面若是没有“0”，要“1”有什么用呢？“1”不就成了本能的存在吗？即便长命百岁又有什么价值？

如果再不小心把“1”变成了“-1”，那对社会不仅没有一点积极意义，还会给社会带来危害。为什么对于一些英年早逝的人，大家为之惋惜、为之悲痛？那不是因为他们正处在英年，而是因为他们那么年轻就在“1”的后面有了那么多的“0”。为什么有的人刚成年就犯下了不可饶恕的罪行，被枪毙的时候人们拍手称快？那是因为他的“1”后面不仅一个“0”都没有，而且他把自己活成了“-1”，简直禽兽不如。

从根本上讲，没有“1”这个自然生命，是不可能有“0”这个社会生命的，这就跟存在决定意识差不多。但是一旦有了“1”，有了客观存在，那“1”就要为“0”服务了，就要不断地在“1”这个自然生命的后面排列上“0”这个社会生命，而且排列的“0”的数量越多，越说明这个“1”具有了社会性；越说明这个“1”超越了其自身的“物质属性”，超越了“动物性”，越具有了“0”这个社会属性的至善性。所以，没有“0”的“1”的存在对人的社会来讲是毫无意义的。有了“1”这个自然生命的存在,就一定要想办法在“1”的后面更多地排列“0”这个社会生命,这是由人的本质决定的。

现实社会中“1”这个自然生命和“0”这个社会生命有发生矛盾的时候,有的人为了增加“0”这个社会生命,“废寝忘食”“鞠躬尽瘁,死而后已”,直奋斗到“1”这个自然生命吃不消的程度,有的英年早逝的人就是这个样子。

大家还记得沈阳飞机工业(集团)有限公司董事长、总经理、党委副书记罗阳(1961.6—2012.11)吧?他在2012年11月25日12时48分执行任务时,突发急性心肌梗死、心源性猝死。其实罗阳本人在随辽宁舰出航实验的时候已经感到身体不适,为了使辽宁舰早日投入使用,他隐瞒了病情。在实验结束返回港口后,罗阳如果说他的身体不舒服,也会得到及时的治疗。可是为了在第一时间分析出实验数据,罗阳又隐瞒了病情。就这样,直到病情发作才送往医院。结果耽误了救治,罗阳不幸因公殉职。

这么说吧,对于像罗阳这样的人,应认识到身体是“1”,没有了“1”则后面有多少个“0”都没有用了,要处理好“1”和“0”的关系,为了使“1”更长久地存在,那么暂时少几个“0”还是有意义的。待“1”牢固了,暂时损失的那几个“0”很快还会补回来。问题是越是像罗阳这样的人,越是不信身体是“1”这样的“理论”。我曾参观过沈阳飞机工业(集团)有限公司,见过罗阳同志,单位的同志都说罗阳是“拼命三郎”。

细心观察一下不难发现,恰恰是一些“1”后面没几个“0”,甚至一个“0”都没有的人对“身体是‘1’”的“理论”大加赞赏。他们总想舒舒服服地做事。这就像有的大学生,不能冻着、饿着,歌不少唱,觉不少睡,桑拿不少洗,商场不少逛,“抖音”不少刷……总之,还没怎么学习就喊起累来,就担心可别把“1”弄倒了,唯独不着急的是他们的“1”后面还一个“0”都没有呢!

089

给辅导员朋友拜个年

亲爱的辅导员朋友们：

伴随着祖国前进的步伐，我们又风风火火地走过了一年。这一年，有我们的辛苦，更有我们的欢乐！我们在从事着一项功在当代、利在千秋的事业，想一想中国梦实现的时候有你的贡献是多么值得骄傲的事情！那时候，我们的祖国已经是富强民主文明和谐的社会主义现代化强国；我们的人民将根本实现老有所居，老有所养，老有所乐；在国际事务中我们将发挥着更加巨大的作用；我们不侵略别人，但是任何人再休想不被“邀请”便到我们的家门口随意地“溜达”；西方社会所标榜的“民主、自由、博爱”的面纱将被彻底地认清……想到这些，我们苦点、累点又算什么！

一切皆源于奋斗，源于走得坚定！奋斗才能成就辉煌，坚定才能走向未来！习近平总书记在2019年新年贺词中说：“人民是我们执政的最大底气。”这里可以说学生就是我们的人民，只要我们心中有学生，就没有克服不了的困难！让我们奋斗、坚定，“一步一个脚印把前无古人的伟大事业推向前进”。

值此新年之际，衷心祝福亲爱的辅导员朋友们：

事业进步！身体康健！

家庭幸福！万事如意！

090

需要境界，更要靠制度

（一）

远的不说，从 2004 年 8 月中央“16 号文件”下发，到 2016 年年底全国高校思想政治工作会议的召开，辅导员队伍职业化、专业化、专家化建设已有十几个年头了。

应当充分肯定的是，辅导员队伍建设与十几年前相比，的确发生了巨大的变化。与此同时，我们又不得不承认的是，辅导员队伍建设离职业化、专业化、专家化的要求还相差甚远。那么问题的瓶颈何在？

原因有很多。我认为，在诸多的原因中，辅导员队伍建设尚缺乏完善的、切实有效的制度设计是个重要的原因。这里我想着重谈一下辅导员职称结构制度设计对辅导员职业化、专业化、专家化的影响。这个问题不解决，辅导员职业化、专业化、专家化就只能是空中楼阁，再有多少年也达不到我们期盼的辅导员职业化、专业化、专家化的愿景。

这是因为我们现有的辅导员制度设计还没能有效地导引辅导员队伍建设朝着职业化、专业化、专家化的方向发展。在阐述这个问题之前，我还是要先阐释一下思想境界对辅导员职业化、专业化、专家化的作用问题。

我在大学生思想政治教育岗位工作了三十六年，我不离不弃，无怨无悔。我做过辅导员、学生处处长、校党委副书记，做过省委高校工委副书记兼副厅长、巡视员，但我最愿意做的还是辅导员。

我不争而得，被组织不断地安排任务。我在五十六岁的时候坚决辞去了正厅级领导职务，到大连海事大学做了一名辅导员。组织上对我还是很关心的，跟我谈话的一个省委组织部副部长说："你为什么非要做辅导员呢？能行吗？"我说："谢谢部长的关心。您放心，我不会把我送到苦海中的。"我毕业被派到历史系做辅导员的时候，我们系主任认为我是把教学好手，一定能上好专业课，多次想让我做专业教师。有一次他跟我说别因为做辅导员而把自己"耽误"了。我跟主任说："我不就在上专业课吗？"在大学里我认为最重要的课就是思想政治理论课，最重要的教师就是辅导员教师，他们对学生世界观的影响最直接、最深刻、最重要。当学生离开学校的时候带走专业知识是必要的，但是比这个更重要的是带走正确的价值观，懂得所学的知识应往哪里用、为谁用？所以，从我当上辅导员的那天起我就觉得当一辈子辅导员没有什么不好。由于不断被安排，我在四十岁的时候做了校长助理协助校党委副书记做学生工作；四十一岁的时候便做了校党委副书记分管大学生的思想政治教育工作。在我做校党委副书记的时候我就想，在做完两届党委副书记之后我就辞职回一线做一名辅导员，当时很多同志都以为我只是说说而已。

2006 年上半年，国家在上海召开了加强辅导员队伍建设会议。为了配合这次会议，《光明日报》一名记者采访了我。她问了我很多问题，最后一个问题是："如果让你重新选择的话，你还会选择辅导员吗？"我当时毫不犹豫地回答说："我一定还会选择辅导员。"我在到省里工作不到三年的时候，省里有的领导就问过我想不想到大学当党委书记？我说我不去了，等我把辽宁省辅导员队伍建设的相关文件制定完、把要做的工作做完，就回高校当辅导员。他们还以为我对到高校做领导不感兴趣，是不是想到省直机关任职。

2013 年年初，在我五十六岁的时候我不能再等了，我要到高校带一届完整的学生，也算了却我的一个心愿（我在学校做辅导员的时候没从头到尾带过一届学生）。我跟省委组织部的领导讲："让我回去吧，我现在的心情就像足球教练想下去踢球，再不下去比赛就结束了，我就不相信球踢不进'对方'的门。"我凭着什么如此坚决？今年暑期我参加了中央电视台拍摄的大型道德教育片《平语近人》第三集的录制。主持人康辉在台下跟我交流的时候问我："你为什么愿意当辅导员？"我的回答很简单，就是爱。

我爱祖国、爱人民、爱学生。

我是学政治教育专业的。一进大学我就认真地学习了《共产党宣言》,我坚定地相信“两个必然”的结论:资本主义必然灭亡,社会主义必然胜利。只不过我看不到,你们也未必能看到罢了。我们的祖国近代社会受了那么多的欺辱,是中国共产党领导中国人民推翻了“三座大山”的压迫,我们一定要让人民过上美好的日子。这就要把我们的学生教育好,使他们懂得所应担负的使命和责任。而教育就是爱,没有爱就没有教育。只有爱学生,学生才能跟我们走,他们才能更好地建设我们的祖国,我们的祖国才能变得强大。祖国强大了,人民才能幸福安康!我有很多机会离开辅导员工作岗位,离开教育岗位。我不仅有离开教育的机会,也有经商的机会,但是我都没有动摇。我觉得教育就是最好的爱国,作为一名教师,我感到无上荣光。尤其是辅导员教师,他们和学生朝夕相处,他们是大学生人生成长的指导者和引路人,他们所从事的就是一份功在当代、利在千秋的崇高事业。

三十六年中,我就在教育厅工作期间因患癌症(我的颅外表皮下长了一个鸡蛋大小的恶性肿瘤)耽误过一段时间的工作。在北京治疗的时候,有的医生建议我做头部植皮手术,还要化疗、放疗。我问医生我还能活多长时间?医生说治疗后就没事了。“治疗需要多长时间?”我问,医生回答我“最少一年半”。我跟医生说:“我知道了,我最少能活一年半。我要出院,我要把最后的时光留给学生们。”就这样,我在刀口还没有拆线、流着血水的情况下就出院了。我戴着帽子参加了全省大学生纪念一二·九运动大会。我跟辅导员讲了五分钟,让他们爱自己的学生;我跟学生们讲了五分钟,让他们珍惜时光,创造辉煌的人生。大家给了我雷鸣般的掌声。当时主管我的省领导关心地给我打电话说:“你不能把命都搭上了。”我们厅长也跟我说:“你疗养去,好好休息。”我顾不上那么多了。我在辽宁师范大学工作了22年,在大连海事大学工作了5年,27年中我没有请过一天病假。包括节假日、星期天,家里没有事,我就到办公室、到学生中。三十六年间,我还去过很多学生家家访,足迹遍布祖国大江南北。记得我20世纪80年代当辅导员时去一个学生家家访,好不容易挤上了一辆没有车门的公交车。这车就这样在山区公路上跑着,“幸运”的是我被挤在车里,若是离门口位置近的话那得多恐惧啊!现在想想我是怎样上了这样的车?

还有一次家访，夜里九点多开始下大雨，担心地震，学生父母不敢让我住在家里。就这样我和学生一家人站在车棚里直待到后半夜四点钟。那时头上漏雨，脚下流水。

（二）

从上大学的时候起我就是这样的性格：从不抱怨，从不喊累。特别是做了辅导员之后，我更是把全部身心都投入到了我选择的事业当中。我现在讲学的时候经常跟辅导员们讲：谁抬起我们的手向党宣誓了吗？谁绑着我们到了应聘辅导员会议现场了吗？没有吧？那我们为什么当了辅导员之后便这也不顺心、那也不满意，把“累”字挂在了嘴边？

说到底是我们的境界不够，我们忘了初心，忘了我们是从哪里来的、要到哪里去。与其他专业课教师相比，辅导员工作是要忙碌些，可是这又能怎么样？

2018年11月的一天，我去浙江大学做报告。我夜里11点下了飞机。在机场的出口处，我见到一位老人吃力地推着串在一起的几十辆手推车艰难地向前行。我们不幸福？那推车的老人比我们还幸福？恐怕不是这么回事吧！

关键还是要有境界，也就是心中要有学生。心中有学生，前行有力量！

我去过李大钊、方志敏等革命先烈的墓地。我给他们献过鲜花。站在他们的墓前我肃然起敬，我说：“先辈我来了，我一定传承你们的遗志”。怎样传承？那就是要努力把学生培养成德智体美劳全面发展的社会主义建设者和接班人。这是多么崇高的事业，这是对先辈最好的慰藉。想想先辈们，我时常感到汗颜：他们献出的是生命，我只是少睡了点觉而已。在中宣部把我定为全国“时代楷模”要进行宣传的时候，我让我们省委宣传部把我个人的意见反馈给中宣部，我不同意宣传我。我愿意做个不图名、不图利的人。在我看来，名利都是身外之物，没有那么重要，尤其到了我现在这样的年龄，我更是看淡了这些。

我们要向马克思学习。2018年为纪念马克思200周年诞辰，中央电视台播放了《马克思是对的》电视片。

马克思哪些是对的？首先马克思的信仰就是对的。马克思知识那么渊博，马克思想过评职称的事吗？马克思有那么好的从政条件：他的妻子的哥哥就是普鲁士王国的官员，他的妻子燕妮出生在贵族家庭，马克思本人的家庭也算富裕的家庭，可是马克思却从来没有想过当官的事。

有了信仰，自然就有了奋斗的精神，就有了干劲。为了大多数人的幸福，马克思把自身“陷入”贫困之中。教育部现在每年都要评选年度十佳优秀辅导员，他们每个人的事迹我都认真看过，很感人。他们很多人的工作环境并不如意，但是他们的一个共同特点是思想境界崇高、人生信仰坚定，他们从不抱怨环境，他们都有爱生如子的情怀。他们“捧着一颗心来，不带半根草去”，为了学生的利益尽量少想自己的利益，他们因而得到了学生们的拥护和爱戴。他们靠什么？说到底靠的也是境界。

总结我和学生在一起的日子，我之所以能够每天迎着属于我的那缕谁也剥夺不去的阳光高高兴兴地上班，支撑我前行的力量同样是对党和人民的事业负责的思想境界。不然早就会在心里嘀咕了：“讨厌的学生怎么还不离开？怎么又开学了，那些讨厌的学生又要开学了。”这怎么能做好辅导员呢？

（三）

如此说来，有了境界一切问题不都解决了吗？那辅导员们还抱怨什么？还讲什么条件？

有的同志就是这样看待辅导员队伍建设的，他们祈求靠着境界一劳永逸地解决辅导员的安心问题。

我在省教育厅做高校工委副书记的时候，为落实中央“16 号文件”精神，提出给辅导员创造工作条件，其中建议省委省政府在下发的《进一步加强和改进大学生思想政治工作实施意见》中写上给辅导员每月 200 元工作条件费。

在征求意见的时候，有个省教育厅的领导同志不同意。他说凭什么给辅导员工作补贴？他们辛苦？他们有警察、消防员辛苦吗？我当即反驳说：“我们说的不是一个概念。我说的不是辅导员工作辛苦要给他们补贴，我说的是要为辅导员工作提供条件保障。警察辛苦，警察抓人的枪是用工资买的吗？消防员辛苦，消防员救火的云梯也不是从家里扛来的。辅导员要带好几百学生，学生中经常有发烧感冒、甚至住院的，辅导员要常看望这样的学生。他们能空手去吗？慰问品、交通费怎样解决？辅导员工作的一个重要方式是和学生保持电话联系,费用从哪出?他们也上有老、下有小,从他们的工资里出没有道理。”

我就是个个例,都像我这样不都成了全国“时代楷模”了吗?我有我的条件,辅导员没有我这样的条件,学我就是学我那种爱生如子的精神,绝不是比为学生花了多少钱。这么一支庞大的辅导员队伍,单靠境界是不可能职业化、专业化、专家化的。

有的领导同志更是不用脑子地说:“辅导员不是愿意干吗?”什么叫愿意干?你不愿意干?你为什么要配备专车,自己买一辆岂不得了?你的电话费为什么要有补贴,那点钱用工资付一下不就完事了?

2016年年底,全国高校思想政治工作会议以后,有的省市给辅导员每月增加了1000元钱,许多高校也是给辅导员增加了待遇。有的同志说这是“照顾”,是给辅导员辛苦的补贴。这里需要正名。这钱就是为辅导员工作提供的条件保障,或者说这钱就是辅导员教师属性所应带来的,不给是没有道理的。

这个名一定要正过来。不然辅导员就成了一群向组织讲价钱的人;不然一些杂活就更“天然”地成了辅导员分内的事;不然学生就“真成了”辅导员自己的学生;不然其他专业的教师就会说“立德树人的任务关我们什么事”;不然就更难于将思想政治教育工作融入教育教学全过程了。

从辅导员自身来讲必须讲境界,从我们组织来讲,还是要讲制度。辅导员职业化、专业化、专家化提出多年了,为什么离我们的愿望、离我们的工作要求还相差甚远?现在很多高校一线辅导员连一名教授都没有。说到底还是在制度上没有很好地完善辅导员队伍职业化、专业化、专家化建设。

这里有两方面的含义:一是地方主管教育的部门和高校应当更好地贯彻落实国家层面关于辅导员队伍建设的要求;二是国家层面要进一步完善加强辅导员队伍建设的制度设计。

辅导员到底是什么身份?国家文件里白纸黑字,写得非常清楚,他们就是教师,是大学里不可或缺的教师。是教师就要评教师职称,这是天经地义的,国家相关文件也是这样要求的。这根本不是什么高深的理论问题,可是却偏偏有些“说得算”的同志含含糊糊、闪烁其词,当然也有态度“鲜明”的,根本不承认辅导员的教师身份。态度决定一切。这就使得在抱有这样一种认识的同志主管的省份、学校,至今仍没有出台辅导员评职称的实施意见。给辅导员评职称就那么难吗?辽宁省十多年前就下发了给辅导员评职称的实施细则,为了避免辅导员在学校评上了而报到省里“大评委”的时候(那时高校还没有辅导员教师系列职称评审权)都成了“分母”,省里还成立了单独的辅导员教师职称评审委员会(相当于“大评委”会下设的分委员会),至今辽宁已经评了六七百名辅导员教授、副教授,较好地稳定了这支队伍。

有些高校也给辅导员评职称,可是制定的辅导员职称评定条件根本不符合辅导员教师的身份特点和学科属性。

辅导员教师是什么教师?他们应当追求什么样的专业方向?

辅导员教师的第一“学术要求”是要成为大学生的人生导师,评价他们的首要标准是看他们将学生培养得怎么样,也就是看学生是带着什么样的价值观离开学校的。

辅导员要有论文,要看他们的理论水平,但是他们的学术研究、理论水平一定要体现在为学生的成长成才服务上。我们现在一些学校的辅导员职称评定条件“简单化”,在一些同志看来,辅导员是教师,既然要评职称,那就要同人文、哲学、社会学科教师一样的条件,课题、论文、专著、课时都不能少。

辅导员怎么这么全能?这样的条件能有几个人评上职称?这跟不给辅导员评职称没什么两样。我们有些辅导员把学生带得很好,其本人是省级以上优秀辅导员,所带的班级获得过省级优秀班级称号,这些在评职称的时候却连一篇C刊论文都顶不上。辅导员评职称要有科研成果,更要突出业绩,这是由他们的教师特点、学科属性决定的。

现在一些辅导员的工作像油浮在水上面一样,追求的是学历、论文,根本没有走进学生的心灵,不能不与这样一些学校职称评定的杠杆导引有关。还有的学校不说不给辅导员评职称,可是每到评职称的时候辅导员就被抛在了一边。有的强调学科、专业建设,要保这些专业、学科,名额便向这里倾斜。思想政治教育不是学科?大学里还有比思想政治教育大的学科吗?这个学科管所有的学生,是要管四年的;有的学校说名额紧张,轮不到辅导员。辅导员是按师生比1∶200配备的,他们中有几个教授、几个副教授,他们的名额都哪里去了?其他专业教师副高级以上职称已经占比五六十了怎么还有名额？这个账很难算吗？辅导员若是不够条件，那另当别论，说没有名额是没有道理的。

为了推动辅导员队伍职业化、专业化、专家化建设，我倒认为职称评定应当向辅导员教师倾斜，在尽量短的时间里让够条件的辅导员都能评上相应的职称，使他们安下心来。

（四）

再说说完善辅导员队伍建设制度设计问题。2016 年年底全国高校思想政治工作会议之后，下发了中央“31 号文件”，提出高校辅导员与学生的配备比例要达到 1∶200。其实这个比例不是新规定，2004 年 8 月颁发的中央“16 号文件”中就是这样要求的。这么多年过去了，制度落实得怎么样？

整体态势向好，但是仍有很多高校达不到这个要求，有的学校辅导员与学生的比例比 1∶200 要高很多。也有的高校出现了这种情况：曾经达到过 1∶200，可是现在又达不到了。为什么会是这样？就是我们没有构建出使优秀的辅导员教师进得来、留得住的长效机制。其实我们现在单纯地强调辅导员是教师；要给他们评职称；辅导员与学生要达到 1∶200 的比例，已经根本没有意义了。

实际情况是：一些学校现在也评了一些辅导员教授、副教授（当然还有不评的，不过这是早晚的事），但是评上了教授或副教授的辅导员教师，他们很大部分却并不在辅导员一线了。一些辅导员教师评上教授或副教授，学校便把他们“优出”了（有些学校就是这样提出的，干好了就“优出”。不能这样提，那还在辅导员教师岗位上的不都成了“没干好”的了吗？）。

结果在许多高校都是如此，评上教授或副教授就离开了一线辅导员教师岗位；那没评上的，也是想办法到其他部门去。由于相对来说辅导员教师管理能力较强，许多学校把从辅导员教师中选拔“好的”到机关当成了常态，这就出现了“周瑜打黄盖，一个愿打一个愿挨”的局面。

这对学校、对辅导员职业化、专业化、专家化建设到底是好还是不好？从长远看，说严重些就是“两败俱伤”。试想一下，一所学校将来都是“清一色”的辅导员教师在管理（现在一些学校已经是这样的态势了，一些同志对学校的管理就是“管学生思维”），这岂不太单一了，太行政化了？行政管理也需要职业化、专业化、专家化,需要"行政权力"与"学术权力"相统一。从辅导员来看,当上个校级领导还"划算",若当不上呢?哪有在一线做个辅导员教授好呢?所以,对辅导员的关心,不是让他们都"优出"到机关从事管理,而是让他们"优留"在一线当教授。

众所周知的是,现在很多高校辅导员和学生的配比已达到或接近了1:200的比例,可是为什么大学生思想政治教育还那么不尽如人意?诸多因素中有这样一个重要因素:我们所选留的许多"1"的辅导员教师素质还很难达到辅导员教师的"教学要求"。如前所述,一些学校把素质好的"1"都"优出"了,结果辅导员教师每年都处于青黄不接的状态。为了保证1:200的比例,许多高校只好像割韭菜似的,割了一茬补一茬。

特别是有些学校还采取了"2+3模式"(本科毕业后先做两年"辅导员教师",再读研究生)选聘"辅导员教师"(这里我之所以把辅导员教师加上了引号,是因为我是不承认这些"准研究生"是辅导员教师的)。这就出现了三个"准研究生"折算为一个"辅导员教师"的做法。现在这种做法很普遍,尤其在"双一流高校"。我独不解的是怎么三个"准研究生"就可以折算成一个辅导员教师了呢?就是三十个、三百个他们不还是学生吗?他们怎么能一夜之间就变成辅导员教师了呢?一个优秀的辅导员教师可以给三千个学生做思想政治教育报告,恐怕三千个"准研究生"也做不了一个学生的思想教育工作。因为这些"准研究生"就是些"娃娃","娃娃"是不可能给"娃娃"当人生导师的(极其个别的就另当别论吧),他们充其量也就是扮演个学生事务助理的角色。

如此看来,如果这样持续下去,虽然我们出了不少力,由于路子不对,建设职业化、专业化、专家化的辅导员教师队伍恐怕只能是海市蜃楼般的愿景。我们必须建立职业化、专业化、专家化辅导员教师队伍。怎样建立?像现在这样只强调1:200是不行的。那么怎么办?我提出要在1:200的基础上,建立科学合理的辅导员教师职称结构。

这是什么意思呢?就是依据一所高校有多少学生,在辅导员教师一线科学合理设置辅导员教师教授、副教授、讲师、助教岗位,形成辅导员教师的梯队层次。唯有这样才能从根本上改变辅导员教师像割韭菜、走马灯似的局面,才能保证辅导员教师队伍职业化、专业化、专家化建设。可以打破常规不拘一格降人才。其他学科教师可以从社会引进,辅导员教师也同样可以从社会上引进。为什么其他专业教师一般不愿意到机关做管理？这里一个很重要的原因不就是他们有教授职称或有评上教授的奔头吗？要形成辅导员教师不愿到机关做管理的氛围（凡是评上了教授或副教授的辅导员教师，若是调离了辅导员教师岗位，职称指标不能带走，必须留在一线辅导员教师岗位）；可以将那些辅导员教师出身到机关工作了的，或一直在机关工作却具有辅导员教师素质的同志再吸引、回归到一线辅导员教师岗位；全校教职员工凡是具备辅导员教师素质的都可以应聘辅导员教师岗位；还可从退休了的教职员工中选聘一些做辅导员教师，以解决燃眉之急……

中国梦能否实现关键看“最后一公里”能不能走好，关键看我们怎样把走好“最后一公里”的人培养出来，胜败在此一举。时不我待，恐怕像我们现在这样慢悠悠的打法是来不及了。

机关怎么办？有些同志会有这样的“担忧”。实际大可不必。每个人都会权衡得失的，愿意在机关发展的会设计去机关发展的路径；愿意在一线辅导员教师岗位上发展的会设计在辅导员教师岗位发展的路径。况且由于再不用担心辅导员教师的出路问题了，机关腾出的名额可以按岗位需要，向校内外公开招聘。相信市场杠杆、人才评价等机制会自觉发挥导引作用的。

（五）

实现科学合理的辅导员教师职称结构，上级有关部门极为关键。靠着学校的“自觉”会很难，也会很慢。实事求是地说，与前些年比，尽管辅导员队伍职业化、专业化、专家化发展有了很大的进步，但是在高校应不应当有辅导员教师队伍的认识上仍存在着差异，高校自身各层面的思想认识并不统一。这也是导致当前高校辅导员教师职称结构不尽科学合理的一个原因。

怎么办？这就需要外力的推动。上级有关部门可以在原来辅导员与学生的配比为 1∶200 的基础上，明确提出高校一线辅导员教师的职称结构要科学合理，并对此加以督导、检查、评估。要较真，不能只是落实在文件上。

我在省教育厅工作的时候，有个和我关系不错的校领导跟我讲：“你别太累了,冲着你,我们学校一定配齐辅导员队伍。你知道的,上级部门对高校本科教学水平评估的时候,有没有辅导员并不影响学校能不能评为优秀。”

实际情况确实如此。本来辅导员队伍建设的比例要求是以教育部名义下发的文件,本科教学水平评估的文件也是以教育部的名义下发的,但是落实起来就成了教育部司局的文件了。各说各的,各做各的。

大家都知道,高校最在乎的是本科教学水平评估,而不是辅导员队伍建设。如果评估的时候把辅导员队伍建设当成硬指标,那辅导员队伍职业化、专业化、专家化建设一定会是另外一个样儿。现在我们搞“双一流”建设了,看看相关高校重视到何种程度?我不解的是世界一流不包括人文一流?学科一流不包括人文学科?人文学科一流能不包含思想政治教育学科一流?思想政治教育学科一流能不包括辅导员教师队伍一流?特别应当认识到的是:思想政治教育学科是人文学科中的人文,处在人文一流的核心,没有思想政治教育学科的一流,怎么能有资格称为世界一流?没有带上灵魂能往哪里走?思想政治教育学科一流应是我们中国的“哈佛”的本质特征。这里我借用一下墨西哥的一个谚语:一群人在走,走着走着有个人站住了。别人问他;“你为什么不走了?”他说:“我的灵魂没有带上。”说得多深刻、多发人深思!

我们的大学难道不应当好好地思考一下吗?现在我们很多大学也是把就业率当成了办学的主要指标,这可以理解,但绝没有道理。

大学要关心的是学生的就业观,而不是就业率。学生们都到哪里就业了?到祖国需要的、艰苦的地方去了多少?想想“校园贷”事件多么可怕啊!这意味着在它的后面隐藏着一个庞大的犯罪集团。这些人都是从哪里来的?山沟里冒出来的?不都是这些年我们的大学培养出来的吗?有的不就是名牌大学毕业的吗?

世间一切事物中,人是最宝贵的。建设一流的人文就需要一流的教师。辅导员教师就是大学里一部分重要的人文教师,这就是他们的定位,这就是建设辅导员教师职业化、专业化、专家化的内在根据。眼下他们离职业化、专业化、专家化的要求还很远,还不能完全胜任辅导员教师所应担负起成为大学生人生导师的“教学任务”,我们要采取切实有效的措施下大力气来抓好辅导员教师队伍的建设。

现在对高校巡视的时候都有辅导员队伍建设情况的巡视。这是举措，也有推动，但是这还不够。现在的巡视主要是从意识形态角度出发的。这上面容易造成以“运动式”来抓辅导员队伍建设的“错觉”，好像领导重视了大家就得重视，要保持一致性一样。

高校要有辅导员教师，这是高等教育发展内在规律的要求，也是人才成长规律的必然要求。研究表明，一个人的成功23%取决于他的智力水平，剩下的取决于他的非智力因素。什么是非智力因素？就是一个人的情感、责任、毅力等因素。对当代大学生来说，就是是否能做到“四个自信”，是否为中国梦的实现而学习。大学生有了这样的非智力因素，就会刻苦学习，就会把这种强大的精神力量转化为无坚不摧的物质力量。这就需要发挥辅导员教师的人生导师作用，这就需要有一批人格高尚、理论素养深厚、实际工作能力超强的职业化、专业化、专家化的辅导员教师队伍。

通过巡视来推动辅导员教师队伍建设有必要进行下去，但是如前文所述，如果认为师生比例达到了，辅导员教师队伍建设的任务就完成了，这能建设一支怎样的辅导员教师队伍呢？如此的辅导员教师队伍不可能是高素质的，因而也就保证不了辅导员教师所担负的成为大学生人生导师任务的完成。

为什么常常一到关键的时候辅导员就顶不上了，做不通学生的思想工作？这是因为平时这些学生的思想困惑就没有很好地解决，从而使得他们的错误思想在不断地膨胀。到了“瓜熟蒂落”的时候，也就自然释放了出来。看起来突然、偶然，实际上是必然，这是早晚的事。因为一些学生的思想萌芽还在孕育状态的时候，我们一些辅导员教师就没有能力及时地把其消除掉。

现在辅导员教师号称多少万大军，但是“杂牌军”太多，“正规军”数量不足，而有攻打思想阵地战斗力的“正规军”更是捉襟见肘。

不能再等下去了。中国梦的实现需要一批能培养出走好“最后一公里”的人的职业化、专业化、专家化的辅导员教师。现在是需要“权威”的时候了。大学是国家的大学、共产党的大学，大学必须以立德树人为根本任务。大学不能由个人说了算，不能由个人想怎么办就怎么办。要像抓其他教师队伍一样抓辅导员教师队伍建设。其他教师队伍的副高级职称已经占到很高的比例了，而辅导员教师的职称结构呢？

如果学校没有这个“积极性”，那上级有关部门就要加强督导、检查、评估。要在尽可能短的年限内，一定使辅导员教师的职称结构逐步科学合理化，并使之良性循环。凡是达不到要求的，要给予该给予的说法。什么说法？我想大家都懂的。总之，要对高校一线辅导员教师的职称结构做出科学合理的制度设计。加之督导、检查、评估，并有个明确的说法，辅导员职业化、专业化、专家化的步伐就一定会大大加快。

091

不说话就不“得罪”人啦？

有位辅导员朋友跟我说，他不敢说话，尤其是同事间讲评工作的时候更是如此。对学生也不敢批评。在他脑子里装着的是“讲话会得罪人”。

话总是要说的，关键看你为什么说？说什么？你的出发点是什么？记得我在学校做学生处处长的时候，为学生向学校反映食堂用过期豆油炸油条这一事件，得罪了学校后勤处的人。

后来我到省里工作的时候，同期有五六个省领导的秘书是我们学校的学生，有的学生我还给他们上过课。我有事找他们协调时，他们都非常热情。他们说我在学校给他们的印象就是敢替他们说话。看看，当初我要是不说话，或许会讨好后勤的人，但是那样就会得罪这些学生。

我做校党委副书记的时候，每年年底的测评，都会有不称职票。对此我只是一笑了之。我问心无愧。说我不优秀可以，说我不称职那只能是小人之心。我敢保证，工作三十六年，我没有为我个人利益向组织说过一句话。我在省教育厅做高校工委副书记的时候，找省委宣传部商量，为辅导员和思想政治理论课教师单独设立了研究课题。我是博士生导师，算学术型领导，但我在省里工作了八年半，我没有申报过一个课题，不想让人觉得我是不是在搞以权之便。

无论在辅导员位置上，还是在学生处处长、党委副书记、省委高校工委副书记位置上，该我讲的话我必须要讲。有些话讲出来，别人也未必愿意听，但是又不能昧着党性、良心来讲。比如在党委会上讨论干部的时候，我会实事求是地谈我的意见，有的表态可能会得罪了要提拔的那个干部。但心底无私天地宽。尽管有时或许还会得罪某个领导，我也不会顾及那么多，我相信金杯银杯不如老百姓的口碑。

大千世界，芸芸众生。每个人的成长环境、知识水平、个体体验、价值追求，会有很大的差异性，想众口一词是办不到的。而人性的一个“弱点”又是愿意听自己愿意听的话。这就难免出现讲不讲话都要得罪人的情况。你讲了，就会得罪不想让你讲的人；你不讲，就会得罪想让你讲的人。

就像我现在写公众号的文章，那些愿意听我讲的人会想，最好多给他们写一些，有的还点赞、打赏，给我邮寄家乡的特产“犒劳”我，他们嘱咐我别累坏了身体；个别不愿意听我讲的人呢？恐怕就会恨不得把我“累死”，那我就再不用唠叨了。因为想不让我讲是不可能的。当然他会退群的，但是那样解决不了他的问题，我还是会照样说着别人愿意听、他不愿意听的话。

说话是必然要得罪人的，但是不说话也是要得罪人的。我们所能做到或应当做的就是说正确的话，说该说的话，别为自己说话。讲话时尽量注意时间、地点、场合、方式。理解你的，自然就理解你了；不理解你的，也难让他理解。心放宽些，我们是为真理而讲话，绝不要为讨好和巴结别人而讲话或不讲话。

092

构建学校教育与家庭教育相结合的长效机制

有的辅导员让我谈谈对辅导员家访的看法。我在《思想理论教育导刊》(2013 年第 3 期)发表过一篇文章,结合辽宁辅导员家访实践谈了我的认识,今天推送给大家。

我个人从 1982 年留校到今天,尽管工作岗位发生了一些变化,但是我都坚持到学生家家访。家访既增强了我工作的针对性,也增强了工作的责任。我在任省委高校工委副书记的时候,去过一些孤儿家家访。

很多孤儿的生活状况很凄惨:他们有的靠吃方便面过年;有的到网吧“躲年”;还有的“流串”过年;一些孤儿的学费是借高利贷筹的……后来我多方呼吁,推动辽宁省出台了政策:所有在辽宁读大学的孤儿一律免除学费和住宿费,由此辽宁省还出台了免除所有中小学孤儿学费的政策。我个人还力所能及地资助了几个孤儿完成学业,并且他们都入了党,有的还硕士毕业,现在他们都成了辅导员。我利用各种机会去过上百个学生家,尤其那些困难学生家的情景历历在目,始终激励着我做好自己的工作。我常想,培养不好这些学生们多对不起他们的家长、多对不起我们的党性、多对不起我们的良心!

党的十八大报告提出立德树人是教育的根本任务,这为进一步做好新形势下的大学生思想政治教育指明了方向。高校辅导员与大学生联系紧密,是大学生成长的引路人,对做好大学生的思想政治教育发挥着重要的作用。辽宁省创新大学生思想政治教育载体,从 2008 年寒假开始,连续五年开展“千名辅导员访万家”活动，走访了四万多个学生家庭，使学校教育与家庭教育很好地结合了起来，增强了大学生思想政治教育的针对性，构建了学校教育与家庭教育相结合的长效机制，取得了大学生思想政治教育的实效。

(1)充分认识新时期辅导员家访的必要性

《中共中央、国务院关于进一步加强和改进大学生思想政治教育的意见》明确指出：“学校要探索建立与大学生家庭联系沟通的机制，相互配合对大学生进行思想政治教育。”新形势下做好大学生思想政治教育工作，需要学校与家庭充分沟通、紧密合作，共同服务于培养大学生的育人目标。

思想政治教育归根到底是做人的工作，既需要以理服人，也需要以情感人。实践证明，一些大学生愿意听从辅导员的“说教”：一方面是因为辅导员人生阅历较之更丰富，在和学生交流的过程中能根据自己的人生经验对学生予以指导和帮助；另一方面是因为在长期的工作和生活中，辅导员和学生经常性地进行各方面交流，师生双方有一定的情感基础。

因此，要把大学生的思想政治教育工作做好，需要辅导员对学生有深厚的情感和关注，正所谓“没有爱，也就没有教育”。从某种意义上讲，辽宁省组织开展“千名辅导员访万家”活动，其目的正是为了给辅导员和大学生搭建一座情感的桥梁。

在辽宁省部分高校中，根据笔者的了解，为了对学生进行家访，有的辅导员顶着凛冽的寒风，走了十几里的山路才找到学生的家；有的辅导员在拥挤的汽车上站了十多个小时，下车后还要走很远的土路才能到学生的家；有的辅导员给学生送去了年货；有的辅导员被学生家的贫困震撼了，把原本打算给父母准备的过年钱掏了出来。听说辅导员要来家访，许多学生和家长充满期待地盼望辅导员的到来。家访，一下子拉近了学校与家庭、辅导员与学生之间的距离。

(2)辅导员家访有助于增强思想政治教育的针对性

教师做好大学生思想政治教育工作的一个重要前提是，不仅要熟知学生的所思所想、所作所为，而且要清楚地了解他们产生这些想法和做法的原因。

家访有助于让教师深入地了解学生的思想动态和家庭情况。当前，大学生尽管自然年龄已经成人，但是由于缺乏社会阅历和生活磨炼，他们的社会年龄尚未成熟。一些大学生认为他们不仅在是否要入党、是否竞选班级干部、是否谈恋爱、是否考研这样一些大的事项上由家长说了算，连生活中的琐事都要听家长的意见。由此可见，追根溯源的话，一些学生之所以产生这样或那样一些想法和问题与家庭的影响是分不开的。“解铃还须系铃人。”通过家访，辅导员可以更深入地体验到学生的生活环境，走进学生的心灵，使思想政治教育更贴近学生实际。辅导员从家长那里，直接倾听到他们对孩子成长的介绍、对孩子性格的分析，了解到他们对孩子的期望和对学校的一些诚恳的要求和建议。通过这些，辅导员可以获得丰富的第一手信息，经过归纳整理，自然会使接下来的思想政治教育工作有的放矢、增强实效。

(3)辅导员家访有助于提高辅导员的责任心

思想政治教育者的素质是思想政治教育者的“本质力量”，提高教育者素质是加强思想政治教育的核心。要说素质，毫无疑问，责任心是辅导员素质中极为重要的一个方面。一些辅导员工作比较出色，个人能力强是其中的原因之一，更重要的是他们对工作的热爱和对学生的负责，想学生之所想，急学生之所急。家访可以使辅导员亲身感受学生家境的贫寒、求学的艰辛、成才的渴望、家长的期盼。有的辅导员讲自己通过家访，了解到一些学生的困境远远超出了自己的想象，体会到学生的求学之艰辛，家访后是含着泪离开学生家的。家访可以使辅导员油然而生一种强烈的责任感、使命感，懂得辅导员工作的光荣和价值。

(4)着力构建学校教育与家庭教育相结合的长效机制

事物的发展有其内在的规律性。辽宁省教育厅遵循大学生思想政治教育的规律，着眼长远，积极探索新形势下学校教育与家庭教育相结合的着力点，构建起了学校教育与家庭教育相结合的长效机制，对家访活动进行统一部署。

从2008年寒假开始，辽宁省每年都以省委高校工委、省教育厅的名义向全省高校下发在寒假期间开展“千名辅导员访万家”活动的通知。通知要求各高校要充分认识“千名辅导员访万家”活动的必要性、重要性，精心组织、周密安排，动员和组织广大辅导员积极参加到家访活动中来，确保家访活动顺利进行。辽宁省委高校工委、省教育厅还把各高校开展“千名辅导员访万家”活动的情况作为评比检查各高校加强和改进大学生思想政治教育的一项重要内容。

通知还特别要求,各高校要为辅导员家访提供必要的经费支持,作为辅导员交通和为被访学生家庭购买一些年货的补贴。辽宁省教育厅每年列 50 万元专项,为 1000 名辅导员(每人 500 元)提供补贴。按照省委高校工委、省教育厅的通知精神,各高校进行认真部署。目前,全省高校都把家访活动当作一项常规工作来落实。许多高校还把辅导员家访延伸到学校有关领导(有的高校,学校的党政一把手亲自进行家访)、学生工作部门的同志、班主任和思想政治理论课教师。

(5)对辅导员家访提出明确要求

为了使"千名辅导员访万家"活动取得实效,辽宁省对参加家访的辅导员提出了明确的工作要求。要求辅导员在家访学生的选择上一定要有典型性,通过家访举一反三,有助于辅导员了解当前大学生中存在的突出问题或倾向性、普遍性的问题,家访活动应与探访、慰问贫困大学生家庭结合起来。

家访结束后,辅导员要提交一份家访报告,报告应包括被访学生姓名、家访时间及地点、家访目的、被访家庭情况、被访学生当前思想和行为表现情况及成因、进一步加强学生教育管理和服务的措施,以及启示、建议和体会等方面的内容。要严明家访纪律,严禁辅导员利用家访之机,给被访学生家庭增加不必要的负担,有损学校和辅导员的形象。

辽宁省还规定,辅导员的一些评比,如省优秀辅导员、辅导员年度人物、辅导员标兵等,有家访经历是必须条件。2013 年上半年,辽宁省评选了十名辅导员"五一奖章"获得者,这些获奖者都有家访的经历,有的辅导员甚至走访了几十个学生家庭。辽宁省还特别规定,辅导员评聘教师职务必须有家访经历,否则一票否决。这里突出强调的是辅导员评聘教师职务一定要有工作的业绩。

(6)对辅导员家访进行总结评比

辽宁省每年度都要对全省高校开展"千名辅导员访万家"活动的情况进行总结评比。总结评比分为两个方面:一是在各学校主动申报的基础上,由教育厅组织专家进行遴选,确定一批家访活动先进单位;再就是在各学校推荐的基础上评选一批家访活动的先进个人。

每年评选结束后,辽宁省委高校工委、省教育厅都要召开表彰大会,让先进的学校和辅导员代表介绍经验，与会代表相互学习，从中看到别人的长处、自己的不足，以在新的年度里进一步将“千名辅导员访万家”活动开展好。

辽宁省还编印了多期关于“千名辅导员访万家”活动开展的情况简报、出版了《创新学校教育与家庭教育相结合研究》图书，把一些高校和辅导员在家访活动中创造的好经验、好做法编辑整理印发给各高校，供各高校和广大辅导员学习借鉴。辽宁省还注重发挥“辽宁省大学生在线联盟”网站的作用，在网站上开设栏目，及时将各高校围绕家访活动上传的一些文字和音像材料在网站上传出，放大家访的效能，使家访得到更广泛的认同。同时还把辅导员开展家访活动列为省级大学生思想政治教育研究专项课题，从把握规律角度把“千名辅导员访万家”活动引向深入。

093

培养“不为欲望所惑的功夫”

昨天晚上，我到母校给一个老校长拜早年。我和我妻子的父母都过世了，因此每年我们全家都不在本地过年，一般是到境外过年，我也正好借机参观一下那里的大学，这也算是对一年忙碌的一个补偿，我想在离连前提前给老校长拜个年。

我从省里回到学校的时候没有保留任何级别。组织部的领导也是从关心我的角度建议我如果实在要回学校做辅导员的话就到省属高校去，这样可以保留我的正厅级待遇。我感谢组织的关心，没有保留任何级别来到了大连海事大学。我觉得这样出国参观大学更方便。我有个愿望，只要能走动，我就会更多地参观大学，然后建个网站，把世界上的大学全放到我这个网站里，大家以后再找大学就方便了。特别是我要以“大学文化”为主题，收集整理大学人文文化，为辅导员、思想政治理论课教师、大学生提供所需的文化元素。我是个理想主义者，我也想搞点排名，我就搞人文教育方面的，比如可以公布些数据，目前还没有给辅导员评职称的有哪些高校？一线辅导员职称没有教授的有哪些高校？一线辅导员有多少教授？统计一下国家层面表彰的各类模范人物，他们都是哪些大学培养的？中纪委、各部委纪检组、省纪委网站上公布的贪官、罪犯都是哪些大学毕业的？只要对事业有利，我就会在所不辞。

我在母校读了四年书，工作了二十二年，对母校的一砖一瓦再熟悉不过了。

这位校长住在学校旁边的家属楼。我从学校的正门把车径直开了进去。当我开车经过学校主楼（办公楼）的时候，我的脑海突然不知怎的闪现出一个我十分熟悉的身影——我们学校当年的一位组织部部长。我和他任职时间相仿，我那时是学生处处长，我们都在主楼办公，关系也挺好，每天都是抬头不见低头见的。应当说这个人在学校任职期间工作还是很努力的，口碑也不错。后来他到社会上任职了，也是很有工作能力的，官至大连市的正局级。令人痛心的是：就在前段时间里，他因涉嫌违法违纪，被开除了党籍，移送到司法机关。马上就要过年了。过年本是阖家欢乐的日子，可是他家今年的年怎么过呢？

想到此，我的眼前掠过了一丝悲凉，我也替他的家人感到难过。这些年，我听到很多我曾认识的领导干部因违法违纪被开除党籍、开除公职，判了刑的案件。我也问我自己：他们为什么走到了这一步？谈到这类案件的发生，有人常常把原因归结为是客观环境造成的："现在是市场经济，诱惑太多，难以抵挡。"恐怕这过于简单化了，这也不是问题的本质。

同在河边走，就有不湿鞋的。别人我了解得不是太清楚，我有好多学生现在在省部级、厅级领导岗位上，他们也经历了此前的"商海"，但是他们并没有沉沦下去。想必大家也知道不少这样的例子。这里的关键还是要从人的主观能动性上找原因。此时我想起了英国教育家洛克说过的一段话："我们人类在各个年龄阶段有各种不同的欲望，这不是我们的错处。我们的错处是在不能使得我们的欲望接受理智的规范与约束。这中间的区别不在有没有欲望而在有没有管束欲望的能力与不为欲望所惑的功夫。"

你看，其实在洛克那个年代就存在着这类问题——怎样克制欲望的问题。换句话说，"山还是那座山，水还是那个水"，环境还是那个环境，为什么不同的人产生了不同的心情、领略了不同的风景？

关键是每个人的欣赏水平不同，每个人想看到的景色也不同。一些官员为什么走进了监狱？说到根本是没有"不为欲望所惑的功夫"。追求不同所致也，怎么能埋怨社会呢？我去拜谒张载祠的时候，在大门的入口处立着一块非常醒目的石头，上面刻着"动非自外"四个大字，意思是一个人的行动是由内在的思想驱使的。这句话可以引申出这样的意思：你是一个什么样的人取决于你想成为一个什么样的人。这句话是我总结出来的，我十分欣赏这一句话。大师就是大师，早就懂得了个人和社会关系的道理，我们作为后人当引以为鉴。

一定要培养自己“不为欲望所惑的功夫”。人是有思想的动物，不能倒在物欲的“石榴裙”下，要不断增强抗物欲的能力。这就不能放松学习。习近平总书记说：“要把学习当成人生的追求。”不学习，就没有格局、没有视野，就会无所事事、无事生非，就会陷入个人的小圈子里。学习有理论方面的，也有实践方面的。我去过李大钊墓、方志敏墓，给他们献过鲜花、鞠过躬，我们的先辈为了党的事业、人民的事业献出的是生命，而我们呢？不是活得好好的吗？不是享受到了他们给我们创造的“红利”吗？我们还好意思要什么呢？我是真的很知足了。我还去过很多困难学生的家，我们比他们真是“容易”一万倍，我们不知足，那这些底层的人民还能活吗？

培养“不为欲望所惑的功夫”，说到底就是不能忘了我们的初心，就是要将心比心，就是要知足，就是把我们的欲望建立在精神追求上，成为一个大写的“人”。

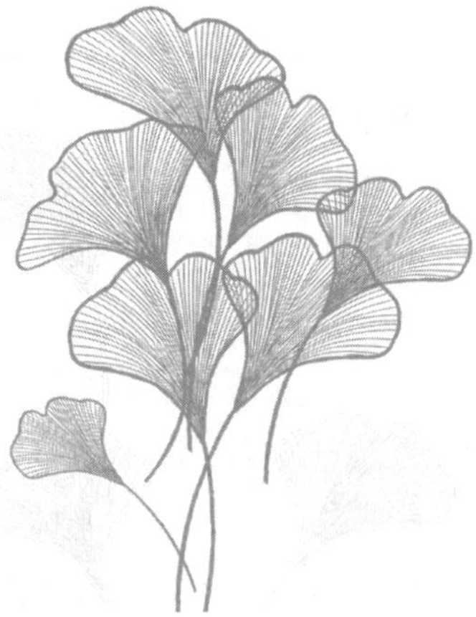

094

回报总是会“找到”付出的

我在省教育厅工作期间,有一天在街上遇到一个小伙子。小伙子打量着我问道:“您是曲老师吧?”我说:“是啊,您是?”小伙子回答:“我是×××,您不认识我了,我一直记得您。”原来他是我们学校中文系一九八七届的一个毕业生。他讲起了他是怎样认识我的。

他在学校读书的时候有天在校园里的小卖部买东西,付账时差了一元多钱,售货员让他回寝室拿钱来才能把东西卖给他。因为外面下着大雨,他跟服务员商量“可不可以下次带过来?”售货员没有同意。我当时正好也在小卖部买东西,我听到后就跟售货员说:“让他拿走吧,我帮他付上这一元多钱。”这件事我早都忘记了,可是他一直没有忘记。我那时是政治系的党总支副书记,也算是“面上”的人,在学生中小有名气,很多学生都认识我。转眼我们各奔东西,很快过去了二十多年。他说再次见到我很高兴。他现在在沈阳搞房地产,在海南三亚建有别墅,让我到三亚度假时一定到他的别墅住。挺有意思,当年的一元多钱,够住别墅的了,翻了多少倍?这真是“无心插柳柳成荫”啊!

就在昨天我接到我资助过的一个学生的电话,他问我在哪里,要给我送点年货。这个学生现在已经是个局级干部。从毕业那天起,他就没有忘记我。每年春节都会给我打电话拜年,教师节、父亲节都会送上他的祝福,他还经常约我吃饭。毕业第一年的第一个月,他给我写了一封信,并且把工资邮给了我。他说:“父母创造了我的生命,您创造了我的人生。”

095

现在就可以考虑开学的事啦!

有个辅导员曾给我拜年时说:“拜完年了,假期也过去了大半,心中顿时有一种马上就要开学了的感觉。”

真别说,辅导员还真应当有这种感觉:现在是应当考虑开学的事了,别等到开学了再考虑开学的事,那还真有点来不及。

辅导员要利用好假期最后这段时间,多跟学生干部做些交流。这里有两件事可以早做:一是把你下学期的工作打算告诉学生干部,广泛地征求学生干部的意见;二是和学生干部沟通一下,问问他们都什么时候返校。学生干部是辅导员的左膀右臂,是辅导员联系学生的桥梁和纽带。可以说辅导员的工作很大一部分是要靠学生干部帮助完成的。一个会做工作的辅导员,一定是一个会充分调动学生干部工作积极性的辅导员。

辅导员在考虑工作的时候别主观武断,不要“拍脑门”,要集思广益,多听听学生干部的意见,这样可以统一思想,待开学的时候大家会很快地进入自己的工作角色,齐心协力地把工作做好。

我们有的辅导员工作得不到学生的认可,甚至连有的学生干部都有抵触情绪,这就达不到教育管理学生的效果了。辅导员早点把自己的想法告诉学生干部还有个很大的好处,就是学生干部可以根据辅导员的工作打算,尽早地制订班级、年级工作计划,这样就赢得了时间,避免了待开学再考虑班级、年级工作计划的被动局面。我们有的学生干部开学好长时间了也没有把班级、年级工作计划制订出来,一个重要的原因,是他们不知道辅导员在该学期要做什么。一些辅导员在开学一段时间了才制订出自己的工作计划,学生干部等到辅导员制订完了年级工作计划后再做班级、年级工作计划,自然就太迟了。

此外,现在学生购票都比较早(有的学生放假回家时就买好了返程票),辅导员可以提醒学生干部,特别是主要的学生干部,如果家里没有特别的事情最好能提前一天返校,不要等同学都返校了再返校。我们有些学生干部不被学生认可,原因是多方面的,其中的一个原因就是带头作用做得不够好。一些学生干部也就是学习成绩好些,别的方面还真看不出来比其他同学突出在哪里。

学生干部要想有威信、让同学瞧得起,就要做学生的表率。学生中能有什么惊天动地的大事呢?作为学生干部的带头作用通常是由看似习以为常的小事表现出来的。比如开学时比其他同学早返校一天;放假时比别的同学晚走一天。早一天,可以把寝室的门窗打开通通气,把寝室同学的被褥晾晒一下。事情虽小,由此却体现出一种为同学服务的精神,同学们就会感到学生干部心中有他们,当学生干部再对他们布置班级、年级工作时,他们就会心甘情愿地做,并会努力做好。

记得我刚留校做辅导员的时候,有个学生干部在同学中威信很高。这个干部同学学习成绩不是年级最好的,同学们却很拥护她。这位学生干部的一个最大特点是关心同学。每学期放假,这个学生干部都是最后一个回家。她把寝室收拾干净,把门窗关好,检查寝室电源安全与否。开学了,她都是提前一两天返校,帮助同学晾晒被褥。当有的同学经过长途跋涉来到学校,躺在舒心的床上的时候,除了想自己的父母就是感激这个同学了。

我们有的学生干部还没有这样的意识,需要辅导员提醒。这也涉及怎样建设好学生干部队伍的问题。我在从省里回到学校做辅导员的时候,有一次有个学生干部就没有按时返校。我批评了她。这个学生干部从此就注意了这个问题。

辅导员还是要力所能及地从长计议,早些打算平时的日子怎样过。这样才能增强工作的主动性、针对性,这样过起日子来才能得心应手、才能有滋有味、才能红红火火、才能蓬蓬勃勃。

096

最好的教育是为学生的一生负责

我算是在高等教育领域工作三十七年了,其间虽然在省教育厅工作了八年半,但是也是主管大学生的思想政治教育。

“到底什么是最好的教育?”结果这样一个凡是从事高等教育的同志都应当再清晰不过的问题(因为这个问题是教育的出发点,搞不清楚这个问题还办什么教育)被有些人,甚至是学校的领导同志搞得一塌糊涂。

有一次我到一所经济类的三本学校调研大学生的思想政治教育情况。学院的院长兼党总支书记跟我汇报的时候,没有一句思想政治教育方面的话。说得绝对些,这个学院几乎一件思想政治教育的事都没做。这个学院上千人,让院长沾沾自喜的是当年有八个学生考上了研究生。这就是他们对教育的认识,也是他们认为他们办了最好的教育。

我在想:这样的教育会把学生培养成什么样?当学生毕业的时候,会不会又向社会“放养”了一批“经济动物”?与其他上千个学生相比,那八个考上研究生的学生会不会只是适者生存的能力更强了一些?一旦有机会,他们会不会只是钻营的头脑更聪明些?

我在省教育厅工作的时候有一次代表教育部到一所“211”大学督导辅导员队伍建设。那所大学的主管校长在汇报时说:“学校十分‘重视’辅导员队伍建设,新招了一批辅导员来收学费。”原来学生欠学校 1000 多万元学费,让辅导员下去一收,就剩几百万欠款了。我当时忍不住地说了一句:辅导员不是收费员。若是派些警察下去收,恐怕这几百万元也收上来了。这样的认识会把教育办成什么样子呢?后来在新闻中看到,这个学校的校长被抓起来了。

还有一次我到一所“985”大学参加“思想政治教育高端论坛”。该校主管校长在谈到学校思想政治教育特色的时候，一是强调了学校的创业教育，二是学校的就业率。我又在心里犯嘀咕了：创业和就业与思想政治教育有什么样的关系呢？一所“985”大学把创业、就业当成了教育的追求，只能说在当今的社会环境下可以理解，但是这是绝没有道理的。大学最应关心的不是学生的创业、就业，而是学生的创业观和就业观。创业观不正确，即便创业了，第一个破产的公司会不会是他的呢？就业观不正确，第一个失业的会不会就是第一个就业的呢？

所以，最好的教育不是为学生创造了提升学历的机会，不是为学生创业做了充分的准备，不是为学生的就业提供了条件。最好的教育不是只为学生的四年负责，而是要为学生的一生负责。

何谓对学生的一生负责？我认为至少应做到这样几点：

1. 让学生树立正确的政治观

大学是爱国的产物。知识没有祖国，掌握知识的人都有祖国。一个大学生，不把祖国放在心中，有再多的知识又有何用？

特别在当今激烈的全球化竞争时代，国与国之间最终的较量不只是硬实力的较量，还是软实力的较量。有的大学生论学历算是念到头了，可是如果只是把大学当成了“抱有个人目的使用的地方”，那对民族、对国家不仅帮不上忙，甚至还会添乱，乃至成为罪犯。我们已经培养了不少帮助别人和我们打贸易战的“高材生”等，这还不足以引起我们对教育的反思吗？

2. 让学生树立正确的择业观

今天的大学与社会的联系日益紧密，大学已走进社会的中央。大学所要关注的不是为社会输送了多少劳动者，而是要关心这些劳动者都带着什么样的择业观。

现在的一些大学生，眼高手低，大事做不了，小事又不做，缺乏艰苦奋斗的精神，更没有到祖国需要的地方去的打算，把择业只当成了谋生的手段。问题出在学生的身上，根子还是出在我们的教育上（当然与当今的社会大环境亦有关）。我们更多地给予了学生专业知识教育，却忽视了学生的做人教育，没有让学生懂得人生输在知识的起跑线上不可怕，可怕的是输在了品德线上。毕业应是教育的延续，而我们却把毕业当成了教育的终点。

3. 让学生树立正确的社会观

人是群居的、有思想的动物。人活着一定要入群。从学校教育来说，就是要帮助学生养成集体的观念。地球不是为个人在转着，这个世界也不会停下来等你。个人一定要适应社会，而不是社会来适应个人。

大学是大学生社会化的最后准备阶段。大学要告诉学生的是不能过于自我，心中一定要留有他人的位置，要学会人与人之间的交往。知识并不能成为立足社会之本，自私自利之人早晚就要被社会淘汰出局。

4. 让学生树立正确的幸福观

追求幸福是每个人的权利，如同流淌在身体中的血液一样是与生俱来的。追逐权力能带来幸福吗？贪图钱财能带来幸福吗？这样的幸福是不牢靠的。职业同样不能带来幸福，带来幸福的只能是你对职业的态度。

最幸福的人应当是睡觉最安稳的人。幸福不能建立在别人痛苦的基础上。幸福就是一种感觉，一种知足。幸福就是要向上努力，常想不如自己的人。幸福从来都是与成功相伴的。可是成功又从来都是相对的。每个人只要努力都可以在自己原有的台阶上再上一个台阶。

不要攀比别人，只管做最好的自己。每个人的处境不同、每个人能力的大小不同、每个人的付出不同、每个人的发展机遇不同，每个人所得到的就不同。

物质上、权力上的差别是必然的，关键是追求精神的快乐。相信给予别人幸福的人一定是幸福的。想想我们的教育总是在不同程度地诱导学生读这个大学，那个大学的；学这个专业，那个专业的；有这样的学历，那样的学历的；选择这样的职业，那样的职业的；将来要成为这个“家”，那个“家”的。不然就像白读了大学，哪有幸福可言？这样的教育怎么会使学生把接受教育当成幸福的过程？这样的教育怎么会使最大多数的学生得到终身幸福？

最好的教育当然也包括给予学生丰富的知识和能力的教育，因为这是一个常识，这里就不赘述了。

说到此，我再把什么是最好的教育加以强调：最好的教育一定是做人的教育、德育为先的教育、素质全面的教育、管终身的教育，不然就没有资格谈论什么最好的教育。

097

辅导员怎么能不把学生的事放在心上呢？

昨天网上有个《大学生假期私聊辅导员，两人互怼，大学生被拉黑，网友：没发红包》的帖子火了。我本不想说什么，我觉得这就是一件很正常的学生与辅导员的交往关系处理问题（也可以反过来说是辅导员与学生的交往关系处理问题）。帖子很快就自消自灭了。有个同志把这个帖子转给了我，我觉得从一个老辅导员的角度说两句也是未尝不可的。

让我们先追溯一下《召公谏厉王弭谤》中的一句话："吾能弭谤矣。乃不敢言"这句话的意思直译过来就是我们所熟知的：我能够禁止非议了，人们不敢说了。这样好还是不好呢？自然不好了。老百姓有意见却不敢说，憋在肚子里。产生思想的意识土壤没有改变，这种不满就会不断发酵，最终的结局难免："不在沉默中爆发，就在沉默中灭亡。"历史也就是这样过来的。当然，学生和辅导员之间还不是这种剑拔弩张的关系。但是"吾能弭谤矣。乃不敢言"这句话所蕴含的寓意，还是适用于辅导员和学生关系的处理上的。

辅导员是干什么的？说到本质上就是为学生解疑释惑的。辅导员是大学生的人生导师、知心朋友，是大学里离学生最近的人，也可以说理应成为大学里学生最亲的人。

学生来到大学，当他们有了困惑的时候，能够想到辅导员，说明辅导员在他们的心目中还是有一定地位的，这是好事。如果学生把思想困惑都憋在肚子里，绕着辅导员走，对辅导员交头接耳，那辅导员岂不成了摆设？那还怎么引导学生的成长？

为什么我们有的辅导员对学生中出现的问题常常感到“突然”“不可思议”？那是被表面的祥和气氛笼罩住了。

所以，当学生有困惑找到我们的时候，我们应当感谢学生的这种信任，应当笑脸相迎。不仅如此，我们还应当主动出击，把思想问题消灭在萌芽之中。我对我三十七年思想政治教育工作的首要要求是，绝不能让学生在思想上犯错。这就要有猎人般的眼睛、思想家的敏锐。这里我列举几个我给学生发的微信来说明这个问题：

其一。对于这个学生，我早上在朋友圈里看到她说了“我只是希望最近的事能顺利点”这句话。

××好！

早上看朋友圈，看到你说“我只是希望最近的事能顺利点”。不知你又遇上什么不顺心的事啦？其实生活中不顺心的事处处都在、时时都在，恐怕解决的办法就像你们在群里所聊的那样，一定要有好的心态。我今年五十九岁了，若是每天都去在意那些不顺心的事那不早就被折磨完了，也就做不成什么事了。辩证地看，不顺心的事往往也是好事，它提醒你经常想一想自己还需要在哪些方面努力，避免由于自己的原因而发生一些不顺心如意的事情。

你考完试了吗？感觉怎样？还有最后一学年了，抓紧时间好好学习，完善自我，以满意的自己结束你的大学生活。

身体没有什么不适了吧（这个学生患急性阑尾炎时我领她看过病）？什么时候回家？给你父母问好。

祝旅途顺利！

曲导，谢谢您的关心，就是学习上有一些小问题，我会调整自己的心态的。

其二。这个学生在群里说他夜里突然醒来，有件遗憾的事使他伤心地哭了。我早上看到后便给他发了这段微信。

××好！

什么遗憾的事让你那么伤心啊？鲁迅先生讲："无情未必真豪杰。"男子汉也是一样，该流泪的时候可以流泪。我母亲去世的时候我哭得死去活来，殡仪馆里男男女女中我可以算是哭得最伤心的了。我的内心只是在想："母亲，您为什么不能再等等呢？您操劳了一辈子，我才刚刚开始孝敬您呢！"许多人的流泪都是因为遗憾而伤心。问题是为什么会有那么多的遗憾？有些遗憾是不是真的应该成为遗憾？有些遗憾是不是本不应该有的遗憾？老师的意思是你这么年轻，有着美好的未来，一定好好发展自己，让人生少留下遗憾，特别是少留下由于你的原因而造成的遗憾。

你有健身的习惯这很好。强壮的身体是你从事任何职业的物质保证。但是健身不是你的专业，你要把握好度。还有你做了些兼职，这我也不反对，但是正像以前我嘱咐你们的那样，一定把兼职的目的搞清楚，为了生活的补贴、为了了解社会等都是可以的，最根本的还是要为了保证自己的学习。身体强健、知识丰富、价值观正确，这三者统一起来你就会无往而不胜。还有一年的时间了，看看你还缺什么，抓紧时间补上哦。

家里都好吧？有我能做的事情不要客气。

祝天天都有好心情。

谢谢曲导的关心，我一定认真听取曲导的教导。遗憾的就是高二那年父亲病危，我在离家七十公里的学校没有能够及时赶回，没能见上他最后一面。妈妈说爸爸离开前一分钟死死盯着房门说要等等我，很遗憾，我没有赶到。这是我的遗憾，也是父亲的遗憾。

昨晚不知怎么又梦见这个情景，所以哭了。真心感谢曲导能够关注到我，您对我的关怀我铭记在心。

我能理解。大小伙子，要好好奋斗，不能再留下对母亲的遗憾。哪怕媳妇不娶，也一定要让母亲晚年过上幸福的生活。

其三，2014年暑期我去美国考察大学文化的时候，给××的生日祝福。

××你好！

我在美国考察大学文化呢，我已经看了二十多所大学了，虽然累些，但是很有价值，等我把网站建起来你们就可以通过这个网站了解世界的大学了。7月30号你过生日的时候给你发了信息祝你生日快乐，可能是普林斯顿大学这个地方比较偏，短信没有发出去。我现在到宾夕法尼亚大学了，这里居市中心，应当能发过去，收到回复一下。

你们年级中你是假期里第一个过生日的，这也是我第一次在国外祝福别人的生日，对我来说是件挺有意义的事，感谢现代科技，感谢移动公司！

一学期的大学生活很快就结束了。你感觉怎样？你满意吗？朝着你梦想的实现又走了多远？你说你要拿到双学位，要考研究生，在大学里要学很多东西。这学期的学习成绩理想吗？我觉得双学位最好和你打算要考的研究生方向一致，不然会分散你的精力，意义也不是太大。考研是对的，当我置身在国内外名校的时候，就会被那种磅礴、深厚的文化底蕴所震撼，我不会再来了，但你们可以！我们太浅薄了，你们可以使自己强大起来！

当然，学生在哪里，思想政治教育就在哪里。思想政治教育没有课上、课下，校里、校外之分。从对学生的关心、负责角度出发，从辅导员所应具有的精神境界来说，思想政治教育没有“假期”，辅导员就要对学生的事上心。

当然今天我们有些辅导员和学生之间的这种关系正变得疏远、紧张。

从党性来说，主要责任还是在辅导员。我们有些辅导员淡忘了初心，没有把自己的工作与党和人民的事业紧密地联系起来，因而也就缺乏那种吃苦、奉献的精神；从教育的原则来看，主要责任也在辅导员。在任何教育过程中，教师都是处于主导地位的。要想推动别人前进，自己就应当是一个能够推动和鼓舞别人前进的人。

但是，如果仅仅这样一味地责怪辅导员，也无益于问题的根本解决。辅导员也生存在现实的世界里，他们的思想和行为也要受到客观现实的影响，他们身边的环境怎样，对他们必然产生这样或那样的作用。从这个角度来讲，今天辅导员和学生之间的这种疏远、紧张关系，与我们学校没有关系吗？要我说，这种疏远、紧张，退一万步来说，也恰恰是“吾能弭谤矣，乃不敢言”的后果。

我们有的高校，辅导员队伍建设就是一件“皇帝的新衣”，只是谁也不去捅破罢了。

现在的大学里，只要和学生沾上边的事，都成了辅导员的事。考研率上不去，找辅导员；就业率上不去，找辅导员；过级率上不去，找辅导员；听课率上不去，找辅导员……且问学校还有不和学生沾边的事吗？如果没有那还称得上学校吗？辅导员成了筐，什么都往里边装。有的学校对辅导员缺乏那种关心、爱护。说得严重些，一些辅导员在学校里没有那种颜面，谁都可以指责辅导员，辅导员成了校园里的出气筒，如果再出现个“恶性事件”，那辅导员就成了千夫所指的“罪人”。有个辅导员说，别说学生不活了，我都被闹得不想活了。辅导员们也是逆来顺受的。这样辅导员也受不了。

那是他们的老师、领导，他们没有办法，只能憋着、忍着，可是气不顺总是要难受的，他们也是要发泄的。这样，一些境界不够的辅导员就把他们的怨气撒向了学生。好不容易熬到了假期，“倒霉”的学生终于离开了，本想利用假期清闲一下子，结果境界不够的辅导员和“不识时务”的学生又弄到一起了，那能不撞出“火花”吗？

学校一定要关心辅导员的成长，为他们创造良好的工作环境，他们和学校的气顺了，和学生的气就顺了。

其实包括昨天那篇帖子里学生问的问题，加强图书馆的信息化建设不就完了，跟辅导员有什么关系？我去过很多大学的图书馆，学生利用手机可以和图书馆实行无缝链接。我在我的公众号里连推了五篇文章来谈论辅导员队伍建设问题。我以为，就辅导员队伍建设而言，辅导员要有境界；但是从学校来说，一定要有科学的管理制度。曲建武是全国“时代楷模”，就是累死也是“应当”的；对广大的辅导员们呢？靠觉悟是不可能建设起职业化、专业化、专家化的辅导员队伍的，因为市场经济已经是当今时代最大的环境。

大学生也要理解辅导员们，他们确实不容易，有的比你们大不了多少。他们上有老，下有小。你们一定要加强自我教育，做好“慎独”，让辅导员省心。人生的路总是要靠自己来走的。大学生只有更强地培养自己的独立能力，才会终身受益。

至于《大学生假期私聊辅导员，两人互怼，大学生被拉黑，网友：没发红包》这个帖子本身，确实不值得说什么。这本身就是为了吸引眼球，抱有“看眼不怕乱子大”的心态写的，有点哗众取宠。辅导员是有收学生红包的，还有占用学生班费的、克扣学生奖、助学金的，但是这是主流吗？怎么，给辅导员红包他们气就顺了？对于有的缺乏境界的辅导员，他们恨不得给学生红包，什么事不找他们才好呢！至于那些境界高尚的辅导员就不用说了，他们爱生如子，学生的事就是他们的事。他们把自己的青春和一生奉献给了他们热爱的辅导员工作。辅导员队伍中有些素质还不是很高，甚至也出现过败类。

但是，一个无须争辩的事实是：在当今的中国大学里，最关心学生的教师队伍，还应当属辅导员教师队伍。

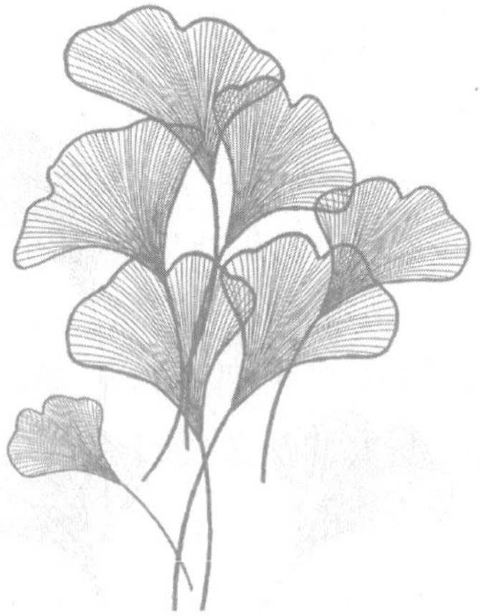

098

莫把“翘课”的责任都推到辅导员那里

有个辅导员跟我说:开学了,要上课了。有的学生“翘课”,授课教师把责任都算在了辅导员的身上;学校的有关领导也是这样认为的,学生“翘课”是因为辅导员管理得不好。这样来看,学生“翘课”的责任推到辅导员那里是有失公允的。

学生“翘课”是个挺复杂的问题。有的学生为什么“翘课”?他觉得学好了也没有用,择业的时候也不完全看成绩。有的学生觉得学校开设的课程“落后”,都学会了又有什么用?有的学生认为,自己辛辛苦苦学了一学期的课,不如有的同学认认真真地背上一星期考的成绩好……所以,学生“翘课”这件事跟辅导员还真没有什么关系。

学生“翘课”和谁的关系最大呢?显然和该门课的授课教师关系最大。为什么同样一门课,有的教师讲授,学生便交口赞誉;有的教师讲授,学生便不敢恭维?课还是这门课,讲课的教师不同使然。因此,抛开其他一切条件来说,要想使学生不“翘课”,任课教师就必须在自己身上下功夫,切实把课讲好、把教学过程管理好。责怪辅导员是没有道理的。辅导员是管学生“翘课”的吗?退一步讲,靠辅导员把学生管到了教室,这对教学又有什么帮助呢?心在哪,课堂就在哪。管住了学生的行为管不住学生的心。从根本上讲,讲课是为了学生学到真东西,而不是追求表面的到课率、抬头率。这样说来辅导员会沾沾自喜,觉得我是在替他们说话。我不是非要替谁说话,我只是在讲述一种事实、一个道理。从辅导员自身来看,对学生的

“翘课”也不能袖手旁观。

辅导员是为学生解疑释惑的,这就不能让学生在思想上犯错。当一个学生明晃晃地表现出“翘课”这样的行为的时候,说明他的思想一定是犯了错。行动受思想的支配。既然都敢“翘课”,那还有什么做不出来的呢?很多学生所出现的问题,特别是一些严重的问题,都是从“翘课”开始的。因此,不是为了到课率,也不是为了帮别人,而是从自身的工作要求出发,辅导员亦应关注学生“翘课”这个问题,尽量把学生组织在课堂上。道理很简单,众目睽睽之下也就难能“想入非非”。

099

我们是“教育家”，不是“慈善家”

人活着这一辈子,一定要追求崇高。什么叫崇高？崇高就是忘我。每个人都有自己的利益,但是为了学生的利益应当尽量地少想些自己的利益,这还是能做到的。尤其对于学生,他们需要我们雪中送炭,而我们呢？我们是锦上添花。

“赠人玫瑰,手有余香。”曲教授,向您汇报,我在刚入职那年也开始资助了一个学生,但因为很多原因吧,我只给他经济上的资助,平时也只能靠电话联系,我对他的成长影响并不大。他现在上初一了,因为叛逆和单亲家庭的原因他性格很孤僻。四年了,他的改变并不大,我觉得自己的力量真的太小了……

抱歉我现在才回复你。因为你说的这个问题正是我这段时间在思考的一个问题。

我一直想跟辅导员说说我们的这种爱心应当怎样表达。此前有个辅导员跟我说过这样一个问题。这个辅导员也是很有爱心,学生有生活上的困难都来找他。其中有个学生不只是跟他借钱,也跟同学、其他老师借钱。每次借钱时这个学生都是一副“可怜”的样子。而每次这个辅导员都尽量借给他。结果这个学生毕业离校了,不仅向他借的钱,向其他人借的钱也都“一笔抹消了”。这个学生自我“消失”了。

可以想象,这个学生毁掉是早晚的事。这要怨谁呢？责任当然要由这个学生本人来负责。可是想一想,那些借钱给他的人、这个辅导员是不是也“助长”了他的这种恶劣的习性？

辅导员一定要想到我们是“教育家”，不是“慈善家”。我们所给予学生的那些生活上的帮助，都是为教育学生服务的，体现的是以理服人、以情感人的教育理念。不是学生穷就要帮助他，他要像个样，有追求、有奋斗、有不怕困难的勇气、有改变现状的努力。

对于好逸恶劳型的，一定要让他“自食其力”，不然就自尝“苦果”。要让他懂得，改变他的只能是他自己。如果他现在不努力地改变，那就让社会教育他改变。辅导员没有义务解决他的生活困难问题。

我在省里工作的时候，也是力所能及地帮助了一些困难的学生。但是我对他们都有了解，他们都是优秀的学生。不是因为他们穷我就帮他们。我不是银行，没有借贷业务，也不是钱到了花不了的份上。要让学生知道，你帮助了别人，别人才会帮你。我做辅导员后，更是帮助了许多学生，那是为了达到教育的目的，也是因为这些学生懂事。××同学要去西藏奉献一生，××同学要为祖国的航发事业贡献力量，我作为辅导员应力所能及地帮助他们。如果他们自私自利，我凭什么帮助他们？

我就是要让学生懂得人间自有真情在。你心中有他人，他人心中才能有你，一定做心中有爱的人。别人有了困难要力所能及地给予帮助。但是对于那些好逸恶劳之人，我们就没有帮助他的必要，让他自己“帮助”自己好了。

你不缺爱心，但是也不一定要四处“施爱”。你是辅导员，帮助教育好你的学生就可以了。社会上有困难的人很多，我们没有能力管那么多。我们把我们的学生教育好了，将来他们把社会建设好，贫困的问题才能从根本上得以解决。当然如果你有条件，那就另当别论了。

100

品德不是由学历决定的

常有高职院校的辅导员跟我讲,他们的学生素质比较差,不好管理,因此对教育这些学生没有信心。

我不赞同这样的看法。大学是精神的家园。当学生离开学校的时候,最重要的是要带走良好的品德,也就是我们常讲的要有正确的价值观。而爱国、敬业、诚信、友善这样一些品德的东西并不是由学历决定的。

有的学生学历很高,但是却把自己变成了精致的个人主义者。学历和品德绝不是等值的关系,并不是学历越高,品德就越高。有一次我去陕西铁道职业技术学院,走在校园里,不管是在什么地方,看到我的学生都会主动打招呼:“老师好!”这是学校长期抓品德培养的结果,这跟学历没有关系。

101

一定要重视理论学习

恩格斯说:“一个民族要站在科学的高峰,就一刻也不能没有理论思维。”其实不只对一个民族是这样,对我们每个人来讲也是如此。

我们常说要有眼光。“眼光”是什么?“眼光”就是经过加工了的思维放射出的“光”。你的思维越深,你放射出的光芒就越长远、越闪亮。我从省里回到学校做辅导员已经快六年了。这两年见到我的朋友,还有领导常跟我说:“你真有眼光。”我想,这算什么眼光。若这也可以称为眼光的话,那我的眼光是在三十六年前形成的。

我 1982 年毕业留校做了一名辅导员。那时我就想过:做一辈子辅导员有什么不好?辅导员辛苦,这常常成为一些同志惧怕做辅导员的理由。苦又能苦到哪里去?

我在大学里学的是政治教育专业。我一进大学就认真地学习了《共产党宣言》。我坚定地相信“两个必然”的结论:“资产阶级的灭亡和无产阶级的胜利同样是不可避免的。”只不过是我看不到了,你也未必能看到罢了。人类社会发展的规律不可改变。我向党组织写了入党申请书,我相信马克思主义是科学,我要用马克思主义武装自己,成为一名共产党员。毕业前夕我入了党。我愿意做辅导员,我觉得一名好的辅导员就是在为党的事业而奋斗。辅导员,这是一项崇高的职业,功在当代、利在千秋!

理论学习使我有了不变的信仰、远大的“目光”,有了为人民服务的追求,因而我才没有倒在官场上。

记得改革开放后被枪毙的第一个副省级干部、江西省原副省长胡长清，在悔过书里就谈到过这个问题。他认为他走到了如此地步，是放松了理论学习、认为社会主义不行了。实际上今天很多曾经的官员成了罪犯，与放松理论学习，没有眼光是分不开的。

前天，习近平总书记在中央党校（国家行政学院）中青年干部培训班开班式上发表重要讲话，要求广大干部特别是年轻干部要在常学常新中加强理论修养，在真学真信中坚定理想信念，在学思践悟中牢记初心使命，在细照笃行中不断修炼自我，在知行合一中主动担当作为，保持对党的忠诚心、对人民的感恩心、对事业的进取心、对法纪的敬畏心，做到信念坚、政治强、本领高、作风硬。习近平还讲过，要把学习当成人生的追求。对这些意味深长的嘱托我们每一个人都要牢记在心。

辅导员是大学生的人生导师，亦要排除一切干扰加强学习。什么是“人生导师”？人生导师就是比学生有眼光的人，就是为学生带路的人。我从参加工作到今天，始终坚持一条：绝不能让学生在思想上犯错。这就要求我自己把学习当成人生存在的一种方式。这就要少睡点觉、少点休闲娱乐的时间，尽量地多占有剩余时间。

理论之树常青。辅导员要与时俱进，学习、学习、再学习。把学习当成使命和责任，这样你的动力就有了，你的剩余时间也会多起来。

102

教育是有层次的

毛泽东同志曾经讲过，凡是有人群的地方就有左中右。大学生群体也是这样。由于每个人的家庭教育和基础教育环境不同，于是来到大学的学生，每个人的人生追求就会有所不同。

思想政治教育所能起到的作用就是使每个学生从原有的台阶再上一个台阶。原来台阶低的，恐怕就比较难以达到“至高点”；原来台阶高的，就最容易达到“至高点”。当然不排除个别的学生实现跨越式发展，也达到了“至高点”，但是这不是普遍规律。

常有辅导员问我：“你带的学生怎么都那么优秀？”其实，我带的学生也不是个个都优秀的。有些原来台阶就高，我只是更加鼓励了他们，让他们没有松懈下来。像我前些天在公众号中提到的那个学生，中学时就入了党，基础很好，来到大学时我帮助她逐步解决了思想上入党的问题，毕业时她的信仰才坚定起来。

还有个学生曾经犹豫彷徨过，甚至想逃离家庭那个令他“绝望”的环境，后来实现了“跨越式”发展，他要“植大木以立长天，处江湖以忧国民”，去西藏奉献他的一生。

也有几个学生比较贪玩，偶尔翘课，玩游戏上瘾，若是想让他们在短时间里树立为祖国而学习的目的，甚至让他们树立坚定的理想信念，这恐怕就是“天方夜谭”。

我在知道他们翘课的时候，给他们发了很长的微信，对他们提出严肃的批评;我在找他们谈话的时候,要他们向我保证,一定顺利毕业。

对有的学生我教育他们到祖国需要的地方去,有的学生也就是能保证找到个工作而已。我在回到学校做辅导员的时候,有的领导半开玩笑地跟我说:“你的口碑不错。你当辅导员时若有学生自杀怎么办?”我说我想过这个问题。我带的学生若是有自杀的,我会这样说:“因为我是辅导员,这个学生坚持到了毕业才自杀;如果不是我当辅导员,这个学生一入学就可能自杀了。”这就是我的成绩。

有个学生后来跟我说,她是带着观望的态度来到大学的。中学的时候她买过刀片,想过割腕自杀,因为遇到了我,她坚强了起来。

还有个学生说,她来到大学的时候有的学姐告诉她,在大学一定要轰轰烈烈地谈一次恋爱,否则就是失败的大学。而我告诉她的是,凡是在大学里轰轰烈烈地谈过恋爱的,没有几人是不失败的。她说她觉得我说的是对的,要不然她一入学就恋爱了,弄不好会失恋了,甚至自杀了。

有的辅导员说,一些学生“朽木不可雕”,简直就是“油盐”不进。其实,这就涉及教育的层次性问题。你要相信教育的有用性。教育怎么能没有用呢?那样的话教育还会传承到今天吗?只是有些学生的表现还没有达到你希望的样子;而对于有些学生,你没有从他们的实际出发。变,是普遍的,只不过有些学生的改变甚至需要到了毕业或毕业若干年后才显现出来。不是说“十年树木,百年树人”嘛。所以辅导员对学生的教育一定要耐心细致,要相信教育的有效性,对教育不能“整齐划一”,不管遇到了什么样的学生,都不要放弃教育的责任,你只管做你应当做的就好了。

103

多做通过“争取”就能做成的事

我们常说做好分内的事。这是对的，分内的事都做不好还能做成什么事呢？可是在现实中我感到，仅仅做好分内的事是不够的。这是一种守势思维，这样的结果就是安于现状、不思进取、缺乏创新。

我在省教育厅工作的时候，前几年只分管思政处一个处室。如果仅做好分内的事，我应当是很清闲的。因为我分内的事没有多少，发发文件、开开会、做做调研、做做检查就差不多了。我分管的稳定工作相对来说任务重些，但那主要也是由处室的同志具体来做。不过我在负责思政处的时候可是忙坏了分管处室的同志，当然我也很忙碌。为什么呢？主要是我“虚功实做”，不仅做好份内的事，我还主动揽了一些我不做谁也不会说我“懒政”的事，也就是做了很多通过争取能够做成的事。

我建议我们厅长，协调主管处室，在辽宁大学建立了辽宁省辅导员博士培养基地，每年面向辅导员招收思想政治教育方向博士生，至今这也是全国唯一的一个省级辅导员博士生培养基地。全国第一个毕业的辅导员博士就是我带的、现在在鞍山师范学院任学生处处长的白雪峰（2010 年毕业）。我要是不争取，不可能有这个基地。

我向省委组织部、省委宣传部、省委党校、省社科联建议，在省委党校每年由这些单位还有省委高校工委、教育厅，联合举办辅导员骨干、思政课教师骨干培训班，这也是全国唯一的一种在省委党校、按照干部培训模式举办的为期一个月的培训班（前三周理论学习，第四周“红色考察”）。这种模式的培训班现在还每年各举办一期。如果我不"争取",这个班也不会有的。

我建议省委宣传部、省社科联、省教育厅等几个负责省级科研立项的部门,每年单独为辅导员、理论课老师、党务干部单列研究课题,最多时每年为这支队伍单列二百多个课题。至今也没有几个省份这样来做。当时如果没有我的争取,也不知会不会有单列。

我协调省人力资源和社会保障部门、教育厅,2008 年就出台了辅导员教师的职称评定实行"三单"的办法。如果不是我积极地争取,恐怕该文件的下发还得晚些时日。至今辽宁已评了六七百名辅导员教授、副教授,有力地推动了辅导员职业化、专业化、专家化建设。

我还对全省的孤儿大学生进行了调研。后来建议省财政免除孤儿大学生的学费和住宿费。这件事看起来跟我分管的工作没有什么关系(我是负责大学生思想政治教育工作的,学生的学费问题应由主管财务的领导负责),可是我从思想政治教育需要人文关怀的角度,也可以名正言顺地介入。辽宁是全国第一个由省级下发的文件,要求高校免除孤儿大学生学费和住宿费的省份。当时我还争取到经费,为孤儿过年补贴生活费。

我在省教育厅工作的时候,也是经常"拜访"财政厅主管教育财政的领导和处室的同志,为的就是多争取些经费用于思想政治教育工作。

有的厅局的朋友私下跟我讲:"你要钱干什么？有钱就得干活,没钱还不好?"我们有的同志总是强调别人对我们的工作不支持,我认为要想让别人支持首先要让别人理解。我在省教育厅工作的时候,为了激励辅导员发展,我建议省总工会给长期在一线从事大学生思想政治教育工作的优秀辅导员颁发"五一奖章"。开始他们不同意,他们说为什么要给辅导员颁发"五一奖章"？我跟他们解释辅导员工作的重要性、辅导员工作的辛苦。我说:"辅导员每天'两眼一睁忙到熄灯,两眼一闭提高警惕'"(当然这样的话,我们辅导员个人可不能挂在嘴上)。后来他们理解了。省总工会和我们教育厅联合召开颁奖大会,结果会上一次便给辅导员颁发了十枚"五一奖章"。这在全省上下引起极大反响,推动了辅导员队伍建设。如果我是守势思维的话,不积极争取,辅导员怎么会一次有十人获得"五一奖章"呢?

是守势思维还是争取思维,与我们对工作抱有的态度有关。过多地想自己的利益,就容易患得患失,被束缚住手脚。

争取的出发点一定是对工作有利、对他人有利，而不能是个人从中获利。我争取了省级思政科研项目单列，到今天我也没有申报过一个省社科基金项目。我想，我得到一个项目，就会有人少得一个项目，我干什么要跟他们争呢？

举一反三。任何工作都有分内和分外之分。所谓争取，不是要种别人的“田”，更不是要显摆你多么有能力。就是为了把工作做得更好，争取就是为了实现人民利益的最大化。

104

思想政治教育一定要创造氛围

在我的微信公众号后台，看到了一个辅导员的留言，我感到事情比较“急”，就给他写了回复（来信内容如下）。

我也是一名高校辅导员，曾经有一次偶然的机会到××大学开会刚好碰到您，并且有幸听了您的交流报告，感受颇深，收获颇多！对您深表敬佩！您是工作经验丰富、深受学生敬爱的老辅导员，所以想向您请教一下我在工作当中遇到的问题。最近，我有个学生，是个协议定向生，跟一个社会青年恋爱，担心将来身居两地，想退学。我、家长还有同学都做了工作，这个学生还是要退学。作为她的辅导员，我既感到惋惜，又感到无助。曲老师，如果是您遇到这样的情况，您该如何处理？

注：这封信写得很长，这里我删减了一些细节，尽量地不透露那个学生的信息。

我的答复：

××你好！

早上看到你的留言，觉得比较“急”就先跟你聊几句。这个问题的出现显然不是一日之功。这里先不去分析怎样产生了这个问题。眼下我觉得你先做思想引导是对的，尽量做好劝说工作。不过看来这个学生去意坚决，也很难三言两语就能说通她，那也不要太勉强。思想政治教育也不是万能的。那就要看像她这类学生国家、学校是怎样管理规定的，就是说这种情况是否允许退学？如果政策允许，那就应当按有关政策给她办理退学手续；如果不允许，她再愿意也不能办理。至于她个人私自离开了学校，那就是她个人的问题，利弊让她自己权衡好了。

应当说这件事本身是孤立的。但是事物的普遍联系告诉我们，举一反三，此类棘手的问题还真不少，恐怕很多辅导员都遇到过这样顽固的学生，而又都想把问题解决好，有个完美的结局。

然而事实上有些事情已经到了不可收拾的地步确实是无法通过思想政治教育的说理能解决的，那就只能通过法律（广义的法即包括相应的管理制度）来解决。像这个学生，如果思想政治教育对她已经不起作用了，那就只能通过法律途径了。像我给上面那个辅导员回复的那样，那就看对这类问题国家和学校有什么样的管理规定。如果规定允许退学，那就得让她退；如果不允许，那就不能给她办退学。由此使我想到了今天要给辅导员谈的这个问题：思想政治教育一定要创造氛围。怎样来理解呢？这是从根本上来说的，不是就事论事。

应当说广大的辅导员对学生还是很关心的，总怕学生出事，总想有“十八般武艺”，对学生中出现的问题都能够解决。

我假期跟一个辅导员交流时，他说这个假期他很忙，看了很多学生危机干预的案例，想从中找到干预的“妙方”。这不是不可以，当学生有了危机的时候，辅导员应当尽最大的努力把学生转变过来。可是，真到了真正危机的时候又有多少能被转变过来呢？这里的关键是防患于未然。这就像卫生系统所讲的对疾病的防治工作，“防治”重在“防”上，而不是“治”上。所以，我们有些辅导员把那么多的工夫放在“治”上可以理解，不过为什么不把主要的工夫放在“防”上呢？

怎样“防”？各有各的高招。我认为，创造良好的氛围不失为有效防范诸多问题发生、避免出现真正危机的一个有效办法。

这里所说的“氛围”，不是整个社会、学校的氛围，从辅导员来说就是班级、年级的氛围。辅导员营造怎样的班级、年级的氛围，对学生的影响还是很大的。处在一个积极向上、相互学习、相互帮助、相互尊重、友爱祥和的集体里，作为集体的一员，学生就要受到班级、年级这个良好氛围的影响，一般来说就不好意思过于自我，就容易随向上这个大流，个人有了什么问题，也会及时得到大家的关心和帮助；反过来，每个学生若是处在一盘散沙、“各自为政”的班级、年级氛围里，谁也不管谁，得不到集体那种关心和温暖，自然就容易只想自己的事情，就容易脱离集体而陷入真正危机当中。所以，辅导员一定要在营造良好的班级、年级氛围上下功夫。应使同学们心中有他人，少想自己的事，紧紧地簇拥在一起，一个也不能少，这样就会避免许多不必要的问题发生，就会把真正危机、预防在最小的范围内。

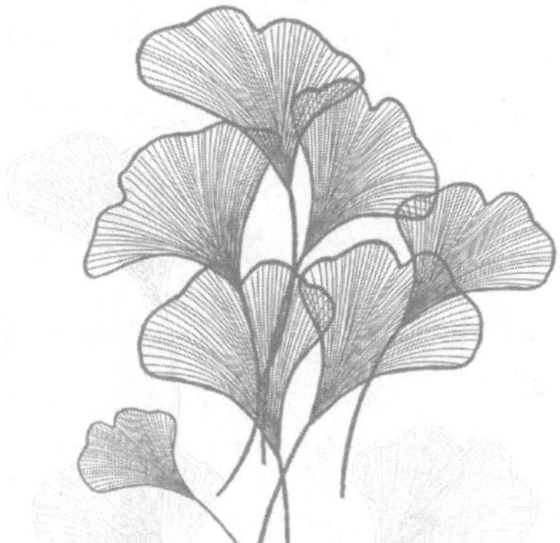

105

“上帝”没有多给我一分钟

很多辅导员问我:“你哪来的时间做了那么多的事。我们为什么总是感觉到时间不够用?”这与我们有些辅导员不能够珍惜时间、抓紧时间、充分地利用时间有关,从根本上说也与我们有的辅导员责任心不够有关。

我找到了我刚参加工作时留下的九本工作手册,在其中一本的扉页上写着这样一句话:“珍惜自己生命的人,总是在积极地工作,好像他会长久地活下去;同时他又在争分夺秒地安排他的时间,好像他不久就要离开人世。”这是法国词典家利特雷说过的一句话,这句话对我有很深的启发。我想,人生转眼就没有了。我是一名辅导员,一定要在有限的生命里做出更多对学生成长有价值的事情。

我从工作到今天,从来不睡午觉。原来午间是法定的看报时间,现在我还照样看报,但同时多了上网学习时间,“浪费”午间的时间我觉得很可惜。我每天晚上睡得很晚,但早上起得很早,从来没有贪睡过,即便是大年初一也是如此。

我很愿意唱歌,像《今天是你的生日》《祖国慈祥的母亲》《我和我的祖国》《敢问路在何方》《父亲的草原母亲的河》《国际歌》等,尽管我唱得不好,但是我非常喜欢听。可是在近六年的时间里,我只唱过一次卡拉 OK,那还是在我们学校边上的万达广场请家庭困难学生吃完饭后唱的。

我牌打得不错。很多人愿意和我打牌,但是我舍不得时间,只能忍痛割爱。我回到大连六年,平均一年能打上一次牌。我也舍不得时间去洗桑拿。路过洗浴中心的时候我都是犹豫一下:“进不进去?算了,太耽误时间,回家淋浴吧。”这些年“疏远”了和朋友的关系,只是把过往的情谊更多地装在心里……

“上帝”没有多给我一分钟。鲁迅先生讲:“哪里有天才,我是把别人喝咖啡的工夫都用在工作上。”如果说这些年为学生我还是做了些有意义的事情的话,那是因为我占有了比别人更多的剩余时间。谁也不比谁聪明到哪里,谁也不比谁愚笨到哪里,占有剩余时间的多少决定了成功还是失败。

而又是什么决定了你能够占有比别人多的剩余时间?那只能由你想承担责任的大小来解释了。

毫无疑问,你想承担的责任大,那你就会想尽一切办法来增加你的剩余时间;反之,亦相反。我从参加工作那天起,就要求我自己决不能让学生在思想上犯错。如何来保证?那就要不断地学习。学生的思想瞬息万变,容不得我们“打盹”,这种使命、责任和担当总是催促着我学习、学习、再学习,我一定要比学生看得远些、看得透些、看得明白些。而要想如此,没有别的办法,就得少睡觉、少娱乐、少享受,用在这些方面的时间若是少了,剩余时间自然就会多了。

当然,我能占有比一些人相对来说多的剩余时间,我还要感谢我的爱人,应当说她也为我提供了一定的剩余时间。不过即便减掉这一部分剩余时间,恐怕我还是比有些人多很多的剩余时间。这样说是想说明一点:主观的自觉是决定你是否能够占有比别人多的剩余时间的根本。

106

关键是心中要有学生

中共教育部党组曾下发文件，要求学校领导深入基层联系学生、了解学生，为学生解疑释惑，解决学生提出的有关问题。

以学生为中心，这很必要。学校因其有学生才称为学校，不以学生为中心怎能办好人民满意的教育。只有深入学生，才能了解学生，才知学生所知、所想，才能增强工作的主动性、针对性。

我于 1998 年做了辽宁师范大学党委副书记，每年新生入学我都在第一时间给贫困学生做“出生在什么样的家庭是无法选择的，人生的价值是可以创造的”励志报告，给全校新生做“为中华之崛起而读书”的报告，给入党积极分子做报告，给新选举的学生干部做报告，我还趁学生家长送孩子上学的机会给学生家长做报告……

我建议学校做出决定，在学生食堂设立“爱心窗口”，贫困的学生凭着学生处发的证明卡到“爱心窗口”吃饭每顿饭只交一元钱，主食随便吃，副食必须有两道菜和一份汤。我确立了“每逢佳节倍思‘贫’”的工作理念，要求从事学生工作的同志，一定要想到生活困难的学生怎样过节。

中秋节的时候，我组织全校几百名生活困难的学生在学校广场举行中秋赏月晚会，为生活困难的学生准备好月饼、水果、冷餐，我还为这些学生准备了高水平的文艺演出，这些生活困难的学生们一边吃着月饼、水果，一边欣赏着优美的节目。

我还组织全校家庭困难学生到食堂包饺子，学校还给每个困难学生几十元的零花钱。我在省教育厅工作的时候，去过很多困难学生家家访。我还特别对孤儿大学生的状况进行了调研：有的孤儿大学生“躲年”（没地方过年）；有的孤儿大学生吃方便面过年；有的孤儿大学生待在学校里过年……

我找到财政厅负责同志，我说我们应该为孤儿们做点事情。后来在财政厅的支持下，我通过我的一个学生（省人大代表）在省人大会上递交了一个议案并获得通过：所有在辽宁读大学的孤儿（当时是1076个）的学费和住宿费一律免除，每个孤儿回家过年还给2000元的生活费、路费补贴。

把学生放在心中，就会有工作的着力点，即便没有文件规定，你也会发挥好作用，冬季的时候能不能给学生多供一天暖？图书馆能不能多为学生提供一小时的服务？寒暑假能不能让学生留在学校同样一道菜，在你学校食堂的价格能不能是本地高校中最便宜的？

能不能为孤儿学生提供切实的服务？迎新的时候能不能为学生提供免费喝的水？能不能为学生提供一定的科研经费？能不能在校园里更多地为学生提供勤工俭学的场所？能不能为学生提供更加优美、舒适的住宿服务？能不能切实建设好辅导员队伍？能不能对教师的教书育人有科学的评价，把学术导向转向教学育人导向？……一句话：能不能让学生花最少的钱得到最好的服务？

我们总是教育学生要爱校如家，进校不如家怎能爱校如家？今天不爱校，明天又怎能爱国？真心希望大家能借教育部的这个文件，好好反思我们的教育为什么还不那么令人满意。

这里有学生的问题，更有我们教育者的问题，尤其是领导者的问题。我们没有理由不把学生的教育服务做得好上加好。把学生放在心上就是要弯下腰来，把学生的事做实、做细，而不是讲在迎新致辞中、写在文件上。

107

真是不应当报怨

2019年4月1日是个悲痛的日子。凉山木里县森林火灾中27名牺牲消防人员的遗体和3名地方扑火人员的遗体全部找到。

他们中有1名“80后”、24名“90后”、2名“00后”,3名地方扑火人员全是“70后”。这就是说年龄最大的地方三个扑火人员的年龄也不到50岁,他们中最小的一个消防人员年龄才18岁,还有一个消防人员刚新婚不久。这些生命就这样为了国家的利益英勇地牺牲了,他们的壮举令我敬佩,同时也让我感到深深的悲痛。

我想起了毛泽东同志为纪念张思德同志在《为人民服务》一文中说过的一段话:“人总是要死的,但死的意义有不同。中国古时候有个文学家叫作司马迁的说过:‘人固有一死,或重于泰山,或轻于鸿毛。’为人民利益而死,就比泰山还重;替法西斯卖力,替剥削人民和压迫人民的人去死,就比鸿毛还轻。张思德同志是为人民利益而死的,他的死是比泰山还要重。”

同时我也想到我们有的辅导员抱怨工作中存在困难。从外部环境来说,确实应当为辅导员队伍的发展创造良好的环境和条件。客观来看,这些年来,党和国家高度重视辅导员工作,辅导员工作的环境和条件越来越好,并且一定会更好。当前还是存在着诸多不如意的地方,比如:有的高校没有把辅导员和其他专业教师一视同仁。

有的高校不给辅导员评职称,有的给评也不是按照辅导员教师的学科特点来评,还有的没有名额……我相信这些问题都会解决的。

因为任何事物的发展总是要尊重事物发展的内在规律,大到社会制度,小到一项具体的工作,都是如此。辅导员自身一定不要总是抱怨这、抱怨那的,既然选择了做辅导员就应当有一种境界,不然“回家卖红薯”算了。

不用说为了新中国的建立牺牲了那么多的先烈,在和平建设时期不同样有牺牲吗?上面那些救火的消防人员是这样;每年又有多少公安战士为了保卫和平壮烈地牺牲。想一想,没有战士的戍边哪有我们的祥和?

辅导员特别要想到我们在从事着一项伟大的事业,功在当代,立在千秋。中国梦的实现,需要培养一代又一代社会主义建设者和接班人。不管别人怎样,当中国梦实现的时候,我们应当能够无愧地说:我付出了,对得起这个伟大的时代,对得起共产党员这个称号。

108

大道至简，实干为要

“大道至简,实干为要。”这是习近平总书记说过的一句话。这句话非常简明扼要地揭示了马克思主义理论的本质属性,实践性是马克思主义理论的根本体现。

马克思去世的时候,在他的墓碑上刻下了这样一句话:“哲学家们只是用不同的方式解释世界,问题在于改变世界。”马克思的著作浩如烟海,为什么偏偏把这句话刻在了墓碑上?应当说这句话充分阐明了马克思主义理论的精髓。纵观马克思的一生,那就是为解放全人类而生命不息、奋斗不止的一生。我非常欣赏马克思这句话。我毕业留校做了辅导员。我把马克思的这句话写在了我的一本工作手册的扉页上,以此警醒自己不能成为空谈主义者。

记得邓小平同志也说过这样的话:少说空话,多做工作,扎扎实实,埋头苦干。我把这句话也写在了我的一本工作手册的扉页上。邓小平同志还有一句话十分深刻地阐明了马克思主义理论的实践属性:不干,半点马克思主义都没有。我用这句话告诫自己,千万不能像手电筒那样,只照别人,不照自己。

看看从党的十八大以来习近平总书记都做了什么,他坚持“四个全面”,率先垂范,使马克思主义理论的中国化实践成果不断壮大。这才叫真学、真用马克思主义,这也正像他概括的那样:“社会主义是干出来的。”大道至简。马克思主义是什么,难懂吗?马克思主义不就是要解放全人类的学说吗？不就是要给最广大的人民群众以幸福的理论吗？

思想政治教育同样如此。马克思主义是精美的“食料”，我们一定要做出可口的“味道”。我们绝不能让思想政治教育像油一样浮在水面上，这样学生吃起来不是“油腥味”就是“腻得慌”。

思想政治教育一定要走进学生的心灵。这就需要我们思想政治教育工作者一定要用恰当的“温度”把马克思主义融入水中，不只是告诉学生马克思主义是什么，更要让学生懂得怎样才算真学、真懂了马克思主义，那就是要让马克思主义转化为学生自觉的行动，而不是只当成了知识装进头脑里。这就需要我们思想政治教育工作者走在学生的前面，给学生做出样子。道理很简单：要想推动别人前进，自己首先就应当是能够推动和鼓舞别人前进的人。要求学生一个样，而自己另一个样，这怎么能不“两样”呢？

109

提升思想理论水平

有位辅导员给我留言谈到理论学习的问题。这真是一个问题。作为辅导员，一定要注重思想理论的提升。

我们常说我们是学生的人生导师。人生导师就是要比学生看得明白、看得远、看得正确。要想做到这一点，没有思想理论水平是不行的。

曲老师，您辛苦了！

您的推文，是我每天都要看的内容。我一直都有教育情愫，觉得爱会传递，所以不遗余力。但对现在的工作学生倒是满意，可我自己觉得不满意。总觉得引领学生时自己的理论不够扎实，根基不牢。很想就个人学习问题得到曲老师的指导，以便学生以我为荣，以便我引导学生时更有说服力！

敬盼回信！谢谢！

××您好！

早就看到您写的信了，就是没有时间及时回复您，请见谅。现在还有好多留言不能给予回复，希望在此一并表示歉意。

您谈到的理论学习问题确实应当加以重视。

学生离开学校的时候，比带走知识更重要的是带走正确的价值观。

当然学生的价值观不都是我们辅导员给的，但是辅导员的价值引领非常重要。你管住了学生的行为管不住学生的心。

我们常讲，教育要为学生的一生负责。一般来说，那些价值观正确的学生毕业后会走得更远，学生感谢你的、不忘你的也是在他思想上有困惑的时候你所给予他的及时帮助。

我的学生有的现在已经是副部级、厅局级干部了，谈到大学生活的时候，他们谈论最多的还是我跟他们都说了什么、对他们的思想有什么影响。我从当辅导员那天起就要求我自己：绝不能让学生在思想上犯错。

为此，我思想不止、学习不停。也正是这样，我成了学生的知心朋友，他们有什么困惑都愿意向我倾诉。好多学生说："您就是我们大学里最亲的人。我们有些不能跟父母说的话也愿意跟您说。"

有的辅导员动不动就说和学生有代沟。有吗？即使有，也是你们挖的，怎能怨学生呢？没有哪个学生一进学校就挖条沟。

学生疏远我们有多个原因，其中一个重要的原因就是我们有些辅导员的理论水平不够，使得学生觉得和你谈什么问题都是浪费时间。所以，为了不让学生在思想上犯错，必须加强学习，提升思想理论水平，为学生及时解疑释惑。

有的辅导员会说自己忙，没有时间学习。说到根本还是对学习的重要性缺乏认识。谁也没闲着。那些思想理论水平较高的辅导员也是一边工作、一边学习过来的，他们都是充分地利用了碎片化时间的人。关键不是"忙"的问题，而是学习理论的自觉问题。具有这种自觉性，是提升思想理论水平的重要前提。我想说的是——要把这种自觉变成实际的行动。

辅导员所依据的主要学科就是思想政治教育，因此，要学一下思想政治教育的原理。

高等教育出版社出版有多种版本这方面的著作，辅导员可以品读一下；辅导员工作还要借鉴相关学科的知识，像教育学、伦理学、心理学、法学、社会学等都会在日常的工作中运用到；辅导员尤其要熟悉党的路线方针政策，一些对辅导员工作有具体指导的重要会议精神、相关文件，必须熟记于心；辅导员应当对经典作家关于思想政治教育的理论、社会发展的理论有所掌握，在当代，要认真学习新时代习近平中国特色社会主义思想……

当然，理论学习急不得。特别是我们今天的辅导员选拔，还是基于管理型，这就使有些辅导员思想理论素养存在着“先天不足”。慢慢来，日积月累，坚持数年，必有好处。

还有个重要的方面，一定要有问题意识。从问题出发，注意平时工作的积累和总结。任何理论都不是凭空产生的，存在决定意识。你工作得越深入，就越容易接近真理。关键是要用心观察、梳理，不然有的理论就在你的眼皮底下“溜走”了，这岂不可惜？毛泽东说过“三个臭皮匠，合成一个诸葛亮”，这里也有实践出真知的意思。中国的马克思主义就是从“山沟”里出来的。从这点来说，也不要把提升思想理论水平看得高不可攀，由此望而却步。

现在为了评职称，一些辅导员开始重视理论学习了，也加强了科研。这里需要注意的是一定要研究真问题、迫切需要研究的问题、你在学科中遇到的问题、你能研究的问题，千万不要还没有会走就想跑。辅导员工作需要“高大上”的研究，更需要“形而下”的成果。搞好学术定位也很重要。

好了，要下火车了，就聊到这里吧。

到大连联系我。

祝好！

110

还是尽量融入学生更好

前几天有个辅导员给我写了下面这段话：

“曲老师早！刚看到您的朋友圈，工作中我也经常有这样的困惑。有时候大量的事情交织在一起，工作难免会本末倒置，为了应付迫切紧急的杂事而忽略了与学生更多的交流。还有个问题想问问您，怎么样才能真正地和学生走到一块去，总觉得跟学生走得不近，也困惑如果真能融入学生后，学生还能不能管理得住？您看是保持一段距离好，还是尽量融入学生好？”

看了这个辅导员写给我的话，我给他做了这样的答复：

××你好！

你在信中提道：和学生到底走得近些好还是保持一段距离好？同样的问题有好多辅导员问过我。这还真不好说绝对了，关键是对远和近的“尺度”怎样把握。

我主张辅导员还是应当和学生近些。所谓“近些”，就是要把学生放在心上，把学生的事当回事。这就要多深入学生，了解学生的所思所想，对学生的事不能麻木不仁、无动于衷。“亲其师，信其道”。学生和你有感情，相信、信任你了，一定会有利于辅导员工作的开展。但是近，并不是没有原则。发现了问题要及时解决处理，不能搞亲疏远近，一定要公平地对待每一个学生。不然的话，看起来你像交往了某些人，但你必然会得罪另一部分人，你的工作就会“摁下葫芦起了瓢”，那也就失去了近些的意义，你的工作就会事与愿违。

所谓保持一段距离是什么意思呢？不能，也没有必要故意和学生保持一段距离，不要以为这样就会有威严，就会管住学生、让学生听你的。事实不完全是这样的。古语里有这样一句话：吏不畏吾严，而畏吾廉；民不畏吾能，而服吾公；公则民不敢慢，廉则吏不敢欺。这里起码可以引申出这样一层意思：学生怕不怕你不是因为你的“严”，而是你对学生公不公、廉不廉。辅导员和学生间的交往靠着严厉只能把学生表面上看起来管得规规矩矩。

但是最好的管理是内心的认同而不是表面上行为的整齐划一。这种管理同样会失去思想政治教育的意义。思想政治教育要以理服人，以情感人。学生有了感情才会悦纳你的教育。记得前些年我到一个省调研辅导员队伍建设情况。这个省要求高校从转业军人中选聘辅导员。为什么？为的是“管住”学生。结果如何大家都能想到：辅导员和学生的距离有了，但是亲情没有了，并没有教育好学生。

现在很多辅导员都是按照管理型选拔的，这样就“天然”和学生有了距离，这正是需要我们加以改正的。总体来看，当下辅导员和学生不是过于近了的问题，而是相对来说距离有点远了的问题，这是需要加以注意的。为了把工作做好，我还是主张尽量融入学生更好。

这个辅导员回复说：

谢谢曲老师的点拨！我也是像您所说的在困惑中摸索，今年是我做辅导员的第三个年头，很多事情处理起来比刚开始会游刃有余一些，有时候确实不把自己当作那种“有威严”的老师，也尽量寻求和同学们比较轻松一点的融合方式，今后也会把握好度！我挺喜欢学生的，也非常愿意为他们服务，今后会更努力为学生着想，谢谢您在百忙之中的回复！

111

思想的，还是心理的？

今天是大学生心理健康节。向辛勤耕耘在大学生心理健康园地的老师们问好,你们辛苦了!

大学生的心理健康问题越来越得以重视。这是对的,随着社会的迅猛发展,一些大学生跟不上社会发展的节奏,产生了心理问题,及时地帮助他们解决心理问题,会较好地保证大学生的健康成长。

问题是怎样看待大学生的心理健康问题。现在一谈到大学生的心理健康问题,就有点草木皆兵的感觉,有人甚至认为没有几人是没有心理问题的。他们也是有根据的。新生入学的时候,各学校要进行排查,把学生的心理问题进行分类,按照“量表”统计,确实每个学生都或多或少地符合“量表”设计的心理问题标准。

他们的结论应当就是从这里来的。大学生的心理健康问题真是普遍到了这种程度？我以为,目前我们不同程度地放大了心理健康问题。其实很多学生只是有思想问题,如果思想问题解决了,行为问题也就解决了。

当然从广义上看,思想也是心理的一部分,思想属于心理现象的较高层次部分。但并不能由此就将心理与思想混为一谈。尤其从思想政治教育的视角来看,思想引领是主旋律,心理疏导应服从或服务于思想政治教育,不能颠倒过来,不能喧宾夺主。有的同志直言不讳地讲,为什么愿意把思想问题说成心理问题？这样就省事了,学生犯了错,教育不过来也是正常的、可以理解的;而有的心理健康教育教师为了突出心理教育的重要,也认同把思想问题归于心理问题。这样的结果,往往是思想问题被掩盖了,心理疏导也没有搞好。因为思想的问题还是需要通过思想教育的方法来解决,这是根本。一些本属于思想问题却被划到心理问题的学生,通过心理疏导,一时问题会有所缓解,但并没有去根,因此一有合适的机会他们的“疾病”就会复发了。

我在省教育厅工作的时候,有一次到一所大学开会,有个学生记住了我的电话。有一天我在办公室办公,这个学生拨通了我的电话,她哭喊着说她不想活了。我马上安慰她说:“你别激动。你能把这样的想法告诉我,是对我的极大信任。我们一定要见上一面。”我让她到她学校附近的一个肯德基店等着我。

我放下电话就奔向了那里。见到我来了,她也不管旁边有没有人,拽着我的胳膊又哭了起来。我让她坐下,她拽着我哭了好长一会儿。待她平静下来后我问她为什么不想活了。她说她的男朋友不爱她了,她失恋了。

这是心理问题还是思想问题?显然是思想问题。失恋了就自杀?父母哪去啦?人只是为自己活着?我跟她说:“同学,你这种情感可以理解,但是你想自杀就有点愚蠢了。爱是什么?爱是爱你的人。他都不爱你了,你干吗还要爱他呢?你还想自杀,你这是想惩罚他吗?自杀是什么?你这是把痛苦留给了最爱你的人——父母。人生一定要活得有价值。越是失恋了,越要好好活着。爱是一类人;不是一个人。将来找个爱你的人,生活一定会很幸福的。”这时她好多了。我说:“你还想死吗?”她摇了摇头。因为要开会,我说今天先聊到这里,等我再找你。我把她送到学校门口后回到厅里。第二天是周六,沈阳正好举办世博会。我放不下这个学生,便开车到学校接上她去了世博园散心,我一路开导她。在一个月的时间里,我还请她吃了两次饭。后来这个学生跟我说:“老师,您放心,我要好好活着。”这个学生毕业的时候给我打了个电话。她说感谢我对她的关心和帮助。她还说她是学高护专业的,我要是有病住院了,她来护理我。她工作后我们还通过一次电话,因为忙,我就没再联系她。

思想政治教育一定要以思想教育为主,采取思想教育的方法。我们现在有些辅导员把精力过多地放到了心理教育上,这是需要注意的。有个辅导员说,她自费花了很多钱到社会上学危机干预。我说重点应当放到危机预防上,尤其放在思想预防上。真到了危机干预的程度,有几人能干预过来？我几十年学生工作的自我要求是，绝不能让学生在思想上犯错。这就要了解学生的所思所想。特别是在学生一入学的时候，就要想尽一切办法把工作做细、做透。记者采访我的时候常常问我，有没有那样要死要活的把我也闹得不想活了的学生？我说没有，学生刚来的时候有观望、犹豫，甚至想走极端的，但是都让我给改变了。把思想教育做在前面，心理问题就会少多了，更不会发展到危机干预的程度。

今天是心理健康节，说了这段不合时宜的话，只是为了提醒有的辅导员，要注重心理健康知识的学习，更要增强思想政治教育的本领、提高思想教育的能力。两者不可偏废，但是两者还是有主次之分的。

112

我为什么愿意当辅导员

我获得全国“时代楷模”后，国内的主要媒体几乎都采访过我。有一个问题是他们感兴趣的，就是我为什么要放弃正厅级回到学校当辅导员？一些辅导员也是常问我这个问题。此前我在公众号后台回答过这个问题，这里再集中地回答一下。

我之所以愿意做辅导员主要基于三点考虑：

一是人生价值的考虑。每个人都想实现自己人生的价值。有愿意做医生的；有愿意做公务员的；有愿意做军人的；有愿意经商的；有愿意搞建筑的……我就愿意做辅导员。有一次我在全国建筑类高校学生工作年会上做报告，我说我就不觉得搞建筑有什么好。大楼建得再好，建筑师来了和我来了都是一回事，它不会向建筑师点头哈腰的，不然大楼不就倒了吗？

学生是有感情的，他们知恩图报，特别是当看到自己培养的学生在祖国需要的岗位上有所成就的时候，觉得自己真是有价值。可以说辅导员功在当代、利在千秋，有什么不好？2006 年《光明日报》一个记者采访我的时候就问过我，如果让你重新选择你还会选择辅导员吗？我毫不犹豫地说：“我一定还会选择辅导员。”现在我说如果有来生的话，我就做辅导员，辅导员这份工作值得一辈子拥有。

二是人生尊严的考虑。谁都愿意自己的人生有尊严。什么是尊严？尊严就是不违背诺言，做个让人点赞的人。当然，什么工作做好了都可以让人点赞。可是我却偏偏认为来自学生的点赞是最高的点赞。当我刚做辅导员的时候，我是学生的哥哥辈的；过些年，我成了他们叔叔辈的；再过些年，我又成了他们父亲辈的。随着我年龄的增长，这些学生的年龄也在增长，他们毕业了，他们没有忘记母校的培养，没有忘记我的付出。校庆的时候，学生们回到母校，首先要看望的不是校长、书记，而是辅导员；当我们离开人世的时候，“面对我们的骨灰，高尚的人们将洒下热泪”，我作为一名辅导员，若是能够得到学生如此的点赞，死而无憾。

三是人生幸福的考虑。谁都希望自己的人生幸福。幸福到底是什么？有豪宅就幸福？有权力就幸福？恐怕不是这么简单吧？最幸福的人应当是睡觉最安稳的人。钱锺书写了《围城》一书，思考一下为什么在外面的人想进去，进去的人想出来？还不是在外面的时候觉得婚姻是物质生活，以为有钱就幸福了；进去的时候发现婚姻是精神生活。再有钱能怎么样？有些人就是豪宅越空旷，心灵越空虚；床越大，身躯越渺小，实在无法承受精神的折磨。权力同样如此。为人民办事，人民感谢你；以权谋私，早晚要出事，睡觉还能安稳吗？

辅导员培养的是学生，有了学生就有了一切。每当教师节、父亲节、春节，学生们送来满满的祝福的时候，真是觉得辅导员就是世上最幸福的人。

我毕业的第一选择是想到西藏做一名教师，因为没有计划就没有去成。这样学校把我安排做了辅导员，我从留校那天起就想做一辈子辅导员。只是我工作比较优秀，其间工作岗位几经变动，但是我没有离开学生工作一天。在我五十六岁的时候，我坚决要辞去厅级领导职务到学校做辅导员，就是为了在辅导员工作岗位上画上我职业生涯的句号，做我喜欢的事，我不能再等了，我要兑现我内心的承诺。对此很多人不理解。事实上任何人做事想让每个人都理解是不可能的，那样想只会蹑手蹑脚，恐怕什么事也做不成。马克思创立马克思主义的时候，没有几人赞同；毛泽东当年要出去革命的时候，他的父亲要打断他的腿，毛泽东以死抗争走出了韶山。这也是我的性格，我看准的事就坚决地去做。组织上对我还是很关心的，想让我保留级别下来，我没要。主要是因为我想办个大学文化的网站，这需要更多地考察国外的大学，有级别出国不方便。至于看病待遇，我就没想那么多。三十七年来我初心不改，无怨无悔，就是以上这三点在支撑着我。

现在一些辅导员还不怎么安心于自己的工作，这可以理解。他们的工作环境和发展出路还不是那么令人满意。

这需要有关部门从建设职业化、专业化、专家化的辅导员队伍出发，加快解决辅导员队伍建设中存在的问题。

辅导员个人，还是要从党性、从对学生成长负责的角度出发，多发挥自身的主观能动性。一味地等着外部环境的变化也是不可取的。主客观条件往往会相互转化的。不是有为才有位嘛。辅导员工作做好了，会更有益于外部环境的改善。

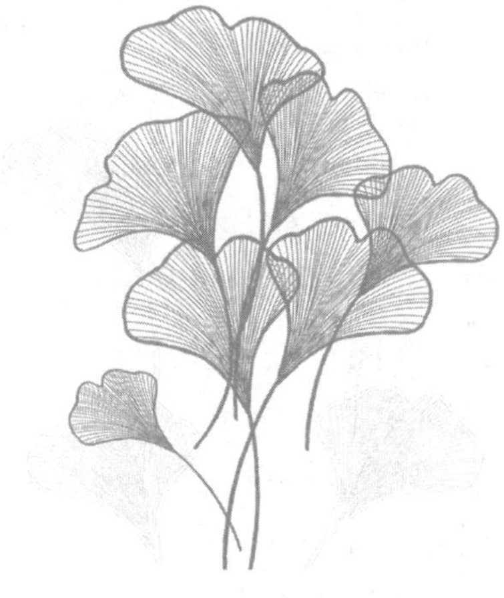

113

你想得到的未必是值得的

我经常会收到有的在学校机关工作的同志发给我的微信。他们曾经都是辅导员，有的在已经做了十几年的辅导员后，想尽一切办法到了机关工作，当初有一种如释重负、终于离开了那些“闹心”学生的感觉。

现在他们有的就不像当初那样兴奋了，有的开始怀疑当初的选择，觉得在机关也没有什么意思，还不如做辅导员了，每天虽然麻烦些，却也很充实。

特别是现在辅导员属于教师，可以评职称了，他们更是觉得不应该离开辅导员队伍。虽然现在仍有的高校不给辅导员评职称；有的给评却不按照辅导员教师的特点来评；有的给评，也按照辅导员教师的特点，却没有名额。不过这些都长不了，很快都会改变的。

道理很简单，实事求是是马克思主义活的灵魂。辅导员教师的教学评价就是要以业绩为主，文章写得再好，学生却带得一塌糊涂这就不能评职称，这个道理还难懂吗？这些在机关工作的曾经的辅导员极个别的会当校级领导，这样的话与辅导员教授比，心理还能平衡些：那些当不上校级领导的机关干部即便当上了处长，与辅导员教授比起来退休的时候待遇上还是差了一大截，这样算起来，当初不顾一切要放弃辅导员工作岗位进到机关，实在不值得。可以说是图了一时的清闲，退休后要是活上个百八十岁，那亏就吃大了。

现在仍有很多辅导员不安心自己的工作，想尽一切办法考博士，要转到其他专业教学。这也未必值得。即便考上了,花了五六年时间读完了博士,待转到其他专业教师岗位的时候,那些虽然没有考博却在辅导员工作岗位上辛勤付出的辅导员恐怕也都评上了相应的职称。况且即便转到其他专业了还不是末位?这真的值得吗?有些辅导员哪怕考辅导员方向的博士也未必值得。从准备考博到拿到学位证书,最顺利的也要四五年。这四五年要下多大的功夫?要付出多少代价?发一篇论文的时间可以用来和多少学生谈话?想通过读博得到的东西恐怕不用付出读博这么多就能得到。

网上有这样一个不知真假的事。有个北京人,改革开放后把房子卖了出国打工。打拼几十年,攒下了七八百万回国了。走进他当初在北京住的四合院一打听,这个四合院值上亿元了。我认识一个美籍华人,也是改革开放后辞职去了美国,现在在美国一家公司工作。当初出去的时候,国内的生活水平和国外相比真是天壤之别,可是现在,他在国内的很多同学已经反超了他,生活得比他惬意得多。他的同学都说当初他要是不出去的话,会比他们生活得更好。可是他却回不来了。

选择性是人的基本属性。如何选择是一种水平。选择要慎重,千万别做那些费了很大的气力却“劳而无功”,甚至前功尽弃的选择。

114

莫形成心中的“堰塞湖”

有个辅导员跟我说，每天心情都不舒畅，心里堵得慌。因为什么呢？说来说去还是有的问题没看开，影响了自己的心情。

这本是件好事，可是现在仍有的高校不给辅导员评职称。这怎么办呢？这确实不是辅导员个人能够解决的，在这种情况下辅导员就必须调整自己的心态。给不给评是外部的事，并且要相信那是迟早要给评的。辅导员个人应做的就是把学生带好。不然你每天憋着气工作，那得多难受啊！真是不值得。这样还会影响你的准备，“风”真来了，你却“飞”不起来。

我在留校做辅导员的时候很多老师都跟我讲别做辅导员了，免得耽误自己。连我们系主任都劝我上专业课，这样可以评教师职称。

当时根本不给辅导员评教授。我想，不给评就不评，我把学生带好就行了。我工作还是比较努力的，没有自己的节假日，整天和学生摸爬滚打在一起。寒暑假期间我还到学生家家访，有的学生家是在寒冷的冬季顶着刺骨的寒风、骑着自行车去的。工作虽然忙碌，也很辛苦，但是我每天乐此不疲、开开心心。

我坚持这样一条原则：工作再忙、再累，也不能放松了学习。不管别人怎样看，我清楚我的角色，辅导员就是学生的人生导师，这就要及时地为学生解疑释惑、为学生把握前行的方向，这就需要不断探寻学生成长的规律。

在我的工作中，脑袋里始终装着问题意识，我要求自己把辅导员工作当成一门学问来做。我随身带着一个小本子，把我的思考乃至于在头脑中闪现一刻的思想火花也及时记录下来，然后认真地思考，待考虑成熟了就写成论文。

那时辅导员发文章更难，不过我想，笔在我的手里，思想在我的脑海里，还没有哪本杂志注明不发辅导员的文章。就这样，日积月累，我写了很多思想政治教育方面的论文。这里我特别要感谢《中国高教研究》给我的鼓励。我的第一篇国家级论文就是在该杂志上发表的。我总结了我工作中学生寝室文化建设的经验，写了《论新老生同寝对大学生角色确立的意义》一文，该文的发表给了我极大的信心。歌德说，机会不会光顾那些没有准备的头脑。结果属于我的机会来了。

我们校长很开明，允许辅导员和在机关从事思想政治教育工作的同志评教师职称，那时虽然没有实行“三单”，但是比起今天仍不给辅导员评职称的高校真不知超前多少倍。开始报送评职称材料的时候我还没在意。有天晚上学校负责收集各单位报送的职称评审材料的一个同志在走廊看到我时问我，为什么不报材料？我说我够吗？他说，不评怎么知道够不够。他让我抓紧把材料报上去。结果那年全校评十八个教授，不分专业，听说我排名还挺靠前，我就这样当上了教授。

我常想，自然社会形成的“堰塞湖”是无法抗拒的；人心中的“堰塞湖”却是可以避免的。何必自己把自己的心路堵住了。无论怎样，不要自己折磨自己，每天高高兴兴地活着。相信明天太阳会照常升起，属于你的那缕阳光谁也剥夺不去！

115

用网络实现和学生“无缝链接”

大学生都被“网”在中央。思想政治教育必须面对这样的现实。问题是我们有的同志看到的只是网络带来的负面影响,没有积极地变被动为主动。

既然我们认识到网络是把“双刃剑”,那么我们就不能任负面那一“刃”磨得锋利,而正面这一“刃”却十分钝挫。我感谢网络时代的到来,它是我做好学生思想政治教育的重要平台,网络的出现使我很容易地实现了与学生的无缝链接。

我和学生建立了微信群。我在群里主动发声。我每天挑选一件历史上发生的重要事件或出现的重要人物进行评述,再通过微信发给学生们。

如毛泽东同志生日的时候,我引导学生们正确地看待毛泽东。在一些重要的日子,我也是及时给学生发微信,进行思想引领。学生过生日的时候,我给每个学生都会送上生日祝福,有的生日祝福足有上千字,我告诉学生们一定让自己的社会年龄随着自然年龄的增长而增长。每当社会上发生一些重要的事情,我也是及时谈我的看法。如安倍参拜靖国神社、“南海问题”,我都把我的看法告诉学生们。

我与有个刚来学校思想比较低沉的学生先后有十五六万字的微信交流,不仅在平日里,在假日里仍不断交流,这个学生思想彻底改变了。

有个学生家所在的省份发生了地震,我在第一时间给这个学生发了微信,询问地震对她家有没有影响。这个学生说她家平安无事,谢谢我对她的关心。

有个学生放假在家期间他那个城市有座化工厂发生了爆炸，我马上发微信过去问他，并嘱咐他无论在哪里一定注意人身安全。

这些年我和学生之间有200多万字的微信交流，当这些文字摆在我面前的时候我都不敢相信。若是付钱的话，给我多少钱我能发这么多的微信呢？有写这么多微信的时间我能写多少C刊论文？

可是我还是觉得这些微信有用，它在我和学生之间架起了一座心灵的桥梁，帮助学生在心灵深处埋下了真善美的种子。

有个学生跟我说："您开始说要给我们发微信的时候，我在心里可嘲笑您呢。"我问："为什么？"他说："我不相信有人能做到这一点。我被您折服了。"我最多的时候一天发过四五千字的微信。

我老眼昏花的，汉语拼音的基础也不是很好，常常找一个字要好多遍。我坚持了下来，我也挺佩服我自己的。许多事都是这样，不要想能不能做，而应想应不应当做。为了和学生实现无缝链接，我做成了想起来不可能做成的事。

116

我为什么能给学生发那么多的微信？

许多辅导员问我，为什么能给学生发那么多的微信？怎么说呢？最简单地的回答应当说就是责任了。

我从留校做辅导员那天起，就抱定这样一点：决不能让学生在思想上犯错。刚做辅导员那会儿，没有手机，和学生之间的交流主要就是谈话。那时候我有时间就找学生聊聊。哪个学生获得了“三好学生”；哪个学生想入党；哪个学生入党了；哪个学生过生日了；哪个学生当上学生干部了；哪个学生没有得到助学金……

我还搞了“课前五分钟”，每天我都在学生上课前，三言两语地讲一讲学校里和社会上发生的或这样或那样的事情，我把我的看法及时地告诉学生们。我还给学生们做讲座，有入党方面的、有战胜困难的、有怎样与同学交往的、有怎样处理情感的、有专业学习的……

同学们很信任我，有的学生说有些不愿意跟父母说的话也愿跟我说，我是他们大学里最亲近、最信任的人。这种和学生之间的无话不说，使学生们听从了我的引领，较好地度过了大学生活。我深刻地体会到，和学生之间的用心、用情交流，是思想政治教育的重要环节。

当今时代，科学技术迅猛发展，网络的出现、手机的普及，使辅导员和学生之间的交流变得及时、便捷了。我在做辅导员以后，就非常感谢科技的作用，它使我和学生之间实现了无缝链接。我经常外出开会、考察、讲学，虽然和学生的物理距离十分遥远，但是我们的心理距离却更加紧密。

由于有了网络和手机，无论学生在哪里，我都能随时找到他们；无论我在哪里，学生都在我的心里。

我和学生建立了微信群。有时“点对点”（给某个学生）发，有时“点对面”（给群体）发，这些微信是怎样编辑出来的呢？有时在夜晚；有时在火车上；有时在候机的时候；飞机允许使用飞行模式后，我乘机的时候也编辑微信；还有些微信是在出租车上编辑的。可以说我每天都在争分夺秒地安排我的时间。因为担心学生思想上犯错，我便捕捉一切能捕捉到的信息，及时嘱咐我的学生们，为他们解疑释惑。学生说我是他们有困惑时第一时间想到的人。

为了挤出时间给学生发微信，我不舍得时间休闲娱乐；和朋友待在一起的时间也少了；更不舍得时间睡午觉。正是因为有了这种不让学生在思想上犯错的内在自觉，使我占有了比别人多的剩余时间。谁能成功？成功的人必须具备这样两个最为重要的条件：一个是有责任，责任越大的人，动力越持久；再一个就是占有比别人多的剩余时间。

有的辅导员说，他们也想给学生发微信，可是就是没有时间。恐怕不是这样。关键要对学生负责，要充分利用好碎片化的时间。

117

一定要自己看得起自己

很多辅导员跟我讲，别人看不起他们，因此他们工作起来没劲头，总想早点离开辅导员队伍。这样想是不对的。别人看不起你，你就趴下了？就当“逃兵”？那不更让人瞧不起吗？我倒认为，别人越是看不起你，你却越要看得起自己，不然就真的趴下了，永远站不起来。

当哥伦布没有使鸡蛋立起来的时候，谁会相信鸡蛋能立起来？有几人不以为哥伦布是在痴人说梦？当哥伦布真的使鸡蛋立起来了，谁还敢说哥伦布是在吹牛？许多事情必须用事实说话。

我有个朋友曾经也是辅导员。20世纪90年代初，他费了很大的劲去了澳大利亚。他很关心我，在他妻子回国探亲的时候，他让他妻子带给我一封信。信中劝我赶紧离开辅导员队伍，免得将来后悔。我不以为然。我觉得辅导员没有什么不好。后来他在境外待不下去了，回到了国内，这时我已经是学校党委副书记、教授了，他说我比他看得远。

很多同志一留校便想尽一切办法到机关工作，离学生远远的。我在做党委副书记的时候，常跟机关的同志讲，做辅导员挺好的，不要怕接触学生。在学校工作最大的资源就是学生。你一天辅导员不做，眼下清闲了，可是当你退休了，一个学生也没有，这是多大的遗憾！

我留校做辅导员的时候，很多专业老师看不起我，他们觉得辅导员就是“管理员”“消防员”“保姆”“警察”，什么都干不了的人才干辅导员。我不跟他们争辩，更不当“逃兵”，我默默地做。

我给学生上品德课（当时叫共产主义思想品德课），我认真备课，我的课很受学生欢迎。年底学生评课的时候，我的课排在了前几位。

我还带着问题意识开展工作，积累到一定程度我便把我的所思所想写成论文。结果评职称的时候，不分专业，我在全校所有参评教授的人员中排在前几位，我评上了教授职称。教过我的很多老师都在我之后评的教授，有的退休了还是副教授。

有为才有位。现在更是如此了。我当上了二级教授；我也是国家社科基金评审委员；我被评上了全国教学名师；我还当上了“全国时代楷模”。对于这一切的取得，我感谢组织的培养、大家的帮助，当然也离不开我个人的努力。从我留校到今天，无论在哪个时期、哪个阶段，只要我气馁了，怀疑自己，就不能在原有的台阶上再上一个台阶。

我最欣赏的一个广告语就是：“我能！”我能什么？我相信我能做到在别人看来做不成的事情。“我能”就是我相信我不会忘了初心、被别人左右，不管你怎么看，我会在我选择的路上坚定地走下去！

当然，瞧得起自己不是狂傲自大，也不是目中无人，而是把自己的信心建立在科学的基础上，正确地认识自己。不要管别人瞧不瞧得起你，要想让别人瞧得起你，就得做出别人不得对你不刮目相看的事。

118

把心沉下来

一些辅导员工作没多久就急于求成，恨不能当上什么“长”；发表高档次的论文；评上什么职称，哪有这么便宜的好事。

我于20世纪80年代做辅导员的时候和现在有点不同。我当上党总支副书记(副处级)用时不到三年，算是比较早的。但是那时候“百废待兴”，也十分需要干部。不过尽管如此，也不是所有的辅导员都这样。

我是工作比较优秀的，就在我们学校，工作十几年没有提到副处的比比皆是。我工作的第一个寒假去一个学生家家访，骑了十多个小时的自行车，到学生家的时候全身都冻木了。一到学生家，车子就扶不住了，若不是学生的母亲扶住我，我就会一头栽到院子里。

通过家访我知道这个学生的弟弟患先天性心脏病，正在市内医院住院。我让我母亲包了一饭盒饺子，我要骑车到医院看他。因为路滑，我小心翼翼地生怕摔倒了。结果还真摔倒了。那一刻我第一反应是饺子别撒了。我抓起跌落在地上的饭盒，一看饺子安然无恙，我感到幸福极了。我学生的弟弟一边吃着饺子，一边流着激动的泪水。后来他不幸去世了。这个学生告诉我，他弟弟去世前说对他说：“将来一定替我报答三个人，一个是父母，一个是曲老师。”

我工作很努力，无论是学生还是教工，他们都很喜欢我。学校党委顺应民意，任命我为政治系党总支副书记。这样我不争而得，在工作不到三年的时间里当上了副处。千万不要争，大家心里都有杆秤，再说争来的东西早已失去本来应有的味道。

科研也是如此,急不得。思想政治教育有其内在的规律性,不下一番功夫是不可能一下子就掌握的。尤其是辅导员搞科研,一定要了解和熟悉学生。你为什么搞科研?说千道万还不是为了学生的成长?因此一定要和学生打成一片,从实践中发现问题、研究问题。这样的研究才能顺理成章。现在有的辅导员说起科研就想搞"高大上"的,这种态度不可取。再不就是为科研而科研,追求文章数量,不求质量,也就是对现实问题的解决犹如隔搔痒,这样也就失去了科研的意义。

科研需要日积月累。真想搞科研就需要把在教育培养学生过程中得到的体验及时地记录下来,再丰富自己的理论知识,从理论视角审视你所从事的实践活动的科学性,以找到其规律性。

开始可以写一些"豆腐块"的文章,写多了,就觉得有很多的话要说了。也不要急于追求发表刊物的档次,循序渐进,这样才能搞出真学问。

我于 1982 年留校做辅导员,1996 年才发表第一篇国家级的论文,这时候我已经工作了十四年。你或许可以快些,但也绝不是快到一工作就想发国家级文章的程度。

职称是随着工作和科研走的。尤其干好工作是前提。道理很简单,思想政治教育关键是要学生"内化于心,外化于行"。这是检验思想政治教育水平的最重要的标准。文章写得再多、发表的档次再高,学生教育管理却一塌糊涂,能评职称吗?现在能,当然有些学校已经改了,现在也不能了。很快就会形成共识,辅导员教师评职称,绝不能以论文为王,一定要变论文导向为业绩导向,这是思想政治教育学科的性质和辅导员教师的特点决定的,此种做法指日可待。

119

辅导员教师评职称绝不能以论文为王

前天我推送了《把心沉下来》一文，其中提到辅导员评职称“绝不能以论文为王”。有的同志问我，怎样理解？这里我再多说几句。

辅导员教师评职称真可谓步履维艰。

在中央“16 号文件”颁布前，绝大多数高校不给辅导员评职称（那时候有很多高校还没有辅导员）。后来陆续开始给辅导员教师评职称了（当然现在仍有许多高校不给辅导员教师评职称），这是朝着辅导员教师职业化、专业化、专家化建设迈出的重要一步。

目前给辅导员教师评职称已经基本形成共识（少数不给辅导员教师评职称的高校坚持不了多久，因为这是没有道理的）。但是紧接着出现的问题是，怎样给辅导员教师评职称？

现在虽然高校给辅导员教师评职称了，很多高校也都实行了“三单”，但是落实得并不好。这里尤为重要的是怎样体现“单独条件”，这个问题不解决，“单独评审，单独比例”也就失去了意义。

许多高校的“单独条件”与其他从事人文、哲学、社会学科教学的教师评职称的条件没有多少差别，也可以说就是移植了那些教师的评职条件。这就更没有道理了。

我在省教育厅工作的时候为辅导员教师专门出台了职称评定条件。在征求意见的时候，有的校长和人事处处长说可以给辅导员教师评职称，但是要“一视同仁”，不能降低条件，要跟其他人文哲学社会学科一样，论文、课题、课时一样不能少(目前一些高校坚持的就是这样的条件)。

我说这里有两个"一视同仁",一个是在给辅导员教师评职称上要一视同仁,辅导员是教师,就应当一视同仁地给他们评教师职称。但是在对学科的尊重上也要"一视同仁",这更是不能缺的。辅导员教师的学科特点是什么?

实践性是其最本质的特征。

辅导员教师的水平不是通过论文、课题体现的,是通过学生的精神风貌体现的。这就像我上篇文章中提到的那样,一个辅导员教师文章发得再多、发的档次再高,学生教育管理工作却做得一塌糊涂,这怎么能评职称呢?

我在辽宁师范大学工作过,我知道声乐教师评职称要有文章,但必须要举办独唱音乐会;器乐教师必须举办独奏音乐会;美术教师也是这样,不仅要有文章,还要有作品,这就是尊重了这些学科的特点。

如果只看论文,不能举办个人演唱会,那怎么证明他的实际水平呢?辅导员教师评职称也应当是这样,应当有文章要求(但要少而又少,表明他有相应的理论水平就可以了),关键看业绩。文章(课题)是排在业绩后面的,甚至可以过渡到不要文章,培养好学生就是根本标准。

辅导员教师评职称显然不能和其他人文哲学社会学科教师的要求一样。辅导员教师的业绩完全可以用来顶替文章。

评上了全国优秀辅导员怎么连篇C刊都不顶呢?带出了全国"三好班级",可不可以顶个省级课题?家长和学生的感谢信、发给学生的微信可不可以算作考核内容……

总之,辅导员教师评职称要把他们导引到在思想政治教育走进学生心灵上下功夫,只有变"科研为王"为"业绩为王",才能真正起到辅导员教师评职称的作用,才能真正实现辅导员教师的价值。

必须明确的是,这样做,并不是对辅导员教师评职称的照顾,这是由辅导员教师的教育教学特点决定的。

120

增强学习的自觉性

习近平总书记谈到,要把学习当成人生的追求。周恩来同志生前也总是告诫我们,要活到老,学到老,改造到老。

我们一些辅导员,嘴上也是常挂着“学习”二字,可是到来真的了,便没有了自觉性,总是强调客观的原因,总是没有学习的时间。

我们学校(大连海事大学)是全国高校思想政治工作队伍培训研修中心。每次举办培训的时候,我都会给他们做个报告。在和他们课下交流的时候,我都会问他们来大连去哪里了,去没去大连理工大学看看。一些辅导员便说“没去”。大连理工大学与我们学校相当于前后院,早上早起一会儿就可以看了,遗憾的是这些辅导员就这样离开了。

大文化在哪里? 在大学,在图书馆,在博物馆,在名人故居,在名人墓地……我利用各种机会参观考察了中外 1000 多所大学,目前我是世界上参观大学最多的人。我不是为了这样一个记录,我是要帮助学生回答“大学是什么”这样一个读大学必须解决清楚的问题。

关于大学是什么,我给学生做的第一个报告就是“大学 · 大学生 · 人生”。我告诉学生们一定看清自己的方位,找准前行的目标。这些大学考察起来并不轻松:常常需要起早贪黑;要牺牲午休时间;要头顶烈日;要冒严寒;有时还要忍饥挨饿,也是吃了些苦。

记得到广州开会的时候,举办方给我们安排在花都的一个很高档的酒店,我为了看中山大学,晚上打车自费花了 50 元钱住到了中山大学门口的一个小招待所。服务员问我:“你是来上访的吗?”我说我是来看大学的。服务员说这里条件太差,厕所是公用的,门是插销的,上访的都不愿住这里。我第二天天一亮就起来了,在小摊上花5元钱买了张饼吃,就这样用了几个小时看完了中山大学。

有一年冬天黑龙江省教育厅在黑河学院举办全省辅导员骨干培训班,我被邀请去做了个报告。若是我做完报告就走,也不会感到多么寒冷。但我哪能错过看大学的机会。我一咬牙,拿着相机就到了校园里。我的全身很快就被冻透了。因为温差,相机镜头拍两张照片就要擦一下。为了御寒,我在校园里这边蹦跳着走,那边又怕滑倒了。我想漠河学院也不会有人“傻傻地”在这样的天气里去拍大学里的景观吧。

我拍了大学里无数刻着字的石头的照片,这些文字都是大学文化的浓缩。拍照这些石头的时候,有时会有该校的辅导员陪我。他们说有的石头他们从来都没见过,不看石头上刻的字更是司空见惯。

我还看了无数名人的墓地、故居;看了无数的庙宇,我在这些地方拍了数千副对联的照片。有一次,一个辅导员陪我看一个名人的墓地,这个名人的墓地就在这所学校院外不远的地方,他却从来没看过。我还故意问一些来往的学生,没有几人知道这座墓地。

学习说到底是个自觉性的问题,也就是有没有这方面的认识。没有,就会总强调客观环境,也就根本腾不出时间用于学习,尤其不可能自己花钱买书学习、花钱参加培训;若是有了学习的自觉性,上面谈到的买书、自费培训就根本不是什么问题了,不就是少改善一次生活、少买一套化妆品的事吗?学习的时间也自然不在话下了。

121

辅导员还是注意一下自己的装束为好

人的思想不只是通过语言表达出来的，还会通过形体和装束来表达。辅导员想什么、做什么，对学生会有潜移默化的影响。道理很简单，你喜欢和赞同的，你就不会反对和阻止。

在现今的社会上和校园里，流行着穿破洞的牛仔裤，很多学生都追赶这样的时髦，有的很夸张，一条裤子破好几个洞，且破的洞好大。有的辅导员也穿这样的牛仔裤。萝卜青菜各有所爱，我本不应说什么，但是辅导员还是要注意场合和地点，在学生面前、在学校里还是应当尽量注意装束得体。

穿衣戴帽是个人的喜好，但其深层折射出的是一个人对一种文化的认同和追求。辅导员是大学生的人生导师，其核心就是要做大学生的人生引路人。怎样来体现人生引路人的角色？简单来说就是要始终代表先进文化，给学生积极向上的人生激励。现在高校没有统一着装的要求，当然也没有必要。但是辅导员还是应当有这样的意识，自己的装束就是一种文化符号，表明了一种文化欣赏、一种生活心态，对学生必会带来不同程度的引领。

人的精力是有限的，在这个方面用多了，在另一个方面可用的就少了。辅导员还是应当把精力更多地用在用先进文化引领学生的成长上，以积极向上的生活追求为学生做出榜样。穿衣戴帽是个人所好，但是一些学生的思想变化恰恰就是从追求所谓的时髦、追求穿衣戴帽开始的，辅导员中恐怕也不乏其人。

一些学生虚度了光阴，荒废了学业，甚至走向了违法违纪的道路，与把精力过多地用在穿衣戴帽上不无关系。某高校有个大学生就图虚荣、赶时髦，为了穿名牌、穿流行服装，结果四处骗钱，受到了法律的惩处。类似的案例也不少。辅导员不能视而不见。

要从细微处见精神。要及时地发现和解决学生思想上存在的一些不好的苗头，对有些事情给学生做个提醒，哪怕做个暗示，学生就明白，也就注意了，也就不会最后酿成不好的结果。当然这首先就需要辅导员自身能够引起注意，你都满不在乎，并给予了学生以暗示、导引，那自然就不会在意学生穿衣戴帽这类个人所好的事了。

前几天我到延边大学考察交流。早上该校校长和几个相关部门的同志来看我。马克思主义人文学院的院长穿得西装革履，扎着领带。我问他："不热吗？"他说，他们马克思主义人文学院要求所有的教师平时都穿西服。可以想到，穿着这样的装束站在课堂上给学生上马克思主义理论课，一定比穿着漏洞的牛仔裤给学生上课带来的影响要好得多。

122

谁也没让你请学生吃饭

有个辅导员说，他有两个孩子，生活过得挺紧张，没有条件请学生吃饭，这还能做好辅导员吗？

思想政治教育有两个重要的原则，一个是以理服人，一个是以情感人。怎样理解以情感人？有的辅导员把以情感人片面地理解成了“以钱感人”，认为以情感人就是为学生花钱，甚至看成了就是请学生吃饭。

以情感人不是让你请学生吃饭，这里关键是要有关心学生的情感，让学生感受到你总是把他们放在心上。我刚留校做辅导员的时候，学校给我在学生宿舍分了一间工作用房。虽然房间不大，我却没舍得自己住。我当时带了三个班，我从每个班找了一个学生住在我的屋里。一个年龄最小，我担心他管不住自己；一个非团员，我担心他表现不好；一个性格内向，他说他和他妈都不怎么说话。

我和他们在一起住了两年时间。我是历史系的辅导员。我住这个房间的楼层是中文系女生住的。怕这几个学生来来往往给她们带来不便，我还到那些女生寝室做解释。有个学生开玩笑地说：“老师，我们辅导员要是这样关心我们，住到我们房间都行。”后来我被以调到政治系做党总支副书记，毕业的时候我原来带的历史系学生还是把我当成了辅导员。那三个和我曾经住在一起的学生，现在一个是厅级干部；一个是局级后备；一个是副教授。他们对我说：“若不是老师当年那样关心我们，我们不会有今天这个样子。”

我从当辅导员那天起，就要求自己不能让学生在思想上犯错。思想错了，行动必错无疑。我常想，自己的孩子是孩子，别人的孩子也是孩子。要多关心学生们在想些什么。

我来到大连海事大学做辅导员的时候，和学生建立了微信群，实现了和学生无缝链接。每个学生过生日，我都会给他们送去生日的祝福，少则百八十字，多则上千字。我告诉学生们在增长自然年龄的同时，一定要增长自己的社会年龄。这种情感打动了学生。

有个学生说：

"谢谢老师，您是我大学里最亲的人。"

还有个学生说：

曲老师您好！

首先谢谢您的祝福！也希望您的生活能够和和美美，万事如意！

说真的，您在百忙之中还能记得我的生日，真的太感动了！确实，时间过得太快了……我也马上就要毕业了，大学生活中最幸运的事，绝对就是能遇到您这样的导员。不夸张地说，是您让我对大连有了一种像家一样的归属感，也是您，一定程度上重塑了我的三观，让我更加乐观地看待这个世界，感谢您！

哪个学校也没有规定辅导员必须请学生吃饭；学生也没渴求辅导员请他们吃饭。对辅导员来说，关键是不能和学生发生经济上的关系，不能吃学生请你吃的饭。

当然条件若是允许，辅导员请学生吃个饭也不是不可以，但是辅导员要清楚的是，你和学生间的感情是用真心换来的，不是拿钱就能买来的。和学生必须真心实意，三心二意不行，虚情假意更不行。

123

辅导员该不该帮助学生学习？

前天有个辅导员给我写了一封信。

她说：

曲老师，您好，这个是我昨天写的，想与您分享一下辅导员的职业幸福。一直看您发的文，真的很认同，以理服人，以情感人。我就想把这些小事分享给您看。

曲老师：

您好，我是××大学的一名兼职辅导员××。说起来兼职，工作量和全职是一样的，只是多了学生的身份，这个身份拉近了我和同学们之间的距离，同为学生，有感同身受，可以一起学习进步。

关于学生的学习，我之前做过一件事情，而这件事情现在有了好的结果，想和您分享这个故事。因为学生的考试不及格的科目多，成绩差，受到两次学业警告，照这么下去，绝对是毕业困难户。那段时间我就在想，学生之所以是这样的状态，不是因为学不会，而是没有动力去学习。怎么给学生动力？我的想法就是同学生一起学习，同时让学生对学习有所期待。我开始与有十几门不及格的十二名同学谈心谈话，了解学生对待自己学习的态度。在他们不知道的情况下，为他们制作了一个爱心小本，记录每次与他们谈话的情况。也和他们说好，每周进行一次学习交流，说一下这周的收获。然后很让人开心的是,那学期期末这十二名学生成绩都比之前要好很多,而且七名同学一门课都没有挂科;还有一名只挂了一科,新学期开学补考也过了;其他四名同学也挂科了,但补考没过,我和学生一起找原因,也安慰他们,挂科少也是一种进步,还有机会。

因为每周都会聊天、谈心,我和学生的关系也好起来。他们知道辅导员对他们好,知道辅导员对他们有期待,然后就会很努力不想辜负辅导员、不想让辅导员失望。因为这一个学期,学生每次有进步的时候总是会想到我,而他们能给我讲他们的进步,这让我很开心,觉得自己的付出有价值,是值得的。

今天下午去办公室的路上,迎面碰到十二名学生中的一个。看到我,他折回来,说要陪我去办公室,路上聊一会儿,跟我说的第一句话:老师,我这学期没有挂科哦,平均学分绩点 2.98,之前挂科的也都补回来了,不欠账的感觉很好,现在入校以来的平均学分绩点是 2.1,可以拿到学位证了(我们学校要求毕业前的平均学分绩点高于 2.0 才有学位证)。然后他又跟我讲,这学期有门课应该考 90 多分的,结果看错题了,有个数字代入错了,结果没考好得了 85 分。听学生讲他考试的故事,那一刻,感觉很幸福。

晚上,同样是这十二名学生里的一个,把入校以来的平均学分绩点截图给我,2.02,然后看到他没有挂科,也同样把之前的都补回来了。他还告诉我,成绩出来后,是第一个告诉我的。这位同学当时因为挂的科太多,要降级,我拦着不让,我心里是知道的,如果降级到低年级,不太可能会有现在的这个条件,要重新修课、要重新融入新的班级。而且,从往年降级的情况看,情况并不会好转,唯有心态转变才可以,而有了心态的转变,即使不降级,依旧可以毕业。于是我就让他先试着补补,然后一直跟进他的成绩进展。结果他也真的做到了,可以正常毕业了。

知道消息之后的感觉,就是那种辅导员的成就感,因为你做的事情,学生会记在心里,会因为辅导员的努力、关注、期待、陪伴,学生取得进步。他们的那种开心,也让人温暖。类似的事情还有很多,职业幸福感就是这个样子吧。一句话、一件事,真的可能会影响学生的一生。谢谢曲老师听我说这么多。这些事情好像只能对您讲,属于和学生之间的,也是我选择这份职业的幸福。

您之前跟我们讲,说学生受您的影响而进步,这份职业真的就是这样,学生总是会时不时地让我们看到希望，让我们看到用心的付出会有收获。念念不忘，必有回响。心里想着学生，学生也一定不会辜负我们所望。

愿曲老师幸福。

学生：××

看了这封信，使我想起不久前看过的一个辅导员在群里写的一篇文章，也是谈帮助学生学习的。不过有所区别的是，她不是“帮困”，而是助力考研。这个辅导员指导考研有套办法，为了学生考上研究生，她下了很大的功夫，一些学生在她的帮助下如愿考上了研究生。我想给这个辅导员写封信，谈谈帮助学生学习的事。

××你好！

看了你写给我的这封信，给我的第一感觉是你很用心，为了帮助这些“学困生”，你下了很大的功夫。这使我想起不久前有个辅导员在群里发的一篇文章，在她的帮助下她的一些学生考上了研究生。你们俩的共同点都是帮助学生学习，不同的是你帮的是“学困生”，她帮的是“考研生”。你们这种关心学生的情感、责任心是应当充分肯定的，但是，我想借用你们说的这些，来跟辅导员们谈谈应不应当帮助学生学习的事。因为像你们这样把着力点放在帮助学生学习的辅导员很普遍。

辅导员应不应当帮助学生学习？这是问题吗？现实中它已经成了问题。说它是问题，是因为很多辅导员着急的是学生怎样把学习搞得更好、能不能毕业、能不能考上研究生，而没有很好地帮助学生解决为什么要把学习搞得更好的问题。其实，说到根本，怎样把学生的学习成绩搞得更好的问题是教学部门的事，教务处应当抓好教师队伍的教学水平，加强教学管理，有一套激励措施，充分调动学生的学习积极性。

辅导员主要是管学生的学习目的。要解决好学生为什么上大学、怎样上大学的问题，也就是解决好培养什么样的人、怎样培养人、为谁培养人的问题。

这个问题不解决，学习再好又有什么意义？弄不好会适得其反。有些大学生德行不够，能力却很强，这将来会不会帮助美国跟我们打贸易战？我们常说的一句话是“科学没有祖国，掌握科学的人是有祖国的”，说的不就是这个道理吗？所以辅导员不是不可以帮助学生学习，而是一定在帮助他们解决了学习目的的前提下，再力所能及地帮助他们学习。

道理很简单，辅导员是人生导师，设立辅导员教师队伍，是为了帮助学生系好人生的扣子，给学生心灵埋下真善美的种子，也就是解决学生的价值观，不然没有必要有辅导员教师队伍。这一点，辅导员一定要记在心上。不能种了别人的“地”，荒了自己的“田”。

现在的辅导员都是硕士、博士毕业，这在客观上使辅导员有了学习（专业）特长且运用起来得心应手。不过千万不能以此替代思想政治教育。一定要学会另一手，而且是主要的一手，就是做学生思想政治教育这一手。要拿出帮助学生学习的劲头帮帮自己，迅速提升自己的思想政治教育水平。当下一些辅导员思想政治教育能力水平还达不到应有的程度，甚至还存在着“不及格”的问题，恐怕这比学生考试不及格、考不上研究生更值得关注。

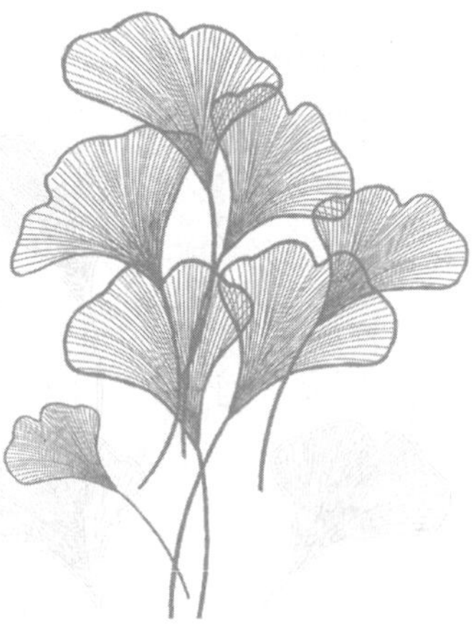

124

当辅导员应当学什么专业?

有个辅导员问我:您认为在理工科为主的学校招聘辅导员时,应该招聘思想政治教育类、心理学、人文学科专业的人员还是招聘与学生专业相一致的理工学科人员,从事辅导员工作更好?

这个问题本不应当算个问题,之所以成了问题,跟把辅导员定位在哪里,也就是做什么有关。

我在20世纪80年代毕业做了辅导员。那个时候招辅导员,都是本学院缺辅导员了,就从本学院毕业生中选留。这样留下的辅导员一是对本专业熟悉;二是对工作环境熟悉,大家对他也都了解。

但是这里的根本问题是对辅导员的定位。如果把辅导员定位在学业辅导上,那当然像这样留本专业的做辅导员最好。而众所周知的是,辅导员是做学生思想政治教育工作的,是学生的人生导师。因此,考核一个人能不能做辅导员就不能以该学院所需要的本专业知识为第一标准,一定要把从事思想政治教育的素质排在第一位。前些天我推送的《辅导员应不应当帮助学生学习》谈的不就是这个问题吗?一些辅导员由于本专业知识好,有了"特长",帮助学生学习专业知识得心应手,可是却忘了怎样帮助学生找到学习目的,端正学习态度。这就种了人家的"地"、荒了自己的"田",违背了辅导员的初衷。

我后来做了学校学生处处长,改变了我们学校原来那种状况。再有哪个学院缺辅导员了,不是从本专业选拔,而是从全校毕业生中挑选,以思想政治教育素质为第一条件。

这同时也改变了原来老乡留老乡的做法。那时有的学生入学就奔着老乡来了,老乡在这个学院教学,尤其在这个学院做领导,成了他选专业的唯一选择。然后老乡帮助他设计将来留校做辅导员这条路。于是安排他当了干部,入了党。有些因为是朋友的孩子而得到了照顾,做了辅导员。

现在实行公开招聘了,想留本专业的毕业生做辅导员已经不像原来那么方便了。为什么有些同志还是希望留有本专业背景的做辅导员,我想这里起码有这样两点原因:一是把辅导员定位在管理上了;二是把辅导员定位在帮助学生学习上了。

关于辅导员帮助学生学习的问题,这里就不再赘述了。把辅导员定位在管理上同样是不对的。思想政治教育不是管出来的。你管住了学生的行为却管不住学生的心。

我们建立辅导员教师队伍是为了帮助学生解疑释惑,使他们确立正确的价值观,把行为建立在内在的自觉上,让学生能做到慎独,不然你管住了他们在校门里没有出事,你还能管住他们到社会上不出事吗?你可能会说那就不关我们的事了。话也不能这么说,是有些人在学校挺好,到了社会上就变了,就像我昨天谈到的有的学生党员入党前像个党员,入党后就变了,不像党员了。

但是,说到根本,那些犯错的学生党员还是没有解决好思想上入党的问题;同样,那些在社会上犯错的人难道不也是这样吗?追根溯源的话,他们在大学的时候,价值观上多多少少一定是出了些问题,只是我们没有及时发现并帮助他们解决好罢了。

所以,越是这样,越凸显了思想引领的重要性。教育要为学生的一生负责。那就要在学生的心灵深处埋下真善美的种子,让这颗种子发芽壮大,那就能经得住风吹雨打、天寒地冻。

术业有专攻。思想政治教育不可替代。辅导员一定要有专业素养。至于有的辅导员正好又有其他专业特长,正好他熟悉的专业学院需要辅导员,那就把他安排到那个学院做辅导员好了,这对思想政治教育当然没有什么不好。

125

正确地看待辅导员职业技能大赛

有个辅导员问我，你对辅导员职业技能比赛如何看？感觉比赛更多地含有表演意义，特别是一些嘴巴比较“笨”、脑子没有那么“灵活”的辅导员，应该如何看待这类比赛？我想做这样的回答：一定要正确地看待辅导员职业技能大赛。

这些年，由教育部思想政治工作司主办、全国辅导员研究会承办，在国内高校举办了多届辅导员职业技能大赛。广大辅导员积极参赛，能力素质得到了很大的提升，对大赛应当给予充分的肯定。但是，应当注意的一个问题是，有的高校把大赛看得过重，乃至于举全校之力支持学校的选手参赛，为选手创造一切能创造的条件，大有势在必得的架势，以期获得好的名次，似乎这样就代表了学校思想政治教育的水平。显然不是这么回事。

学校的思想政治教育水平怎样，是通过全员、全过程、全方位体现出来的，一个职业技能大赛选手的比赛名次怎能代表呢？因此，参赛学校一定要做好、做实学校的思想政治教育工作，正确地看待辅导员职业能力大赛，把大赛看成推动队伍建设的一个平台，以带动学校辅导员队伍整体水平的提高，这是参加大赛的前提和目的，不然就失去了参赛的意义。

对辅导员个人更是如此。具有了参赛所要求的职业能力无疑是搞好学生思想政治教育的重要条件，但是这毕竟不是根本条件。一定意义上讲，这些职业能力还带有纸上谈兵的特点，还是花架子，到底有没有用，要到实践中检验。1942 年 2 月 1 日，毛泽东在中央党校开学典礼上发表的题为《整顿党的作风》的演说中强调:“马克思列宁主义理论和中国革命实际,怎样互相联系呢? 拿一句通俗的话来讲,就是有的放矢。”

什么叫“有的放矢”? 有的放矢的真谛就是“拿马列主义的箭,射中国革命诸问题的靶”。这就要求辅导员一定要做理论与实践相结合的人。有了职业能力是好事,但是千万不能把它束之高阁,不然你这般武艺也是没有价值的。所以,有的辅导员虽然职业技能大赛成绩很好,但是并不一定学生工作做得最优秀;有些“嘴笨”、脑袋不是很“灵活”的辅导员,虽然他们没有“机会”参加辅导员职业技能大赛,但这并不表明他们就做不好辅导员工作,恐怕论起实际工作来,这些人比有些大赛获奖者的业绩要更突出。

126

新老生同寝：寝室文化建设的一种途径

我于1985年做了学院的党总支副书记。为了加强寝室文化建设，帮助大学生尽快进入角色，我在学院采取了新老生同寝的管理办法。经过几年的实践，效果很好。我在任学生处处长的时候，把这种做法做了总结，写了《论新老生同寝对大学生角色确立的意义》的文章。这也是我在国家级刊物上发表的第一篇文章，今天读起来仍感觉很亲切，感谢中国高教研究杂志社。

新学期又要开始了，各学校都在研究怎样安排学生住宿。这篇文章只是给大家提供了一个思路，真正实行新老生同寝管理办法，还有一些技术性的问题。

论新老生同寝对大学生角色确立的意义

文：曲建武

“角色”的概念按其本意是指演员在戏剧舞台上按照剧本所扮演的某一特定人物的专门术语。社会学把它借用过来，指个人在社会关系体系中处于特定社会地位并符合社会要求的一套行为模式。

换句话说，角色是一定社会关系所决定的个体的特定地位，是社会对个体的期待以及个体所扮演的行为模式的综合表现。由此我们可以这样确认，大学生角色就是指社会对大学生行为模式的期待和要求。而这种期待和要求在当今的集中体现则是大学生应成为社会主义现代化建设的“四有”新人。

新老生同寝的做法在这方面无疑起到了很好的作用。所谓新老生同寝，即每年在安排新生寝室的时候，由组织上挑选高年级中的党员、入党积极分子安排到新生寝室与新生同住。

一、新老生同寝有利于大学生对自身角色的认知

角色认知是角色行为的重要基础。不知道自己正在扮演什么角色，就不可能演好这个角色。从一定意义上讲，学校教育的任务，就是要使大学生认知自身的角色。

因此，每年新生入学的时候，学校教育的第一项任务就是告诉大学生们，他们现在正处在什么样的位置上，应当怎样扮演自己的角色。通过实践我们发现，大学生们对自身角色的认知虽然来自方方面面的教育和影响，但是第一认知源却是寝室。形象点说，方方面面的教育和影响还没来得及进行的时候，高年级学生的行为模式已经开始对新生认知自身角色产生了影响。

这主要是因为，对新生来说，经过多年的努力，他们如今终于迈进了大学的校门，这时的心情是迫不及待地希望了解自身所处的位置是个什么样子。这样初来乍到的新生在“举目无亲”的情况下，只能向与自己同住一栋宿舍的高年级学生打听，而高年级学生的一言一行无疑在潜移默化地影响着新生。

社会学原理告诉我们，人际交往中的第一印象对人们的认识有着重要的影响，它往往决定人们对以后活动的评价。因此，学校在教育大学生认知自身角色的时候，首先就应当从寝室开始。新老生同寝的做法，就是要通过老生的模范表率行为，去影响、感染新生，为新生们扮演好自身的角色奠定良好的基础。我校政法系多年来一直采取新老生同寝的做法，收到了明显的效果。

二、新老生同寝有利于大学生角色行为的养成

认识是为实践服务的，教育大学生们认知自身角色应当具有的行为模式，其目的是要使大学生成为这种行为模式的扮演者，并且扮演得越像越好。这方面新老生同寝的作用十分突出。社会学的原理告诉我们，同辈群

体作为社会化的客观条件，对个性的社会化有着直接的影响。这种影响常常高于家庭、学校和师长。同辈群体是指年龄与社会地位相似的人组合成的群体，大学生寝室就属于这样的群体。

大学生们成长于相同的社会背景，有相似的价值观，趣味相投、感情融洽，情绪极易互相感染，行为极易互相模仿。

如果处在一个团结向上、朝气蓬勃的寝室，会使他们精神振奋、心情舒畅，形成比学赶超的局面。

相反，如处在一个离心离德、自私自利的寝室，则会使他们精神不振、心胸狭窄，甚至会走上极端个人主义的道路。

许多事实告诉我们，课堂上教师、报告中报告者的那感人肺腑的话语，往往只能使大学生们激动于一时，来自寝室同辈群体的"卧谈"，甚至一个眼神，就会中断他们角色行为的养成。

这就需要建设好大学生寝室同辈群体，而良好的大学生寝室同辈群体的建设需要从入学的第一天抓起。我们的做法是依据新生的档案和入学后的最初表现，在新生中指派一名同学做寝室负责人。由于多种因素的影响，被指派的新同学工作起来，常常不知从何处入手。派到新生寝室住宿的老生的长处在于他们的大学生活已度过二、三年，大学阶段应确立的大学生角色已初步完成，况且他们又都是大学生中较优秀的学生，因而他们的言谈举止就容易得到新生的认同和佩服。

拿学习科学文化知识来说，处在科学技术日益发展的现代信息社会里的大学生掌握较高的职业技能，是他们大学生角色行为养成的重要方面。但是，大学教学与中学教学的方式、方法有很大的不同，这对新生来说，确实存在一定的困难，在此时老生的帮助指导是十分必要的。

另外，还有的大学生经过几年高中阶段的学习，已觉得"精疲力尽"了，有喘口气的想法；更有的大学生受消极因素的影响，认为读书吃亏，何不及时行乐。派往新生寝室的老生，不仅思想素质好，而且专业知识一般都排在本年级的前列。

他们学习刻苦，并都掌握了一些符合本专业学习特点的学习方法。这样，他们可以总结往届毕业生的经验，结合自身的体会，摆事实、讲道理，做榜样、教方法，可以随时解答新生们在学习上遇到的或可能遇到的许多问题。在某种意义上可以说老生就是新生的活字典，从老生那里，新生得到的不仅仅是省去了无谓探索的时间，更重要的是他们知道了惜时、知道了拼搏、知道了学习的重要性。在遵守学校规章制度等其他方面，老生也同样以自己的表率作用感染和影响着新生。我校生物系实行新老生同寝几年来，没有一人违反过校规校纪。

三、新老生同寝有利于老生自身的大学生角色行为的巩固和提高

派到新生寝室的老生，担负着“小辅导员”的任务，寝室群体虽然成员不多，但是来自社会、家庭、学校等方方面面的影响都可以在这里找到它的缩影。

夸张一点讲，各种思想、各种行为都会在寝室中发现。所以，寝室虽小但联系广大，要想把它建设成为大学生角色行为养成的良好环境，没有一定的水平和不花上一定的力气是不行的。老生与新生朝夕相处，新生在思想上、学习上有许多不懂的问题难免随时都要向老生请教，这无形中给老生增加了压力，但同时也是一种鞭策。新老生同寝还要求老生要有较强的观察力，要善于发现问题，防微杜渐；另外新老生同寝的做法，非常有利于对党员和入党积极分子的教育和培养。从这个意义上说，新生寝室同辈群体表现如何，正是对该寝室老生的考核。这种教育和培养，为党员发挥先锋模范作用和组织上吸收新党员创造了条件，这样也就必然促进老生自身素质的提高。

通过以上的分析，我们可以看出，新老生同寝对大学生角色确立确实有着重要的意义。我们相信，随着高校宿舍管理逐步走向社会化的实现，大学生的自我管理和自我教育在宿舍管理方面的地位将尤为突出。从这点来看，新老生同寝是一种成功的尝试。

此文刊登在《中国高教研究》1996 年 4 期第 43~44 页。

127

爱国教育要理直气壮

在学校思想政治理论课教师座谈会上，习近平总书记语重心长地说，在青少年这个人生“拔节孕穗期”，一定要给他们的心灵埋下真善美的种子，帮助他们系好人生的扣子。

这里所说的真善美、扣子，其实讲的就是价值观。而价值观排在第一位的就是爱国。辅导员是大学生的人生导师，必须理直气壮地对学生进行爱国主义教育。

有的辅导员信心不足。有个辅导员说：“我不好意思对学生进行爱国主义教育。”还有个辅导员说：“现在的学生想的都是自己的事，心中没有祖国。”我不这样看。我觉得大学本身就是爱国的产物，不爱国办什么大学？

来到大学的学子们，有自私自利之人，但是更不乏为祖国而奋斗之才。爱国，如同流淌在大学生身上的血脉一样不可隔断。我常想，不是学生不爱国，只是我们没有很好地教育引领他们。

2019 年，我在河南平顶山学院做了一场思想政治教育报告。主题就是爱国，场面热烈。有个学生在我的公众号下面留言说：“我从懂事到今天，包括我的爸爸妈妈，没有一个人告诉我要为祖国而学习。您还告诉我无论在北京大学还是在平顶山学院，都可以爱国。心在哪里，祖国就在哪里。您放心，我一定做个爱国的大学生。”

我获得全国“时代楷模”表彰后，东北师范大学生命科学学院二年级有个班的同学，每人给我写了一封信，表示要向我学习，爱祖国，将来做一名优秀的教师。

他们还让班委会同学作为代表，到我们学校来看我，向我当面表示他们的决心。

前些日子中宣部、教育部在东北师范大学举办理论课教师培训班，我下午做完报告，晚上看望了他们。他们举办了特殊班会，我跟他们交流了一小时。同学们精神振奋，全班为我合唱一首《我爱你》的歌曲。

第二天早上六点我离开了酒店。结果一出大门，他们班十几个同学站在门外等着送我。我们一起合影留念。当我坐上车离开的时候，他们向我挥手致意，我的眼角流下泪水。

多么可爱的学生们！他们的心中流淌着爱国的热血。他们要成为有志青年，为祖国而刻苦学习，为实现中国梦而奋斗！

辅导员们，学生都是爱国的。一定要相信他们，激发他们的热情，千万别因为我们的原因而泯灭了他们的爱国情感。

128

推送几篇我二十年前写的论文

学校放假了。我在我的书房里随意翻阅了一下写过的专著。《立德树人——理论与实践探索》一书,收录了我从1993—2014年发表的部分文章。有几篇二十多年前写的论文(见本文后),今天读起来仍感到十分亲切,还有那么一点思想政治教育的味道,现推送给大家,希望能给大家带来一点启发。我想,辅导员工作也是大有学问的,关键是要有问题意识,要日积月累。现在有些辅导员十分重视科研,但是过于着急,总想快出成果,出"高水平"的成果,恐怕这是不行的。搞科研一定要沉下心来,要研究真问题;研究现实需要研究的问题;研究属于你应当研究的问题;研究你能研究的问题。科研,需要持之以恒的精神。科研的出发点不要为了评职称,而应为了做好辅导员工作。

提高辅导员理论素质应明确的几个关系

《辽宁师范大学学报》(社科版)1993年第2期 第33~35页

文:曲建武

摘要:一个政治辅导员应该具备多种素质,如政治理论素质、文化素质、能力素质、身体素质等。本文着重谈的是辅导员具备马克思主义理论素质应该明确的几个关系问题。明确了这几个关系,将有助于辅导员提高自身的理论素质。

关键词:辅导员;马克思主义;理论素质;途径

01

灌输教育和自我教育的关系

有的辅导员认为:“大学生都是有思想的人,他们善于独立思考,对他们的马克思主义理论教育不能采取灌输教育式,而应采取自我教育式。”其实这是对灌输教育和自我教育的一种误解。

所谓灌输教育,指的是教育者把正确的科学的思想、理论、观点、道德和科学文化知识等从外部传递、输送给教育对象,对政治辅导员来说,就是要把马克思主义“装进”大学生的头脑里。

所谓自我教育,指的是受教育者自觉地学习马克思主义和毛泽东思想、自觉地联系自己的思想和工作实际、自觉地克服错误的思想和树立正确世界观的改造过程。

我们是十分重视自我教育的,没有自我教育也就没有思想政治教育工作,那为什么我们还要强调灌输教育呢?灌输教育与自我教育并不矛盾,灌输教育是为自我教育服务的,为了很好地自我教育,首先必须进行灌输教育。

人的大脑是思想的器官,表面看来,它像一个思想工厂,每天都生产着各种思想,似乎只要生产,就能产生思想;只要想生产正确的思想,就能产生正确的思想。可实际并不如此,如果一个人从生下来那天起就使他与社会隔绝,那么即使活到老,他也不会有人的思想。因为“人的本质在其现实性上是一切社会关系的总和”。这就告诉我们是社会为人脑这个思想工厂提供了原材料,为什么有的人思想正确、有的人思想不正确,根本不取决于人脑本身,而取决于输送到人脑这个思想工厂中的原材料的质量。

自我教育的过程是用马克思主义的立场、观点、方法改造自己的过程,我们要求大学生树立无产阶级的世界观。试想一下,如果他们的头脑里根本就没有马克思主义,或者被各种非马克思主义的东西所填满,那么这种履行改造自己的过程会是一种什么样子呢?

意识的园地是没有空白的,不管是无产阶级的意识,还是资产阶级的意识;不管是唯物辩证法的意识,还是唯心形而上学的意识;不管是科学的意识，还是迷信的意识。从广义来讲，不是马克思主义意识就是非马克思主义的意识占领人的头脑，因此，为了完成思想政治教育的任务，政治辅导员必须发挥教育主体的作用，用马克思主义思想去统率大学生的意识园地。这就要灌输，“工人本来也不可能有社会民主主义的意识。这种意识只能从外面灌输进去”。灌输原则是思想政治教育不可动摇的原则。当然，灌输教育还有方法上的理解，应针对大学生的特点，采取多种形式，甚至寓教于乐，但这与我们作为教育原则讲的灌输教育是不一样的。

02

有的辅导员认为：“既然实践是认识的来源，人的正确思想是从实践中来的，那么对大学生的马克思主义理论教育就只能采取实践教育的方法，即让大学生广泛接触社会，通过各种实践活动来了解、掌握和运用马克思主义理论，在改造客观世界的同时，改造自己的主观世界。”这种观点同样有失偏颇。

实践是认识的来源，离开了实践，人的认识就成了无源之水；实践是检验真理的标准，人的认识正确与否，最终是要经实践来检验的；特别实践还是认识的目的，如同毛泽东同志所说，“如果有了正确的理论，只是把它空谈一阵，束之高阁，并不实行，那么这种理论再好也是没有意义的”。

在大学生的思想政治教育过程中，我们针对大学生从书本到书本，缺乏对国情、社会的了解，解决实际问题能力较差的弱点，积极开展社会实践活动，以弥补他们上述的不足，最终达到理论联系实际，增强大学生改造客观世界和主观世界的能力的目的。实践证明，这种做法效果还是很明显的。但这并不能成为我们忽视对大学生进行理论教育的理由。

人的正确思想固然来自人的社会实践，然而，人的社会实践并不能给所有的人，在一切问题上都带来正确的认识，即使同样的社会实践，往往也是仁者见仁，智者见智。

理论是对客观世界的总结，马克思主义理论是被实践检验过了的真理，加强理论教育，可以使青年学生的头脑装进正确的理论意识。另外，人的正确的思想内容是多样的、复杂的，个人要想通过自身实践尝遍每一个“梨子”的味道那是绝对不可能的。理论教育是人们掌握对客观事物规律性的认识的一条捷径，理论教育的重要意义还在于列宁说过的一句话“没有革命的理论，就不会有革命的运动。”

人们从事实践的活动，必须在一定的理论指导下进行。正确的理论指导正确的实践，错误的理论指导错误的实践，盲目的实践不仅无益反而有害。懂得了理论教育和实践教育的关系，对政治辅导员来说，在对大学生进行思想政治教育的过程中，首先就要注意讲清马克思主义、毛泽东思想这个“理”，以使大学生在自己的实践中有“理”所循，以免犯方向性的错误。

03

有的辅导员认为，现在的大学生自理能力差，思想教育对他们来说磨破嘴皮子也不如给点颜色看，只有通过严格的行政管理才能达到思想政治教育的目的。对这种观点，我们同样不敢苟同。

所谓管理教育指的是用行政的规定、制度、条例、守则、章程等规章制度约束教育对象，以便使这些规章制度成为人们共同遵守的行动规范。我们是承认管理教育在大学生思想品德形成中起着重要作用的，道理很简单，俗语讲“无以规矩，不成方圆”。比如拿纪律处分来说，正确的纪律处分对于那些沿着错误道路走下去的人来说就能起到醒悟的、从而矫正自己的行为习惯的作用；再如我们召开对全体学生进行思想教育的大会，如果没有纪律约束，愿来就来，愿走就走，恐怕就难开起来，还谈什么思想教育呢？

可见，只抓思想教育，不抓管理教育，思想教育就发挥不了它的应有作用。所以，我们也说思想教育不是万能的。可是如果我们进一步分析就会发现，人的行为是由什么支配的呢？是思想，人的行为又为什么会有这样或那样的差别呢？是思想动机的不同。由此可见，在处理思想教育和管理教育的关系时，搞思想教育一定要突出思想教育中的思想性，即突出马克思主义、毛泽东思想的教育，重点解决人们思想中的政治思想问题和世界观问题；搞管理教育一定别忘了管理教育的层次性，着眼点要放到帮助实现思想教育的任务上来，否则的话，管理教育既无助于思想教育任务的实现，也没有长久的意义。

明确了上述三个关系，政治辅导员就应当掌握马克思主义教育的主动权，从而要求首先提高自己的马克思主义理论素质。

那么，提高政治辅导员马克思主义理论素质的途径有哪些呢？我们认为：

1. 建立政治辅导员的培训制度。目前政治辅导员队伍从年龄结构上看，可分为两部分，一部分是年龄较大的同志，这些同志从事思想政治教育工作多年，在实践中丰富了自己的马克思主义理论素质，他们是高校对大学生进行马克思主义理论教育的重要力量。因此应该很好地调动这部分同志的积极性，使他们的作用得到充分发挥。但这部分同志也有一个继续提高的问题，马克思主义本身就是不断发展的，要想掌握住马克思主义的精髓，就只有不断地加强学习；由于这部分同志年龄较大，职称为中级以上，多数同志又担当着一定的领导工作，行政事务较多，对于他们的理论学习可以采取短期轮训的办法，如送到各级党校、干校学习的办法。另一部分是年龄较轻的同志，其中主要是近期留校的同志，由于上述谈到的原因，他们面临着迫切需要提高马克思主义理论素质的问题。因为这部分同志年龄轻，工作家庭负担少，对于他们的学习可以从长计议，如参加双学位班、助教进修班，即使送到没有学位、学历的班学习，时间也可长一些。

2. 注意政治辅导员的马克思主义理论素质的考核。如果说前段时期忽视了政治辅导员马克思主义理论素质的要求还有情可原的话，那么在今天的形势下我们将没有任何理由不注重政治辅导员的马克思主义理论素质的要求。

3. 首先，在毕业选拔辅导员的时候，同等条件下应选拔那些具有较扎实的马克思主义理论素质的同志；其次，在工作内容方面，应要求或布置给他们一定的行政管理工作。但最终评价一个政治辅导员的政绩，不只是看他深入学生中的次数及管理卫生、早操、食堂以及课堂纪律的好坏，更要看其能否结合国际国内的形势及党在现阶段的任务，及时准确地解决大学生中存在的思想认识问题。尤其是政治思想方面的问题，比如能否讲些高质量的党课、形势任务课、思想品德课，做些解决思想问题的报告。我们认为对大学生的马克思主义理论教育主要是在课堂里进行的。再次，主管部门应把理论素质的考核纳入评选先进个人及教研室（组）的条件之一，定期研究大学生带有普遍性、倾向性的思想问题，布置研究题目，按期完成研究任务，探求解决办法，找到规律性的东西。

4. 加强实践环节锻炼。提倡大学生在实践中加深对马克思主义理论的认识，辅导员更应首先于学生深入实践、深入社会，主管部门应有计划、有目的地选取实践基地，组织辅导员参观、调查，也可与社会先进人物交往，增强自己的使命感。

5. 举办思想政治教育工作者专业班。一些留校工作的政治辅导员感到，当辅导员后才发现由于自己的马克思主义理论素质不高而不同程度地影响到对大学生进行思想政治教育的效果。他们也想提高，可由于大学时代根本没有想到毕业后能做辅导员工作，特别学的又是理工专业。这样，马克思主义理论素质出现“先天不足”的情况，无奈只好人心思动。出现马克思主义理论素质“先天不足”的情况固然与主客观的重视程度有关，但更主要的还是学非所用而至。因此我们建议在有条件的高校开设思想政治教育工作者专业，录取时就讲清楚他们将来的培养方向，对毕业时的具体问题再做具体解决。学员可以是统招中政治条件较突出的，或中师、高中保送的尖子学生，也可在大学二年结束时挑选一些品学兼优并愿意从事思想政治教育工作的学生，再学习两年关于思想政治工作专业所要求的理论。

对大学生进行爱国主义教育的思考

文：曲建武

对大学生进行爱国主义教育，要同抓好党的基本路线教育联系起来，这是一项十分重要的工作。当前应该抓好以下几方面的工作。

第一，提高对大学生进行爱国主义教育的认识。认识是行动的先导，认识明确，行动才会自觉。回顾这些年对大学生进行爱国主义教育的过程，总的说来，爱国主义教育作为高校德育工作的主旋律，还是占有一定地位的，因而也取得了较好的效果。但是，也有不足。对大学生的爱国主义教育在一定程度上还存在着“一手软，一手硬”的问题。比如，对爱国主义教育忽冷忽热，想起来就抓一阵子，“忙”起来了就放到一边了；另外，对大学生的评价，也是学习成绩上“分分计较”。对德的考核则是官话、套话，千篇一律；德育教育方面舍不得投资。为什么会出现这种情况呢？一个重要的原因在于对大学生的爱国主义教育认识跟不上去。有的同志认为，现在是市场经济了，大学生面临的是科学技术的挑战，因而对他们的培养教育，点子应放在“智能”上面，至于思想品德的培养，可抓可不抓。这样的认识怎能抓好对大学生的爱国主义教育呢?

其实,爱国主义教育同大学生的“智能”培养并不矛盾。爱国主义作为一种道德规范,是一种催人奋进的巨大精神力量。周恩来同志在青年时代就提出了“为中华之崛起而读书”的响亮口号。老一辈革命家都是在爱国思想的鼓舞下,肩负起了拯救中华的历史责任,并使自己走上了共产主义道路。当代大学生只有深深地热爱自己的祖国,才会把个人同祖国的命运紧紧地联系起来,才会急祖国之所急、想祖国之所想,从而刻苦学习,增长才干,为祖国更加富强贡献出自己的聪明才智。江泽民同志指出:“社会主义的巩固和发展需要一代又一代人坚持不懈地努力奋斗,我们的事业任重道远,希望寄托在青年人身上,赢得青年,才能赢得未来。”大学生是整个社会青年群体中系统接受较高层次的政治、科学、文化教育的部分。从这个意义来讲,大学生们是否爱国、是否能够坚持党的基本路线不动摇,将直接关系到21世纪中国的面貌,这就要求我们一定要加强学习,提高自己对大学生进行爱国主义教育的认识。

第二,坚持正面教育的方针。坚持党的基本路线不动摇,是大学生思想政治品德的最集中体现,是学校德育工作的根本任务。无产阶级的革命导师们,在领导无产阶级革命事业的过程中,从来都特别重视德育工作。早在十月革命胜利的最初年代,列宁就强调指出:“应当使学校的教育、教养、教学的全部事业都成为年轻一代的共产主义道德事业。”(列宁:《共青团的任务》,人民教育出版社,1958年版,第302页)毛泽东同志曾反复强调要重视政治思想品德的培养,要求青年一代一定要有坚定正确的政治方向,指出没有正确的政治观点,就等于没有灵魂。邓小平同志在全国教育工作会议上的讲话中也明确指出:“学校应该永远把坚定正确的政治方向放在第一位。”他还特别强调:“一定要经常教育我们的人民,尤其是我们的青年,要懂得有理想、有纪律,这两件事我们务必要牢记在心。”由此可见,革命导师们无一不是十分重视德育工作,无一不是把培养青年的政治品德放在重要的地位。因此,摆正德育在教育工作中的地位,是一个原则性的问题,切不可等闲视之。实践证明,良好的思想品德的形成,是以正确的道德认识为前提的。我们要想使大学生养成坚持党的基本路线100年不动摇的品德信念,首先必须使大学生掌握这方面的道德认识。而由于受西方错误思潮的影响,加之我们对德育工作的不同程度的忽视,大学生坚持党的基本路线不动摇的品德认识还存在着一些差距。这就要坚持正面教育的方针。须知无产阶级的思想政治观点和共产主义道德认识不可能自发产生，它需要全面系统地进行灌输。这就是说，要打思想政治教育的主动仗，要通过思想品德课、形势政策课、党课、报告会、党章学习小组等多种途径积极帮助大学生更多地了解和掌握正确的品德认识。应当有所信心地看到，当代大学生的本质和主流是好的，尽管有的大学生在思想品德认识方面与我们的要求还有一定差距，但是，他们的可塑性还是很大的，只要我们的工作跟得上，他们会接受我们的引导帮助，用科学的理论武装自己的头脑，并努力地使自身的品德认识转化为正确的品德行为。

第三，坚持知行统一原则，把大学生的爱国情感升华到坚持党的基本路线的品德信念上来。爱国主义“是千百年来巩固起来的对自己祖国的一种最深厚的感情”。要知道，具有爱国的情感并不难。对故乡的怀念、对山河的赞美、对民族历史辉煌一页的回顾，甚至比赛赢了一场球，都会使人们激动不已，从而焕发出自己对祖国的热爱之情。从这个角度来说，不爱国的人是没有的，大学生更是如此。当然情感的爱国是必须的，它是理性爱国的必经阶段。但是，仅有情感的爱国是不够的，弄不好还会产生极端狭隘的民粹主义。所以，对大学生的爱国主义教育基点要高，要把他们的爱国情感升华到坚持党的基本路线的品德信念上来。品德信念是人们对某种政治主张、思想观点、道德原则和规范等的由衷信仰和强烈的责任感，往往表现为对品德认识的正确性的坚定不移，以及执行和捍卫它们的态度的坚信不疑。它是品德认识和品德情感发展到一定水平并有机结合的产物，属于品德的高层因素。但是，由品德认识到品德信念的过程并不是自然完成的，两者间需要中介——实践，也就是“行”来帮助。这就要坚持知行统一的原则，即是指教育者在品德培养过程中，既要用马克思主义的基本理论和社会品德规范去武装受教育者的头脑，提高他们的品德认识，又要引导他们积极参加社会实践活动。实践的作用在于它不仅可以使人们已掌握的品德认识在实践中得到验证，而且还可以使人们在实践中按照已掌握的品德认识去选择自己的品德行为。履行品德义务的时候，往往会得到更深层的情绪体验，这样，经过在实践中的反复练习、锻炼和巩固，就会使人们在品德认识基础上确立的品德信念成为自然的、一贯的、稳定的品德习惯。通过教育，我们已经使大学生初步了解和掌握了坚持党的基本路线不动摇的品德认识，但是到此绝不能就停止不前了，之后，我们要趁热打铁，让大学生在改革开放的伟大实践中经风雨、见世面。经过这种由认识到实践、再认识、再实践的过程，大学生对自己确立的坚持党的基本路线信念就会深信不疑，因而就会在行为上坚持政治上、道德上的坚定性和坚持性，始终自觉履行自己的道德义务，肩负起建设社会主义伟大祖国的神圣使命。当前要特别利用好改革开放中先进的典型事例的教育作用，它们是党的基本路线带来的直接产物，是坚持党的基本路线100年不动摇的充分证明，要组织大学生到这样的地方参观、学习、考察，在这里可以使大学生已掌握的品德认识得到确认、得到升华。

关于高校辅导员工作的几点思考

文：曲建武

辅导员工作可谓千头万绪，要想把它做好需做许多方面的工作，这里笔者仅谈一下辅导员工作应该把握住的几个主要环节。

一、了解学生是辅导员工作的首要前提

辅导员工作说到底是思想教育主体对思想教育客体进行教育的过程。而教育过程决不应该是盲目的、无序的状态。所以，谈到教育过程，就必须谈到其目的性，或者说要有其确立的目标，即想要达到的境地或标准。

一般说来，确立目标并不难，可以说，每一位教育主体都是抱着善良的教育愿望投身到教育过程的。我们所要探究的是为什么在教育过程里面，我们常常会听到或看到与教育主体的愿望相反的教育结果呢？就教育主体与教育客体的关系而言，这主要是教育主体的愿望与教育客体的实际不相符，换句话说，是由于教育主体对教育客体缺少了解而造成的。经验告诉我们，没有教育主体对教育客体的了解，就不会有教育过程的开始，更不会有真正有效的教育。辅导员工作的对象，是那些朝气蓬勃的大学生群体，而他们恰恰又处在传统与现代相遇、新生与陈旧交锋、先进与落后对垒、东方与西方文化碰撞的变革时代，这就更容易引起大学生们社会心理、思想观念、生活方式的急剧变化。他们的人生观也会在社会震荡中摇摆，在一定程度上呈现出充满矛盾的多元取向。很显然，面对这样一些丰富、多彩、易变的教育客体，作为教育主体的辅导员群体，如果把握不住大学生们的时代脉搏，不知道他们在想些什么、要干些什么，那就只能出现这样两种情形：一是无法起始教育主体对教育客体的教育过程；二是即使起始了这一过程，那也只能是一厢情愿，缺少针对性，教育主体的要求引发不起教育客体的共鸣，自然也就不会达到教育主体所期望的境地或标准。而解决这一问题的唯一办法，就是了解大学生这个教育客体，做到“知己知彼”。

二、关心学生政治思想进步是辅导员工作的首要任务

我们之所以提出这个问题，是想在辅导员工作中确立这样一个主题：一定要牢牢抓住培养大学生具有较高的政治思想觉悟这项工作不放松。从理论上讲，培养大学生具有较高的政治思想觉悟这个问题是由学校方方面面齐抓共管的，可是我们为什么偏偏要强调辅导员在这方面的作用呢？这主要是基于以下三个原因。一是辅导员是学校党委贯彻党的教育方针、培养大学生具有较高政治思想觉悟的直接实践者，换句话说，培养大学生具有较高的政治思想觉悟，辅导员义不容辞。从工作分工来说，大学生的求知需要应由教务部门完成，大学生生活上的需要应由行政后勤部门完成，而大学生政治思想上的问题（德的问题或者说政治思想觉悟问题），则应由辅导员来完成（当然这种完成不是孤军奋战，除了辅导员自身努力外，很大程度上辅导员起着组织协调的作用，关键是辅导员各方面的工作要以德育为核心）。学校为什么要有辅导员队伍，说到底是因为大学生政治思想上的问题需要辅导员来帮助解决。对大学生学习、生活上的事辅导员应当给予关心，但是，最重要的是要辅导大学生政治思想上的进步。二是一些辅导员对关心学生政治思想进步这个问题没有引起足够的重视。有的辅导员忽视政治理论的学习，没有掌握从事政治思想教育需要的理论知识，对学生提出的一些政治思想问题不能给予很好的回答；有的辅导员整日陷入事务性工作当中，以行政工作取代政治思想工作；有的辅导员强调寓教于乐，形式上看活动搞得既不少、又热闹，但细品起来，活动品位不高、层次不深，政治教育功能不强，许多时候是种了人家的“地”、荒了自己的“田”。三是关心学生政治思想进步有着很突出的现实意义。从国家来看，江泽民同志在党的十五大报告中号召我们：高举邓小平理论伟大旗帜，把建设中国特色社会主义伟大事业全面推向二十一世纪。毫无疑问，完成这样重大的跨世纪任务，需要当代大学生有强烈的时代责任感、使命感，坚持

党的基本路线不动摇。从个人来看，受各种非马克思主义因素的影响，一些大学生的政治思想觉悟还不太高，在许多方面，他们常常表现出个人主义的倾向。这就告诉我们，辅导员工作必须下大气力解决大学生政治思想方面存在的问题，帮助他们摆正个人与国家的关系。辅导员工作必须以对学生、对国家负责的态度来关心大学生政治思想的进步。

三、情理交融是辅导员工作的首要原则

情，即以情感人。心理学家研究结果表明，人的心理活动是由客观事物所引起的，同时又会在人的行为和表情中表露出来。以情感人正是抓住客观事物、心理活动与行为表情的内在联系，从情感入手，通过心理活动规律，增强思想教育工作的有效性。在辅导员工作的实践中，我们常常遇到这样的情况：有的辅导员做学生政治思想教育工作时学生们非常愿意接受，甚至主动找辅导员交心；而有的辅导员则恰恰相反。为什么会有这种差别呢？这里虽然有辅导员自身工作能力和工作方法的差异，但是，不可否认的一点是，作为教育主体，他们在教育客体心目中的情感程度不一样。列宁讲："没有'人的情感'，就从来没有也不可能有人对真理的追求。"(《列宁选集》第20卷，第55页)你在大学生的心目中没有位置，他们瞧不起你，甚至认为你是在违心地去做你所做的事情，那你的教育自然就引不起他们的"追求"。

理，即以理服人。理性认识是人们通过抽象思维把握事物本质和内部联系的认识。经验告诉我们，教育过程仅仅停留在情感阶段是不够的，就情理而言，情是教育前提，理才是教育目的。毛泽东说："感觉到了的东西，我们不能立刻理解它，只有理解了的东西，才能更深刻地感觉它，感觉只解决现象问题，理论才解决本质问题。"路是自己走的，但是，走什么样的路却是需要选择的。如何走一条正确的道路呢？这就需要正确理论的指引。当代大学生正处在新旧世纪更替的交叉点上，他们能不能完成时代赋予他们的历史使命，从一定意义上可以说取决于他们是否以正确的理论武装自己的头脑。在大学生们前进的道路上，不免会有这样那样的坎坷，要想把它克服，必须使他们能够用科学的理论去分析和解决所遇到的问题。辅导员不仅要给学生"食粮"，更要给学生"猎枪"。理论之树常青。只有使大学生确立起正确的世界观、人生观、价值观，才会使他们在改造主观世界和客观世界的过程中有所作为，辅导员工作才算真正做到了家。

129

莫逼着学生干部向你反映同学情况

前两天有个学生干部跟我说,他很苦恼。原因是他的辅导员动不动就逼着他反映同学的情况。若是跟辅导员说吧,他担心同学知道了会另眼看他,他和同学就不好相处了;不跟辅导员说吧,又怕得罪了辅导员,辅导员要是找他的麻烦怎么办?

学生干部是辅导员工作的助手,应当主动帮助辅导员开展学生工作。有些同学做了错误的事情,学生干部要及时劝说和阻止,不能视而不见。不然对同学不仅不是关心,最终还会害了同学。对于有些解决不了的问题,学生干部有必要及时反映到辅导员那里,让辅导员做同学的工作,以避免同学犯更大的错误。这样做有的同学会不理解,但是只要你是真心地为他好,同学一定会理解的,即便一时不理解,时间长了也会理解的。

我们有些学生干部处事没有原则,和同学一团和气,一定程度上助长了同学犯错。待同学回过味了,不仅不会感激你,还会责怪和怨恨你。

所以,学生干部对该向辅导员反映的问题,一定要及时地反映。

辅导员,工作一定要深入细致。你或许做不到对每个学生每时每刻在想什么都了如指掌,但是每个学生一般会想什么还是应当清楚的。

辅导员可以通过了解学生干部来了解学生的情况,对有的学生干部没有原则,工作不主动、不配合,甚至对同学的错误采取包庇态度的,该批评的要严肃地批评,该调整的要调整,这样徒有虚名的学生干部不仅对我们的工作没有帮助,还可能影响我们的工作。作为辅导员,绝不能让学生干部与我们三心二意。

同时辅导员一定也要为学生干部着想。他们和同学吃住在一起，如果同学有点事情就反映到辅导员那里，对辅导员来说，可能只是一时一事，可是对学生干部来说，有的确实就和同学结下了四年的怨恨，甚至更久远。

辅导员不能将工作简单化，能自己了解和掌握的学生情况，一定要自己了解掌握，千万不要逼着学生干部反映学生情况，弄不好还会培养出“投机”分子，整天看着辅导员的脸色做事。

教育要为学生的一生负责。若是真培养出了这样的学生干部，待他们走上工作岗位，乃至于做了大干部的时候，岂不是很可怕的事啊！

130

保证公平的教育环境

有个辅导员问我:新生开学了,作为辅导员最应当注意什么?我说从新生一入学,一定要创造公平的教育环境。

什么叫公平的教育环境?就是公平地对待每一个学生。受多方面因素影响,当然主要是自身追求的影响,我们有的辅导员做不到公平地对待每个学生。有的辅导员也了解学生,但是看的是学生的父母对自己能不能帮上什么;有的辅导员得到了学生一点好处,便把其安排成了干部,或安排到了条件好些的寝室,并给予了更多的关照……这是辅导员工作的大忌。我写过这方面的文章,千万不要把学生分成三六九等。

辅导员一定要一切为了学生、为了一切学生、为了学生的一切。一些辅导员得不到学生的认同,不是差在能力上,主要差在对学生的公平性上。许多毕业生和辅导员感情不深,这是重要的原因。

我从做辅导员的时候就非常注意这一点。我有九本工作手册密密麻麻地记着每个学生的情况。我了解他们的家庭情况就是为了更好地帮助学生。尤其是对那些家庭生活困难的学生,我一般给他们格外的关心。

刚留校做辅导员的时候,我就去过许多学生的家,在从有的学生家临走的时候,我还尽量地给他们十块八块的。那时我好像也就每个月挣48元钱。有次去了一个困难学生的家,我一“咬牙”,给了这个学生母亲二十元钱。这个学生的母亲念叨了我一辈子。2018年我还去看了这位九十多岁的老人。

我曾到过一个学生家家访。这个学生家很困难。我走后这个学生告诉我她妈掉泪了。她妈说:“咱们家穷,没人瞧得起,谁也没来过咱家。你老师来了,你一定要听老师的话。”我鼓励她好好学习,用知识改变命运。这个学生以优异的成绩被保送到浙江大学硕博连读。

辅导员别太短视了,要培养大气的学生,让他们为祖国、为父母担当。这样,学生有作为的时候,会多感激你!不然收受学生的“小恩小惠”,多让学生瞧不起。待学生离开了,你想弥补还没有机会了呢!

131

献给第三十五个教师节！

今天是教师节，祝广大的教育工作者节日快乐！

我是1982年留校做辅导员教师的。本来毕业时我是申请去西藏的。因为我想什么是人才？需要就是人才。我若是到了那里，立马就成人才了。我还是个理想主义者。我想我是学文科的，如果再有个学理科的女生嫁给我，我们在那里办一所学校，让那里的孩子能上大学，这是多美好的事啊！因为没有计划，我没去上，美好的愿望只能想想而已。

我为什么非常愿意做老师？我打心眼里觉得天底下最好的职业就是老师。我高考成绩还是可以的，比我们那年后扩招的一个班高80多分，比有些经济类高校招生成绩也高出很多。但是我毫不犹豫地报考了师范院校。我想大家都是爱国的。当然我也很爱国。那我拿什么爱我的祖国呢？就是当老师。我要教育学生爱国，学生的爱国就是我的爱国。

我尤其愿意做辅导员教师，给学生上思想品德课。我觉得大学里那么多的课程，最重要的课程是品德课；大学里那么多的学问要研究，辅导员的育人是最高深的学问。五千年中华文化告诉我们的是厚德载物。德不厚，则承载不了大的能耐。看看一些在监狱里的曾经的高官，他们是没有“知”吗？说到根本是他们的“德”承载不了他们的“知”。学生离开大学的时候，知识差些可以弥补，若是“德”腐朽掉了，那就彻底毁掉了。

我有无数次机会离开教育、离开辅导员工作岗位，但是我都没有动心，我坚守了下来。我结婚登记日就想在教师节那天。只是那天是星期日不办公，这样我就选在9月9日，即毛泽东逝世日，我想这也算是对他老人家的一个纪念吧。

记得1986年9月10日，为纪念第二个教师节，邮电部发行了纪念邮票，那天我正好到一个家在农村的学生家家访。路过县邮局的时候，邮局的柜台里有许多纪念教师节的邮票。那时当地人缺乏集邮意识，而我有集邮的爱好。因为家访要用些钱，我就只买了一版。回来坐在火车上，我一路不时地拿出邮票欣赏，脑海中闪现的都是教师的身影。

我刚留校的时候不被人“看得起”。记得新入职那天领导介绍新员工，当介绍某某是搞专业教学的，女老师们都抬起头来看看；当领导说我是留校的辅导员时，她们打毛衣的打毛衣，看杂志的看杂志，根本不看我一眼。从她们的神态中我能感受到她们传递出的信息：好人还有当辅导员的吗？上思想品德课还能有出息吗？

我看得起我自己。我相信我会拥有爱情，我也会拥有事业。三十七年过去了，我得到了我想得到的一切。特别是我有了一批感恩我的学生，每逢教师节、父亲节，他们总是会给我送来满满的祝福。我知足了，有了学生就有了一切，有了学生就有了幸福。

2019年3月18日，我参加了习近平总书记亲自主持召开的学校思想政治理论课教师座谈会，我非常荣幸地坐在习总书记的对面聆听了他的讲话，我还和他握了手；这个月的5日我参加了全国道德模范表彰会，我又非常荣幸地站在第一排、站在中央政治局常委王沪宁和国务院副总理孙春兰的身后合影留念。

我现在在北京京西宾馆写了这封信，马上要到人民大会堂参加纪念第三十五个教师节大会，我获得了“万人计划”全国教学名师的荣誉，会后还会受到党和国家领导人的接见。

我从一个辅导员、一个思想政治理论课教师走来，只是做了我应当做的，党和人民却给了我如此崇高的荣誉。这是对我的激励和鞭策，同时我深深地感到做一名教师多好啊！

2006年，我在任辽宁省委工委副书记的时候，为了配合全国辅导员工作会议的召开，《光明日报》一个记者采访我时问了好几个问题，其中一个是：“如果让您重新选择，您还会选择辅导员吗？”我毫不犹豫地回答：“一定会的。”我今年(2019)六十二岁了，做不了多少年了。如果有来生，我一定还会选择教师、选择辅导员、选择上思想政治理论课！

132

关键要抓好教风

经常有的辅导员抱怨说他们学校把抓学风的任务交给了他们，并且把学风好坏作为评价辅导员工作的重要指标。

辅导员的抱怨应当说有一定的道理。从根本上讲，辅导员不是管学生愿不愿意学习的，辅导员是管学生为什么要学习的。不解决学习目的，学习有什么意义？学有所成以后若是一心想出国跟我们打贸易战，那学习越刻苦岂不给我们带来的麻烦越大？

实践告诉我们，学风不是管出来的，我这里说的不是辅导员的管。虽然学生都坐到了教室里，但是你管住了他们的行为却管不住他们的心。学生的心在哪里课堂就在哪里。如果说学风和管理有关系的话，也不是靠辅导员的管，而应靠教师的管。如果教师教学严格，不“放水”；把课备好；给学生前沿知识；对学习不好的学生就给予相应的“说法”，这一定会促进学生的学风。

当然，我在这里要说的也不是教师的管。教师的管也应是不得已而为之的，是下下策。我之所以说学风怎样关键在教风，主要还是从教师的情感、责任心来说的。

一个好的教师一定会关心学生的学风，学生不愿学习，他会替学生着急，会想方设法来解决这个问题。我知道在大学里很多学生都不愿意学习数学，有些老师只是采取管的办法，拿考试来说话。这有些作用，但不会起根本作用。但是我知道有个老师就不是靠管来逼学生学习的，她靠的是情，是对学生的一种负责精神。

我在省教育厅工作的时候，了解到辽宁石油化工大学有个教数学的教师，对学生的学习高度负责。有的学生不愿学习，她就把他找到办公室补课，有时还找到家里。有个学生有病落下了课程，她克服困难帮助学生尽快补上。在儿子高考期间，她也是以学生的学习为重，很少陪伴孩子学习。在她的影响下，她所教的年级学生形成了很好的学习风气，尤其是她教的数学这门课。后来这个老师不幸患病去世了。上千名学生自发地为她送行。

学风怎样一定是由教风决定的。教风不好，绝不会有好的学风。靠辅导员管出的学风只是一时的，甚至可以说只是形式上的，靠教风带动出来的学风才是根本的、永久的。

抓学风是对的，不能不抓。问题是谁来抓？怎样抓？学校有关部门要下大的气力抓好教风，特别是教务和人事部门要切实担负起责任，可以通过科学的教学评价和职称评审等手段促进教风建设，千万不能把它推给学生部门完事了。

教师个人更要注重教书育人，注重师德建设，培养好自身的教风，把教学过程当成育人的重要环节，不能倚大卖大、倚老卖老，属于自己的事就应当自己做好，都推到辅导员那里你们干什么？只想当教授啊？

当然学生工作部门也要把学风当成我们思想政治教育成果怎样的一个“晴雨表”，一个立志为实现中国梦而奋斗的大学生一定会刻苦地学习，思想政治教育要在教育引导学生热爱祖国、树立远大理想上下功夫。

广大的辅导员也不能把学风和自己的工作截然分开。对于不愿学习的学生要了解他们的思想状况，帮助他们找到思想根源，力所能及地帮助解决他们所遇到的困难，增强学生学习的积极性。

133

再谈辅导员教师的职称问题

再谈，是因为我此前多次说，辅导员是教师，就应当给他们评职称。

应当说这两年给辅导员评职称与前些年比已经有了很大的改进，现在不给辅导员评职称的学校已经寥寥无几了。

不过有的学校仍没有按照辅导员所依托的学科特点给辅导员评职称。

辅导员教师的一个最大特点是实践性，也就是说衡量一个辅导员教师的实际水平、科研能力是一个方面，但是这不应当是主要的，有没有水平关键是看其把学生教育管理得怎样。例如一个带出了全国三好班级的辅导员与一个在C刊上发表了一篇论文的辅导员相比，两个人谁更有水平？恐怕真不能因为有了论文就认为比没有论文的有水平吧？

当然我认为这还不是关键的问题，随着对辅导员教师评职称的认识进一步统一，目前过于注重科研成果的评职称办法一定会改变的。

今天我要谈的是即便按照学科特点评了，一些辅导员也评上了职称，可是他们评上了职称后都被选拔到了机关，所谓“优出”了，这样多年费了很大的劲争取来的辅导员评职称对辅导员队伍职业化、专业化、专家化建设有什么根本的意义呢？

辅导员评职称是为了职业化、专业化、专家化的需要，是为了保证培养学生的需要，不能把辅导员队伍完全当成机关干部或者马克思主义学院教师的预备学校，这样就本末倒置了。我们一定要设计一套科学的辅导员职称评定管理制度，让优秀的辅导员留在一线做辅导员，以保证对青年学生的培养。

我主张按照职称结构来保证辅导员职业化、专业化、专家化队伍的建设，也就是在辅导员一线设置辅导员职称岗位数。例如一所学生达万人规模的学校，对一线辅导员要有多少教授、多少副教授、多少讲师、多少助教做出相应的规定，这样就可以从根本上改变辅导员总是寻求出路的尴尬局面；改变总是被“优出”的局面；改变“娃娃导娃娃”的局面。

这里不是说辅导员不可以到机关工作，到机关工作还是在一线做辅导员由个人选择。有的辅导员根据工作需要到机关工作了，特别是一些学生管理部门负责人的岗位，原则上还真需要有辅导员工作的经历，如果他们到机关工作了，学校应当统筹考虑他们的职称和职级问题，不能改变一线辅导员教师的职称（职级）结构；有的辅导员转到了马克思主义学院做了思政课教师，这是因为马克思主义学院教师编制不足造成的，是一种“拆东墙补西墙”的办法，不是长久之计，至于这两支队伍将来怎样打通使用那是另一个问题了，在此不做讨论。

只有这样辅导员才能真正起到人生指导者和引路人的作用，辅导员与学生 1∶200 才有意义，不然有些人从做辅导员那天起就在考虑怎样“优出”；刚成手就让机关选拔走了，或补充到马克思主义学院教师队伍了。一线辅导员可以短缺，机关干部不能短缺，这个思路是不对的；干得好的辅导员“优出”了，“干得不好”的留下了，这种做法是错误的，尤其不能形成这样的舆论环境！很多辅导员没有职业化、专业化、专家化的打算，从根本上来说还是我们的制度设计有些问题。

当然这样一种辅导员职称结构的制度设计，需要有关部门的导引。例如，学校评估、升格、建“双一流”，还有什么创“百强”的时候，能把一线辅导员教师的职称状况像其他专业教师的职称状况那样考核不就完事了？达不到相应比例要求的给个说法，我看就会大大有助于辅导员教师队伍职业化、专业化、专家化的建设。

134

入党前后不一样了怎么办？

这段时间好几个辅导员问我这样的问题：有的学生入党前后不一样了怎么办？

有的辅导员说有的学生党员入党前总是主动找辅导员要求做这个工作那个工作的，就怕从辅导员的视野里“消失”掉；待入党后则不同了，辅导员让他做些什么，不是找这样的理由就是找那样的理由来搪塞，总想从辅导员的视野中逃脱掉。为此有的辅导员感到束手无策，甚至挺苦恼。我能有什么好办法呢？

我认为一种情况只能是自己种下的果实自己尝。什么意思？这样的党员怎样入了党？有的辅导员会说他们经过考核都不错才入了党，入党前确实表现很好。

我不这样认为。一个人的思想和行为怎么这么快就发生了变化？说到根本还是没有真正从思想上入党。

怎样检验是否从思想上入党？那不能只靠写思想汇报，只靠和组织谈话，只靠学习成绩来检验。行动受思想的支配。行动上够不够格是思想成熟不成熟的唯一检验标准。我原来做过学生党总支副书记，负责学生党员发展工作。各学生支部推荐上来的要发展的学生入党积极分子我都深入他们的寝室、教室、图书馆等公共场所考核。

比如我去过某个要发展的学生党员积极分子上公共课的教室，待这个学生下课离开座位的时候我过去看到这个学生坐过的座位里堆满了杂物，我就宣布这个学生本学期不能发展入党；我到一个要发展的学生党员积极分子的寝室，看到他的床位和寝室环境没有达到学院要求，我也没有同意这个学生本学期入党；我还到图书馆看要求入党的学生有没有在图书馆占座，若是占座也不能发展入党。学生中没有什么惊天动地的大事，这些小事已经可以折射出一个人的思想境界。这些都告诉我们，发展学生党员是很认真细致的工作，一定要深入细致地了解要发展的对象，重在思想入党，重在实际表现。

这也是对党事业负责的表现，决不能让那些徒有其名的党员混入党内。否则不仅不能增强党组织的战斗力，还会破坏战斗力；不仅不能协助辅导员做好工作，甚至会在学生中产生不好的影响。所以千万别到了这个时候再来想怎样教育他们，这有点迟了。

再一种情况是不能让他们牵着鼻子走。什么意思？对于那些入党前后不一样的党员，可以先“礼”后“兵”。辅导员代表一级组织，应当对那些不合格的党员加强教育，提出严肃批评，限期改正。坚持不改的，对于预备党员，可以延长其预备期；对于正式党员，可以在毕业的时候有个说法，敢于“亮剑”，对他们的表现给予实事求是的总结鉴定，有的就可以直接写上“入党前后表现不一样”。

我们有的辅导员心里憋着气，却手下留情，这实际是一种不负责任的表现，这样的党员如果不改掉自己的毛病，早晚会出事的。你若能“亮剑”，后面的党员就会知道你会较真、动真格的，这就会起到处理个别，教育大家的作用。这势必会使党员的作用得以更好地发挥。

当然辅导员也要把握好度，也不能什么事都让学生党员做，有些不该学生做的也确实不要逼着他们做。不能因为他们是党员就觉得一切都是应当的。

135

不能把辅导员工作看成良心活

谈到辅导员工作时，总是有的辅导员把自己的工作看成良心活。这是不对的。

何谓良心？通俗点说，良心就是凭着自己的好恶来做事。喜欢做的事就多做；不喜欢做的事就不做，或少做。辅导员工作和良心活根本是两码事。

大学生正处在“拔节孕穗期”，他们需要人生的引领。引领得怎样，既关系到他们个人的成长，又关系到国家和民族的未来。道理很简单，今天的大学生怎样，我们国家和民族的未来就怎样。

谁来引领？辅导员无疑是骨干力量，他们就是大学生的人生引领者。国家为什么要建设辅导员队伍，说到底就是要完成大学生的人生引领任务。

我们现在正行进在实现中国梦的伟大征途上，我们需要培养一批又一批矢志不渝跟党走的人，要让他们为人民服务，为中国共产党的执政理念服务，为巩固和发展中国特色社会主义制度服务，为改革开放和社会主义现代化建设服务。

受多方面因素的影响，大学生的人生引领任务还是比较艰巨的，完成好这项任务还是需要下一番功夫的，这哪里是愿意做就做、不愿意做就不做，愿意多做就多做、不愿意多做就少做的事，这项任务只能完成得好上加好。

我常说，我们一些辅导员忘了初心。谁也没有抬起你的手在党旗下宣誓，谁也没有逼着你应聘辅导员。今天你入党了，当上了辅导员，怎么辅导员工作还没干几年就倦怠了呢？怎么就把辅导员工作看成良心活了呢？

辅导员工作也是党性使然。辅导员不能把自己的利益看得太重，不能只想自己的利益。在当前高等教育制度还不十分完善的情况下，是有一些本不属于辅导员的杂活一股脑地全推到了辅导员这里，这确实没有道理，要相信这些都是会随着改革的进一步深入而改变的。

眼下需要我们辅导员做的是认识到辅导员工作的意义，担负起使命和责任，为实现中国梦培养一批又一批德智体美劳全面发展的社会主义事业建设者和接班人。

毛泽东写过《卜算子·咏梅》："风雨送春归，飞雪迎春到。已是悬崖百丈冰，犹有花枝俏。俏也不争春，只把春来报。待到山花烂漫时，她在丛中笑。"今天的辅导员就应当有梅花这种风骨，把辅导员工作当作崇高的人生追求。"俏也不争春"，只为"在丛中笑"。况且"冰雪"早已融化，属于辅导员的春天很快就会到来。

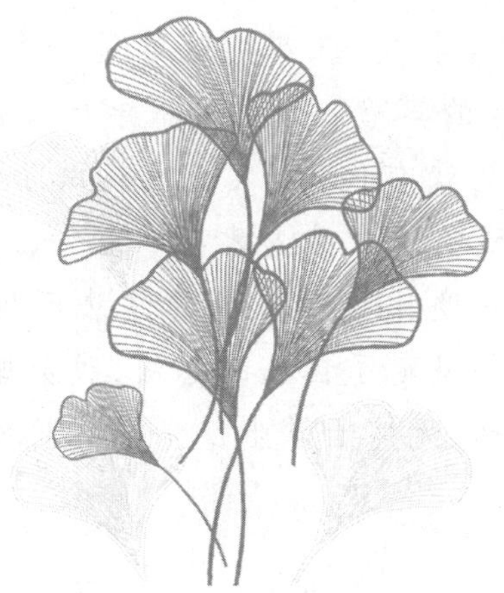

136

代沟不是因为年龄而产生的

有个老辅导员给我写了一封信,信里谈到了代沟问题。很多辅导员谈到和学生有代沟。此前我写过这类文章,借这封信我再谈两句。

曲老师,您好！

我之前是在行政管理岗位,出于对辅导员工作的喜爱,在 2017 年年底的时候一次机会转岗到了辅导员岗位。

我是真的喜欢跟学生打交道,想把辅导员作为自己的事业做下去。但是身边有很多很多刺耳的声音:有人说辅导员就是年轻的时候做一做还行,年龄大了跟学生之间就有代沟了,就没法做了;还有人说,辅导员在学校就是最底层的岗位,没有追求的人才会一直做,不求上进。

说实话,这些声音一度让我对自己的想法产生了质疑、有了动摇。今天听了您的报告,我更加坚定了自己的想法,我会坚持初心,努力做一名优秀的辅导员,无愧于自己、无愧于学生！

谢谢您。

代沟不是因为年龄而产生的。代沟一词的本意是因年龄而出现的代际沟壑,这是从自然的视角来说的。一些人把它原原本本地套用到思想政治教育当中,认为辅导员若是和学生年龄差大了,必然产生代沟。这种结论是不科学的。

事实说明，在思想政治教育领域，即便辅导员和学生之间出现了代沟的话，也不是因年龄造成的。那是怎样造成的呢？原因有多个方面，其中一个重要的方面是因思想理论水平造成的。从某种角度可以说，辅导员和学生之间的代沟恰恰不是因为年龄大，而是因为年龄小造成的。

辅导员是大学生的人生导师，什么叫人生导师？那是要帮助学生把握人生方向的。自己还在成长期、缺乏人生经验、思想理论不成熟，怎么告诉学生人生往哪里走、怎样走？现在这种"娃娃导娃娃"是产生思想沟壑的一个重要原因。为什么有些学生不愿跟辅导员交流，跟你交流了你又能告诉他什么？岂不是浪费时间？为什么有些辅导员虽然年轻，但把学生引导得很好，那是因为他注意学习，借鉴了别人的经验。

所以，千万别把代沟一言以蔽之为年龄造成的，更不能以此搪塞我们的教育责任。一定要加强学习，提升思想政治教育的本领，这是避免产生代沟的一个重要方面。

我从20世纪80年代做辅导员，到现在又做了辅导员，没有因为年龄而使学生疏远了我，这里除了情感因素之外，很重要的是他们都"说不过"我，学生是愿意追寻真理的。我开通公众号之后，有很多学生想跟我交流，就是没有时间啊，所以在公众号上我几次表示歉意，今天也算一次吧。我在学校里，很多学生都约我谈话，若是和我谈话了，他们会发朋友圈说"我和曲老师谈话了"。

非常高兴你能回归初心，又坚定了做一名优秀辅导员的决心。努力前行吧！

至于你谈到的有人认为没有追求的人才做辅导员，等我再专门谈一下。

祝好！

137

加强高校宣传思想工作应重视辅导员队伍建设

目前,中共中央办公厅、国务院办公厅印发了《关于进一步加强和改进新形势下高校宣传思想工作的意见》(简称《意见》)。《意见》从战略高度强调了做好高校宣传思想工作、加强高校意识形态阵地建设在我们党和国家事业中的地位和作用。所谓战略高度,指的是从根本上来讲,高校宣传思想工作的好坏,关系到我们国家举什么旗、走什么路,关系到学生是否继往开来地高举我们业已为他们树立起的旗帜、意气风发地行进在我们业已为他们开辟的广阔道路上,关系到中华民族伟大复兴的中国梦能否实现。

高校是育人的场所。“一切为了学生,为了学生的一切,为了一切学生”是我们一切工作的出发点,也是落脚点。高校宣传思想工作做得好坏、是否坚持了马克思主义在意识形态领域的指导地位,说到底是看我们培养的学生是否系好了人生的第一粒扣子,是否带着社会主义核心价值观离开了校园。很显然,要想完成如此重大的育人任务,必须构建起全员全过程全方位的育人格局,形成教书育人、实践育人、科研育人、管理育人、服务育人的长效机制,而辅导员在高校育人格局中具有特殊的地位和作用。

辅导员是大学生思想政治教育的骨干力量,是大学生健康成长的指导者和引路人。辅导员和学生朝夕相处,他们既是最先了解掌握学生思想的人,又是最先影响学生思想和行为的人。辅导员的言传身教对正在成长中的大学生起着如同棋弈中先手的作用。我于 1982 年大学毕业时做了一名辅导员,我带的学生如今工作在社会的各条战线上,当他们谈起大学生活的时候，哪个专业老师教过他们什么课或许他们早已忘记了，但是我在哪里说了一句什么话、做了一件什么事他们都深深地印在脑海里。前年我辞去厅领导职务到大连海事大学担任了一个年级的辅导员，在学生入学的第一天，我就让学生们写下了他们的梦想和最关心的一个问题。为了帮助他们实现心中的梦想、释疑他们思想中的困惑，我仅通过手机平台就给学生发了四十多万字的微信。这些微信始终把握主流意识形态这一方向、围绕帮助大学生树立正确的价值观这一主题。父亲节的时候，学生们给我发来了许多节日的祝福，他们说我就是他们的“父亲”。他们让我放心，表示一定做个对国家、对社会有价值的人。近年来，教育部思想政治工作司评选了几百名“全国辅导员年度人物”，在他们身上折射出了广大辅导员爱生如子、爱岗敬业，为大学生健康成长默默奉献的精神品格。辅导员太重要了！做好高校宣传思想工作，加强高校意识形态阵地建设，必须重视辅导员队伍建设。

中央“16号文件”颁布以来，高校辅导员队伍建设得到了加强。教育部出台了《普通高等学校辅导员队伍建设规定》，对加强高校辅导员队伍建设进行了顶层设计；教育部思想政治工作司还按照辅导员职业化、专业化、专家化的发展路径为辅导员队伍建设创设了许多载体、搭建了诸多平台。设立辅导员科研专项基金、建立辅导员培养和研修基地、资助出版辅导员专著、加大辅导员国内外考察力度等举措有力推进了辅导员队伍建设。与此同时，我们还必须清醒地看到，伴随着经济全球化的过程，各种非马克思主义的思潮纷纷涌入，虽然我们的经济排位已列在世界第二，但是我们还是一个发展中的国家这个基本国情没有变，一些社会矛盾还十分突出，党的建设也遇到了许多新的情况、新的问题。无论是社会层面、学校层面，还是家庭层面、个人层面，都不同程度地存在着注重技能提高、忽视思想道德培养的情况。凡此种种，势必给大学生的思想带来混乱，这就更加警醒我们一定要建设好辅导员队伍，充分发挥辅导员在高校宣传思想工作中的作用，从源头上解决学生中出现的各种错误思想认识，用社会主义核心价值观武装大学生的头脑。

对建设好辅导员队伍，高校党委至关重要。高校应不应当有一支辅导员队伍？这个问题由来已久，时至今日，这已经不是什么学术问题，用不着再反复地讨论。2006年，教育部就对高校辅导员队伍建设做出若干规定，这次又从加强高校宣传思想工作、巩固马克思主义在意识形态领域指导地位的角度对建设好高校辅导员队伍加以强调。高校党委必须讲大局、识大体,强化政治责任和领导责任,把思想认识统一到中央的部署和要求上来,主动出击、敢于亮剑,旗帜鲜明地站在意识形态工作第一线。要按照建设职业化、专业化、专家化辅导员队伍的要求,努力为辅导员工作创造良好的政策环境,从根本上解决辅导员工作有人干、愿意干、会干的问题。

广大辅导员也要认清自己的使命和责任,我们的工作和中国梦的实现紧密地联系在一起。人生应该有崇高的价值追求,我们也有个人利益,也有这样的一些不顺心、那样的一些不如意,但是为了学生的成长,我们应当尽量少想自己的利益,我们再难也没有学生难。帮助学生系好人生的扣子,我们首先就应当是一个腰板挺直、系好人生扣子的人。我们要多做事、做实事,处理好教育和管理的关系,准确把握学生的思想脉搏,及时解决学生的思想问题。千万不要忘了,帮助学生树立起正确的人生价值观既是我们义不容辞的责任,更是我们的事业。有为才有位,建设一支职业化、专业化、专家化的辅导员队伍同样离不开辅导员自身的努力。

138

思想政治教育要早抓

社会学有一种理论，人们的第一印象对其以后的行为有着很重要的影响。因此，思想政治教育一定要早抓。

我在大连海事大学当辅导员的时候，也是在第一时间把学生的情况了解清楚。我在阅览他们档案的时候，发现有个家住农村的学生家里有三个孩子在读书。她的父母又是农民，整天在外打工。我想，这个学生家庭生活一定比较艰辛。这样，我找她谈话，鼓励她好好学习，有困难找我。怕她接受不了，我还以借的名义给了她一部电脑。这个学生很努力，是年级学霸级人物，现在以优异的成绩被保送到一所“985”高校读硕士研究生。

我在做辽宁师范大学学生处处长的时候，也是很注意对学生教育早抓。我在学生录取通知书的背面写上“致新生和家长的一封信”。信里主要介绍辽宁师范大学是如何重视学生的思想政治教育工作的，建议家长多关心孩子思想上的进步，嘱咐学生们要利用好假期学习理论知识，别荒废了大好的时光。开学后，在新生座谈会上，有个新生说，在等待开学的这段时间里，他和他的父母不知看了多少遍录取通知书，好多地方都能背下来了。他的父母告诉他一定要按照通知书的要求去做，积极要求入党。那些年，辽宁师范大学学生要求入党比例一直在百分之九十七左右，在诸多的举措中，《致新生和家长的一封信》还是起到了很好的作用。

眼下正是招生的季节。录取结束后，新生的辅导员最好早些介入学生的教育管理。可以先从档案中了解你的学生，了解得越细致越好。有的辅导员可能带的学生比较多，越是这样，你就越要尽量多地了解一个学生。主动些总比被动些要好。拖到后来的结果就是草草地接过年级，恐怕有的学生到毕业了你都没记住他的名字，这怎么能不影响教育的效果呢？

学校招生部门也不要把招生只当成一项“技术活”，这里蕴含着丰富的思想政治教育内容，关涉学校思想政治教育如何抓。现在一些高校单独成立了招生办，将此部门从学生处分离了出来。这两个部门应当分工不分家，共同协调好如何发挥招生工作中的思想政治教育功能，为学生的思想政治教育奠定良好的基础。比如，在学校的招生网站上就可以介绍一下学校思想政治教育的内容，也可以写《致新生和家长的一封信》，让家长和新生的头脑早早烙下大学不只是学习知识的场所、更是个培养品德的地方的印迹。

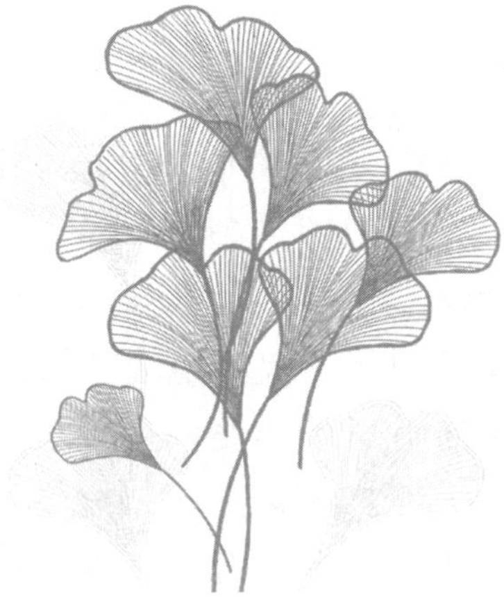

139

思想政治教育工作者要有坚定的政治信仰

思想政治教育的主要对象就是朝气蓬勃的大学生。思想政治教育要干什么？从最本质意义上可以说，就是帮助大学生确立马克思主义信仰，相信“两个必然”的结论。大学生怎样才能确立起这样的信仰？毫无疑问这是一个复杂的教育过程，而从教育者和被教育者的关系来看，在教育过程中，教育者起着主导的作用。这就要求思想政治教育工作者自身首先要有坚定的政治信仰，自己都不坚定，怎么能让别人坚定呢？

习近平总书记指出，“理想信念坚定，骨头就硬；没有理想信念，或理想信念不坚定，精神上就会‘缺钙’，就会得‘软骨病’”，“就可能导致政治上变质、经济上贪婪、道德上堕落、生活上腐化”。“对马克思主义的信仰、对社会主义和共产主义的信念，是共产党人的政治灵魂，是共产党人经受住任何考验的精神支柱。”

1927 年，那是军阀混战的年代，“铁肩担道义，妙手著文章”的马克思主义理论传播先驱、中国共产党的早期创始人李大钊同志被杀害了，那年他才 38 岁。

站在烈士墓前，作为一名党的思想政治教育工作者，我实在感到惭愧：我们党的这些先驱们，他们献出的是生命，我们就是少睡点觉、多流点汗而已。1906 年 1 月，朱执信写了《德意志社会革命家小传》，第一次比较详细地介绍了马克思、恩格斯的革命活动和翻译了《共产党宣言》《资本论》的片段。这本书由于印刷时间仓促，亦不敢大张旗鼓地印刷，结果封面上的书名错印成了“共产党宣言”，这个错误在次月出版第二版时做了更正。中国共产党成立后，在上海成立了第一个秘密出版机构——人民出版社（李达负责），只能利用伪装的方式出版书籍（广州昌兴马路26号）。鲁迅先生说：“旧中国内忧外患，反动保守势力异常强大。”“即使搬动一张桌子，改装一个火炉，几乎也要流血。”那就别说要宣传马克思主义了。但是，真正的共产党人并没有被吓倒。夏明翰留下了著名的《就义诗》：“砍头不要紧，只要主义真。杀了夏明翰，还有后来人。”方志敏留下了《可爱的中国》，他“毫不稀罕美丽的西餐大菜”。毛泽东写下了《星星之火，可以燎原》，他在谈到中国革命时指出：“它是站在海岸遥望海中已经看得见桅杆尖头了的一只航船，它是立于高山之巅远看东方已见光芒四射喷薄欲出的一轮朝阳，它是躁动于母腹中的快要成熟了的一个婴儿。”马克思主义者多么伟大！马克思170年前就认为那时就是“时候”了。多么深厚的理论底蕴，这得有多么坚定的政治信仰！邓小平同志说：“我坚信，世界上赞成马克思主义的人会多起来的，因为马克思主义是科学。”今天我们有了九千多万党员，今天我们站到了离实现中国梦最近的地方。今天我们宣传马克思主义还怕杀头吗？靠着思想政治教育我们当上了教授，也可以说靠着马克思主义的“饭碗”我们可以衣食无忧。一些同志在刊物上发表宣传马克思主义的文章，总是要嘱咐来、嘱咐去的，就怕把名字署错了，因为署错了评职称就用不上了。还有的同志“不给我科研经费我就不搞科研”，像和谁较劲似的。当年马克思主义者们可不是抱着这样的态度传播马克思主义的，有的还变卖了家产。当然今天与昨天相比有个环境变化的问题，今天毕竟不是昨天。从客观环境来说，一定要为思想政治教育创设良好的条件。不过话说回来了，思想政治教育工作者如果没有坚定的政治信仰，条件好了就会宣传马克思主义？也未必。马克思主义的发展过程揭示了这样一个特点：马克思主义的传播从来都不是在一切条件都尽善尽美的环境中进行的。在过去，从事马克思主义传播需要冒着杀头的危险；今天同样需要一种勇气、一种担当精神，一定意义上讲也要有一种牺牲精神。思想政治教育这个学科从本质上看，就不是致富的学科。

思想政治教育工作者具有坚定的政治信仰十分重要，有了这种信仰，才会自觉担当起宣传马克思主义的任务，即便环境再不如意，也会将让学生相信“两个必然”的结论当成矢志不渝的追求。

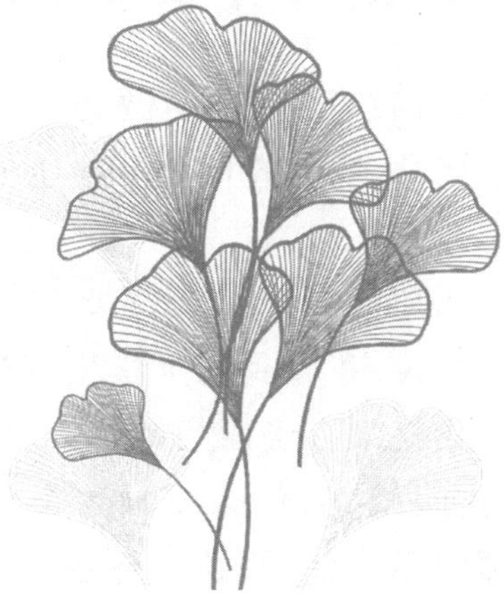

140

思想政治教育要细致入微

对大学生进行思想政治教育，一定要做到心中有数，防患于未然。这就要及时发现和解决学生中存在的问题，引导他们按照教育者的要求发展。

在我刚留校做辅导员的时候，我每天都要到学生寝室看一看，跟学生打个招呼、道个晚安。有一天，我看到有个学生床边的墙上画了一个符号，因为还有其他同学在场，我就没有当面问她。

第二天课间的时候我问她，为什么要画这个符号？这一问，她马上激动地起来，我赶紧把她领到办公室，给她倒杯水，让她坐下慢慢说。她像洪水打开了闸门似的，把憋在心中的怨气全部倾泻了出来。

刚开始，她说那天午间她刚要休息，有个同学把门“咣当”给关上了，就是不想让她休息。我说我找那个同学问问，若是故意的，让那个同学向你道歉。她说“我知道她不是故意的”（这个学生端着水盆要到水房，结果没把住门把手，门被风给关上了）。“这个社会就是坏人多”，她接着讲了在小学、在中学、在村里，大家都是怎么“欺负”她的，都不愿搭理她。她说有一次参加学校的支农劳动，对别的同学老师安排她们跟车往地里送粪，她却被安排在猪圈里掏粪。就是这样，时间一长，她养成了仇视社会、仇视他人的心理。

为了做好她的思想工作，我先后认真地同她谈了二十多次话。在她过生日那天，我准备了一个笔记本，让她班上的每个人都写上一句生日的祝福语。晚上的时候,我和几个班级干部一起到她寝室当面把这个笔记本送给了她。那天窗外还下着大雨,看到大家来给她送生日祝福,她感动地留下了泪水。她感受到了同学们对她的关心和帮助。有一次我还从别人那里要了一张电影票,陪她在学校礼堂看了场电影。她的自信心上来了,这个学生圆满毕业了。谈起她的大学生活,她对我也很感激,她说若不是遇上我,她的人生命运不知会是什么样。

我在大连海事大学做公共事业管理和人文学院2013级辅导员的时候,首先从阅读学生档案来寻找"工作点"。有个学生的名字写得根本看不清楚,我当即给她发了一段短信:

××你好!

我正在看你填写的入学登记表。你的名字写得不清楚,若不是知道你叫××,真看不出你写的是什么。

你们这代人生长在网络时代,加上各种考试需要书写速度,这使得你们的文字书写能力被忽视了。我在我的母校工作时,有个单位要招聘一个员工,通过学校的介绍,用人单位对学校推荐的这个学生比较满意,想录用这个学生(20世纪80年代还实行计划分配)。看了这个学生的档案后,用人单位不打算录用这个学生了。用人单位觉得这个学生不认真,自己的名字都写得乱七八糟。虽然这样有点绝对,但从事物的普遍联系来看,还是有一定道理的。

你们都感到了今天社会竞争的激烈,激烈在哪里呢?有些需要惊天动地的较量,有些则在细微之处,正所谓细节决定成败嘛。要养成认真的习惯,举一反三,事情能做好的一定要把它做得更好!这不需要多付出些什么,关键要有好的态度!

适应北方的天气吗?注意调整!

祝好!

这个学生回复说:

"谢谢曲导!真没想到您这么认真。我记住了,以后无论做什么我一定都认真地去做。感谢曲导!"

我们不是神。我们不可能知道学生每时每刻都在想什么，也不可能知道学生每时每刻都在做什么。但是，为了增强思想政治教育的实效性，十分需要我们尽量知道每个学生会想什么、会做什么。这就不能“想当然”，就要深入学生中，与学生打成一片。也就是心中要有学生，把他们的事当回事。

141

我想做的就是教育学生爱国

我就愿意学师范教育,因为我想当老师,我觉得最好的工作就是教育学生爱国。

学生的爱国就是我的爱国。我从1982年毕业留校做辅导员至今再做辅导员,三十七年里,我不离不弃,始终把对教育学生爱国当作我矢志不渝的追求。

今年国庆节,我被邀请到北京参加国庆观礼。习近平站在天安门城楼上发表了重要讲话,我就在天安门城楼东侧的观礼台上聆听了习总书记的讲话。习总书记向世人庄严宣告:“今天,中国已经巍然屹立在世界的东方,没有任何力量能够撼动我们的地位,没有任何力量能够阻挡中国人民和中华民族前进的步伐。”听到这里,我泪目了。

七十年前,也是在天安门城楼上,毛泽东庄严宣告:“中华人民共和国中央人民政府今天成立了!”然而,那些敌视我们的人,总是想尽办法阻挠和干扰我们。我小时候就愿意看报纸,记得那时美国动不动就把高空侦察机飞到我们的领空,我们只是一次次地强烈抗议,没有别的办法。后来我们有了先进的武器,他们再也不敢侵犯我们的领空了。

是的,今天我们从站起来到富强起来。但是我们必须看到我国还没有厉害到让某西方大国对我们停止说三道四、指手画脚的程度。他们卖武器给台湾;他们的军舰穿过台湾海峡、南海海域;他们把飞机飞到我们的南海上空,说白了,这一切就是公然的挑衅。怎么办？让他们无休止地进行下去？我们只是无休止地抗议下去？

不能！我们必须强大到让他们不敢来侵犯，强大到一切来犯之敌无论是从天上来、海上来的，还是从地上来的，必有来无回。这就只有一个办法，那就是实现中国梦！我在天安门观礼台上，看着意气风发的大学生们从我的眼前走过，我知道希望就在他们的身上。他们将全程参与中国梦的实现。他们怎么样，未来的中国就将怎么样！

2019 年 3 月 18 日，我非常荣幸地参加了习近平在北京主持召开的学校思想政治理论课教师座谈会，我就坐在总书记的对面。总书记语重心长地嘱托我们，在青少年成长的“拔节孕穗期”，一定要栽培好、引导好他们。在他们的心灵深处埋下真善美的种子，帮助他们系好人生的扣子。把他们培养成为德智体美劳全面发展的社会主义建设者和接班人。让他们为人民服务，为中国共产党的治国理政服务，为巩固和发展中国特色社会主义制度服务，为改革开放和社会主义现代化建设服务。

我听到了，记住了。说到根本就是让我们培养学生爱自己的祖国，矢志不渝地跟党走。作为一名辅导员、一名思想政治理论课教师，我感到使命光荣，责任重大。

我们必须培养出爱祖国、跟党走的人。我经常到高校做交流。有的辅导员说不好意思对学生进行爱国主义教育。这就是因为讲少了，做得还不够。教育学生爱国是辅导员的主业、主旋律。不管客观上环境怎样，主观上不能忘了这一点。学生能力再强、知识再多，如果不与祖国同心同德，那我们还办大学干什么？这样的学生又有什么用？

回顾我三十七年的学生思想政治教育过程，我愿意做的可以说就集中在教育学生爱国上。我也做日常管理，力所能及地给予学生生活上的帮助，其目的是让学生感受到老师对他们的关心和关爱，让他们把这种情感转化成为祖国而学习的精神动力。

近日国家要颁布《爱国主义教育纲要》。广大辅导员一定要认真学习好，把文件精神落实在实际工作当中，把工作着力点聚焦在培养担当民族复兴大任的时代青年上。这样思想政治教育就有了“味道”，就会真正体现其自身的魅力和价值所在。这样，辅导员也才能充分彰显其不可替代的地位和作用。

142

莫把功夫都花在总结、概括、描绘人生上

生活原本就是实实在在的,一天天把它过好就得了。

经常有人问我,是怎样做到常年如一日地坚持做一件事的(就是指做大学生思想政治教育这件事)?我说很简单,就是把每一天都当成新的开始,把一生当成一天过。昨天能过去,今天就能过去,明天照样会过去。不要把功夫都花在总结、概括、描绘人生上,把这些时间省出来用于践行上。

经常会看到总结、概括、描绘人生的文章。这些文章写得真是太精彩了,太有才了。可是细细地品起来又总是让人有一种文字堆砌之感、哗众取宠之嫌。我们没有工夫,也没有必要去考察写这样一些文章的人都是做什么的;更无法了解,也没有必要知道这些作者是不是都像他们文中认同的那样去生活的。有一点我们把握住就好了:人生的美好都是创造出来的,不是总结、概括、描绘出来的。

我常想,人的精力都是有限的。你总结、概括、描绘人生的时间多了,践行品味欣赏人生的时间就少了。

尤其是大学生思想政治教育工作,真不是总结、概括、描绘出来的。我写过这样的公众号文章:《思想政治教育不是总结出来的》。为的就是提醒大家,特别是辅导员们,千万不要在总结工作上下功夫,要在践行上下功夫。邓小平同志有句话说得十分言简意赅:“不干,半点马克思主义都没有。”不是这样吗?有的同志谈起思想政治教育,那真是娓娓道来、头头是道,可是实际工作中又做得怎样呢?可能做的与说的则相差甚远了。几十

年我要求自己“少说空话，多做工作，扎扎实实，埋头苦干”（邓小平语），我一开始工作就把这句话写在我的一本工作手册上。我真心认同这句话，不干能有什么呢？习近平总书记也强调过：“社会主义事业是干出来的。”

思想政治教育工作来不得半点虚假。不能只是在那里喊，一定要弯下腰来做。做出来了，自然就讲出来了，也可以概括、总结、描绘出来了。虽然可能不像“纯粹”总结、概括、描绘出来的那么有文采，但是细细地品味起来，“味道”会更可口，对你的工作会更管用，乃至对你的人生会增添无尽的色彩。

143

我为什么要锻炼身体

我从小就是个听话的孩子。老师告诉我们要听毛主席的话。我就记住了毛主席说的德智体要全面发展。我打过乒乓球。四年级的时候成绩还不错,代表过学校参加了当时我们公社组织的乒乓球比赛(我小学的时候随我父母在农村生活了三年多)。我老师还想把我送到县里集训,我不想走体育专业道路,就没有去,不然我可能就在体育界工作了。

在大学读书时,我也是按照德智体全面发展的目标要求自己的。我选择了中长跑项目。我个子矮小,其他项目都不适合我,想打乒乓球但学校又没有条件。我认为我是一个比较有毅力的人。就这样,我每天早上都在学校操场跑上几千米,有时间的话还要跑上万米。寒暑假在家也没有间断过。就这样,我还成了我们学校体育队的一名业余运动员。这时我想我锻炼身体的根本目的是为了德智体全面发展,具体来讲有这么几点考虑:一是尽量少得病,避免病痛,为家里减少负担;二是培养毅力;三是将来哪怕是骑自行车也要看遍中国。那时我就想,中国这么大,我一定要看看。

留校做辅导员后,我仍然坚持每天在操场跑步,冬季寒冷的时候偌大的操场上常常就我一个人在奔跑。我创造了我们学校教工万米比赛纪录。这时我锻炼身体想得最多的,一是要为党多做工作。我在辽宁师范大学工作了二十二年,没有因为疾病耽误一天工作。二是为学生做表率,让学生觉得我是一个有追求的人。在我的带领下,我带的年级里有许多学生都养成了锻炼身体的习惯。

我到大连海事大学做了辅导员后，每天早上打网球。在我五十八岁的时候，我参加了学校组织的男子网球单打比赛，不分年龄组，我获得了冠军。我今年六十二岁了。我之所以坚持锻炼身体，现在又多了这样两点原因：一是少给孩子添麻烦。孩子工作很忙，正是发展的时候，若是我身体不好，就要分他很多心。二是为了我的妻子。对我几十年的工作，我爱人给了大力支持。“军功章”真有她的一半。我欠她的挺多。在剩下来的日子里，我想多陪陪她。我以积极的心态锻炼身体。我讲课、做报告从来没有坐着讲过，有时主持人怕我累着让我坐着讲。我说能站着的时候为什么要坐着呢？我在办公室办公，能站着我就不坐着；乘地铁时，能走楼梯就不乘电梯。平日里只要得便了，我便伸伸腿、弯弯腰。我还有那么多的梦想呢，我要好好锻炼身体，以保证一个又一个梦想的实现。

144

今天对我个人也是特别的一天

1935年12月9日，一二·九运动爆发。

大学生朋友们对一二·九运动十分了解。20世纪30年代中期，日本帝国主义侵占了东北之后，开始大肆向华北进犯。他们指使汉奸殷汝耕在冀东建立傀儡政权（“冀东防共自治政府”）。而此时的国民党政府不仅不积极抗日，反而准备成立冀察政务委员会，以适应日本侵略者提出的“华北政权特殊化”的要求。北平危机、华北危机、中华民族危机！偌大的北平连个书桌都放不下了。中国共产党发表了著名的《八一宣言》，立即得到了一切爱国民众的积极响应。12月9日，北平各大中学校学生六千余人涌上街头，奔向新华门，向国民党政府请愿，伟大的一二·九运动爆发。毛泽东同志说：“至于一二·九运动，它是伟大的抗日战争的准备，这同五四运动是第一次大革命的准备一样。”“一二·九运动推动了‘七七’抗战，准备了‘七七’抗战”。

大学从一定意义上讲就是爱国的产物，办大学就是培养学生爱国的。应当说青年学生都是爱国的。但是，爱国一定要理性，一定要在党的领导下进行。在爱国的问题上时常有的学生比较盲目，好像“爱国有理”，想怎样做就怎样做，这种认识是不对的。其实，一二·九运动也好，五四运动也罢，说到根本上也不是自发的盲目的爱国行为，中国共产党是做了大量的组织发动工作的。宋黎同志是一二·九运动的学生领袖之一，他老人家在世时我请他给学生做过报告。我问过他关于一二·九运动的情况，他说他们当时也不知怎么做,是党组织告诉他们怎样做的。今天社会所遇到的问题,与五四运动一二·九运动时运动期所面临的问题完全不是一回事,性质完全不同。

2005 年 12 月 9 日,我参加了全省大学生纪念一二·九运动大会。当时我刚从医院出院。我在纪念一二·九运动大会上跟辅导员讲了五分钟,让他们爱学生;我给学生讲了五分钟,让他们珍惜时光,创造辉煌的人生。当时主管省长给我打电话说:“不能把命搭进去”;我们厅长说:“你疗养去,怎能上班呢?”;医生说:“农民也没有你这样看病的”。我顾不了那么多了。托大家的福,好人一生平安,到今天正好十四年过去了。

145

辅导员就应当培养有格局的学生

尊敬的曲老师:

您好!

打扰您了!今天我收到了维吾尔族学生去当志愿者的消息,我特别高兴。孩子们真的长大了,也有了社会责任感,在国家有困难的时候,能够主动去力所能及地贡献自己的力量。孩子说是受了我的影响,我特别欣慰。身为一名辅导员,能够言传身教,用自己的自身去影响学生,让学生能够以你为荣,我想这就是幸福的。

我现在带了14名维吾尔族学生,我把他们当自己的孩子一样对待,经常陪他们谈心,带他们吃饭。他们心情不好的时候、遇到事情的时候,包括家里有什么事情,都会第一时间跟我说,我们像一家人一样。

前两天,一个孩子家里有急事,需要用一万块钱,她跟我说了这个事情,我马上给她拿了钱。她在最需要帮助的时候,第一时间想到的是我,她的辅导员,我觉得她从内心,就把我当成了她最亲近最信任的人。

对于我的维吾尔族孩子们,我不仅仅希望他们在我的教育下能够稳定,更希望他们能够在学业和成长成才上学有所成,将来能够回报国家、回报社会,贡献自己的力量。

之前您写的两篇文章强调,不要总去寻找学生的缺点和要对学生好一点,我深有感触。孩子们都是单纯可爱的,如果辅导员能够引导教育好,能够发自内心地对学生好一点,那我认为学生们没有缺点,反而都很优秀。

我当辅导员已经第十二年了，我一直坚持全心爱我的学生，能够想到的我能给予他们的关心和帮助，我都会毫无保留地给他们，不仅仅是因为辅导员的责任，更多的是对于辅导员工作的热爱。

我所面对的不仅仅是我的学生，还有他们身后的家庭，我要对学生负责、对他们的家庭负责，我想这也是对社会负责、对国家负责。我会以您为榜样，继续踏实地做我的辅导员，我也会继续用我的全部真心和爱，去真心地爱我的学生、爱我的工作！

××你好！

看了你写的信，我也被你的精神和行为所感动。今年年三十的时候，我写了关于新冠肺炎的深思一文，就是希望我们每个人都能做好我们应当做的事情。作为一名辅导员，你很好地担负起了培养学生的任务。也正是你的这种付出，才结出了思想政治教育的果实，由此也彰显了我们辅导员队伍的价值所在，展现了我们辅导员的风采！

您辛苦了！为武汉、为中国梦，加油！

146

何来晚矣之说

一个辅导员曾给我写了封信，我把我的回复一同推送给大家。

曲老师，您好！

我是××大学××学院团委书记××，2018年7月在我工作的第十个年头，从教务处转岗到二级学院做辅导员，实现了我多年想进这个队伍的夙愿。周围很多人都不理解，说我37岁进入这个队伍，错过了跟学生沟通交流最好的年纪。今天，面对面聆听您发自肺腑的教诲，几度泪目，感谢您！希望有更多机会向您学习！春节将至，祝您阖家幸福，身体健康，万事如意！

××你好！

我昨天在公众号发了《你是对的》一文，其中就谈到我是赞同在一线做辅导员的，不要贪恋机关的清闲。接着你便告诉我你放弃了机关工作到一线做了辅导员，我认为你这是对的。为什么是对的？昨天的文章中我说了这个问题，这里不再赘述。你又谈到有的同志认为你错过了与学生沟通交流最好的年纪，这对不对呢？这是不对的。这里关键是没有弄清楚辅导员是干什么的。

辅导员是大学生的人生导师。导师就是起引导作用的老师。这个定位多高啊！这个职业多难啊！自己都没明白事的时候怎么让学生明白呢？

所以，辅导员从某种意义上来讲，在责任心、爱心一定的情况下，年龄越大，越有利于做辅导员。不是有这样一句老话吗？“我吃的盐比你吃的饭都多。”什么意思？就是说年龄大的人比年轻人知道得多、经历得多，这些对年轻人都可以提供宝贵的人生借鉴，如果再加上愿意学习、愿意思考，一个年龄大的辅导员所起的作用不用怀疑，一定比年轻的辅导员要“大”。

辅导员不是干杂活的，靠的不是体力；辅导员是做细致活的，要解决思想上的问题，这是慢活，需要精工细做。

我们现在恰恰给弄反了。我写过这方面的文章，辅导员队伍建设必须改变“娃娃导娃娃”的状况。为什么学生的思想那么不清晰？为什么一些辅导员和学生有代沟？一个重要的原因不就是一些辅导员太年轻了，不能及时为学生解疑释惑，使得学生陷入苦闷当中，渐渐地疏远了我们吗？我们常常会听到这样的评价：“这个辅导员干得不错。”这种评价往往都是从管理上来说的，学生的行为关键取决于内心的自觉。不然你管住了学生的行为管不住学生的心，这没有根本的意义。为什么一到敏感的时候，一些学校就不像介绍经验那样慷慨激昂、振振有词、滔滔不绝了？那是因为他们心中对学生的思想状况根本没有数，或者说他们心中十分清楚，学生的思想根本没有统一到平时对学生要求的水平上。

辅导员一定要职业化、专业化、专家化。这是需要培养成长过程的。为什么在一些学校里其他专业的教师，即便博士毕业了还要有教学实习期，还要这样准备那样准备才能走上讲台？辅导员一硕士毕业就带几百个学生，不就是因为前者是按照教师队伍建设的吗？后者嘴上不说，心里哪被看成了教师？

曲老师好！

师者如您！感谢曲老师认真地回复，深刻地剖析，耐心地引导。作为这个队伍中的“老新兵”，可以预见，今后我会遇到很多解不开的结、转不过的弯、迈不过的坎，到时再向曲老师请教！感恩遇见！好人平安！

147

和一个辅导员的交流

曲老师,您好!

我是辽宁×× 学院的辅导员×××! 曲老师,实在不好意思,因为下午有× 老师的课,所以下课才给您发消息! 今天我很感谢我们××× 部长能给我这次出来学习的机会,能让我有机会又一次听到您的课! 我真的非常非常激动! 曲老师您就是我的偶像,更是我在工作中迷茫时的灯塔,一次次给我指引方向! 每一次听了您的课,我都更加坚定了做辅导员的决心!

今天是我第三次听到您的报告,第一次是2015年7月在辅导员岗前培训,第二次是2016年10月在我们学校的报告厅,您讲的是用“爱架起心灵的桥梁”。这是我第三次听到您的报告! 每一次听您的报告都让我受益很多! 但是今天很抱歉课堂上我中途离开,因为接到学生的电话,他在学校出了点小状况,情绪也很不稳定,我实在放心不下就在电话中沟通了一个小时,直到他情绪平稳了、事情处理完了才赶回教室,也因此很遗憾地错过了您很多的课程内容! 希望还能有机会再次听到您的课!

曲老师,今年是我做辅导员的第八年了,一直就很想有机会可以跟您说句感谢,很感谢您为我们所有辅导员所做的一切,没有您的辛苦努力和争取,就没有辅导员的今天,现在我们这支队伍的工作越来越被更多人认可,也越来越被重视,谢谢您曲老师! 正是因为有您作为榜样,才让我在辅导员这条路上坚定地走下来!

曲老师,在学校我是一名合同制的辅导员,我不是名校毕业,没有漂亮的简历,更不擅长搞科研和学术研究。曾经身边也有很多人跟我讲,当辅导员赚得少,很操心,很辛苦又很累,付出多回报少,建议我出去发展。但我还是顺着内心的感觉坚持到了今天,因为我真的很爱我的学生,我很喜欢辅导员这份工作,我也把我八年的青春和爱毫无保留地给我了热爱的工作,给了我喜欢的学生。每当看到自己学生发展得越来越好,那种自豪只有自己能感受到!

但每一次听了您的报告,我都觉得我做得还远远不够,我会继续以您为榜样,踏实地做好自己的工作!不为名不为利!只要我做一天的辅导员,我就一定会努力尽自己所能为学生服好务,不忘初心!也请您放心!我会沿着您的足迹,踏实地在辅导员的路上继续坚定地走下去!

曲老师,我还有个小小的请求,下次有机会再听您的课,可以请您给我签个名吗?

最后希望曲老师在繁忙的工作之余一定要照顾好自己的身体,祝愿曲老师每天都有好心情!

××你好!

那天我做完报告急忙离开了会场,你追到电梯口跟我告别;又写了这么长的信给我,让我很感动。真心谢谢你的点赞,你的认同,你的追随。

我三十七年就做了一件事,即为大学生的成长服务。我经历过改革开放后汹涌澎湃的商海大潮,但是我坚定地站在“岸上”,不为所动地做学生的思想政治教育工作。三十七年过去了,我是没有那些富豪们有钱,但是我有我的追求、我的信仰,做个崇高的人,做个让学生记住的人,有了学生就有了一切。

我始终认为,一个给予别人幸福的人才是最幸福的人。我获得全国“时代楷模”荣誉称号后,教育部陈宝生部长接见了我。陈部长关心地说:“你年龄不小了,保重身体,身体不适时我帮你看病。”我很感动,一个思政人的健康得到了中华人民共和国教育部部长的关心,这是钱能换来的吗?

又要过春节了。每年春节晚会我都看不上一个完整的节目,晚会期间我收到了来自世界许多国家和祖国各地的祝福。我将“同乐”两字复制粘贴都回复不回来,这些美好的祝福需要多少钱能买来呢?坚定你的选择,不要被别人所左右,待到了我这样的年龄你就会更加感受到辅导员工作对党、对民族、对国家、对人民、对自己乃至对后代的意义了。

做好辅导员需要理论，但是仅靠理论是做不好辅导员工作的。爱是教育的灵魂。辅导员工作更需要一种情感，就是对学生负责，把学生放在心上。所以，你不必为"出身"所累，只要用心，就能做好自己的工作。毛泽东说："读书是学习，使用也是学习，而且是更重要的学习。"这里告诉我们的就是要注重向实践学习。

你的请求我当然可以满足你。不用再听我的报告。你告诉我你的详细地址，我给你邮寄一本我写的书作为纪念。到大连联系我。

祝假期愉快！一切都好！

曲老师，您好！

今天看到您的回信我真的非常非常感动！白天一直奔波在回家的路上，所以刚到家才给您回消息。曲老师我知道您非常忙碌，却抽时间给我回复这么长的信，今天看到您的回信我的心真的久久不能平静，让我既意外又惊喜，既感动又愧疚！

意外的是，曲老师，我真的没想到像您这样的大人物却这么平易近人，还这么真诚地给我回信，还语重心长地给一个年轻的思政人正确的指导和建议，而且句句发自肺腑。

惊喜的是您真的满足了我的心愿，还要把您亲笔签名的书作为礼物送给我，让我觉得荣幸至极！

感动的是三十七年了，曲老师您作为思政人真正地做到了一直在路上，一生为了思政事业坚守在一线岗位，不为名不为利，只为学生，可以做到倾尽所有。

但意外、惊喜、感动之余又让我非常地内疚，我知道您一定利用了休息的时间给我回信，让我心里很是不安、很是愧疚！我更希望您多休息，一定要注意身体健康！这样您才能带领我们这些年轻的思政人走得更远！

曲老师您放心，我会记住您对我的嘱托，继续加强专业理论知识学习，不断增强自己的知识储备，踏实地做好思政工作，用心关心学生，用爱陪伴学生，不忘自己做辅导员工作的初心！继续以您为榜样，沿着您的脚步坚定地走下去，做一个踏实工作的思政人！

我的地址：××××××

曲老师我知道您很忙,给您添麻烦了,但是这个礼物对我来说真是非常珍贵,我一定会好好收藏!

曲老师,我下次再去大连一定会去拜访您!

提前祝愿曲老师您和您家人新年快乐哦!

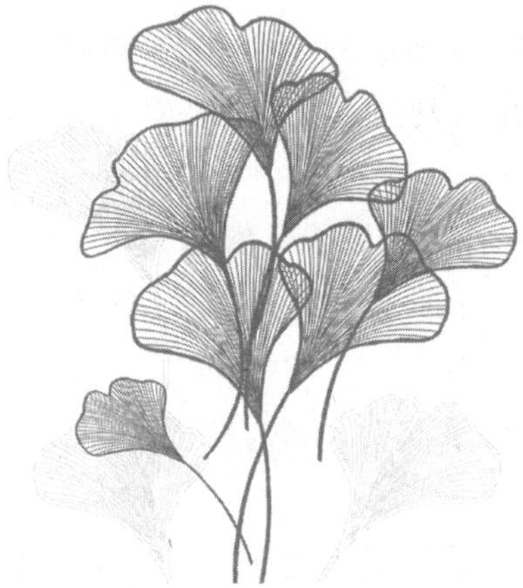

148

你是对的！

前几天有个辅导员给我写了封信，我回复了他。

曲老师您好！

我是一个工作快二十年的老辅导员，身边的同事换了一批又一批，有的去机关，有的回院里当教课老师……

我热爱这个工作，我很享受帮助学生解决问题后的成就感和帮助学生解决困难的价值感，我觉得奉献让我更快乐。这些年我一直在努力地为学生付出，也心甘情愿付出，工作这么久也在很多问题的解决方式上有了自己的独特方法。

但这些年只忙于事务性工作，不善于总结、不善于学习，闭门造车，所以没有形成自己的工作特色和成果，但我现在想进步，想把工作做得职业化、专业化、专家化，您能给我一些引导吗？我该怎么努力，才能成长起来？

你是对的。我经常跟辅导员们讲，别年纪轻轻的就想舒服，怕麻烦，一心要到机关去。

在学校怕接触学生，在学校一辈子，没有一个是自己的学生，岂不是缺憾？看看校庆的时候，校友回校看的不都是辅导员？我们学校五十年校庆的时候，我是校庆筹备组常务副主任，筹备校友分会的时候许多毕业生都说听我的。各学校都经常有机关的同志、专业老师找辅导员帮助他们找毕业生协调些事情，到这个时候就知道辅导员“好用了”。当然我这是从“低层次”来讲的，说得“高大上”些，辅导员工作就像你谈到的，在帮助学生的同时，你得到了你的幸福和快乐，实现了你人生的价值和追求，这多么值得拥有！没人会拒绝幸福，那就到学生这里寻找。

特别是辅导员工作是在“为党育人，为国育才”，这项工作功在当代、利在千秋。一个民族发展，没有一代又一代承前继后、为之奋斗的人，这个民族岂不断代了？眼下我们要实现中国梦，中国梦能否实现？说到底看我们能否培养出矢志不渝跟党走的人。所以，辅导员工作意义重大。我们是党的人，我们是在党旗下向党承诺过的人，即便辅导员工作麻烦些，我们又怎能逃避呢？那多让人瞧不起？多令人耻笑？你是对的，就应当在服务学生的路上这样一往无前！

你谈不上闭门造车。你整天和学生在一起，这就是鲜活、生动的思想政治教育实践。你可能专业方面的书看得少些。术业有专攻。思想政治教育是学问，需要学科支撑，一定要多看书。把你做的工作分一下类，寝室文化怎样建设的，得失在哪里；学生干部队伍怎样建设的，得失在哪里；社团怎样建设的，得失在哪里；谈话怎样进行的，得失在哪里；家访如何开展的，得失在哪里；班会怎样开的，得失在哪里；社会实践怎样开展的，得失在哪里……排列开这些，从中找到规律性的东西。

就聊到这吧。成功都在坚持之后。愿你在对的路上坚持到底！

祝好！

曲老师，刚看手机，我只是一个平凡的小人物，您居然给我发了这么一大段激励我的文字，让我十分感动！

正像您说的，我确实专业书看得少，工作不善于总结，我现在学还不晚，对吧曲老师？希望您多给我些指导，从来没有人指点我，都是劝我早点离开辅导员队伍，都是劝我辅导员不能干一辈子。可我想干一辈子，我想做喜欢做的事情。

我会努力成长起来的，我想做您那样的人，帮助更多的人，让世界充满爱！

太开心了，有您的指引，我更有力量！

149

不要总去寻找学生的缺点

曲老师，您好！

我是××职业技术学院的×××，算是半个专业课教师，因为教的课程是专业基础课建筑制图，但我同时也是一名班主任。今天上午听了您的报告感触挺深，虽然我也一直是本着对学生负责的态度去工作的，但是相对您来讲简直不值一提。

我们平时过多的是去发现学生的缺点，很少去关注学生的优点，导致一部分学生习惯了被指责，而失去了回归本真的机会。这几年我也一直在学习中国传统文化，在学习的过程中收获也挺大，平时也会鼓励学生做回自我，也会引导学生去热爱我们的文化。

听了您的报告我觉得你是真正做到了知行合一。对于广大的老师来讲“知”不难，难就难在“行”上，大部分都是“理论上的巨人，行动上的矮子”。如果能早几年听到您的教诲，我相信我会有更快的提高，真心希望以后能听到您的品德课。

××老师好！

您写了这么多今天才回复您，实在抱歉，希望理解。

著名教育家陶行知先生说：“千教万教教人求真，千学万学学会做真人。”对一名教师而言，排在第一位的还是要教育学生把人做好。为什么要有知识？说到底也是为做人服务的。人都没做好，知识学得越多恐怕对社会带来的危害越大。

您是班主任，对学生成为一个什么样的人有直接的影响，一定要有教育的情怀。我们现在有些班主任也是不得已而为之，因为要评职称、要有考核任务等。要把当班主任当成自觉。在大学里工作了一辈子，没有自己带过的学生应当是不圆满的。

您说的那一点也很有道理。不要总去寻找学生的缺点，要去发现学生的闪光点。尤其对高职高专的学生来说，在当今以分取人的环境下，更是把他们看矮了、看低了，这是错误的教育观念。我多次讲过，人的崇高和学历半毛钱关系都没有。“最美奋斗者”张富清老人什么学历都没有，却站到了做人的最高峰。对学生就是要多鼓励、多引导，给他们信心。

要求学生知行合一，教育者首先就要知行合一。教育是互动的过程，教育者是动力源，教育者的初始力越强，对学生的推动力越大；教育者的推动力越持久，对学生的作用力就越久。希望您能成为给学生持久推动力的班主任。

飞机着陆了，就写到这里。

祝假期愉快！

曲老师：

谢谢您的回复。

您的事迹就是我一生的奋斗目标，王阳明曾说过“破山中贼易，破心中贼难”，实际上人的一生就是不断破心中贼的过程，破除心中的小我，才能实现人生的大我。

我当初报班主任的时候并不是为了评职称，因为之前带的已经够评职称用了，只是觉得作为老师不接触学生就不能真正地上好课。只有了解了学生，讲课才能对症下药。所以每学期学生的评课我都是全优。但是看了您的事迹，我的这点成绩就是九牛一毛。祝您老身体健康，好人一生平安。

150

对学生好一点

尊敬的曲老师,您好!

今天听了您的课,受益匪浅。尤其是您最后说的一句话:“拜托你们,对学生好一点!”我感动地都要哭了!您真是太伟大了,当您的学生是多么幸福!

回顾自己一年来的工作,在自己学生身上花的时间真是太少了,对此也深感愧疚。我会谨记您的谆谆教诲,要更加爱我的学生。愿今后还能有这样的机会听曲老师的讲座!谢谢曲老师,祝您身体健康,开心每一天。(××学院辅导员×××)

××你好!

这些天挺忙,就没有及时回复你,请理解。

在看到你说当我说“拜托你们了,对学生好一点”时你都要哭了,我落泪了。辅导员,是大学生的人生引路人,我们怎么样,直接关系到我们党和国家的未来,关系到学生们的幸福。

想一想我的三十七年思政路,就坚持一条:对学生好一点。我要求自己决不能让学生在思想上犯错,力所能及地帮助他们。为此,我付出了很多,也可以说付出了一辈子。我已经是六十多岁的人了,每当和辅导员交流的时候,我都想:我做不了几年了,关键是你们这些年轻的辅导员,你们将陪同青年学生参与实现中国梦的全过程,你们对学生一定要好一点。

所以,在和辅导员交流结束的时候,我常说这句话:“对学生好一点。”我现在已经比较平静了。刚开始说这句话的时候,我都要眼含泪水了,我的脑海浮现出的是我们祖国和学生的明天。有一次说完了这句话,我再无法讲下去了。

对学生好一点,你们有的是机会,但是千万不要错失良机。“机不可失,失不再来。”珍惜和学生在一起的时光,珍惜每一次为学生服务的机会,这样待你老了的时候,你才会问心无愧,才会感受到活着是如此的美好!

祝假期愉快!一切顺心如意!

曲老师,您好!

非常感谢您在百忙之中给我回复这么长的信息,您辛苦啦!

一直以来都关注您的公众号,看到您给好多人回复,没想到我也非常荣幸地成了其中的一员!我自2017年9月正式开始从事辅导员工作,繁杂的工作内容占据了我大部分的时间与精力,有时候甚至竟对辅导员这份职业有种倦怠感。听了曲老师的课,我认真进行了思考,产生这种倦怠感的原因可能是我没有真正和学生们在一起,没有真正体验到和学生们在一起的快乐。我一定会将“拜托你们,对学生好一点”这句话铭记在心里,并尽最大努力对我的学生好!

再次感谢曲老师!

提前祝您新春快乐!

151

为什么要做辅导员？

前些天有个任职刚满一年的辅导员给我写了封信，表示她对做辅导员工作还是信心满满的。我知道很多辅导员刚走上工作岗位的时候也是这个样子，可是做着做着就不安心了，就想赶紧离开辅导员工作岗位。这种情况的出现无疑是由主客观条件决定的，这里我无意去更全面、深入地分析客观条件，我只想谈谈我对辅导员主观条件的认识。

这个辅导员很客气地说：“您忙，不用费心回复我了。”而我却觉得我有必要回复她，我就是想通过她，来对广大的辅导员谈谈为什么要做辅导员。于是我不仅回复了她，而且回复得很长。从字数上看，这次回复应当是我给大家回复字数排在前几位的一次。那天我正好从海口回大连，飞机起飞不久我就开始给她写信，途经厦门的时候我还给我授课的年级一个过生日的学生写了生日祝福。飞机一着陆，我就将这封信发给了她。因为文字比较长，我分三次推送给大家。

曲老师，您好！

我是××大学××院的研究生辅导员，我叫×××。我是刚刚研究生毕业不久，担任辅导员刚满一年的新人。但是特别有幸两次听过您的课和分享（2019年7月的辽宁大学辅导员岗前培训，加上今天上午的培训），也关注了您的公众号。通过听您的经验经历，看您的文章文字分享，很感动，也获益很多，有了努力方向，以后继续向您学习！

也欢迎曲老师有机会来××,××有好多和我一样受益于您指导的新入职辅导员。

您忙,不用费心回复我了。感谢您的指导,继续向您学习,一直在路上。

××老师好!

这些天不是因为您说不用我回了就没有回复,客观上确实是太忙了。您写了这么多,我总是要有个回应的。

很多人刚做辅导员的时候还是有些热情的,有些更是信心满满。可是他们做着、做着便倦怠了,想离开辅导员工作。这种情况的出现是由主客观方面造成的。

从客观方面来说,这些年来,虽然辅导员工作的环境得到了很大改善,但是还不平衡、不充分,诸如辅导员教师身份问题、辅导员职称评定问题、辅导员工作界域问题、辅导员工作条件保障问题等都没有很好地解决,这就使得一些辅导员"不识庐山真面目,只缘身在此山中"。做了一段时间辅导员才像突然发现似的:"辅导员原来是这个样子啊!"令他们失望。

主观方面来看,我们有些辅导员也是没有充分的思想准备,缺乏坚定的信仰追求。有的辅导员是"不得已而为之":考博士没考上,先做辅导员吧;考公务员没考上,先做辅导员吧;想做专业教师没做上,先做辅导员吧;想去机关没去上,先做辅导员吧……"身在曹营心在汉",想的就是创造机会离开辅导员岗位。还有的辅导员由于信仰不坚定,惧怕苦难,患得患失,自然也不会有长期作战的打算。

辅导员一定要从这样的视角认识自己的工作:

一、要有坚定的政治信仰

马克思主义诞生170多年的历史证明,马克思主义是最伟大的学说,那些资本的统治者总是要不择手段地遏制马克思主义的传播,他们的愿望部分地实现了,苏联的解体、东欧的剧变就是他们收获的最大成果。他们以为东方的中国也会像多米诺骨牌一样顺势倒下。

美国前总统克林顿曾露骨地说:"中国有一天也会走上东欧和苏联共产党政权的道路,美国必须做他所能做的一切来鼓励这个进程。"但是他们错了。习近平总书记在新中国成立七十周年大会上庄严宣告:“今天,社会主义中国巍然屹立在世界的东方,没有任何力量能够撼动我们伟大祖国的地位,没有任何人能够阻挡中国人民和中华民族前进的步伐。”2019年我被邀请参加了国庆观礼,我在天安门广场聆听了习总书记的讲话,那雄壮的声音久久回荡在天安门广场的上空。“没有任何力量能够撼动”“没有任何人能够阻挡”,没有想撼动、想阻挡我们的吗?美国为什么要打贸易战?为什么要对香港、新疆指手画脚?说到底不就是要阻挠中国梦的实现吗?

中华民族五千年的历史文化,为人类文明做出过巨大贡献,只是近代我们受到了欺辱,我们落伍了,当我们站到了离实现中国梦就剩下“最后一公里”的时候我们怎能停止前进的步伐!青年代表着未来。中国梦更是青年的梦。实现中国梦在某种意义上讲,关键看当代青年的了。

辅导员是大学生的人生引领者,所以,辅导员一定要信仰坚定,站位高远,把辅导员工作同党和民族的命运结合起来,就是要培养矢志不渝跟党走的人。不要管别人怎样,关键是我们怎样;别人越不重视辅导员,我们越要重视自己。

我在大学毕业做辅导员的时候,那时辅导员更不被重视。但是我重视我自己,从来不看轻自己的工作。我把捷克斯洛伐克反法西斯战士伏契克的这两句话写在我工作手册的扉页上:“为了生活的美好,我投入了战斗。”“我们为了欢乐而生,为了欢乐而死。”每天以此激励和鼓舞自己。我觉得,我做辅导员,就是在培养马克思主义的传承者,这就是最美好、最崇高的事业,值得一生坚守。我评上全国“时代楷模”“道德模范”“最美奋斗者”的时候,国内许多主流媒体都采访过我,在问到我“为什么对辅导员工作情有独钟”的时候,我都坚定地回答:“我爱我们的党;我爱我们的祖国;我爱我的学生。每每想到这些,我浑身就充满了力量,没有什么困难能够动摇我做辅导员的决心。”

二、找到幸福的源泉

人生的幸福在哪里?我一个六十几岁的人,也算是个老人了。回过头来看,人生对幸福的认识可以划分为两个阶段,具体如下:

第一阶段通常本能地会把物质的追求看得重一些,用现代的标准就是有车、有房、有富裕的物质生活。有些人就是这样理解人生幸福的，因此把物欲的满足看成幸福的源泉，这样的人到头来即便物质的欲望满足了，结果并没有实现人生的幸福，只能说他得到了本能的满足。

人的幸福应是精神上的，就是说把幸福给予别人的人才能真正体验到幸福是什么。尤其到了老年的时候，有没有人祝福你；有没有人牵挂你；有没有人看望你；有没有人陪伴你。一个孤独的人怎么能是幸福的人呢？一个自私的人一定是孤独的人。所以，那些老年幸福的人，他们在青年的时候一定是“超凡脱俗”的，他们把幸福建立在精神快乐的基础上。

辅导员如果能够懂得这样的道理，能够把幸福建立在为学生服好务上，那你就一定是幸福的人。

有个毕业多年的女学生给我发过这样一条短信：“我到大连来看您，您不在。不是每一朵鲜花都代表爱情，玫瑰做到了；不是每一棵树都耐得住饥渴，柏杨做到了；不是每个人都这么想您啊老师，我做到了。”这是什么感觉啊！二十多年过去了，每每想到这些，都有一种被幸福包围的感觉。

我回到大连海事大学到今天，又过去了六年半，我带了一个年级的学生，我现在还主动做了我们学校新疆学生、西藏学生的指导教师，建立了“孤儿家庭”。我努力做到对学生好一点。父亲节时学生说我是他们的父亲，祝福我健康长寿。去年父亲节，新疆学生还送给我一面锦旗。他们说：“感恩曲老师，深爱新疆生，一如天山雪，润物细无声。”毕业晚会上学生说：“老师，我们会想您，会回来看您；以后您到全国各地，我们陪您游览，请您吃饭。”学生总是不时地到学校看我。

我还特别难忘的是我在去省教育厅工作的时候，因为调动得比较匆忙，我住到了省招办招待所里。我孩子正读高二，也跟我过去了。我沈阳的一个学生听说了，把他住的一套153平方米的房子倒出来让我住。后来政府给我房补我买了一套房子，把这套房子又给了他。这个学生说：“那套房子给您了。”我说“不用了，这就很感谢你了”。

学生到大连出差，有的还是领导干部，他们到学校都要先看我。我的学生有省部级的干部，有博导、教授，有各条战线的骨干，想到他们，我就觉得我很幸福。

到我这样的年龄，冻不着、饿不着的。我常想，物质上我无法跟那些富豪们相比，权力上也是无法比及的，我没有保留级别回到学校做了辅导员，上思想品德课，若是比幸福指数呢？我能比他们差吗？有了学生就有了幸福；有了学生就有了一切。我应当是世界上最幸福的人！而这些都需要在年轻的时候去准备，需要从辅导员工作中去获得。

三、对学生要有情怀

爱是教育的灵魂。培养学生的过程也是爱的过程，一定要让学生感受到你的情怀。

现在的辅导员都是独生子，从小就被宠着养，得到的是父母无微不至的关爱，还不懂得怎样去关爱别人。辅导员离学生最近，也是学生最信任的人，理应成为学生最亲的人。大学生正处在“拔节孕穗期”，这个时节对他们的人生成长十分重要。他们能否成长得挺拔、强壮，经得住风吹雨打，一定意义上取决于他们是否吸收了足够的阳光雨露，是否得到了辅导员的爱。

有了对学生的情感，你就不会觉得学生麻烦，甚至你会觉得麻烦越多越好。因为正是这些麻烦奏响了你人生的乐章。没有麻烦，学生就不会记住你；没有麻烦，就凸显不出你的本色；没有麻烦，还要辅导员干什么；没有麻烦，也就失去了辅导员的价值所在。

你说不用回了，本想简单地回复你。可是一写起来就想起了我们那些年轻可爱的辅导员们。我是真心希望大家能够深刻认识到自己的选择，一心一意、扎扎实实地把辅导员工作做好。做一个有信仰的人，懂得幸福的人，有爱生如子情怀的人。对这样的人，祖国一定不会把他忘记；人民一定不会把他忘记；学生也一定不会把他忘记！为此，努力前行吧！

我从海口到大连，飞机着陆了。经停厦门的时候给一个过生日的学生写了生日祝福。整个航程就是给你回复了。这也应当是我最长的回复了。真是“无心插柳柳成荫”啊！

有事联系我。

祝您的明天更美好！

曲老师，

看到您长长的、耐心认真的回复，好感动。不知道说什么来表达我现在的心情，太感谢您了！！

对您发来的话语我收藏了，我会认真解读，好好领会，争取在辅导员的道路上，找到合适的方法，实现自己的价值，也找到和您一样的幸福！

还是那句话，向您学习！！

快过年了，曲老师要多注意休息，保重身体。提前祝您和您的家人新年快乐，愿健康与您常相伴！

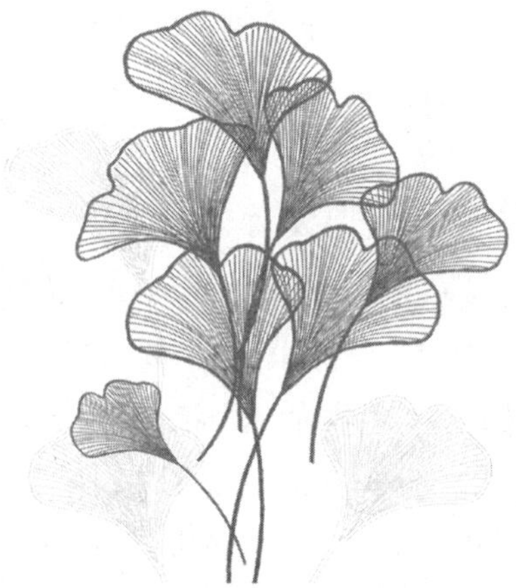

152

科研是“溢出来”的

在辅导员群里常看到大家谈论科研的问题。有的辅导员也常问我这个问题。怎样看辅导员的科研？以前我说过这个问题,我再跟大家聊几句。

什么是辅导员的科研？辅导员工作要带着问题意识来做。这个问题意识是什么？我以为就是辅导员的科研内容。所以,有的同志,特别是其他专业的老师,认为辅导员不能做科研,这是不对的。那些工作优秀的辅导员,谁也不是拍脑门拍出了优秀。尤其是转变了一个特殊的学生,这个学生是怎么转变的;培养了一个优秀的学生,这个学生是怎样培养出来的,这里没有学问？学问大着呢,这里可能要涉及多学科的理论知识,并在实际中加以运用。因此,辅导员不要有惧怕心理,担心自己做不了科研。关键是要有问题意识,要用心。现在有许多辅导员出版了专著,把自己长期积累的工作案例进行总结,这就很好,对辅导员工作会有促进。

很多辅导员不惧怕,反而有勇气要搞出“档次”,要跟其他学科比试一下。这种勇气是可嘉的。也不排除我们有的辅导员确实能够做到这一点。

这些年在教育部对辅导员队伍职业化、专业化、专家化建设的推动下,一些辅导员的科研搞得也很像样子,代表了我们学科的水平。但是对广大辅导员来说,应当还不具备这样的实力。这里一个很重要的问题是积累不够。辅导员工作所依托的主要学科是思想政治教育学科,这个学科的一个最大特点就是实践性。因此,没有一定的实践积累,是做不了辅导员科研的。

我们现在有些辅导员做的科研，严格说起来，并不属于辅导员要研究的问题，与辅导员工作的联系不紧密。辅导员科研某种意义上说，不是搞出来的，是“溢出来”的。积累多了，经验丰富了，就有了想表达的愿望。不然，冥思苦想，没话找话，能搞出什么科研呢？

就像我这些年，给大学生、辅导员、思政课教师等，写了几千封信，每一封信就像一块块积木，我这样组合就是反映这样“主题”的一本书；那样组合就是反映那样“主题”的一本书。

有个辅导员说，想研究命运共同体，这个问题不是不可研究，有这个实力也行。问题是这样的课题和辅导员工作的内在联系在哪里呢？落脚点在哪里？“学生寝室共同体”“社团共同体”“班级共同体”，还有“学院辅导员共同体”“学院同事共同体”，那么多和你“命运”密切相关的“共同体”不研究，却要研究人类命运共同体，这能研究出什么学问呢？

还有个辅导员说，要研究辅导员队伍长效机制。才做了几年辅导员就研究起机制了？不仅是辅导员，科研还是应当遵循这样的原则：这是一个问题，这是个真问题，这是一个重要问题，这是一个迫切需要研究的问题，这是一个属于你研究的问题，这是一个你能研究的问题。我发表的第一篇国家级论文是做了十六年学生工作之后。前十年，我在学院。我施行了“新老生同寝”管理办法，选派高年级学生与新生同寝。我做学生处处长后，在学校推广。我在做校党委副书记的时候，我们学校连续多年学生要求入党，人数占比达97%，当然也有随大流的。随这个流有什么不好呢？我写过几篇大学生入党方面的论文，都与这种实践有关。教育部本科水平评估，我们学校两次靠的都是学生工作（德育）获得优秀。这恐怕在全国没有第二所学校。“新老生同寝”管理办法在学生教育管理中发挥了很大作用。我发表的那篇论文为：《新老生同寝对大学生角色确立的意义》，这里还是有些学问的。

现在的中国人民大学党委书记、教育部思想政治工作司原司长靳诺到我们学校，就看了寝室文化建设。她安排我在全国百所学工部部长会议上交流，我靠着这篇论文走向全国。我主持的第一个国家社科基金重点项目是“学校教育与家庭教育相结合模式研究”。不是谦虚，这方面比我理论水平高的专家学者应当很多，但是去过学生百家的恐怕就凤毛麟角了。不深入实际，怎能找到切实有效地解决问题的路径呢？

现在的辅导员太急。客观上有压力。评职称要看论文。但是你们要辩证地看这个问题。我认为这是一个历史性的问题，辅导员评职称一定会以工作业绩为主。你的水平不是体现在论文上，而是体现在学生表现上。论文没少写，但是学生问题也没少出，这怎么能评职称呢？我即便没有论文，我带的学生团队受到国家领导批示表扬；我带的班级是全国三好班级；我培养的学生有全国十佳大学生……这怎么能连一篇论文都不“顶”呢？这不是实事求是，这不符合辅导员教师职业特点。不是“实事求是是马克思主义活的灵魂”吗？凡是不实事求是的东西，早晚都是要改变的。不然，辅导员队伍就没有必要存在了。

辅导员队伍不是用来写论文的，是要成为大学生人生导师的。当然，一个优秀的辅导员又怎么会没有论文呢？辅导员一定要眼睛向下，多做“形而下”的研究，少做“高大上”的研究。千万不能自己的地还没有“种好”，却总忙着帮别人“种地”。